여가와 현대사회

김광득 지음

레저를 알면 미래가 보인다

백산출판사
BAEKSAN Publishing

목 차

제1장 여가의 개념

제2장 여가의 역사

제4장 현대여가의 특징과 기능

제5장 여가행동과 인간발달

제6장 여가의 수요·공급과 영향요인

제7장 여가자원의 개발 및 관리체계

제8장 여가산업과 경영전략

제9장 여가조직과 여가행정

제12장 여가의 개념

제13장 한국 여가사회의 미래상과 여가패턴

미리말

여가학에 대하여 관심이 있거나 여가학을 대학에서 직접 강의하는 대부분의 교수님들은 저자를 가리켜 '한국 여가학의 원조(元祖)'라 칭한다. 그 이유를 살펴보니까 저자는 1988년에 '한국 여가시설개발에 관한 연구'라는 제목으로 우리나라 최초의 여가관련 박사학위를 한양대학교에서 취득하였고, 1990년에는 '현대여가론'이라는 여가관련 서적을 우리나라 최초로 출판하였고, 1993년에는 '한국여가문화연구회'라는 여가관련 동우회를 결성하여 한국 최초로 결성하여 매월 논문발표회를 가져왔고, 1994년경부터 한국 최초로 '여가학'을 대학에서 강의과목으로 채택되도록 기여한 공로를 인정한 때문인 것 같다.

저자는 1990년에 '현대여가론', 1997년에 '여가와 현대사회', 2003년에 '21세기 여가와 현대사회(개정신판)'의 저서 세권을 이미 출판한 바 있다. 최근 책의 수명(life cycle)이 3년반이라는 점을 감안할 때 다소 늦은 감은 있지만, 이번에 새 책을 출판하게 된 것을 다행으로 생각한다.

여가학자 프라스티에는 "21세기 전반기에 기업사회는 주 30시간의 노동이 실현되고 인간의 평균수명을 80세로 보는 경우, 일평생 노동시간은 약 4만 시간이 되고 여가시간은 약 37만 시간이 되어 여가시간이 노동시간보다 9배나 더 많아지게 된다"고 하였다. 이와 같이 노동시간보다 여가시간의 양이 더 커짐에 따라 여가 그 자체가 일상생활을 지배하게 되고 본격적인 여가사회가 개막된다.

한편, 인류의 역사는 헌법적으로는 기본권 확대의 역사라고 할 수 있다. 기본권은 자유권 → 생존권 → 환경권 · 소비자권으로 확대되었고, 후기 산업사회에 와서는 여가향유권도 기본권으로 주장할 수 있는 시대가 왔다. 여가향유권은 국제적으로 보면, 1919년에 창설된 국제노동기구(ILO)가 8시간 근로제의 조약을 체결한 것을 시발로 1948년의 유엔 인권선언, 1960년의 유엔 경제 · 사회 · 문화적 권리에 관한 국제선언, 1970년의 국제 레크리에이션협회의 여가헌장 채택, 1980년의 세계관광기구(WTO)의 마닐라선언 등은 여가를 인간의 기본권으로 인정한 국제적 규약이라고 하겠다.

이와 같이 유엔기구 등에서의 여가향유권에 관한 규정이나 국제조약 또는 국제사회에서 일반적으로 승인된 국제법규는 국내법과 같은 효력을 가진다고 할 수 있다(우리 헌법 제6조 1항). 우리나라 국내법에서의 여가향유권에 관한 구체적 규정이라 할 수 있는 것은 헌법 제10조 1문 전단의 '인간의 존엄과 가치', 제10조 1문 후단의 '행복추구권', 제34조 제1항의 '인간다운 생활을 할 권리' 등으로 천명하고 있으며, 더욱이 헌법 제37조 제1항은 '국민의 자유와 권리는 헌법에 열거되지 아니한 이유로 경시되지 않는다'라고 규정되어 있다. 즉 이러한 규정 등은 우리 헌법이 여가향유권을 국민의 기본권으로까지 인식하고 있고, 또 국회는 이러한 권리보장을 위하여 구체적인 입법의무를 지니고 있다고 보아야 할 것이다. 다만, 헌법 제37조 제2항은 국민의 모든 자유와 권리는 국가안전보장이나 질서유지 또는 공공복리를 위하여 필요한 경우에는 법률로써 제한할 수 있다고 규정하면서도, 한편으로는 여가향유권 등 자유와 권리의 본질적인 내용에 대해서는 침해할 수 없도록 하고 있다.

이제 여가활동은 디지털시대, 지식기반사회를 지탱하는 창조력의 원천이다. 따라서 우리는 생각을 완전히 바꾸어야 한다. '일을 위한 짧은 휴식이 아닌 여가를 위해 일하는 사람'의 비중이 커지는 시대가 도래하였다는 시대적 흐름을 읽어야 한다.

끝으로 저자의 여가관련 책 4권을 모두 출판해 주신 백산출판사 진욱상 사장님과 임직원들에게 감사의 인사드립니다.

2008년 3월

저자 김광득

제1장 여가의 개념

Leisure & Modern Society

LEISURE & MODERN SOCIETY

제 1 절 여가의 어원과 정의

1. 여가의 어원

여가의 어원은 여러 문명권에서 찾아볼 수 있다. 오늘날 우리가 사용하고 있는 여가의 어원은 '자유스러워지다'라는 뜻을 가진 라틴어 리세레(licere)에서 유래하였다. 이 말은 프랑스어의 'leissir' 즉 '허락되다'로 발전하였고, 오늘날 영어의 레저(leisure)로 진전되었다. 이 말은 고대이래 귀족계급은 일을 할 필요가 없으며, 따라서 그들이 지적·문화적 및 예술활동을 할 자유를 부여받고 있다는 것을 함축해주고 있다.[1] 그렇지만 고대 그리스 및 로마시대에서 그 본질적 의미를 찾을 수 있으며, 그것의 어원적 의미를 여가(leisure)와 비여가(unleisure)의 차이규명을 통하여 파악하고자 한다.

---

1) 이에 대해서는 다음의 문헌을 참조하였다. J. A. Patmore, *Recreation and Resources* (Oxford : Basil Blackwell, 1983), p.5 ; Christopher R. Edignton, et al., *Leisure and Life Satisfaction* (Dubque, IA : Wm. C. Brown Communications, Inc., 1995), p.32.

여가에 해당하는 그리스어의 스콜레(scole)는 '정지, 중지, 평화 및 평온'을 의미하는데 비하여,[2] 로마어의 오티움(otium)은 '아무것도 하지 않은 것'(doing nothing)을 의미하며,[3] 어원상 전자는 자기계발(self-cultivation)을 위한 적극적인 정신활동상태를 뜻하는데 반하여, 후자는 소극적인 무위(無爲)활동상태를 뜻한다. 다른 관점에서 스콜레가 자기의 교양을 높이는 적극적 행위인 반면, 오티움은 아무것도 하지 않는 소극적 행위로 보는 경우도 있다.[4] 그러나 이들 어원은 모두 정지상태와 평화상태를 내포하며 시간적 의미가 부여되어 남은 시간(spare time)에서 자기를 위한 시간(time for oneself)으로 발전하였다.

한편, 생산과 소비의 관점에서 볼 때, [그림 1-1]과 같이 스콜레는 창조적 노동과 문화적 소비를 특징으로 하는데 비하여, 오티움은 구속적 노동과 생산적 소비를 특징으로 한다. 그러나 양자는 자기수양과 생산을 위한 시간이라는 점에서 상통하고 있다. 따라서 여가는 '자기수양의 계발을 위한 시간'에서 그 어원적 의미를 찾아낼 수 있다.

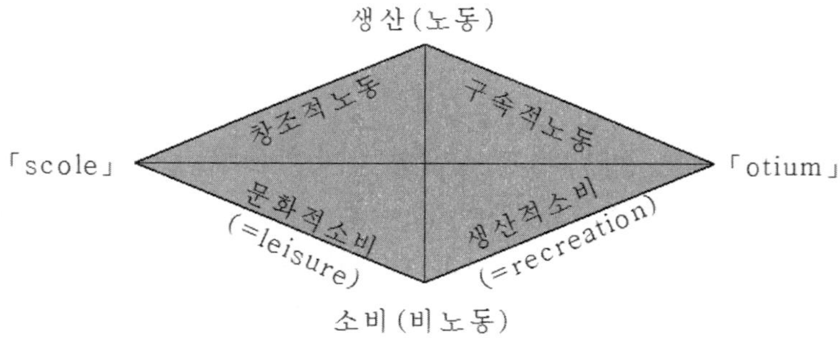

자료 : 松田義幸 外, 「レジャー 産業」(東京 : 東洋經濟新聞社, 1980), p.5.

[그림 1-1] 스콜레와 오티움의 특징

---

2) S. de Grazia, *Of Time, Work and Leisure* (New York : Twentieth Century Fund, 1962), pp.13～14.

3) 松原治郎, 「餘暇社會學」(東京 : 垣內出版, 1977), pp.3～4.

4) 一番ヶ瀬康子 外, 「餘暇生活論」(東京 : 有斐閣, 1993), p.6.

한편, 비여가에 해당하는 그리스어의 아스콜리아(ascholia)와 로마어의 네고티움(negotium)은 모두 바쁨과 작업을 뜻하여,[5] 여가속성의 내용과는 거리감이 있으나, 오늘날 일, 직업, 생산 그리고 사업이라는 말로 발전하였다.

2. 여가의 정의

1) 여가의 시간적 정의

인간은 직업이나 생활양식 등에 따라 다소 다르겠지만, 일반적으로 일상생활이 반복되는 사이클을 벗어나지 않는다. 그리하여 인간의 생활시간을 크게 생활필수시간, 노동시간 및 자유시간으로 대별하게 될 때에 여가는 보통 1일 24시간이라는 절대적인 시간의 한계 속에서 생활필수시간과 노동시간 등 구속시간을 뺀 나머지 자유시간으로 볼 수 있다.

이러한 생활시간의 배분은 여가의 속성을 이해함에 있어 기초적인 틀(frame)을 제공하고 있는데, 파커(Stanley R. Parker)는 여가를 일과 생존을 위한 기초적 욕구가 충족되고 남은 잔여시간(residual time)으로 보고 있으며,[6] 사회학사전(Dictionary of Sociology)에는 여가는 1일 24시간 중에서 노동, 수면, 기타 필수적인 것에 바쳐진 시간을 제외한 잉여시간(surplus time)으로 규정되어 있다.[7] 빅커만(Vickerman, 1980)은 여가를 자유시간과 대략 일치하며 '수면, 식사, 개인적 건강과 같은 필수적인 인적자본의 유지와 노동에 전념하고 남은 시간'으로 정의하고 있다.[8]

이와는 달리 브라이트빌(Charles K. Brightbill)은 여가를 개개인의 판단과 선택에 의해 갖게 되는 자유재량적 시간(discretionary time)으로 정의하고

5) 松田義幸, 「現代餘暇の社會學」(東京 : 誠文堂, 1981), pp. 66~67.
6) Stanley R. Parker, *The Future of Work and Leisure* (London : MacGibbon and Knee, 1971), p. 20.
7) H. P. Fairchild, ed., *The Dictionary of Sociology* (New York : Philosophical Library, 1944), p. 20.
8) 로젝, C., 「자본주의와 여가이론」, Capitalism & Leisure Thoery, 김문겸 역, 서울: 일신사, 1985.

있다.[9] 이와 더불어 머피(James Murphy)도 개인이 자기결정적 상황(self-deterministic condition)하에서 재량껏 이용할 수 있는 시간으로 보고 있다.[10] 그리고 바우드 보비(M. Boud-Bovy)도 여가를 일과 수면, 기타 기초적 욕구가 충족된 후 각 개인이 이용할 수 있는 시간으로 보고 있다.[11] 특히 브라이트빌이나 머피, 그리고 바우드 보비의 여가에 대한 정의는 앞의 두 가지 정의가 시간적 속성만을 중시하는데 비하여 거기에 자유와 재량의 의미를 추구하고 있다.

따라서 여가의 시간적 정의는 여가 자체를 계량화하기가 용이하다는 이유로 최근 들어 빈번하게 원용되고 있으며, 그 대표적인 예가 시간예산연구(time-budget study)이다. 이러한 시간적 정의의 또다른 이점으로서는 단순한 유용성, 보다 현실적인 개념 등이 해당되나, 단점으로서는 자유재량시간의 불분명한 기준, 잔여시간에 대한 이중성, 계량화된 자유재량시간의 비교연구의 한계, 자유재량시간에 대한 이해곤란 등을 지적할 수 있다.

또한 시간으로서의 여가개념은 언뜻 보기에는 단순해 보여 지역간, 문화간, 역사적으로 비교함에 있어 유용하게 보이나, 인간에 의해 정해진 시간이 없어진다면 이 또한 무용지물이 되게 되므로 양보다는 질로써 접근하여 어떻게 자유롭게 선택하는지를 파악하는 것이 중요하다. 따라서 이를 보완할 수 있는 다음의 활동적 정의나 상태적 정의 등을 자세히 검토할 필요가 있다.

2) 여가의 활동적 정의

프랑스의 여가사회학자인 듀마즈디에르(J. Dumazedier)는 여가를 개인이 노동, 가족 그리고 사회의 의무로부터 벗어나 휴식, 기분전환, 혹은 지식의 확대, 자발적 사회참여, 그리고 자유로운 창조력의 발휘를 위하여 이용되는 임의적 활동의 총체로 정의하고 있다.[12] 이 정의에는 여가의 활동적 속성뿐

---

9) Charles K. Brightbill, *The Challenge of Leisure* (Englewood Cliffs, New Jersey : Prentice-Hall, 1963), p. 4.

10) James Murphy, *Recreation and Leisure Services* (Iowa : William C. Brown, 1975), pp. 6~15.

11) M. Boud-Bovy, *Tourism and Recreation Development* (London : The Architectual Press, Ltd., 1977), p.1.

만 아니라 제도적·기능적 속성까지도 내포하고 있다. 듀마즈디에르는 더욱이 여가의 개념과 명백히 대립하는 활동으로 다음의 여섯 가지를 들고 있다.13)

① 직업상의 일
② 부대적 혹은 보조적 업무
③ 가정에서의 일(가사, 가축사육, 부업, 정원손질)
④ 생리적인 인간의 활동(식사, 목욕, 몸치장, 수면)
⑤ 가족간 의례 및 의식, 사회적 혹은 종교적 의무(방문, 기념일, 정치집회, 교회봉사)
⑥ 필요한 공부(학습모임, 학교 혹은 직업상의 시험을 위한 것)

버거(B. Berger)도 여가를 활동의 형태로 보고 경제적인 관점에서 필요하고, 보상을 주는 일과는 대조되는 것이며, 자유시간에 수행되는 자발적 활동으로 정의한 바 있다.14)

한편, 앞의 듀마즈디에르의 여가정의를 보다 발전시킨 윌슨(Anthony Wylson)은 여가를 활동과 기회라는 두 요소의 결합으로 인식하면서, "노동, 가족, 사회 및 기타 의무가 실현되고 난 후에 자신의 의사대로 할 수 있는 활동일 뿐만 아니라 휴식, 회복, 오락, 자기실현, 정신적 재생, 지식의 향상, 기술의 개발, 사회활동의 참여를 제공해주는 기회"로 정의하고 있다.15)

이와 같이 여가는 개인이 생활의 만족을 위한 질(quality)을 추구하고자 자유로이 선택하는 활동으로서 수면, 식사, 노동과 같이 고도로 상례화된 활동(routinized activity)이 아닌 것을 말한다.

---

12) Joffre Dumazedier, *Toward a Society of Leisure* (New York : The Free Press, 1967), pp.16～17.
13) *Ibid.*, pp.13～14.
14) B. Berger, "The Sociology of Leisure : Some Suggestions", *Industrial Relations*, Vol. 1, 1962.
15) Anthony Wylson, *Design for Leisure Entertainment* (Boston : Butter Worth Inc., 1980), p.1.

3) 여가의 상태적 정의

여가에 대한 상대적 정의는 다분히 주관적인 정의로서 주요 철학자나 심리학자, 그리고 종교학자들에 의해 대변되어 왔다.

먼저 그리스의 철학자 아리스토텔레스(Aristotle, B.C.384~322))에 의하여 대표되는 고전적 여가정의는 여가를 '존재의 상태'(state of being)로 보고, 삶의 목적으로서 여가 그 자체를 위하여 삶을 영위하여야 한다고 알고 있다. 따라서 사색, 지식과 계몽을 위한 토론과 정치가 여가의 대표적인 예로 보고 있다.[16)]

그리고 여가와 종교의 특질을 통합하고자 노력한 피이퍼(Joseph Pieper)에 의하면, 명상적 생활을 추구하려는 기독교적 관념은 여가에 대한 아리스토텔레스의 이상과 일치하고 있다. 그에 따르면 여가는 정신적·영적인 태도이며, 단지 외적 요인에 따른 불가피한 결과가 아니라 마음의 자세(attitude of mind)이며 영적 상황(condition of soul)인 것이다.[17)]

또한 다알(G. Dahl)은 기독교적 관점에서 오늘날 인간이 필요로 하는 여가는 단순한 자유시간(free time)이 아니라 자유정신(free spirit) 내지 자유의지(free will)이며,[18)] 우리의 바쁜 일상생활사로부터 심리적으로 해방시켜 줄 수 있는 신의 은총에 대한 감사의 마음과 평화상태임을 강조하고 있다. 그리고 여가에 대하여 심리학적 접근을 시도한 뉴우링거(J. Neulinger)는 여가가 인간이 활동을 하든가, 안하든 간에 일상생활의 필요성에 의하여 요구되는 것이 아니며 경험과 마음의 상태임을 강조하고 있다.[19)] 이러한 점에서 여가는 주어진 시간이나 활동만을 지칭하는 것이 아니고 마음의 상태인 동시에 자유의 지주인 것이다.

그라지아(S. de Grazia)는 "여가는 자유시간과 차원이 다른 것이다. 누구나 자유시간을 누릴 수는 있다. 그러나 모든 사람이 여가를 누리는 것은 아니

---

16) 한국관광공사, 「국민여가생활의 실태와 분석」(서울 : 한국관광공사, 1985), p.90.
17) Joseph Pieper, *Leisure : The Basis of Leisure*(London : Faber., 1952), pp.23~63.
18) G. J. Dahl, *Time, Work and Leisure*(New York : Christian Century Foundation, 1971), p.187.
19) John Neulinger, *An Introduction to Leisure*(Boston : Allyn and Bacon, 1981), p.13.

다. 자유시간은 민주주의 사상을 실현하는 것이나, 여가시간으로서는 이를 완전히 실현하지는 못한다. 자유시간은 시간에 대한 특별한 산출방법이며, 여가시간이란 다소의 욕망과 소수의 성취를 지닌 인간의 존재와 상태를 일컫는다"고 강조하고 있다.[20] 따라서 양적인 측면을 나타내는 자유시간과 질적인 측면을 강조하는 여가간에는 분명히 구분될 수 있다. 반면, 여가에 대한 상태적 정의는 관찰 및 계량화하는데 많은 어려움이 있어 실용적이지 못한 단점이 있다.

4) 여가의 제도적 정의

여가에 대한 제도적 정의는 여가의 본질을 노동, 결혼, 교육, 정치, 경제 등 사회제도의 상태나 가치패턴과의 관련성을 검토하여 그 의미를 규정하고자 하는 것이다.

유럽의 중세 및 르네상스시대, 그리고 산업혁명기에 걸친 초기자본주의 사회에 있어서 소수 부유층의 생활을 경제학적인 차원에서 논의한 베블렌(T. Veblen)에 따르면, 여가는 상류 사회계층의 상징으로 규정되고 있으며, 그들의 여가는 시간의 비생산적 소비와 과시적 소비(nonproductive and conspicuous consumption of time), 그리고 금전의 과시적 소비(conspicuous consumption of money)로 볼 수 있다.[21] 그리하여 노동으로부터 해방되어 여가를 향유한다는 것은 부의 증거이며, 높은 사회계급을 의미하기 때문이다.

또한 1960년대 미국의 유명한 여가학자인 카플란(M. Kaplan)에 의하면, 여가는 경제적으로 자유시간의 영역에 속하며, 참여자에 의하여 여가로 인식되고, 잠재적으로는 모든 영역의 의무와 노력을 포함하여 자기계발을 하게 되고, 또한 타인에 대한 기여를 하게 되는 자율적 활동경험(autonomous activity-experience)인 것이다.[22]

한편, 여가는 노동과의 관계에 있어서도 중요한 의미를 지니고 있다. 현대사회에 있어서 여가의 의미는 역사를 창조하는 인간생활의 두 가지 측면

---

20) 박원임, 「레크리에이션연구」(서울 : 금광출판사, 1987), p.95에서 재인용.

21) Thorstein Veblen, *The Theory of Leisure Class*(Chicago : New America Library, 1953), p.22.

22) C. Wright Mills, *White Collar*(New York, : Oxford University Press, 1970), p.215.

인 노동과 여가의 함수관계에서 살펴볼 수 있다. 환언하면 인간이 삶을 영위하는데 있어서 노동으로부터 생기는 피로, 권태감, 압박감에서 해방됨으로써 에너지를 보충하여 재생산하는 수단으로 여가의 본질을 정의할 수 있다.

한편, 이와는 반대로 보다 향락화되어 가는 현대사회에 있어서 여가는 일면 생활의 목적이 되고 있지만, 노동은 여가생활을 가능케 하는 수단적 역할로 변질되어 가는 상황에 있다. 이와 같은 상황 하에서 여가는 노동과 대립개념이 되지만, 이 두 가지 요소는 제도적인 차원에서 상호 밀접한 관계를 보이면서 보완적 기능을 하여야 할 것이다.

5) 여가의 포괄적 정의

여가에 대한 포괄적 정의는 앞서 언급한 네 가지 속성으로는 여가의 본질을 폭넓게 수용할 수 없다는 시각이 최근에 들어와 자주 논의되고 있다. 이는 여가의 요소들이 노동이나 놀이, 교육, 기타 사회적 영역에 이르기까지 인간행동의 모든 측면에서 나타나고 있기 때문이다.[23] 따라서 여가에 대한 포괄적 · 통합적 정의는 다원화된 현대사회의 여가를 이해하는데 유용하다고 볼 수 있다.

기스트(Noel P. Gist)와 페바(S. F. Feva)는 여가를 개인의 노동이나 그밖의 의무적인 일로부터 해방되어 자유로이 긴장을 풀며 기분전환을 하고 사회적 성취를 이루며, 또한 개인적 발전을 위하여 사용할 수 있는 시간으로 정의하여,[24] 여가를 활동 및 시간적 차원에서 설명하고 있다.

또한 여가에 대하여 시간과 상태의 속성을 결합시킨 웨이스(Paul Weiss)는 “여가란 인간이 일과후의 여유의 시간을 가장 적합하게 사용함으로써, 일을 보다 열심히 한다든가 또는 능률적으로 한다기보다는 무엇을 하든지 그것에 가치를 부여하고 나아가 목표를 세움으로써 최선의 상태에 이를 수 있는 시간을 갖는 것이다. 그리고 행복한 생활이란 충만한 여가를 누릴 수

---

23) James F. Murphy, *Concepts of Leisure*, 2nd ed.(Englewood Cliffs, New Jersey : Prentice-Hall, Inc., 1981), p.34.

24) Noel P. Gist and S. F. Feva, *Urban Society*, 5th ed. (New York, N. Y. : Thomas Y. Crowell Company, Inc., 1964), p.411.

있는 생활을 말한다"고 주장하였다.[25)]

따라서 여가의 포괄적 정의는 앞에서 설명한 여가의 시간적·활동적·상태적 그리고 제도적 요소가 적절히 배합된 복합적 속성을 갖는다고 할 수 있다. 이에 따라 현대사회에 있어서 점차 복잡성을 띠고 있는 여가를 제대로 파악하기 위해서는 여가의 다면적 속성을 포괄할 수 있는 개념정의가 요구된다. 그리하여 여가는 "개인이 가정, 노동 및 기타 사회적 의무로부터 자유로운 상태하에서 휴식, 기분전환, 자기계발, 사회적 참여를 이루기 위하여 활동하게 되는 시간"으로 정의하고자 한다.

제 2 절 여가와 인접 유사개념과의 관계

여가는 다의적이며 인간생활에 있어서 그것에 수반되는 다양한 활동유형을 포함하고 있다는 점에서 여가와 그것의 인접 유사개념인 레크리에이션, 놀이, 게임, 스포츠 그리고 관광과의 상관관계를 자세히 살펴볼 필요가 있다.

1. 여가와 레크리에이션의 관계

레크리에이션은 본래 라틴어 레크레티오(recretio)와 레크레어(recreare)에서 유래된 말이다. 전자가 '새로운 것을 창조하는' 또는 '새로워지는', 나아가 '회복과 재생'을 뜻한다면, 후자는 '축적'을 의미한다.[26)]

영어사전을 보면 recreation을 '레크리에이션'으로 발음할 경우 휴양, 보양, 기분전환, 오락이라는 뜻이고, '리크리에이션'으로 발음할 경우에는 개조, 재건, 재창조 등을 의미하고 있다. 근원적으로는 재건이나 재창조의 리

---

25) Paul Weiss, *A Philosophical Definition of Physical Education*(St. Louis : C. V. Mosby Co., 1974), p.86.

26) Christopher R. Edignton, et al., *op. cit.*, p.40.

크리에이션에서 파생된 것이나, 오늘날에는 양쪽의 의미를 포함시켜서 레크리에이션으로 많이 쓰이고 있다.

일반적으로 레크리에이션을 위안(慰安), 위락(慰樂)이라고 번역 · 이해되어 사용되고 있다. 즉 레크리에이션은 재창조의 레크리에이션, 기분전환, 소창(消暢), 위로, 즐거움의 뜻을 갖고 있다.[27] 그러나 오늘날의 레크리에이션은 노동을 위한 심신의 피로회복과 기분전환, 정신건강, 인간의 성장과 사회의 안전을 위해 가치가 있다는 개념에서 많은 사람들이 실시하고 있다. 레크리에이션의 개념은 여가중의 활동으로서 개인이나 단체가 활동하는 그 자체에 목적을 갖고 자유롭고 즐거운 것으로 놀이게임, 운동경기, 휴식, 오락, 여흥, 예술적 활동과 취미 등으로 내용과 참가자의 태도, 환경조건에 따라 선택하고 스스로 참여하여 만족과 행복감을 얻는데 목적이 있다고 볼 수 있다.

레크리에이션은 그것이 개인에 의해서건 또는 집단에 의해서건 간에 여가중에 영위되는 활동이고, 그 활동으로 인하여 얻어지는 직 · 간접적 이득 때문에 강제되는 것은 아니며, 그 활동 자체에 의하여 직접적으로 동기(motivation)가 주어진 자유롭고 즐거운 활동이다. 따라서 어떤 것이 레크리에이션이고 아니고는 행위자의 동기나 자극에 달려 있다. 만약 동기가 즐거움이고 개인적인 만족이며, 그것을 행하는 것이 그 자체적인 매력을 가지고 있으면 그것은 레크리에이션인 것이다.

레크리에이션은 인간을 재생시키고 그들의 활력을 회복시키며 노동에서 휴식을 취하고 노동을 준비하게 하는 활동으로서 여가보다는 노동과 더 많은 관련이 있는 바, 그라지아(S. de Grazia)는 이를 "노동으로부터 인간이 휴식을 취하고 기분전환을 하고 노동재생산을 위한 활동"으로 정의하고 있으며,[28] 칼슨(C. Carlson)은 레크리에이션을 "각 개인이 자발적으로 행하여 그 행위로부터 직접 만족감을 얻어 즐길 수 있는 모든 여가의 경험"으로 인식하고 있다.[29]

여가와 레크리에이션의 관계는 전자를 시간개념으로 보고 후자를 활동개

27) 박원임, 「전게서」, p.20.

28) S. de Grazia, *op. cit.*, p.233.

29) Clayne R. Carlson, *Outdoor Recreation in America*(Minneapolis, Minesota : Burgess Publishing Co., 1970), p.8.

념으로 보려는 견해가 지배적인데, 레크리에이션은 재생 및 사회적 편익을 증진하고자 하는 자발적 활동으로서 다음과 같은 특징을 지니고 있다.30)

첫째, 레크리에이션은 육체, 정신 및 감정의 활동을 포함하기 때문에 휴식(rest)과 구별된다.

둘째, 레크리에이션의 동기는 개인적 향락과 만족의 추구이므로 노동의 동기와는 구별된다.

셋째, 레크리에이션은 선택의 범위가 무한정하기 때문에 수많은 형태로 나타난다.

넷째, 레크리에이션은 여가시간에 행해지는 활동이다.

다섯째, 레크리에이션은 자발적 의사에 의해 참여된다.

여섯째, 레크리에이션은 시간, 공간, 인원 등의 제한이 없고 실행과 탐구라는 보편성을 지닌다.

일곱째, 레크리에이션은 진지하며 목적을 가지고 행해진다.

이러한 점에서 레크리에이션은 여가시간에 영위되는 자발적 활동의 총체로서 여가의 하위개념이라고 할 수 있다. 여가와 레크리에이션의 차이점을 좀 더 상세히 살펴보면 〈표 1-1〉에서 보는 바와 같이 여가는 포괄적이고 덜 조직적이며 개인적인 동시에 내적 만족을 추구하는데 비하여, 레크리에이션은 범위상 한정적이며 비교적 조직적이며 동시에 사회적 편익을 강조하고 있다. 또한 여가가 보통 시간의 개념이나 마음의 상태를 말하는데 비하여, 레크리에이션은 공간에서의 활동을 가리킨다. 나아가 여가가 쾌락과 자기표현을 위한 것이라면, 레크리에이션은 활동과 경험의 직접적 결과로서 발생한다. 그리하여 레크리에이션은 시간, 공간적 의미보다는 감정적 상태(emotional condition)를 말한다.31)

---

30) Harold D. Meyer, et al., *Community Recreation : A Guide to its Organization* (Englewood Cliffs, New Jersey : Prentice-Hall, Inc., 1969), pp.34~38 ; Richard G. Kraus, *Recreation and Leisure in Modern Society,* 4th ed.(Glenview, Il : A Division of Scott, Foresman and Company, 1990).

31) John R. Kelly, "Work and Leisure : A Simplified Paradigm", *Journal of Leisure Research*, No. 4, 1972, p.26.

〈표 1-1〉 여가와 레크리에이션의 차이점

여 가		레크리에이션
포괄적 활동범주	←――――→	한정적 활동범주
비조직적	←――――→	조직적
개인적 목적 우세	←――――→	사회적 목적 우세
자유시간	←――――→	자유시간내의 활동
자유 · 내적 만족 강조	←――――→	재생 · 사회편익 강조

자료 : John R. Kelly, "Work and Leisure : A Simplified Paradigm", *Journal of Leisure Research*, No. 4, 1972, p. 26.

따라서 레크리에이션은 넓은 의미에서 이성화된 여가(rationalized leisure)의 형태이며 즐거움의 향유수단이라고 할 수 있다. 일본의 藤本武也는 여가의 선용은 특히 다음과 같은 조건이 만족될 때 비로소 레크리에이션이라고 말하고 있다.

① 여가에 영위되는 활동일 것
② 타로부터 강제되는 것이 아니라 스스로의 흥미, 관심에 준하여 행하는 즐거운 활동
③ 기분전환도 되며 피로회복에 기여할 수 있는 활동
④ 몸이 건강해지고 마음이 풍부해지며 밝고 기쁘게 할 수 있는 활동
⑤ 창의성을 발굴하고 자기표현의 기회가 될 수 있는 활동
⑥ 개인에게나 사회에 있어서 의의 있는 활동
⑦ 생활로부터 얻는 것, 돈벌이 등 다른 목적수단이 아닌 활동 그 자체를 위해 행하여지는 것.[32)]

32) 藤本武也, "最近における勞動者の生活時間構造", 「勞動科學」, 第38巻 第3號, 1962.

2. 여가와 놀이의 관계

놀이(play)는 '갈증'을 의미하는 라틴어 플라가(plaga)와 독일어 스피엘(Spiel)에서 유래된 말로 인간의 본능적이며 무조건적인 요구를 반영하는 행동을 말한다. 놀이는 레크리에이션과 마찬가지로 자유와 만족을 강조하는 개념으로 자유롭고 자발적이며 비예측적인 성격을 지닌다. 놀이는 활동 자체에서 만족감을 찾는 것이어야 하며, 결과나 목적을 지향하기보다는 활동의 과정이나 활동 그 자체가 주는 쾌락이 중시된다.

일찍이 철학자 칸트(I. Kan, 1724～1804)는 "노동이란 활동 그 자체에 쾌락이 없으며 사람들은 노동을 다른 목적을 위해 행하는 것이다. 여기에 반하여, 놀이는 활동 그 자체가 즐거우며 여기에는 다른 목적이 존재하지 않는다"고 하였다. 또 듀이(J. Dewey, 1859～1952)도 "놀이란 그 결과에 대해서는 생각하지 않으며 흥미는 활동 자체에 집중되고 있는데 반하여, 노동에 있어서는 그 목적에 관심이 있고 이것이 수단에 의하여 주어진 노동주의를 지배하고 있다"고 설명하고 있다. 또한, 놀이란 누구나 언제든지 하고 싶은 것을 마음대로 —의식적이건 무의식적이건— 외부의 압력 없이 자발적으로 관여하는 모든 종류의 활동이며, "놀이는 쾌락적이며 만족이 따르는 활동이고, 자발적이며 자유이다. 또한 외부로부터 압박과 강제가 없고 활동하는 태도가 자유로우며 놀이 그 자체가 목적이고 그 자신이 활동을 즐김으로 다른 동기유발이 필요없다"고 정의할 수 있다.

인간의 문화를 놀이의 연속으로 보며, "놀이는 문화보다 우선한다"(play is older than culture)라고 주장한 호이징가(J. Huizinga)는 인간의 본질을 놀이인(homo ludens)으로 규정지으면서, 놀이의 특징을 다음과 같이 제시하고 있다.

첫째, 놀이는 자유롭고 자발적인 활동이다. 둘째, 놀이는 그 자체에 몰두하는 것이다. 셋째, 놀이는 일상적이거나 진실된 것은 아니다. 넷째, 놀이는 시·공간의 경계가 없다. 다섯째, 놀이는 창조적이다. 여섯째, 놀이는 질서와 규율이 있다. 일곱째, 놀이는 불확실성이 있다. 끝으로, 놀이는 사회성과

상징성을 지니고 있다.[33]

이처럼 놀이는 그 자체가 자기표현인 동시에 인간의 본질적인 행동인 것이다. 이와 같은 호이징가의 놀이론은 여가의 문화성을 가장 강하게 강조한 것으로써 오늘날 한층 많은 여가로의 기조를 만들고 있다고 말할 수 있다. 오늘날 여가의 문화성을 설명하는 많은 주장이 늘어난 여가시간에 놓인 대중의 활동을 어떻게 문화적 · 창조적인 것, 혹은 교육적인 것, 유익한 것으로 끌어올리는가 하는 시점에 와 있다. 이에 대해, 호이징가는 "놀이란 인간에 있어서 가장 높은 가치를 가지는 활동이고, 인간의 문화는 놀이 중에서 발전했다"고 주장하고 있다.

호이징가는 놀이의 특성 중에서도 가장 중요한 것은 '놀이의 자유성'이라고 생각한다. 그는 자유로부터야 말로 인간의 근원적인 삶의 분출로써 문화의 기초가 되었다고 생각한다. 물질적인 이해와 관계가 없는 자발적인 활동은 명예와 그것을 위한 경쟁에 연결되고 그것이 문화적 발전의 기초가 된다. 그리고 이러한 놀이는 일상생활의 다양한 구속으로부터 벗어나 자발적으로 받아들여진 규칙하에서 극기, 단련, 예절이라고 하는 요소를 받아들이면서 전개되고 이 중에서 발생하는 긴장과 환희의 감정이 놀이의 본질이 되고 있다. 놀이는 이것들의 요소에 의해 시간적 · 공간적으로 완결된 미학적인 질서를 형성하고, 이 영역이 인간에 있어서 가장 높은 삶의 범주라고 여겨진다.

확실히 호이징가의 이러한 견해는 인간의 근원적인 삶의 충동이 개인 혹은 집단의 주체적인 행위에 의해 어떻게 해서 놀이라고 하는 형식을 부여받았는지를 물은 것으로써, 오늘날 여가의 영역에 있어서의 대량생산적 여가의 범람 중에서 우리들 자신의 여가생활을 어떻게 형성해 가는가라고 하는 문제에 대해 많은 시사를 해 준다.

이와 더불어 호이징가의 학설을 보완 · 발전시킨 카이로와(R. Caillios)는 놀이를 '인간의 본능이며 동시에 문화의 원천'으로 규정지으면서, 그 특징으로 자유로운 활동, 일상권에서 격리된 활동, 과정 및 결과의 불확실성(uncertain), 비생산적 활동, 규칙의 지배, 가상성(make-believe)을 제시하고 있다.[34]

---

33) J. Huizinga, *Homo Ludens*(Boston : Beacon Press, 1955), p.13.

또한 밤멜(G. Bammel)은 놀이의 특징으로 내적 보상, 자발성(voluntary), 쾌락, 몰입성, 자아표현의 수단, 가상성과 도피성으로 규정하고 있다.[35)]

한편, 이은봉(李恩奉)은 그의 「놀이와 축제」라는 책에서 놀이의 특징을 다음의 다섯 가지로 나누고 있다. 첫째, 놀이는 자기목적성을 가진다. 둘째, 놀이는 자발성이 있다. 셋째, 놀이는 시·공간적 격리가 필수적이다. 넷째, 놀이는 고유의 법칙이 따른다. 다섯째, 놀이는 비일상성의 의식이 내재하고 있다.[36)] 이밖에 놀이는 즐거움과 창조적 표현의 정신에 의해 모든 문화에서 이루어지며, 법률이나 종교, 전쟁, 예술, 상업과도 밀접한 관련이 있다.

여가와 관련하여 놀이도 레크리에이션과 마찬가지로 여가활동의 하나로서 인식되고 있다. 모든 놀이는 여가의 한 형태이지만 모든 여가가 전부 놀이의 범주 속에 포함되지 않는다. 브라이트빌(C. K. Brightbill)에 의하면, "동물적 생활이 있는 곳에 놀이가 있다. 사람이 생활해 나가는데 있어 필요한 시간이 곧 여가이고, 이와 관련하여 놀이는 그 여가시간에 스스로의 쾌락을 위하고 무엇인가 자기만족을 위해 자유로이 생활하는 것이다"라고 하였다.[37)]

한편, 여가와 놀이는 양자 모두 내적 만족을 추구하기 위한 자유선택적 활동이라는 점에서 공통성을 지니고 있지만, 이용계층상 여가가 전연령층, 레크리에이션은 성인층의 활동으로 볼 수 있지만, 놀이는 아동의 전형적인 활동으로 보는 경향이 있다.

이상에서 여가와 레크리에이션, 그리고 놀이에 대하여 살펴보았는데, 세 가지 개념간에는 다음과 같은 기준에 의해서 유사성 내지 차별성을 지니게 된다.[38)]

① 자유(freedom) : 놀이는 자유표현이며, 레크리에이션은 자유의 선택이고 여가는 선택의 자유이다.

---

34) Neil H. Cheek, Jr., and William K. Burch, Jr., *The Social Organization of Leisure in Human Society*(New York : Harper & Raw, Publishers, 1977), pp.197～198.

35) Gene Bammel, et al., *Leisure and Human Behavior*(Iowa : Wm C. Brown Company Publishers, 1982), p.42.

36) 이은봉, 「놀이와 축제」, 1985.

37) 日本青年團協會, 「リレクリエ-ション考え方と技術」(東京 : 森元勝寫館, 1969), p.22.

38) George Torkildsen, *Leisure and Recreation Management*, 3rd ed.(London : E & FN Spon, 1992), pp.117～118.

② 자기표현(self-expression) : 각 개념 모두 개인적인 자기표현을 강조한다.
③ 만족(satisfaction) : 놀이는 행위하는 데서 명백한 즐거움과 만족을 느끼게 되며, 레크리에이션과 여가는 모두 다양한 수준에서 만족하게 된다.
④ 질(quality) : 경험의 질은 세 가지 모두에게 중요하다.
⑤ 자율참여(self-initiated) : 놀이는 보통 자율적으로 참여하게 되나, 여가와 레크리에이션은 여러 수단에 의해 나타날 수 있으며, 특히 레크리에이션은 타인지향적이다.
⑥ 비의무성(absence of necessity) : 놀이는 외적 압력을 벗어난 상태이며, 여가나 레크리에이션도 비슷하나, 제도적 환경에 의해서 일정수준의 의무감이 결부되어 있다.
⑦ 재미(playfulness) : 종종 진지하고 긴장할지라도 놀이는 재미가 충만해 있으며, 레크리에이션은 종종 재미있으나 결과지향적이며 경쟁적인 면을 지니고 있다. 그리고 여가는 보다 자유롭고 한가하기 때문에 보다 많은 재미를 보이고 있다.
⑧ 활동분포(any activity) : 어떠한 활동이든 놀이로서의 기능을 할 수 있으나, 어떤 사람에게는 레크리에이션과 여가활동이 별도로 인식되고 있다. 여가와 레크리에이션은 경험에 초점을 두고 있으며, 특히 레크리에이션은 제도적 환경에 의해서 사회적으로 구속된다.
⑨ 경험내용(experiencing) : 세 가지 모두 내적 경험을 추구한다. 놀이는 전적으로 행위에 몰입하는 것이며, 레크리에이션은 개인의 내적 소비경험이라면, 여가는 행위 자체 또는 경험을 위한 자유의 지각이라고 할 수 있다.

3. 여가와 스포츠 및 게임의 관계

스포츠(sports)라고 하면 보통 실제생활에서 벗어난 기분전환이나 만족을 위한 레크리에이션적 모든 신체적 활동을 의미한다. 그 어원은 라틴어의 디스포타레(disportare)라는 말에서 유래하고 있는데, 이것은 '기분전환'이나 '만족'을 뜻하고 있으며, '일상의 일에서 떠난다'라는 의미도 수반하고 있다.

현대사회에 있어서 스포츠는 여가활동의 중요한 형태이다. 그러나 모든 스포츠가 여가에 해당하는 것은 아니다. 어떤 사람에게는 여가이지만 다른 사람에게는 그것이 일이고 교육이거나 자기계발일 수 있다.39) 근래 프로야구나 프로축구와 같은 운동선수들의 행위는 그것의 승패가 경제적 가치를 지니는 것이기 때문에 내적 만족을 추구하는 여가의 본질과는 거리감이 있다. 여가의 본질이 구속성 및 제약성을 배제한 자유 및 심리적인 쾌락을 향유하는 것이라면, 이러한 속성을 지니고 있는 스포츠만이 여가에 포함시킬 수 있는 것이다.

에드워즈(H. Edwards)는 "스포츠란 공식기록이 있어서 역사와 권위를 지니며 경험을 통하여 육체적인 노력을 행하는 활동이다. 또한 공식적으로 조직된 집단의 대표 및 일원으로서 상대방에 대한 승리를 통하여 유형 또는 무형의 가치를 지닌 목표를 달성하고자 경기자에 의하여 행하여지는 활동"으로 정의하여,40) 경쟁적이고 제도화된 형태만을 스포츠로 간주하고 있다.

이와는 달리 켈리(J. R. Kelly)는 개별적이고 비공식적인 활동까지 스포츠의 범주에 포함시키고 있는 바, 그는 스포츠를 "이미 정한 규칙성과 형식하에서 상대방에 대응하는 육체적 노력을 통하여 그 결과에 상대적 평가를 내리는 조직활동"으로 정의하고 있다.41)

이러한 두 가지 견해를 종합하면, 스포츠의 본질은 규칙성, 경쟁성, 육체적 노력, 결과측정 등에 있다는 점을 알 수 있으며, 스포츠의 영역은 공식적인 것뿐만 아니라 비공식적인 스포츠까지 포함하는 것으로 볼 수 있다. 그리고 여가는 선택과 참여의 자유, 그리고 내적·외적인 향상을 본질로 삼고 있다는 점에서 상업화된 프로스포츠를 제외한 대부분의 스포츠는 여가활동의 범주에 포함된다고 할 수 있다.

만일 여가가 상대적 자유, 활동, 본질적 만족이라는 용어로 정의된다면 스포츠는 확실히 참여를 위한 여가인 것이다. 조직화되고 목표지향적인 스포츠의 육체적 훈련은 그 활동이 만족을 주고 특별한 결과를 만들기 때문에

39) John R. Kelly, *Leisure*, 2nd ed.(Englewood Cliffs, New Jersey : Prentice-Hall, 1990), p.189.
40) Harry Edwards, *Sociology of Sport*(Homewood, Illinois : Dorsey, 1973), pp.52~58.
41) John R. Kelly, *Leisure*(Englewood Cliffs, New Jersey : Prentice-Hall, Inc., 1982), p.189.

참여자가 스포츠를 선택한다.

미국의 거트만(A. Guttmann)은 저서 「의례에서 기록으로 : 현대스포츠의 본질」에서 스포츠가 본래 놀이의 일종에서 발전된 것으로 본다. 놀이는 다시 임의적 놀이와 조직적인 놀이에서 게임으로 나누어진다. 이 가운데 조직적 놀이인 게임은 다시 비경쟁적 게임과 경쟁적 게임, 즉 시합경기(contests)로 나누어지며, 시합경기는 지적경기와 신체적 경기로 분리되어지는데, 신체적 경기에서 스포츠가 더욱 확고한 위치를 점하게 된 것으로 보고 있다.[42] 거트만은 스포츠의 성격이 현대사회로 들어오면서 경쟁과 기록(record)을 중시하는 성격으로 바뀌었다고 보고 있다.

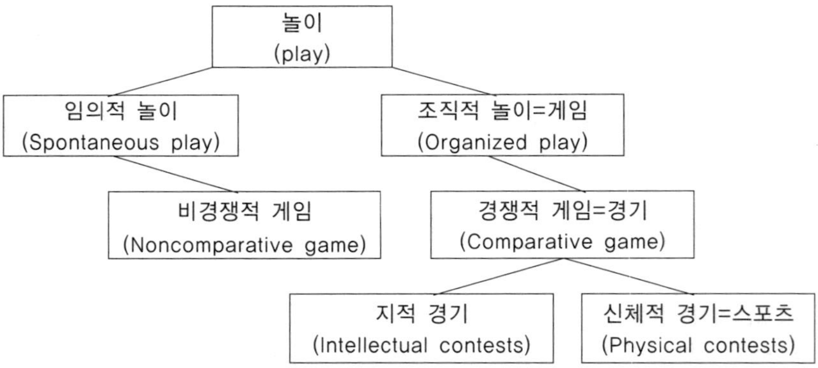

자료 : Allen Guttmann, *From Ritual to Record : The Nature of Modern Sports*, New York : Columbia University Press, 1978.

[그림 1-3] 놀이, 게임, 경기, 스포츠의 진화과정

또 다른 경우, 건강유지를 위한 필요성 때문에 스포츠 활동의 경험과는 관계없이 참여하게 하는 동기를 부여한다. 몇 가지 스포츠는 여가로서의 충분한 자유가 없다. 스포츠에서의 노력과 구조의 결합에 따른 단순한 쾌락은

42) Allen Guttmann, *From Ritual to Record : The Nature of Modern Sports*, New York : Columbia University Press, 1978.

승패나 타인의 평가에 대한 의식을 없애야 여가라 할 수 있고 스포츠는 자유로워야 한다. 다만, 스포츠는 신체적 동작을 주로 하는 활동이며, 건강유지와 경기 및 기록을 중요시한다는 점에서 정신적인 활동까지를 포함하는 여가와는 많은 차이점이 있다.

한편, 여가는 게임과도 관련이 있다. 게임은 독일어의 가만(Gaman)에서 유래된 말로 '기쁨'을 의미한다. 게임은 정상적 노동, 정신적 건강, 그리고 일상적 책임으로부터 떠나 휴식을 취하는 활동으로 광의의 관점에서 보면 놀이와 마찬가지로 문화의 실마리(culture clue)가 되며, 인류문화의 운명은 인간의 게임선택과도 밀접하다고 할 수 있다.

게임과 놀이는 서로 혼용되고 있지만, 양자 모두 여가의 한 가지 유형으로서 분명한 차이점을 가지고 있다. 놀이가 보다 본능적이며 자유스럽고 아동적인 여가활동이라고 한다면, 게임은 보다 고도의 구조적·조직적·규칙적인 여가활동으로서,[43] 나아가 경쟁적 갈등상황(competitive conflict situation)까지도 내포하고 있다. 따라서 여가활동으로서의 게임은 협동적인 상호작용이나 또는 경쟁을 수반하게 되지만, 승패나 승부는 그 사람의 사회적 지위와는 관련이 없다.

4. 여가와 관광의 관계

관광은 일상생활의 단조로움을 떠나 생활환경의 변화를 바라는 인간의 기본적 욕구를 충족시키기 위한 일시적 이동이며, 타지역의 문물과 풍경을 접하고 즐김으로써 정신적·육체적인 상태를 새롭게 하는 행위이다.

관광(tourism)의 어원은 중국에 있어 주(周)시대의 「역경」(易經)의 '관국지광'(觀國之光)과 라틴어의 '터너스'(turnus)에서 유래되었는 바, 전자는 관광의 목적(본다는 의미)을 뜻하는데 비하여, 후자는 관광의 행위(움직인다를 의미)를 뜻하고 있다.

통상 관광은 일상생활로부터의 일시적 이동(temporary movement)이 가장

43) Jeorge Torkildsen, *Leisure and Recreation Management*(London : E. & F. N. Spon, 1983), p.17.

큰 속성으로 여겨지고 있는데,[44] 이는 관광이 여가시간 내의 장소이동에 따른 현상임을 나타내 주는 것이다. 또한 여가가 개념상 비경제적 목적으로 이루어지고 있듯이, 관광이라는 것도 타지역의 방문시 경제적 이익을 수반해서는 안되며, 시간과 금전의 지출이라는 특징을 지니고 있어 여가와 일맥상통하고 있다.

또한 관광을 일상생활의 하나로서 비일상권 내의 레크리에이션, 즉 야외레크리에이션(outdoor recreation)과 동일시하려는 경향이 일반적인 추세인데, 이에 따라 관광은 개인의 여가시간 중에서 감상, 지식, 체험, 휴양, 참가 및 정신의 고무적 활동을 구하는 인간의 기본적 욕구를 충족하기 위한 행위 가운데 일상생활을 떠나서 다른 자연, 문화 등의 환경 아래에서 행하게 되는 행동을 말한다. 많은 종류의 여가여행 중에서 가장 일반적인 것들은 다음과 같다.

① 목적지를 결합시킨 다목적 휴가여행
② 다목적 여행
③ 여가기회와 여가관련성을 포함하는 사업여행
④ 위락목적지로 가는 주말여행
⑤ 가족과 친구를 방문하는 주말여행
⑥ 위락목적지로 가는 당일여행
⑦ 가족이나 친구를 방문하는 당일여행
⑧ 주로 드라이브 자체만을 위한 당일여행
⑨ 위락지역이나 프로그램에 참여하는 시내여행
⑩ 여가를 준비하는 시내여행 : 장비구입 및 수리, 이후 행사를 위한 준비
⑪ 별장 또는 시간공유 시설(콘도)로 가는 여행

그리고 여가와 관련시켜 볼 때, 관광은 사람이 기분전환을 하고 휴식을 취하며, 또한 인간생활의 새로운 국면이나 미지의 풍경을 접합으로써 경험과 교양을 넓히기 위하여 여행을 한다든가, 정주지를 떠나 체재함으로써 성립되는 여가활동의 일종이다.

최근 들어 여가에서 추구하는 가치가 변화하면서 관광의 내용도 고차원

44) A. J. Burkart and S. Medlik, *Tourism : Past, Present and Future*(London : Heinemann, 1974), p.311.

적으로 변모하고 있다. 여가의 유형을 수평적인 관점에서 휴식, 기분전환, 그리고 자기계발로 분류할 수도 있지만, 이들 유형은 일련의 수직적인 서열과 가치를 가지고 있다. 그동안 여가에서 추구되어진 가치들은 휴식형→기분전환형→자기계발형의 3단계로 이어지고 있으며, 이러한 여가행태는 관광에도 적용되어 관광의 내용에 변화를 주고 있다. 즉 관광행동도 쉬고 보는 관광형(수동적)→하는 관광형(행동적)→만드는 관광형(창조적)으로 진화하고 있는 것이다.[45] 우리나라의 최근 관광동향도 세 번째 단계에 진입했다고 할 수 있다.

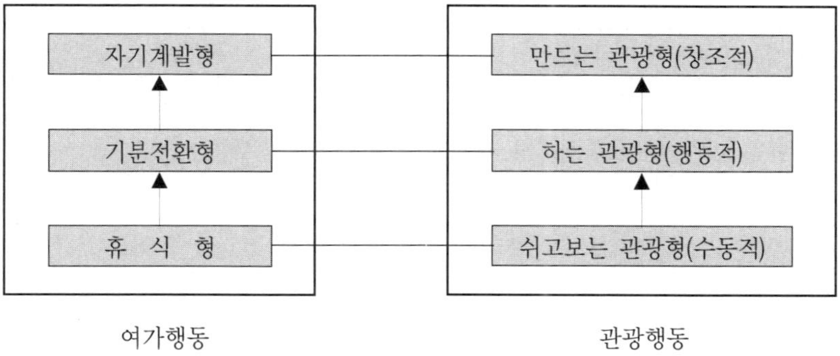

[그림 1-4] 여가와 관광의 시대적 추이와 유사성

그리고 〈표 1-2〉에서 보는 바와 같이 관광은 여가활동의 하나지만, 레크리에이션보다는 공간적으로 광범위하고 시간의 제약이 덜하며, 시설이 비교적 고급수준이며, 경제적 행위의 대상이 되며, 시장의 범위가 크다는 점에서 상대적으로 더 조직적인 여가활동현상으로 볼 수 있다.

따라서 관광은 영리추구와는 관계없이 휴식, 기분전환, 자기계발 등을 목적으로 여행하는 가운데 방문지의 인적·물적 측면과 접촉하려는 자유선택적 활동이다.

이상에서 여가의 속성과 인접 유사개념과의 관계 및 차이점을 살펴보았는데, 여가를 제외하면 이들 유사개념 중 어느 하나도 전체를 포괄하지 못한다. 따라서 여가는 인간의 즐거운 활동을 전체적으로 포괄하는 상위개념으로 볼 수 있

45) 瀨沼克彰, 「餘暇と地域文化創造」, 東京 : 學文社, 1995, p.65.

으며, 특히 여가의 시간적 속성이 그러하다. 그리고 여가를 제외한 나머지 활동의 총체적 결합은 휴양활동(vacation) 또는 휴가활동(holiday-making)이라고 할 수 있다.

〈표 1-2〉 레크리에이션과 관광의 차이점

구 분	레크리에이션	관 광
대상선택	거주지로부터 이용대상의 시·공간적 범위가 제약	공간적 이용대상의 선택범위가 광역적
시간	비교적 단기적임	중·장기적임
시설의 질	비교적 저급수준	비교적 고급수준
성격	후생적 대상	경제적 행위의 대상
시장범위	대개 거리의 한계성 지님	범위가 무제한

제2장 여가의 역사

제 1 절 세계의 여가발전사

1. 원시시대의 여가

문명은 여가와 함께 시작됐다고 볼 수 있다. 인류가 지구상에 존재하고부터 백만년의 시간이 흐르고 있다고 한다. 그러나 그 시간의 대부분에 있어서 인류는 아직 다른 동물과 같이 완전히 자연 속에 파묻혀 살아가고 있다. 인류는 일찍이 불을 사용하고 도구를 만들어 짐승을 잡고, 나무의 열매를 모아 취락생활을 했다. 그러나 수렵·채집경제 단계에 있어서는 생산의 잉여는 적고, 여가는 있다고 해도 휴식과 놀이로 시종일관하고 고도의 문명을 이루지는 못하였다.

인류가 정주해 농경을 하고, 생산물을 비약적으로 증대시키는 단계에서 참된 잉여와 여가가 생겼다. 농경은 집단의 노동(관개와 경작)을 필요로 했기 때문에 가족은 통합되고 큰 공동체가 이루어졌다. 생산물의 잉여를 토대로 한 전문적인 제사장이 출현하고 예의범절과 종교가 갖추어진 가지각색의 예능도 만들어졌다. 제사장은 이윽고 지배계급으로써 민중의 위에 군림하고, 국가를 만든다. 그들은 날마다 '제사'가 일이고, 생산노동으로부터 벗어나 여가를 독점했다.

이러한 원시시대란 규모가 작고 사회적 통합 내지 분화가 비교적 결여된 단순사회(simple society)를 말한다. 원시시대에 대한 기존의 연구자료를 보면, 이들 사회에 대하여는 여가라는 용어를 적용하기가 합당하지 않다. 그것은 구석기 및 신석기 시대에 있어 여가라고 하는 것은 일하는 가운데 틈틈이 휴식을 취하거나 또는 의식에 참가하는 정도였다. 그리하여 노동과 여가가 뚜렷하게 구분되지 않았고 상품생산, 가정생활, 자녀교육, 의례, 애정적 표현, 음악과 춤, 사회질서의 유지와 같은 활동간에도 분명한 구분이 없었다. 그 결과 원시인의 여가는 놀이의 단순한 자기표현일 뿐만 아니라 노동의 가치창조와 결합되어,[46] 노동인 동시에 놀이의 형태를 띠었다.

모든 단순문화가 복합적인 문화로 발전해 나가는 것은 아니며 단순문화라고 해서 모두 동일한 것은 아니다. 단순문화사회에서의 여가는 자원의 풍요로움이나 희박함과 밀접한 관계가 있다. 단순한 사회체계에서는 일과 여가의 분리는 거의 이루어지지 않았다. 생산, 가정생활, 자녀양육, 음악과 무용, 감정표현, 사회질서유지 등과 같은 활동에 명확한 한계없이 생활했던 것으로 보인다. 일과 놀이, 가정과 일터, 의무와 선택의 명확한 구분은 없었다. 우리가 노동이라 부르는 의무(necessity)와 여가로 부르는 자유의 요소에는 일종의 리듬적인 흐름의 생활이 있었는데, 일상생활에서 상호 분리되지는 않았다.

또한 단순사회에서 여가가 존재하기 위해서는 적어도 다음 끼니 걱정은 하지 않아도 될 만큼의 상대적 풍요가 요구된다. 어느 정도의 선택, 어느 정도의 의무에서부터의 휴식, 어느 정도로 지역사회의 공유(sharing of community)를 허용할 만큼의 경제적 기반이 있어야 한다.

여가의 형태가 매우 다양한 오늘날과는 달리, 단순사회에서의 여가는 이용가능한 자원과 문화 그 자체에 의해 아주 제한적이다. 단순사회는 가치, 신념, 실제에서 개인간의 많은 차이점을 허용하는 경향이 있다. 그러나 그러한 문화들 사이에서 여가는 아주 다르게 나타난다.

---

46) C. Weight Mills, *White Collar*(New York : Oxford University Press, 1970), p.222.

사냥과 채집과 농경의 사회에 여가의 개념을 적용시키기는 쉽지 않다. 분명 일과 여가간에 확실한 선을 긋기가 힘들다. 크로스(G. Cross)가 관찰한 대로,[47] 대부분의 전산업 시대의 여가는 불규칙적이었고 종종 반년에 한번의 휴일이나 축제로 이루어지기도 했다. 여가는 낮 시간들에 의해 제한되거나 성차별화되거나 때때로 엄격한 법과 사회규범에 의하여 일시적으로 중지된 시간으로 간주되기도 하였다.

예를 들어 마오리(Maori)족의 문화를 연구한 스텀프(F. Stumf)와 코젠스(F. Cozens)의 보고에 따르면,[48] 그들의 경제생활의 모든 면이 여가의 요소로 특성지워진다. 낚시를 하거나 새를 잡거나 밭을 경작하거나 집이나 카누를 만들 때, 레크리에이션으로 분류할 행동들이 두드러진다. 노래하고, 크게 이야기하고, 웃는 것 등의 행동은 또한 아프리카와 다른 곳에서 발견되는 공동작업의 형태이다. 이 사회에서는 레크리에이션과 여가의 요소가 있을 뿐만 아니라 약간은 우리의 것보다 더 많은 총 여가시간이 사냥, 채집, 농경의 경제활동에 나타나기도 한다.

오늘날 아프리카에 잔존하는 단순사회의 대표적 예인 부시맨족(bushiman)에 대한 웍스(R. H. Wax)의 연구를 보면, 부시맨은 생활 그 자체가 일인 동시에 놀이임을 엿볼 수 있으며, 그들 생활 중 어떤 것이 일이고 어느 것이 여가인지를 식별할 수 없다.[49] 원시인의 여가는 때때로 신을 만족시키기 위한 수단을 제공하거나 종족의 단결과 사기를 높이며 미학적 쾌락을 제공하는 오락적 형태를 취하였다.

원시사회에 있어 샤만(shamans)이나 마법사(witch doctors)를 정상적인 노동자에서 제외시켜 이들을 원시형태의 여가계급으로 보는 견해도 있으나, 전반적으로 이 시기는 생산활동이 생활 그 자체였던 사회상황이었기 때문에 노동에서 여가가 분리되지 않았으며, 그들의 제례의식이나 종교적 행사

---

47) G. Cross, *A Social History of Leisure since 1600*(State College, PA : Venture Publishing, Inc., 1990).

48) F. Stumf, and F. Cozens, "Some Aspects of the Role of Games, Sports and Recreational Activities in the Culture of Modern Primitive People", *Research Quarterly*, 18 : 1, 1947.

49) R. H. Wax, "Freetime on Other Culture", in W. Donahue, et al., *Free Time : Challenge to Later Maturity*(Ahn Arhor : University of Michigan Press, 1958), p.4.

에서도 노동과 여가가 함께 연결되었다.

원시적인 형태에 있어서는 현재 우리들이 여가라고 부르고 있는 것은 주술이라든지 종교, 문화라고 하는 것과 구분하기 어렵게 연결되어 있고, 이것들이 혼연일체가 되어 존재하고 있었다고 생각할 수 있다. 사람들의 정신생활에 있어서 성스러운 요소와 오락적인 요소는 서로 침투적인 성격을 지니고 있고, 엄숙한 의식이 용이하게 오락으로 전이되고, 또 오락이 때때로 사람들을 종교적인 도취로 이끌었다고 상상할 수 있다. 이것은 많은 유희가 종교적인 의식으로부터 파생되었다는 사실로부터도 엿볼 수 있다.[50]

이상에서 원시시대의 여가에 대하여 살펴보았는데, 이 시기는 여가가 독자적인 사회적 행동양식을 형성하지 못하였기 때문에 여가에 대한 의식이나 개념의 형성이 결여되어 있었다. 다만, 이들 사회에 있어서 여가가 가졌던 주요한 기능은 다음과 같다. 첫째, 쾌락적 · 향락적 효력과 함께 이완적 또는 회복적 기능을 지니고 있었다. 둘째, 사회적 관계에서 개인간 또는 집단간 쌍방의 안전과 결속을 조정하는 효력과 동시에 갈등과 침해, 적대성 등의 강한 감정에서 탈출구 역할을 하는 치료적 · 승화적 기능을 지녔다. 셋째, 개혁과 자기표현을 지향하는 창조의 기능을 지녔다. 넷째, 어린이와 어른 간의 학습과 관습형성을 조장하는 전달적 기능을 지녔다.[51]

2. 그리스 · 로마시대의 여가

1) 그리스시대의 여가

여가라는 것이 자유시간 이상의 것이 되어야 한다는 사고는 고대 그리스시대부터 비롯된다. 그리스시대의 여가는 소수 특권층에 편중된 것이어서 문화의 창조에 기여하도록 여가를 소비하였고, 또한 자유인이 누리는 것으로 생각하였고, 이를 활용하는 능력을 전 생애의 영광으로 인식하였다. 그리하여 이 당시의 여가는 자유시간(freetime)의 의미 이상의 자기수양

---

50) 熨斗隆文, 「現代の餘暇」(東京 : 日本經濟新聞社, 1974), pp.39～40.
51) 한국관광공사, 「여가사회의 여행」(서울 : 한국관광공사, 1977), pp.25～26.

(self-cultivation)과 스쿨링(schooling)에 초점을 두었다.

또한 여가는 시민에 있어서는 '학문을 하고, 사색하고, 명상하는 것'이고, 지식과 행복을 얻는 것이고 그것에 의해 시민으로서의 생활을 실현하는 장이었다. 여가는 인간적인 가치를 추구하는 인간에 있어서 가장 귀중한 활동이라고 생각할 수 있고, 훌륭한 학식과 스포츠에 있어서의 멋진 기량을 보이는 것은 훌륭한 시민으로서의 자격이 되었다. 그리스 시대에 있어서 여가라는 것은 개인적인 향락과는 확실히 구별되고, 대부분의 시민생활과 같은 의미였다고 할 수 있을 것이다.52)

플라톤(Plato, B.C. 427~347)과 아리스토텔레스(Aristotle, B.C. 384~322)는 둘 다 여가의 중요성을 강조하였다. 여가 자체가 목적이며, 자유로운 인간이 되기 위한 의미의 중심적 요소라고 하였다. 플라톤은 사색과 명상, 철학, 자기계발을 위한 시간은 행복을 위해 필요하며, 이러한 시간이 곧 여가라고 하였다. 즉 여가는 자아계발과 표현을 위한 자유로운 시간인 것이다. 아리스토텔레스는 여가는 일에서의 의무로부터 자유로운 시간이며 여가계급은 올바르고 현명한 정부를 만들기 위해 지지되어야 한다고 하였다. 여가의 내재적 만족을 강조하였으며, 여가는 본질적으로 선한 것이며, 가장 고귀한 인간의 활동이라고 하였다.

〈표 2-1〉 그리스 시대의 여가관

구 분		여가계급	노동계급
문학 속에 나타난 인생관		호메로스 (상류계급의 세계)	헤시오도스 (서민계급의 세계)
플라톤의 철인정치구조		(1) 통치자, (2) 전사	(3) 생산자
아리스토텔레스의 차별의식	국가구성	(1) 시민	(2) 노예, 농민
	권 리	시민권, 재산권	시민권 없음
	생 활	여가, 평화	일, 전쟁
		관조적 생활 내적 활동 창조적 생활	실천적 생활 육체적 활동 천박한 생활
가치의식		미, 쾌락	속박, 필요

자료 : 篠田基行, 「レクリェ-ション哲學」(東京 : 逍遙書院, 1975), pp.71~72.

52) 熨斗隆文, 「現代の餘暇」(東京 : 日本經濟新聞社, 1974), pp.37~38.

〈표 2-1〉에서 보는 바와 같이 그리스 시대의 여가는 엄격한 계급간 차별을 두었으며, 이는 그 당시의 대표적 철학자들의 사상에서 엿볼 수 있다.

먼저 플라톤(Plato)은 여가를 '자기계발과 자기표현을 위한 자유로운 시간'[53]으로 규정한 반면, 아리스토텔레스(Aristotle)는 '노동의 필요성으로부터의 자유'로 인식하고 있는데, 결국 이들 두 가지 견해를 종합하면, 여가는 '무엇인가로부터의 자유'(freedom from~)인 동시에 '무엇인가를 위한 자유'(freedom for~)임을 뜻하는 것이다.

특히 아리스토텔레스는 인간의 생애를 일과 여가, 전쟁과 평화로 양분하고 여가와 평화를 위하여 일과 전쟁을 해야 한다고 주장하고 있는데, 이는 여가를 삶의 목적으로 보고 일은 그 목적을 위한 수단으로 인식하려는 것이다. 또한 그리스인들은 노동에 대해서는 삶을 위한 필요악이며, 따라서 여가를 독점하였던 엘리트 계급들은 노동을 하지 않아야 하는 것으로 인식하였다.[54]

또한 그리스인들은 여가를 시간이 자유로울 때 향유하는 것이므로 개개인에게 여가기회 및 시설을 제공하기 위해서는 좋은 국가가 존재하여야 한다고 생각하기도 하였다.[55] 이러한 사조에 비추어 볼 때, 그들은 독특하게 여가윤리를 발전시켰으며, 공공여가시설의 건설을 통하여 공공적 여가가 성행하였다.

2) 로마시대의 여가

로마시대에 들어서서는 군사정복에 의하여 부유하고 강력한 국가를 형성하였고, 로마를 농업 민주정에서 계급구조를 지닌 도시국가로 변화시켰다. 로마인들은 많은 자유시간을 가지면서 전성기인 A.D. 345년에는 풍부한 노예경제에 힘입어 연간 200일 정도의 휴일을 즐겼다.

로마인들이 그리스인들과 마찬가지로 여가를 위해 개발하고 계획하긴 했

53) John R. Kelly, *Leisure*(Englewood Cliffs, New Jersey : Prentice-Hall, Inc., 1982), p.38 ; G. Godbey, *Recreation and Leisure Services*(Philadelphia : W. B. Saunders, 1978), p.8.
54) C. W. Mills, *op. cit.*, p. 222.
55) S. de Grazia, *Of Time, Work and Leisure*(New York, N. Y. : Twentith Century Fund, 1962), pp.13~14.

지만 학식과 탐구보다는 법률과 전통을 강조하여 여가에 대해 다른 의미를 부여했다.[56] 여가는 창조보다는 소비의 의미로, 지식과 탐구보다는 법과 관습, 최고의 선이기보다는 정치적 수단으로 간주되었다. 수세기 동안 여가는 참여의 문제보다는 준수의 문제로 되었으며, 이 경향은 로마에서 두드러졌다.

대중오락 형태의 여가는 대중의 관심을 다른 곳으로 돌려 정치구조와 지배계층을 보호하기 위하여 제공되었다. 이때 볼거리는 대중에게 의미있는 방향을 제시하지 아니하였고, 사회의 생산적 분야에 더 이상 참가하지 않도록 폭력을 가하여 피로 물들고 위험한 것들에 둘러싸이게 되었다.[57] 이러한 로마에서 대중소비적 여가는 공공의 수요에 대한 대응으로서 일어난 것이 아니라 정치적 도구로 이용된 것이었다.

부유한 지배계층은 점점 더 대중과 구별되어져 그들을 위한 여가시설들이 증가하였다. 그들은 도심의 가장자리에 정원과 사냥터를 가지거나 때때로 휴가를 위하여 해변휴양지를 소유하였다. 로마에서는 그리스 시대보다 스포츠와 육체적 기술(physical skill)을 강조하였으며, 공공여가의 전통이 발전되어 목욕탕, 옥외극장, 운동장, 공원, 경기장 등이 모임, 축제, 정치적 토론을 위한 장소로 제공되었다. 로마제국이 번창함에 따라 부유한 지배층과 대중은 점점 분리되었다. 부유층에게는 개인적인 여가장소와 각종 사치시설이 극도로 발달하였고, 일반대중에게는 대중여가시설이 발달하였다.

800개가 넘는 목욕탕, 호전적 성격의 스포츠, 전차경기, 원형경기장 등이 로마시민들을 위해 제공되어졌으며, 지배계급을 위해서는 다양한 형태의 사치스러운 유흥·오락이 발달하였다. 대중들에게 정치적·경제적·사회적 참여의 기회는 권력과 부의 집중에 의해 점점 감소하였고, 대중여가는 공공행사와 많은 구경거리로 제공되었다.

로마시대의 대표적인 철학자인 키케로(Marcus T. Cicero)는 플라톤적인 유심론의 세계를 기본사상으로 하여 오락·여가를 심신의 건강과 생활의 충실을 기하는 유일한 활동으로 인식하였으며, 영혼에 대한 학습양식을 거행하는 가장 고귀한 활동으로 보았다.[58] 또한 아리스토텔레스의 여가관을

---

56) J. R. Kelly, *Leisure*, 2nd ed.(Englewood Cliffs, New Jersey : Prentice-Hall, 1990).
57) *Ibid.*, p.108.

기본사상으로 하여 순수한 지적 예지를 수용하여 자유의 의식을 강조한 세네카(Lucius Annaeus Seneca)는 생활의 형태를 크게 태만의 시간, 공무의 시간, 철학의 시간으로 나누고, 이 가운데 철학의 시간을 순관조적 생활로서 선과 행복을 추구하는 여가활동으로 인식하였다.[59]

〈표 2-2〉 세네카의 생활형태 분류와 가치서열

분 류		아리스토텔레스		
		향락적 생활	정치적 생활	순관조적 생활
세네카	태만의 시간	쾌락(비여가)	–	–
	공무의 시간	–	명예, 부(비여가)	–
	예지, 철학의 시간	–	–	선, 행복(여가)

자료 : 篠田基行, 「レクリェ-ション哲學」(東京 : 逍遙書院, 1975), pp.71～72.

그러나 로마인들은 여가가 부여해주는 학습과 창조보다는 법률과 관습을 강조하였으며 주로 소비적인 여가가 성행하였다. 또한 그들은 여가를 고귀한 인간행복을 위한 것보다는 정치적 도구로 이용하였다. 당시 로마인들은 여가를 위한 계획을 하고 시설을 개발하였으며, 주로 공공시설물이 많이 개발되었다. 그리하여 로마에는 목욕탕, 야외극장, 스타디움, 공원, 놀이터 등의 건설이 두드러졌으며, 사교활동의 장소로서 대중목욕탕(public bath)이 유명하였다.

로마인에 있어서 여가의 중요성은 그리스인의 그것보다 그다지 높지 못하였다. 고대 그리스의 스콜레와 같은 가치지향적 혹은 규범적인 성격은 완전히 상실되어 있다.[60] 그리고 로마인들은 여가를 노동을 위한 적응의 의미로 파악하여 심미적이기보다는 실용적 색채를 지니게 되었다. 반면, 대중적 현상을 보인 로마시대의 여가는 참가(participation)에 의의를 두기보다는 소비

58) Larry C. Loesch, et al., *Principles of Leisure Counselling*(Minnesota, E. M. C., 1982), pp.5～6.
59) 篠田基行, 「前揭書」, p.72.
60) 熨斗隆文, 「現代の餘暇」(東京 : 日本經濟新聞社, 1974), p.43.

에 더 큰 의의를 부여하였기 때문에 로마몰락의 중요한 원인으로 작용하기도 하였다.

3. 중세의 여가

A.D. 300~1000년간의 중세초기를 소위 여가의 공백기(dark age)라고 부른다. 이 시기에 로마의 몰락과 가톨릭의 전파는 여가에 많은 영향을 주었다. 가톨릭교회는 생활의 목적이 내세(next life)를 준비하는 것이라 가르치며,[61] 근면한 노동과 명상(contemplation)을 중시하였다. 여가의 내면적 가치를 중요시한 아리스토텔레스의 철학은 중세까지도 그 영향을 주어 중세초기에는 여가의 궁극적 형태가 구원을 추구하는 명상으로 인식되기도 하였다.

종교와 여가관계의 역사는 간단한 것은 아니다. 기독교적 신비주의에서의 명상적 이상은 신성하게 묵상하는 여가가 최상의 선이라고 주장한다. 〈창세기 3장〉에서의 창조설은 인간을 하나님과 자연과 그리고 서로의 교섭을 위해서 창조된 것으로 묘사하고 있고 일은 그 교섭을 어긴 벌로서 주어졌다고 한다. 그리하여 가톨릭교회는 대부분 여가활동을 통제하였으며, 절도있는 생활속에서 가톨릭의 종교적 질서에 관련된 여가는 종교의식 및 주일과 공존하였고 교회의 광장이나 촌락의 공유지인 광장을 중심으로 축제가 열렸다.

그리스인과 로마인들은 노동에 가치를 두지 않았지만 기독교의 출현은 그 태도를 변화시켰다. 원죄의 개념은 노동을 필요하고 또 바람직한 것으로 만들었다. 서구세계에서 처음으로 수도원을 세운 성 오거스틴(St. Augustine)은 원죄설뿐만 아니라 예정설을 믿었다. 그는 인간이 지옥 또는 천국으로의 예정된 운명을 바꿀 수 없다고 주장했지만,[62] 1000년 후에 마르틴 루터(Martin Luther : 독일의 종교개혁자, 1483~1546) 와 칼뱅(John Calvin : 프랑스 종교개혁자, 1509~1564)은 프로테스탄티즘(Protestantism)이

61) George Torkildsen, *Leisure and Recreation Management*(London : E. & F. N. Spon, 1983), p.164.

62) T. Goodale, and G. Godbey, *The Evolution of Leisure : Historical and Philosophical Perspective*(State College, PA : Venture Publishing, Inc., 1988), p.3.

라는 새로운 구원의 방법을 주장했다.

베네딕트(Saint Benedict : 이탈리아의 수도사 480~543)와 같은 많은 수도인들은 그들의 인생을 지속적인 노동의 장으로 만들었고 게으름은 영혼의 적으로 간주했다. 베네딕트의 "일하라, 실망하지 말라"는 경고는 유럽 전반에 걸쳐 수도생활의 모델이 되었다. 수도생활은 점차 해시계와 시계에 의해 조절되었다. 생활은 시간대별로 나뉘었고, 벨이 울리면 수도사들은 종소리를 들었고, 생활이 점점 더 시간대별로 세분화되어졌다. 인간의 행동이 통제된 근대적 생활의 기원을 기독교 수도원으로 거슬러 가 볼 수 있을 것이다.[63]

한편, 종교가 이룩한 이러한 왕국은 제후와 기사가 봉토를 중심으로 쌍무적 주종관계를 형성한 봉건제도하에서 영주가 있는 폐쇄적 장원들 속에는 영주 등 귀족들은 천민계급에 의한 생산물로 부양되었으며, 봉건적 사회인들에게는 계급의 격차가 심하게 나타나 여가활동에도 큰 영향을 주었다. 이 시기에 귀족, 승려 및 기사를 여가계급으로 규정한 베블렌(T. Veblen)은 이들의 여가행태를 과시적 소비, 소비적 낭비, 금전경쟁 등으로 표현하고 있다.[64] 또한 이 시기의 기사도(knightship)는 기사로서 지켜야 할 절도와 기(氣)를 말하는데, 당시 기사들은 신체적 훈련을 위하여 승마술, 기마경기, 검술, 창술, 달리기, 뛰기, 투석, 힘겨루기 등을 행하였다.

또한 중세의 특징으로서 손꼽을 수 있는 것은 도시의 발생과 길드(guild)의 등장이다. 장원과 노예의 봉건적 제도에도 독립적인 상인, 수공업자들을 중심으로 형성된 초기 도시인들은 영주에 대항하는 자유분위기를 진작시켜 참다운 인간위주의 여가생활을 전개할 수 있도록 시설을 건설하고 행사를 개최하였다.

그러나 이 '금욕의 중세'는 사람들의 생활 속에서부터 인간의 '쾌락과 놀이'를 완전히 부정한 '암흑의 중세'였던 것만은 아니다. 노동을 축으로 한 매일매일의 절도 바른 경건한 생활을 설명한 중세 가톨릭교회의 가르침 중에서 놀이는 생활의 질서에 종속되어진 것에 의해, 역으로 민중의 일상생활의 질서 속에 편입되고 안정된 위치를 획득하게 된다. 또 수많은 축제일에

63) John R. Kelly, and G. Godbey, *The Sociology of Leisure*(State College, PA : Venture Publishing, Inc., 1992), pp.34~35.

64) Therstein Veblen, *The Theory of Leisure Class,* 2nd ed.(New York, N.Y. : New American Library, 1953), p.43.

는 사람들은 일상의 속박에서 해방되고, 마음껏 그들의 에너지를 발산할 수 가 있었다. 이러한 놀이는 일상생활의 질서를 유지하는 것으로서 허용되었던 것이고, 여기에서는 놀이에는 명백히 레크리에이션으로써의 역할이 주어지고, 여기에 이미 근대 공업사회에 있어서의 노동의 보완물로서의 '여가 및 레크리에이션'의 원형이 나타났다고 생각할 수 있다.[65]

이상에서 중세의 여가생활에 대하여 살펴보았는데, 중세인들은 집단적 여가행태를 보인 그리스나 로마시대와는 달리 종교적으로 개인중심적 여가패턴을 유지하였고,[66] 노동은 신성하고 여가는 세속적인 것으로 간주함으로써 인간의 본질을 놀이인(homo ludens)에서 공작인(homo faber)으로 변질시키는 결과를 가져왔다.

4. 르네상스·종교개혁기의 여가

14세기경부터 16세기까지의 기간은 가톨릭의 권위가 약화되고 유럽 각국은 강력한 제후 및 그 추종세력에 의하여 지배되기 시작하였다. 종교적이고 여가공백생활의 중세에서 뛰어넘어 유럽의 문화를 꽃피우고 낭만적인 요소를 만연케 한 계기가 된 것은 르네상스(renaissance), 즉 문예부흥이었다.

어떤 면에서 르네상스는 역사적 평행선 위에서 종교개혁과 상반된 운동이었다. 그렇다고 단순히 종교와 대립되는 것으로 르네상스를 보는 것은 옳지 않다. 그림, 조각, 음악, 드라마와 같은 오락예술적 유산은 가톨릭교회에 의해 발전되었다. 예술에서는 종교와 인본주의 사이에 뚜렷한 분리는 불가능하다. 르네상스 기간에 예술적 발전은 가톨릭과 청교도와 성(聖)과 속(俗) 사이의 경계를 흐리게 했다.

르네상스 시대에 계속 추구되었던 주제는 여가시간 창조에 관한 것이었다. 인간의 잠재력 개발분야에 많은 철학자들이 여가활동을 포함하였다. 당시 라블레(F. Rabelais, 1490～1553)는 게임과 신체적 운동, 노래, 춤, 그림 그리고 다른 교육적 기술을 강조했다. 영국의 철학자 존 로크(John Locke,

65) 熨斗隆文, 「現代の餘暇」(東京 : 日本經濟新聞社, 1974), pp.45～46.

66) J. Allan Patmore, *Recreation and Resources*(Oxford : Basil Blackwell, 1982), p.7.

1632~1704)는 어린 아이들의 놀이가 학습과 좋은 습관형성을 위해 지도되어야 한다고 생각했다.

르네상스 동안 유럽의 도시는 공원과 축제행사를 위한 공간을 포함하도록 계획되었다. 런던에는 켄싱턴 가든(Kensington Gardens)과 같은 큰 공원들이 18세기 대중들에게 제공되었다. 이런 공원과 정원들은 크기와 설계가 다양하였다.

고대 그리스와 로마시대의 고전을 통하여 새로운 인간생활과 문화를 건설하려는 르네상스는 중세에서 근세사회로, 그리고 봉건사회에서 도시의 개인주의사회로 연결하는 중대한 변혁기였으며, 그리스적 신체훈련과 도덕적·정신적 수양이 여가생활에 있어서도 강조되었다.

르네상스 시대의 여가활동은 주로 자기계발과 지적인 욕구충족을 위한 수단으로 인식되었는데, 이것은 오늘날 균형된 생활을 강조하는 건전한 여가생활의 추구와 유사한 것이다. 이 시기에 귀족 및 왕조의 후원하에 문학, 드라마, 음악, 미술, 발레 등의 활동이 권장되었고, 극장 및 오페라하우스의 건설과 함께 교양적인 여가시설이 증가하였다.

호이징가(J. Huizinga)는 이 시대를 '놀이의 황금시대'로 평가하고 있으며 르네상스는 놀이의 두 가지 이미지, 즉 전원생활과 기사생활을 최고도로 구체화시켰다고 보고 있다.[67] 르네상스는 금욕의 중세에서 인간의 관능을 해방시키고 종교적 규율(dogma)로부터 인간의 이성을 해방시킴으로써 수세기 후 산업혁명의 기반을 구축하였으며, 근세후기 유럽상류사회의 사교적 문화와 여가향유풍조를 조성하였다.

또한 르네상스 시대의 대표적 작가인 모어(T. More)는 그의 책 「유토피아」(Utopia)에서 유토피아의 특징이 모든 사람의 노동, 그리고 만인의 평등한 여가라고 하며, 당시의 여가관을 다음과 같이 기술하고 있다.

"일을 하고 나서 여가가 생기면 시민은 그 모든 시간을 정신의 자유로운 활동과 교양에 할당하지 않으면 안된다. 인생의 행복이 바로 이 점에 있기 때문이다." 그리고 그는 인류역사상 처음으로 6시간 노동제를 주창하였다.[68]

---

67) J. Huizinga, *Homo Ludens*(Boston : Beacon Press, 1955), pp.230~240.
68) 이극찬, "현대인의 인간상황에 대한 고찰 : 여가를 중심으로", 「연세행정논총」, 제4집, 1977, p.5.

한편, 중세말기에 노동에 종교적 의미를 부여하며 나타난 종교개혁은 산업사회 형성의 정신적 지주가 되었는 바, 프로테스탄트 윤리(Pròtestant éthic)는 일하는 것을 옹호하고 그것의 경제적 이익보장을 통하여 일이 개인의 구원과 타인에 대한 봉사수단으로 중시되었기 때문에 여가가 상대적으로 경시되었다. 그리하여 인간은 일의 도구적 인간이라 할만큼 일하는 것에 인간의 근본적 존재의의를 두게 되었다.

칼뱅(John Calvin)과 루터(Martin Luther)는 '일의 천직론'을 강조하면서 노동에 의한 자기유지는 신을 섬기는 방법으로 삼았는데, 당시의 사회상에 비하여 극히 혁명적인 발상이었다. 특히 웨버(M. Weber)는 이러한 프로테스탄트 윤리에 대하여 "시간의 낭비는 최대의 죄악이며 신의 영광에 도움이 되는 것은 여가나 향락이 아니라 다만 노동행위"로 표현하고 있다.[69] 그리하여 이 당시의 여가는 단순한 휴식으로 처리되었고 노동에 대한 부차적 의미로 파악되었다.

루터, 칼뱅 등에 의한 종교개혁은 신의 이름에 의해 노동의 신성화를 철저하게 추진하였으며, 이것에 의해 노동을 중시하는 가치관은 민중의 생활의식속에 결정적으로 형성되고, 나중의 산업혁명 이후 근대 서구의 급속한 경제발전의 정신적 기반이 되었다. 이 프로테스탄트 운동중에서 가장 엄격했던 청교도는 노동의 신성화와 함께, 한편으로 모든 놀이를 노동과 신앙의 적으로써 공격했다. 그러나 인간은 격심한 노동의 연속만으로는 생리적으로도 정신적으로도 생활을 지속할 수가 없다. 노동의 철저한 신성화는 그 역설적인 결과로써 결국은 노동에 종속되고, 그것을 유지하는 것으로써의 여가의 사회적인 기능을 인정하는 단서가 된다.[70]

특기할 만한 점은 르네상스가 평민의 여가자유를 촉진시킨 데 비하여 종교개혁은 서구인의 노동생활태도에 더 큰 영향을 주었다는 점이다. 즉, 종교개혁의 기간동안 노동이 인간생활의 궁극적인 것으로 신성시되고, 반대로 여가는 죄악으로 간주되어 상대적인 중요성이 감소되어 이에 따른 여가윤리는 20세기까지 연결되었다.

---

69) Max Weber, *The Protestanic Ethic and the Spirit of Capitalism*(London : George Allan & Unwin, 1976), p.11.

70) 熨斗隆文, 「전게서」, p.48.

5. 근대시대의 여가

서구 근대사회형성의 계기를 이룬 것은 18세기부터 시작된 산업혁명에 의해서이다. 노예체제를 이어받은 절대주의와 중상주의 체제를 붕괴시키고 자유주의와 자본주의를 성립시킨 산업혁명은 기존의 여가와 놀이문화의 성격을 변모시켰다.

우리들이 여가라는 관점에서 인류의 역사를 조망하려고 할 때, 산업혁명 이전과 이후에서는 여가라는 개념의 적합성 그 자체에 커다란 질적인 차이가 있는 것을 알 수 있다. 산업혁명 이전의 사회에서 여가를 추출하려고 해도 그것은 사람들의 생활속에 놀이라든지 휴식, 축제, 혹은 고대 그리스와 로마의 시민생활, 왕후 귀족의 궁정생활이라고 하는 개개의 형태로 떠올릴 수도 있지만, 그것들을 여가라고 하는 하나의 개념에 통합하고 추상하기는 곤란하다.

그 원인은 무엇인가라고 말하면, 그것은 확실히 우리들이 현재 여가라고 하는 말에 담겨져 있는 다양한 내용 중의 어느 것에 해당하는 내용을 가지고 있는지, 여가라고 하는 개념이 지니는 또 하나의 요건, 즉 시간적 범주로써의 형식이 갖추어져 있지 않는 것에 있다고 생각할 수 있다.

이에 반해 산업혁명은 사람들의 노동을 자연과 인간의 리듬으로부터 떼어놓고, 기계의 리듬에 종속시키고, 노동으로부터 놀이, 여유라는 요소를 추방시켰다. 그것은 노동으로 부터 일의 실체를 떼어 내고, 개인에 있어서 기계에 종속된 단조로운 작업, 인격성이 결여된 추상적인 노동으로 변질되었다. 여가의 성립은 기계화에 의한 '일'의 '노동화', 기계의 기능과 규칙적인 움직임에 맞춘 노동의 효율적 순화에 의해, 노동시간과 그에 대립하는 여가시간과의 인공적·사회적인 리듬이 필요하게 되었던 결과로 생각할 수 있다.[71]

여가는 본질적으로 산업사회의 산물로서 생활양식의 발전, 도시의 인구증가 등의 사회구조의 변화로 인하여 노동시간과 비노동시간의 구분이 뚜렷

71) 熨斗隆文, 「전게서」, pp.37~38.

하게 되었다. 그리하여 일과 여가는 채권자－채무자의 관계를 바탕으로 하여 일에 대한 보상으로서, 또는 일을 수행하는데 필요한 에너지의 공급수단으로서 여가의 중요성이 부각되기 시작하였다.

또한 산업화의 결과물 중의 하나는 경제적 시간과 가정내 시간간에는 반드시 분리되어야 했다는 것이다. 노동이 가정으로부터 공장으로 이동하게 되었을 때, 노동은 문자 그대로 가사와의 분리를 의미했다. 전통적으로 노동을 함께 해 왔던 가족구성원들이 현재에 와서는 두 가지의 분리와 거리상 노동, 교육 그리고 장보기 등을 하기 위해서 다른 곳으로 이동하게 되었다.

이러한 분리는 일과 여가를 생활의 반대영역으로 분리함과 동시에 가정으로부터 노동을 제거하는 등 많은 영향을 주어, 구심점이 없었던 가정환경을 천국과 같이 만드는 역할을 하였다. 이와 같은 점들에 의해 가정의 쾌락을 예찬하게 되었으며, 신중하게는 가정을 사적인 공간으로 만들고 사업과 노동세계의 반대개념으로 정의하게 하였다.[72] 부차적으로 일과 여가의 분리는 세대간의 분리로 진전되었다. 아버지들은 일반적인 접촉이 줄어들었을 뿐만 아니라 자녀들의 직업교육에 관해서도 통제력을 잃기 시작했다.

이처럼 산업혁명은 노동과 여가의 관계를 새롭게 정립하는데 기여하였고, 19세기 동안에는 다양한 사회적 계층의 레크리에이션 참여에 영향을 주었는 바, 그 영향은 다음의 네 가지로 들 수 있다. 첫째, 새로운 도시사회를 형성하였다는 점이며, 둘째, 직업윤리관을 낳게 하였으며, 셋째, 산업적 생활양식을 새롭게 설정하였고, 마지막으로는 더욱 광범위한 레크리에이션의 참여기회를 조장하였다는 점이다.[73]

그러나 노동의 철학으로 무장된 구미인들에게 부와 여가의 증가는 새로운 풍요와 새로운 여가에 대한 현명한 이용이라는 문제를 야기시켰다. 그러나 여가가 인간생활의 중요한 요소가 되는 생활양식과 가치체계라는 것을 인식하면서도 전반적으로 확산되지 못하였고 여가시간을 이용할 만한 부류가 극히 한정되었다.

---

72) C. Lasch, *The Culture of Narcissism*(New York, N.Y. : W. W. Norton and Co. Inc., 1979), p.79.
73) 고환규, “레저와 노동자와 경영인”, 「기독교사상」, 제29권, 제7호, 1984. 7, p.16.

6. 현대의 여가

현대는 한마디로 대중여가의 시대이다. 과거 유한엘리트의 여가독점은 무너지고 여가가 대중화, 대량화의 현상을 보이고 있다. 다양하고 커다란 변화가 극적으로 다가옴에 따라 현대인들은 기계문명으로 인한 권태의 고민을 해소하려는 욕구를 증대시켜 왔으며, 상실되어가는 인간성을 회복하고 정신문화주의를 지향하는 방향으로 생활가치체계의 변화를 추구하고 있다. 그리하여 현대인들은 전보다도 삶의 보람을 노동보다는 여가에서 찾으려는 경향을 뚜렷이 보이고 있다.

대중소비사회의 밑바탕에는 전후에 해방된 사람들의 욕망이 있었다. 사람들은 보다 풍족하고 보다 쾌적한 생활을 갈구해 부지런히 일하고, 거기에서 얻어진 수입으로 전기세탁기, 냉장고, TV의 '3종 신기'(神器)를 비롯한 내구소비재를 구입했다. 1960년대 후반에는 여기에 승용차, 에어컨, 컬러TV의 '3C'가 더해진 소비 붐이 더욱 확대됐다. 소비의 열기는 '여가'의 의식에도 큰 영향을 미치게 되었다.

그러나 소비가 미덕으로 여겨지면 돈과 함께 시간의 소비도 또 가치를 산출하는 경제행위와 연결된다. 초기의 내구소비재는 식사와 보건위생 등 일상생활을 편리하게 하는 것이었지만, 자동차, TV, 스테레오 그리고 스포츠용품과 별장 등 차례로 여가화된 소비재가 눈에 띄게 된다. 관광레크리에이션과 같이 여가 자체를 산업화하는 활동도 현저한 신장을 보이게 되었다.

고도성장기는 또 여가의 성장기였다. 1961년에 '레저'라고 하는 말이 유행어가 되고 '여가 붐'이 선전되어, 젊은이들은 스키와 드라이브, 바다 레저 등 새롭고 '멋있는' 여가에 매혹되었다. 여가라고 하는 말이 영향력을 미친 것은 '여가'가 가지고 있는 낡은 이미지를 닦아내고 적극적이고 활동적인 여가생활을 강조하려고 했기 때문일 것이다.

특히 1960년대는 대중여가현상이 그 절정기를 이루었는데, 이 당시 여가의 중요한 특징은 다음과 같다. 첫째, 생산성의 점진적 향상은 산업사회의 자가당착(paradox)을 낳게 되었다. 둘째, 구매력의 점진적 향상은 여가소비의 비중을 증대시켰다. 셋째, 광적인 반기술적 운동(anti-technology movement)은 여가중심적인 역문화를 조장하여 노동-여가관에 심각한 변혁을 주었다.[74)]

이와 같은 현상에 대하여 듀마즈디에르(J. Dumazedeir)는 오늘날 여가가 수백만, 수천만에 달하는 노동자의 일상생활에 있어서 중심적 생활요소로 자리잡고 있으며, 노동, 가정, 정치, 사회문제와 직접 연계되어 있기 때문에 노동과 여가의 문제도 새로운 각도에서 취급해야 함을 역설하고 있다.[75)]

오늘날 서구사회에서 볼 수 있는 신유한계급(new leisure class)인 중산층에서 일어나는 현상으로 '소득에 비하여 여가가 더욱 절실히 부족한 현상'을 스웨덴의 경제학자인 린더(S. B. Linder)는 시간기근문화(time-famine culture)로 표현하고 있으며,[76)] 갓드비(G. Godbey)는 현대인의 시간부족을 시간심화(time- deepening)로 규정하고 있다.[77)] 이는 곧 인간이 산업화와 밀접하게 되면 될수록, 그리고 더 많은 교육을 받으면 받을수록 한꺼번에 더 많은 여가활동을 하고자 하는 시간집약적, 사실은 현대사회에서의 여가는 시간기근뿐 아니라 여가의 종류와 질에 따라 돈 기근현상도 동시에 일어나는 현상이 많다. 비용합리적 이용현상을 말한다.

또한 현대여가의 중요한 특징은 여가가 인간의 권리로 정착했다는 점이다. 인간의 권리로서 여가권리를 인정하기 시작한 것은 국제연합(United Nations: UN)의 「세계인권선언」(Universal Declaration of Human Rights, 1948)에서 주장된 '행복추구'의 언급이다. 세계인권선언 제4조에 따르면, "모든 사람들은 합리적인 노동시간과 유급 생리휴가를 포함하는 휴식과 여가권리를 가진다"고 명시하고 있다. 이후 국제연합(UN)은 「여성차별금지조약」(Convention of the Elimination of All Forms of Discrimination against Women, 1979)과 「어린이 권리조약」(Convention on the Rights of

74) Thomas Kando, *Leisure and Popular Culture in Transition*(St. Louis : The C. V. Mosby Co., 1980), p.7.

75) Joffre Dumazedier, *Toward a Society of Leisure*(New York, N.Y. : The Free Press, 1967), p.236.

76) Steffan B. Linder, *The Harried Leisure*(New York, N.Y. : The Columbia University Press, 1969), pp.1～4.

77) Geoffrey Godbey, *Leisure in Your Life*(Philadelphia : Saunders Publishing, 1981), p.16.

the Children, 1989), 「노인을 위한 원칙」(Principles for Older Persons, 1991)에서 어린이, 여성, 노인들의 여가권리를 선언하였다. 이러한 선언이나 규약을 근거로 세계여가레크리에이션협회(World Leisure and Recreation Association)는 「여가헌장」의 제1조에서 "모든 인간은 사회적 규범과 가치에 부합하는 여가활동을 할 수 있는 기본적인 인권을 지닌다. 모든 정부는 시민의 여가권리를 인정하고 보호해야 할 의무가 있다"라고 규정하고 있다.[78]

이상의 논의를 종합하면 현대 여가의 특징을 다음과 같이 정리할 수 있다. 첫째, 여가가 하나의 권리로 인식되어 감에 따라 국가적, 나아가 국제적 차원의 사회정책적 대책이 요구된다. 둘째, 여가정책 및 개발 등에 있어서 관료체제화 현상이 두드러지게 나타나고 있다. 셋째, 현대의 여가문명이 소비성과 직결되어 소비혁명이라는 특징을 지니고 있다. 넷째, 국가가 국민의 여가복지를 위하여 장기적으로 시설계획 및 대책을 수립하고 있다. 다섯째, 여가가 독자적 형태를 지닌 독립산업으로 등장하고 있다. 여섯째, 노동-여가관이 '노동을 위한 휴식으로서의 여가'에서 '여가를 위한 노동'이라는 인식으로 전환되고 있다. 끝으로 여가현상의 무규제, 비규범으로 인한 가치혼란의 양상이 파생되고 있으며, 여가수용력과 여가적성 등 여러 가지 여가문제들이 심각하게 대두되고 있다.

제 2 절 한국의 여가발전사

한국의 경우, 고대부족사회 이래 여가활동에 대한 문헌자료가 거의 없어 여가현상에 대한 체계적인 연구가 미흡해왔다. 따라서 해방이전의 여가현상에 대해서 개괄적으로 살펴보고자 한다. 그리고 한국의 여가발전과정을 여가개념 미형성기, 과도기, 발아기, 도약기, 성장기, 성숙기, 황금기 등 7단계로 분류하여 각 시기별 여가정책과 제도, 여가개발과 계획 등에 대하여 논의하고자 한다.

78) 문화관광부·한국문화관광연구원, 「2006 여가백서」, 2007.

1. 여가의 개념 미형성기(해방 이전)

고대 부족사회에서는 놀이 및 여가에 대한 역사적 기록의 부족으로 그 실상에 접근하기가 곤란하다. 단지 초기 공동체사회에서는 굿 등의 제의(祭儀)가 자주 행해졌었는데, 이 행사가 일종의 제례적(祭禮的) 성격을 띤 여가행사임을 짐작할 수 있다.

기원전 6~7세기의 청동기사회에 정착형 농사가 시작된 사실은 바로 이 시기에 국가형태를 띤 부족국가의 출현과 더불어 기존의 종교적 제의가 추수감사제와 같은 축제로 발전하게 되었음을 입증하고 있으며, 실제로 천신(天神), 태양, 산수 등 자연을 숭배하는 제의적 샤머니즘(shamanism) 외에도 농경문화의 보편적 의식인 추수감사제가 여러 가지의 형태로 발전하여 왔다. 대표적인 예로는 부여의 영고(迎鼓), 고구려의 동맹(東盟), 동예(東濊)의 무천(舞天), 삼한의 시월제(十月祭) 등을 들 수 있다.

삼국시대에서는 계급성이 강하였기 때문에 상류층은 사교적 여가행태를 띠었는데 비하여, 서민계급의 놀이는 불교행사 및 무당행사 등의 축제의식과 결부된 놀이를 즐겼으며, 당시 성행하였던 놀이로는 활쏘기, 말타기, 그네타기, 연날리기, 씨름, 죽마(竹馬) 등이었다. 한편, 신라시대 신분사회의 특징을 나타내 주는 골품제도는 놀이의 공간 및 기회를 한정시켰으며, 특히 귀족층의 사치와 향락은 경주에서 발견된 안압지(雁鴨池,) 임해전(臨海殿), 포석정(鮑石亭) 등에서 찾을 수 있다.

건국 이래 대륙문화의 왕성한 수입으로 문물제도가 정비되어 비교적 안정적인 생활을 누렸던 고려시대에는 여러 가지의 불교행사가 성행하였으며 정월의 설, 오월의 단오(端午), 팔월의 추석 등의 명절과 사월초파일, 이월의 연등회(燃燈會), 십일월의 팔관회(八關會) 등의 국가적 불교행사에는 호화로운 연회와 온갖 유희를 갖는 풍습이 있었다. 고려시대의 특징은 한 마디로 유한계급의 형성이 고착화되었다는 점이며, 특히 단오의 경우, 상류계급과 서민계급 간의 놀이형태가 상이하였다. 즉 상류계급에서는 격구(擊毬)와 투아(投아)를 했으며, 일반 부녀자는 그네뛰기, 그리고 남성들은 씨름과 석전

(石戰) 등 여러 가지 유희와 오락을 하였다.[79]

유교교화정치의 이론적 근거인 성리학(性理學)이 발달된 조선시대에 들어와 유림의 생활은 자연의 아름다움에 대한 동경과 칩거사상에 따라 자연을 노래하면서 낭만적인 여행을 즐겼고 부와 관계없이 한가한 생활을 영위하였다. 원칙적으로 노역과 무관한 사대부계급은 무위도식(無爲徒食)하는 독서인이었는데 비하여, 서민계급은 주로 농·공·상·어업 등에 종사하였기에 양반사회에 대한 불만을 해학적으로 풍자하는 놀이형태를 갖기도 하였다.

조선후기에는 실학(實學)의 등장으로 미술 분야에서의 풍속화에는 많은 놀이유형이 묘사되고 있는데, 특히 서민의 농경놀이문화가 잘 표현되고 있다. 농경사회의 흔적을 남기고 있는 집단놀이, 대동(大同)놀이가 삶과 생계의 터전에서 발생하였고, 놀이는 생산과 노동을 보충하여 재생산의욕을 창출하는 기회로 발전하였다. 이 당시의 대표적인 놀이형태로는 산유(山遊), 농악, 쥐불놀이, 영월(迎月), 호미씻기, 광대놀이, 제기차기 등이 있다.

개화기에 있어서 고종 22년(1885년)에는 근대교육의 성격을 띤 한국최초의 학교로서 배재학당이 설립되었고, 1895년에는 '교육의 실제는 지육, 덕육, 체육에 있다'고 하는 새로운 교육이념이 설정되었다. 따라서 교육령에 의해 각급학교가 설립되었고, 모든 학교에는 체조를 교과목으로 정하게 되었다. 또한 1908~9년에 공포된 학교령에도 유희가 교재로 채택되었는데, 당시의 유희내용으로는 참가(參加)유희, 가행(假行)유희, 공의(共儀)유희, 경주(競走)유희 등을 들 수 있다.[80]

그러나 일제세력의 침투와 강점기, 해방으로 이어지는 근대는 한국 전래의 놀이문화에 중대한 변화가 일어난 시기이다. 일본적 놀이문화가 강요된 것은 물론이거니와 물밀 듯 밀려오는 서구 놀이문화가 어색하게 우리의 전래문화에 접목되어 동서의 어느 것도 아닌 혼합놀이문화가 만들어져 역사상 가장 빈약한 여가문화가 형성된 시기였다.

---

79) 羅純成, 「韓國遊戱史硏究」(서울 : 백양문화사, 1977), pp.12~16.
80) 이학래 외 공저, 「체육·스포츠개론」(서울 : 한양대 출판부, 1983), pp.52~53.

2. 여가의 과도기(8·15해방~1961년)

일제의 식민통치가 종식되고 새로 대한민국정부가 수립되면서 이 땅에 자유민주주의가 싹트기 시작하였다. 일본과는 국교가 단절되고 미국을 비롯한 구미제국과 외교관계를 맺은 이 시기에는 모든 국민이 새로운 삶을 찾고자 열망하였으나, 1950년에 한국전쟁의 발발로 인하여 전국적인 자연 및 문화유산의 파괴는 물론 국민생활을 완전히 파탄으로 몰아넣고 오직 생존에만 관심을 갖게 하였다.

그 결과 전후의 국가시책은 황폐화된 국토환경을 복구하는 것이었으며, 국토공간을 여가자원으로 이용 및 개발하려는 의욕을 가질 수 없는 형편이었다. 이 시기의 여가행정은 국가체제를 새로이 하여가는 과정에서 극히 필요한 행정기관의 설치에만 머물렀을 뿐이며 국가적인 지원정책이 활발하게 전개되지 못하였다.

하루하루를 연명하여 나가는 것조차 어려운 절박한 상황에서 배태된 숙명주의, 허무주의 등의 풍조는 결국 향락위주의 퇴폐적 문화를 형성하는 모태가 되었다. 그리하여 이 시기는 일부 부유층이나 특권층에 의하여 여가가 독점되는 시기였다.

1945년 9월 미 군정청에 운수국(運輸局)이 발족된 이래 1954년 교통부에 관광과가 설치되어 본격적인 관광행정을 수행할 수 있는 체제를 갖추게 되었으며, 1953년에는 노동자들에게 연간 12일의 유급휴가를 실시하도록 보장한 노동기준법이 제정·공포되었다.[81] 그리고 1958년에는 대통령령 제1850호에 의하여 중앙에 교통부 자문기관으로 중앙관광위원회, 그리고 지방에 도지사 자문기관으로 지방관광위원회가 설치·운영되어 관광행정의 자문역할을 하였다.

그리고 정부차원에서 문화재 보호행정을 수행하기 위하여 해방후 1948년 문교부에서 문화재관리업무를 담당하기 시작하였으며, 1960년 11월 국무원령 제92호에 의하여 문화재보호규정이 공포·발효되었고, 다시 1962년에는

81) 문화체육부, 「관광동향에 관한 연차보고서」, 1982, p.130.

문화재관리법이 제정되었는데, 이것은 문화재를 보존하고 활용함으로써 국민의 문화재에 대한 가치를 인식시키고 인류문화의 발전에 기여하고자 하는 기본정신에서 비롯된 것이다.

한편, 1950년대 말에 가서 정부가 '관광사업진흥 5개년계획'을 수립하여 민간호텔건설에 정부가 재정융자를 해주었으며, 모범관광지 개발을 추진하기도 하였는 바,[82] 이로부터 국민들은 서서히 국가의 여가정책에 관심을 갖게 되었다. 그러나 해방이후 1960년대 초까지는 6·25전쟁으로 국토공간의 파괴, 그리고 정치경제적 악순환으로 인하여 여가가 국가적으로 중요한 정책사항이 되지 못한 시기였다.

3. 여가의 발아기(1962~1971년)

1960년대는 한국에 있어서 여가에 대한 개념이 생겨나고 여가 및 관광자원의 개발에 의미를 부여하기 시작한 시기였다. 5·16군사쿠데타 이후 국가의 경제개발계획 등 각종 정책이 활발히 추진되어감에 따라 국민의 의식과 생활측면에서 많은 변혁을 가져오게 되었다. 사회적으로도 전국 대도시에 산업시설이 설치되면서 농어촌의 유휴노동력이 대규모로 도시에 집중되기 시작함으로써 농촌주민들은 도시민의 무질서한 행락행태를 목격하게 되었고, 또한 민족의 전통적인 민속놀이가 공인되는 놀이로 지정되어 도·농간에 많이 전파되었다.

도시민으로서는 지금까지 겪지 못하였던 공업화과정에서의 정신적 스트레스와 도시의 혼잡을 피하려는 여가행태를 보였는데, 이것은 일상규범적 생활을 탈피하려는 양상이기도 하였다. 그리하여 1960년대의 여가패턴은 기분전환이라는 욕구가 강하게 부상하는 한편, 생활의 변화를 추구하려는 욕구가 싹트게 되었다.

여가에 관한 조직 및 행정도 1960년대부터 그 체제가 구축되기 시작하였다. 1961년에는 우리나라 최초의 관광법규인 관광사업진흥법이 제정되어 관광정책의 기조를 이루었고, 1963년에는 교통부내에 관광공로국을 관광국으

82) 安鍾允, 「觀光學槪論」(서울 : 창문각, 1981), pp.290~291.

로 분리 개편하여 독자적인 업무를 수행하게 되었다. 또한 1963년에는 국토의 종합적 이용과 보전을 위하여 국토건설종합계획법이 공포되었으며, 그 목적에는 "문화, 후생 및 관광자원과 여가시설의 개발 및 보호에 대한 종합적이고 기본적인 장기계획을 수립할 것"을 규정하고 있다.[83)]

또한 1963년부터는 문화재의 발굴, 보수, 정비사업에 국비와 지방비를 투입, 본격적으로 개발을 추진하였으며, 1967년 3월에는 공원법이 공포되어 국립공원위원회가 구성되고 동년 12월에는 지리산이 국내 최초로 국립공원으로 지정되었다. 그리고 1968년에는 '관광진흥을 위한 종합대책'이 교통부에 의하여 공표되었는데, 그 내용은 1971년까지의 관광시책으로서 관광지의 조성, 문화재의 관광자원화, 고도(古都)보전의 제도확립, 온천장과 해수욕장의 개발, 산야개발과 여가이용 등을 설정하였다.[84)]

한편, 이 시기에는 여가 및 레크리에이션 시설을 국민복지의 차원에서 논의하기 시작하였는데, 국민이 건전한 여가생활을 영위하여 명랑한 사회분위기를 확립하고자, 특히 가족 및 청소년 휴양지의 개발에 관심을 갖게 되었다. 나아가 국가 기본경제 및 사회경제계획의 하나로서 수립, 시행된 제1, 2차 경제개발계획에서는 어려운 여건에서나마 도서관 및 방송시설, 유스호스텔, 관광호텔 등의 건설을 위한 계획이 수립되게 되었다.

그러나 1960년대를 전반적으로 볼 때, 여가현상이 자연발생적인 수준에서 머물게 되었으며 국립공원의 지정, 여가행정조직 및 여가관련법규의 정비를 통하여 1970년대 대중화된 여가현상을 위한 기반을 구축하게 되었다.

4. 여가의 도약기(1972~1981년)

1970년대는 본격적인 여가의식과 여가활동이 정착된 시기로서 그간의 성공적인 경제발전에 따라 물질생활의 풍족으로 절대빈곤시에는 생각할 수도 없었던 인간적인 삶의 질을 추구하게끔 국민의 의식과 욕망을 자극하게 되었고, 그 의식과 욕망은 현대산업사회의 편익에 의하여 증대되고 있는 여가

83) 국토건설종합계획법, 제1조(목적) 참조.
84) 교통부, 「한국관광진흥을 위한 종합대책」(서울 : 교통부, 1968.8), pp.136~138.

에서 성취하게 되었다.

지속적인 경제성장에 따른 소득향상, 국토의 균형적 개발을 위한 도로교통망의 확충, 농촌생활수준의 향상과 전국적인 새마을운동의 확산 등은 결국 도시민의 해외행락의 기회를 증가시킴과 동시에 농어민의 단체관광과 시찰여행이 두드러지게 되었다. 1970년대 후반에 놀이에 의한 스트레스의 해소 등 일상생활의 해방감을 맛보려는 경향과 더불어 건전한 사회질서 속에서 가족과 오붓한 행락 및 친구들 간의 야영과 같은 활동이 새로운 현상으로 나타났다.85)

경제성장의 지역적 확산과 효율적이고 균형적인 지역개발을 위하여 1963년에 공포된 국토건설종합계획법에 의거하여 1972년부터 1981년까지 추진된 제1차 국토종합개발계획은 도시화의 진전에 따른 국토공간의 효율적 이용과 여가부문의 구체적인 계획을 담고 있는데, 그 주요 내용은 국립공원계획, 위락공간의 개발, 역사적 환경보호와 보전, 그리고 관광자원에 대한 개발을 수립 · 시행하는 것이었다.86) 또한 정부는 수도권에 편중되어 개발된 국민여가시설의 불균형을 해소하고 전국적으로 국민의 여가생활권을 확대시키고자 1974년부터 대규모 관광휴양지를 개발하였는 바, 1974년과 1978년에 각각 시행된 경주의 보문단지와 제주의 중문단지가 바로 여기에 해당된다.

한편, 1971년까지 7개소였던 국립공원이 1981년에는 14개소로 확대 · 지정되었고, 1977년부터 안보유적의 발굴 및 개발로 이의 여가자원화하기 위하여 '77년에 3개소, '78년에 3개소, '79년에 3개소, '80년에 3개소, '81년에 4개소 등 16개소를 안보관광지로 개발하였으며, 개발주체는 시 · 도지사로 하되, 개발자금의 일부를 정부가 보조하여 주고 도시주변의 1일관광지를 우선적으로 개발하는 것을 골자로 한 「한국관광진흥장기종합계획」이 수립되었다.87)

또한 1970년대말에는 자연여가공간에 대한 파괴의 정도가 심화되어감에 따른 대책으로 1978년 10월 5일 '자연보호헌장'이 선포되어 국토에 대한 애

---

85) 한국관광공사, 「전국민여행동태조사」(서울 : 한국관광공사, 1976, 1980, 1984, 1988) 참조.
86) 대한민국정부, 「제1차 국토종합개발계획」('72~'81) (서울, 1972), pp.140~146.
87) 한국관광공사, 「한국관광진흥장기종합계획」(서울 : 한국관광공사, 1979) 참조.

호정신을 고양시킴으로써,[88] 결과적으로 자연자원, 사적자원, 녹지공간에 대한 보존의식을 향상시키는 계기가 되었다.

이상에서 1970년대 여가시설의 개발추세에 대하여 논의하였는데, 이 시기는 여가행정조직과 법률의 정비가 진전되었으며 아울러 여가자원의 개발유형이 다양화된 시기로서 한국 여가발전의 도약기라고 할 수 있다.

5. 여가의 성장기(1982~1991년)

1980년대는 제2차 석유파동의 여파, 국내정정의 불안 등으로 한때 여가생활이 위축되기도 하였지만, 이후 경제성장의 가속화는 다시 국민의 관심을 여가생활에 집중시켜 여가활동 속에서 생활의 만족을 느끼는 경향이 커져가고 있었던 기간이다. 1980년대로 들어와 국민의 의식구조는 양적인 물질충족의 단계에서부터 질적인 생활전반의 향상추구로 이행하게 되었으며, 그 수단으로 여가의 중요성이 더욱 높아져 갔다.

1970년대와는 달리 '80년대의 국민여가성향은 그 이용대상과 방법이 다양화되었으며, 개개인의 개성과 취향을 살릴 수 있는 활동적인 레크리에이션이 크게 보급되고 또한 여가활동에 대한 긍정적인 재평가와 아울러 전국의 1일 여가공간화 현상이 보이게 되었다. 여가동기에 있어서는 '70년대의 오락 및 사교적 추구에서 교양 및 문화적 여가를 지향하는 추세로 변모하게 되었으며, 여가활동의 동반형태에 있어서도 가족단위의 여가행동이 두드러지게 증가하였다.

그러나 1980년대에는 사치성 향락산업의 급증으로 인하여 소비적 여가로의 추구가 눈에 띄게 늘어난 소비형태가 나타나게 되었으며, 여가를 고소득자들이 즐기는 것으로 인식되었다. 1980년대의 향락적 여가현상은 여가 및 유흥비용의 조달을 위한 청소년의 비행행동에 원인을 제공하였을 뿐만 아니라, 특히 유흥비 충당이나 사행심, 허영의 발로에 의한 청소년범죄가 전체 범죄의 17%를 점하기도 하였다.[89]

---

88) 평가교수단, 「제4차 경제개발5개년계획 제2차연도 평가보고서」(서울 : 국무총리실, 1979), p.514.

89) 경제기획원, 「한국통계연감」, 1986, pp.85~87.

1982년부터 시행된 제2차 국토종합개발계획 중 여가부문은 제1차 계획에서 파생된 문제점을 시정하고 급격히 증가하는 국민의 여가수요에 부응하여 자원의 보전과 체계적 개발의 조화를 위한 계획으로써 주로 자연자원의 지정확대와 휴양·위락지역 및 시설의 개발, 도시공원녹지의 확대개발, 역사·문화적 관광자원의 정화 및 관리 등에 관한 사항이 주축을 이루고 있다.[90)]

1983년에는 한국관광공사에서 2001년을 목표로 한 여가계획의 일환으로 국민관광장기종합개발계획을 수립하였는데, 그 주요 내용으로는 국내여행의 증가, 레크리에이션활동의 적극 추진, 드라이브 여행인구의 급증, 숙박시설의 고급화경향, 실내여가의 증가, 장기주유의 증가, 신혼여행의 다양화, 해외여행 증가경향에 대비한 여가시설의 개발을 강조하였다.[91)]

또한 1985년에 한국개발연구원(KDI)에서 발표한 「2000년을 향한 국가장기발전구상」에서는 국민여가생활을 복지지향적 차원에서 다루고 있으며, 이에 따라 2000년대를 향한 여가시설의 개발방안으로 다음의 세 가지를 제시하고 있다. 첫째, 국·도립공원 등 자연공원의 개발을 촉진하여 여가수요의 다양화에 대처한다. 둘째, 도시민의 건전여가 선용을 위한 도시공원의 개발에 필요한 녹지의 확보 및 개발대책을 수립한다. 셋째, 승용차소유의 보편화, 쾌적한 생활환경에 대한 수요증가에 대비하여 도시주변에 전원도시개발을 추진한다.[92)]

한편, 1989년에 수립된 전국관광장기종합개발계획은 향후 2001년까지 국민의 여가수요가 급속히 증가할 것에 대비한 관광위락시설 및 자원의 개발방안을 제시하고 있는데, 이 계획에 의하여 향후 1990년대의 관광개발을 첫째, 관광지의 기능과 특성을 파악한 개발계획의 수립, 둘째, 전국적으로 연계되는 개발계획 추진, 셋째, 관광기반시설의 확충, 넷째, 관광자원의 다양한 활용과 새로운 관광상품의 창출, 다섯째, 관광지개발촉진을 위한 지원제도의 강화, 여섯째, 효율적인 관리운영제도의 도입 등을 모색하여야 할 것으로 지적되고 있다.[93)]

---

90) 대한민국정부, 「제2차 국토종합개발계획」('82～'91), 1982 참조.
91) 한국관광공사, 「국민관광장기종합개발계획」(서울 : 한국관광공사, 1983), p.315.
92) 한국개발연구원, 「2000년을 향한 국가장기발전구상」(서울 : 한국개발연구원, 1985), p.127.

6. 여가의 성숙기(1992년~2003년)

1990년대 들어와 자율과 개방, 국제화 · 지방화 시대의 전개에 따라 정부 역할의 전환도 필연적인 것으로 받아들여지면서 정부는 1992년에 「관광진흥장기계획(1992~2001)」을 수립하여 풍요로운 여가생활의 추구, 사회적 형평성의 실현, 세계속의 관광한국이라는 목표를 달성하기 위하여 관광진흥정책의 방향을 관광에 대한 인식재정립, 국제화 · 지방화 · 자율화 추세에 주도적으로 대응, 국민관광 욕구변화의 능동적 수용, 국제관광진흥의 가속화 및 국제협력강화, 복지차원의 국민관광 여건조성 및 시장개방에 따른 관광산업의 경쟁력 강화 등의 관광정책을 수립 · 추진해 나가고 있다.[94]

한편, 정부는 여가관광자원의 확충을 위하여 1970년대부터 시작된 관광단지 개발사업을 '90년대에는 더욱 확대하고 있다. 1996년 6월 현재 사업추진 중인 단지는 총 4개지역으로 제주중문, 경주보문, 해남화원, 원주월송단지이며 추진계획사업중인 지역은 역시 4개지역으로 성산포, 경주감포, 화천파로호, 김천온천관광단지이다.

한편, 정부는 지난 1993년부터 관광객의 유치촉진을 위하여 관광특구제도를 도입하였다. 관광특구의 개념은 종래 일정지역내에서 자유로운 경제활동이 보장되는 자유지역의 개념에서 발상된 것으로서, 이 제도의 도입은 관광산업이 국민에게 건전한 여가선용의 기회를 제공하고 국가경제에 기여하는 중요한 산업으로 정책당국에 의해 재인식되었다는 점에서 그 의의가 크다고 할 수 있다. 게다가 법령에 의해서 지정된 지역에서 자유로운 관광사업을 보장할 수 있도록 관광사업과 관련된 관계법령의 적용이 배제되거나 완화될 수 있도록 한 것은 관광진흥을 위한 획기적인 조치로 평가될 수 있다.[95] 그동안 설악산, 유성, 경주, 해운대, 제주도 등 5개 지역을 관광특구로

93) 한국관광공사, 「전국관광장기종합개발계획」(서울 : 한국관광공사, 1989), pp.133~135.
94) 교통부, 「관광진흥장기계획」(서울 : 교통부, 1992).
95) 한범수, "관광특구 지정의 의의와 그 설정체계"(한국관광학회), 「관광학연구」, 제18권 제2호, 1995., pp.234~235.

지정하였고, 1996년에는 송판관광특구, 수안보온천관광특구, 속리산관광특구, 아산시온천관광특구, 보령해수욕장관광특구, 무주구천동 관광특구, 구례관광특구, 부곡관광특구 등 9개 지역이 새로이 지정되었다.

1993년에 교통부는 국민의 해외여행 확대로 기성세대의 불건전한 관광행태가 지속되고 사회적으로 물의를 빚고 있는데 따라 관광에 대한 조기교육을 통해 초·중·고교 교과과정에 관광에 대해 올바른 인식을 할 수 있는 부문을 신설키로 하였다.[96]

1993년은 대전 EXPO가 개최되어 1,400만명의 내외국인이 관람하기도 하였는데, 이를 지원하기 위하여 정부는 도로확장, 도로소통대책, 연계수송대책, 헬기운항 등 교통편의를 증진시키는 방안을 강구함과 동시에 박람회 지정숙박업소를 운영하여 숙박안내정보센터와 연계하여 관광객들에게 적정한 숙박시설을 제공하였고, 주변의 관광자원을 관람할 수 있도록 엑스포연계 관광코스를 개발하기도 하였다.

1994년은 우리의 전통문화를 세계에 알리고 관광재도약과 국제화를 계기로 삼기 위하여 「'94 한국방문의 해」 사업을 범정부적으로 추진하였다. 이 행사는 서울정도 600년을 기념하는 각종 행사와 연계하여 우리의 전통 민속·문화행사 등 연중 다양한 행사를 개최하고 안내체계 개선, 교통·관광 관련시설의 청결 및 서비스개선 등 기초적인 국내 관광수용태세를 정비·개선하는 계기가 되었다. 또한 국민들의 적극적인 참여유도를 통하여 관광에 대한 국민의 인식을 제고시키는 동시에 국제화 수준을 향상시키는데 주안점을 두기도 하였다.

한편, 1990년대는 기업체들이 종업원복지를 위하여 휴양여가시설의 확충에 적극적인 자세를 보이고 있다. 한국관광공사가 정부기관, 공기업, 금융기관, 교육기관, 언론기관, 각종 협회 및 조합을 대상으로 실시한 조사에 의하면 직원휴양소 내지 사업성 휴양소를 운영하고 있으며, 포상관광제도를 운영하고 있는 것으로 나타났다.[97]

한편, 교통부에 속해 있던 관광정책기능이 1994년 12월 23일에 단행된 정부조직 개편으로 문화체육부로 이관되었고, 1998년에는 문화관광부로 명칭

96) 한국관광개발연구원, 「한국관광연감」, 1994, p.21.
97) 한국관광공사, 「국민복지관광 활성화방안」(서울, 1992).

이 변경되었다. 이는 관광이 과거의 철도·항공 등 수송수단을 주축으로 하는 하드웨어 중심에서 앞으로는 우리 고유문화·예술 등과의 연계를 통하여 관광의 질적 수준을 높여 나가기 위한 조치로서 이를 위하여 당시 문화체육부에서는 21세기 세계화시대에 대비한 「문화와 관광의 연계방안」을 수립·추진하였다.

21세기를 대비한 관광세계화 추진계획에는 문화를 통한 관광선진국 입국을 목표로 한국적인 문화관광상품의 개발, 세계수준의 국제회의산업 육성, 관광숙박시설의 균형있는 확충 및 지역관광자원의 개발 등을 주요 추진과제를 설정하고 있으며, 이의 일환으로 '95년 상반기에 문화관광코스의 개발을 위한 대표적인 관광코스를 선정하기도 하였다.[98)]

7. 여가황금기(2004~현재)

2000년대로 들어와 지속적인 경제성장과 노동시간의 단축, 교통여건의 개선, IT의 발달 등으로 여가생활 여건이 종전보다 개선되었고, 여가를 삶의 중요한 영역으로 인식하려는 경향이 강화되고 있다. 특히 2004년 주2일 휴일이 법적으로 주어지면서 여가시간의 활용과 관리가 양적 차원에서 질적 차원으로 바뀌고 제2의 인생을 발견·추구하려는 사람들이 증가하여 바야흐로 '여가의 황금기'로 접어들고 있다.

많은 시간을 일하기보다 주어진 시간 내에 효과적으로 일하는 방법을 탐색하는 동시에 이틀간의 휴일을 활용하여 자기계발, 재창조, 이중직업(dual job), 취미활동, 여행 등 '또 하나의 나'를 추구하는 방향으로 나아갈 것이다.

삼성경제연구소가 2001년 실시한 조사에 의하면 주5일근무제 실시의 경우 47.4%가 가족과 함께 시간을 보낼 계획이 으뜸이고, 그 다음이 취미활동(42%), 여행(40%)순이었다. 근로자의 연휴 증대는 레저, 관광, 문화산업에 대한 수요를 늘려 소위 여가황금기를 맞이하게 될 것이다. 참고로 주5일근무제에 따른 5대 트렌드는 ① 체험형 여가시장의 확대, ② 자기계발과 사회

98) 문화체육부·한국관광공사, 「관광동향에 관한 연차보고서」(1995), p.22.

적 여가시장의 확대, ③ 가사노동을 대체하는 비즈니스의 확대, ④ 기업지원 서비스의 확대, ⑤ 기존사업과 제품의 엔터테인먼트화이다. 이와 같이 주5일근무제는 여가황금기를 촉진하는 촉매제가 된다.

국민의 여가공간도 점차 국경을 초월하는 방향으로 나아가고 있다. 특히 2000년대로 들어와 국내관광 인프라의 부족과 원화 강세에 힘입어 국민들의 해외여행이 급속히 증가하고 있다. 2000년에 550만명 수준이었던 해외여행객이 2006년에는 1161만명으로 두 배 이상 증가하였으며, 2012년까지 연평균 15% 내외의 증가율을 보일 전망이다.

최근 해외여행의 급증추세에 대응하여 문화관광부는 '내 나라 먼저 보기' 운동을 펼쳐 국내관광 활성화정책을 펴고 있으며, 주2일 휴일제가 국내관광산업 활성화에 획기적인 계기가 될 것으로 전망하고 있다. 이에 문화관광부에서도 주5일 근무제 도입으로 국민들의 여가활동 증가 및 관광행태 변화추세에 부응하는 자연체험형 숙박시설로 국민여가캠핑장 사업을 확대하고 있다. 또한 기존의 대량관광에서 벗어나 세분 관광시장의 욕구를 충족시키기 위하여 1999년부터 추진되어온 역사·문화관광자원 개발사업(2006년 현재 131개 사업)외에 2003년부터는 생태·녹색 관광자원 개발사업(2006년 현재 26개 사업)도 추진하고 있다.

특히 주5일 근무제 도입에 따른 범정부적 후속대책의 일환으로 2003년 8월에는 문화관광부가 주관이 되어 「건전한 여가문화 활성화 대책」을 마련한 바 있다. 이 대책의 목표는 문화 · 체육 · 관광 · 청소년 정책을 통한 건전하고 생산적인 여가활용으로 국민들의 '삶의 질' 향상에 두었으며, 주요 추진과제로 ① 생활권내 여가활동과 저렴한 주말여행을 위한 여가환경 정비, ② 개인, 가족, 지역주민, 청소년을 위한 여가프로그램 개발 · 보급, ③ 노인, 장애인, 저소득층 등 소외계층 여가격차 시정, ④ 여가시대에 대비한 전문인력 양성 및 충원, ⑤ 여가에 대한 사회인식 전환 및 지원체계 구축을 선정한 바 있다.[99)]

2004년에는 정부차원에서 국내 관광레저활동을 활성화함과 동시에 외래관광객 유치를 목적으로 관광레저형 기업도시(일명 '관광레저도시')를 조성

99) 관계부처 합동 건전한 여가문화 활성화대책 기획단, 「주5일 근무 대비 건전한 여가문화활성화 대책(안)」, 2003. 11.

하기 시작하였다. 관광레저도시는 민간기업이 주축이 되어 관광레저시설을 중심으로 주거, 교육, 의료, 문화 등 정주시설을 복합적으로 조성하는 자족형 도시를 말한다. 또한 인공적인 도시라는 점에서 도시 전체가 관광 또는 레저활동을 위한 커뮤니티 성격을 갖는 공간으로 볼 수 있으며, 관광 및 스포츠・레저기능이 중심이 되어, 주거, 교육, 의료, 유통기능과 각종 편의・기반시설 등을 일원화한 개발체계를 의미하기도 한다. 현재 전국에 지정된 관광레저도시는 태안 관광레저도시, 무주 관광레저도시, 영암·해남 관광레저도시 등 3개소가 있으며 2007년 11월 태안관광레저도시가 착공되었다.

2005년 문화관광부는「문화강국(C-KOREA) 2010」육성전략을 수립하여 고도 복합소비사회에서 차세대 성장동력으로 떠오르고 있는 문화・관광・레저스포츠산업의 청사진을 제시한 바 있는데, 각 분야별 추진방향은 다음과 같다. 먼저 문화산업 분야에서는 투자환경을 개선하고, 문화콘텐츠 유통구조를 혁신시키며, 저작권산업 활성화의 기반을 구축하고 한류세계화를 통한 국가 브랜드파워를 강화하는 것이다. 다음으로 관광분야의 국제경쟁력 강화를 위해서는 늘어나는 여행수요를 국내에서 흡수하고, 외래관광객 1,000만명 시대에 대비해 관광 수용태세를 개선하며, 지역별로 특화된 관광자원을 확충하는 것이다. 그리고 레저스포츠산업 진흥을 위해 고부가가치 스포츠용품 산업을 적극 육성하고, 레저스포츠 산업의 기반을 확대하며, 프로스포츠산업의 자립기반 구축을 지원하는 것이다.[100]

그리고 2006년에는 문화관광부와 한국문화관광연구원이 우리나라에서 처음 발간되는 국민여가생활 관련 보고서로서, 국내 여가환경 및 국민의 여가패턴 변화 등 다양한 여가수요에 적극적으로 대처하고, 정부의 여가관련 정책 수립, 학계 및 여가관련 연구기관의 기초자료로 활용하기 위하여「2006 여가백서」를 발간하였다.

이상에서 여가발전 과정을 일곱 단계로 구분하여 살펴보았는데, 전체적으로 다음과 같은 몇 가지 특징으로 전개되고 있다.

첫째, 소득소비성향에 있어서 의식주의 충족과 내구소비재의 소비단계를 거쳐 1970년대 후반부터는 대중여가 및 여가개성화의 시대로 접어들게 되었다. 그에 따라 여가의식도 1970년대 이전의 여가부정의식에서 벗어나 점

---

100) 문화관광부,「문화강국(C-KOREA) 2010」, 2005.

차 여가를 긍정적으로 중요시하는 추세에 있다.

둘째, 여가욕구에 있어서는 생리적 안전욕구가 역사이래 1960년대까지 지배적으로 작용하여 왔으나, 이후 기분전환 및 사회적 욕구가 '60~'70년대의 국민여가생활의 주요한 요소로 작용하였고, 1980년대에 들어와서는 지적 및 교양적 여가욕구가 점차 확산되어 가고 있다.

셋째, 여가활동에 있어서는 1960년대 이전의 시간소일형 여가활동에서 1970년대에는 재생산 및 기분전환형 여가활동이 증가하였고, 1980년대에는 가치창조적 여가활동이 크게 부각되고 있다.

넷째, 여가정책에 있어서는 1960년대 이전까지는 소수특권층의 여가를 위한 정책의 수준에 머물렀으나, '60~'70년대에는 대중여가의 차원에서 여가의 의미를 모색하고자 시도하게 되었으며, 1980년대에는 그동안 여가참여에 소외되어 왔던 저소득층, 노연령층, 신체부자유층 등에 보다 더 많은 관심을 기울이게 되는 여가복지적 시책이 강조되고 있음을 볼 수 있다.

다섯째, 1990년대에 들어와서 한국의 여가사회는 개성화시대에 접어들어 자아의 발견과 자기실현 욕구를 충족시키려는 사상이 많이 퍼져 있었으며 21세기 초기에는 특히 주5일근무제가 도입되면서 바야흐로 여가황금기를 맞이하게 된다. 이제 여가시간을 선용하는 자가 인생의 기쁨과 행복을 만끽할 수 있는 시대가 온 것이다.

제3장 현대여가의 특징과 성격

LEISURE & MODERN SOCIETY

제 1 절 현대여가의 성격

현대의 여가는 산업화의 산물로서 과거에는 소수특권층의 고급문화활동으로 간주되어 왔으나, 오늘날에는 일반국민의 일상적인 문화활동으로 정착하게 되었다. 또한 우리 사회가 점차 산업지향적인 특성에서 소비지향적인 특성으로 전환하는 후기산업사회(post-industrial society)로 진입하면서 인간 생활양식으로서의 여가행복주의(dilettantism)까지 등장하고 있다. 여기에서 여가행복을 추구하는 사람이란 여가에 있어서 행복과 진리를 추구하고자 골몰하는 엑스퍼트(expert)이지만 그것이 직업으로 되어 있지 않은 자이며, 어떤 의미에서는 진정한 소비자 또는 인생을 향유하는 자를 말한다.

1. 여가혁명의 도래

미래학자들이 현대의 여가를 인류사회에 전연 새로운 현상으로 규정하고 있듯이, 현대여가는 대부분의 사람들이 일찍이 경험해 보지 못한 것으로서 개인적 차원 이상의 사회적인 관심사가 되고 있다.

그리스, 로마시대의 여가를 제1차 여가혁명으로 규정한 바 있는 첩(Michael Chubb)은 18세기부터 시작된 산업혁명의 결과로 나타난 여가현상을 제2차 여가혁명으로 규정하고 있는데,[101] 이는 현대여가의 특징을 산업화와 관련시켜 보려는 의도인 것이다.

현대인은 고도의 과학기술문명의 혜택으로 소득과 소비수준이 향상되고 노동시간이 감소되어짐에 따라 여가기회가 확대되어졌다. 포트(M. C. Faught)는 오늘날 여가가 시간적인 차원에서 증가하는 현상을 '자유시간혁명'(time wealth revolution)으로 규정하고 있다.[102]

또한 현대사회에 있어서 여가는 하나의 태풍처럼 강력한 영향력을 미치고 있으며, 근대화가 가속화되어 감에 따라 여가가 정치, 경제, 사회, 문화 등에 독자적인 기능을 담당하게 되었다. 레비(Marion J. Levy)는 미국이 오늘날에 이르기까지 세 가지의 대혁명을 겪어 왔다고 진단하고 있는데, 그 첫째 혁명은 18세기의 미국독립에 관련된 정치적 혁명이며, 둘째 혁명은 20세기를 전후로 진행된 대량생산혁명이며, 셋째 혁명은 1950년대 이후의 여가혁명이다.[103] 특히 마지막의 여가혁명은 인간의 가치체계 및 생활양식에 근본적인 변화를 초래하는 계기가 되고 있다.

한편, 다우어(M. Dower)는 인류역사의 흐름에 많은 변혁을 주어 온 현상을 물결(wave)로 표현하고 있는데, 그는 현대에 이르기까지 네 가지의 물결이 다가왔음을 제시하고 있다. 즉 제1의 물결은 18세기의 산업혁명이며, 제2의 물결은 철도혁명, 제3의 물결은 자동차혁명, 마지막의 제4의 물결은 여가혁명으로, 이것은 이전의 다른 어떤 혁명보다 우리 사회에 강력한 영향을 미치고 있음을 제시하고 있다.[104]

---

101) Michael Chubb, H. R. Chubb, *One Third of Our Time?*(New York : John Wiley & Sons, Inc., 1981), p.15.

102) M. C. Faught, "The 3 Day Revolution to Come", in P. Poor, ed., *4 Days, 40 Hours*, 1970, p.156.

103) Marion J. Levy, *Modernization and the Structure of Societies*(Princeton, New Jersey : Princeton University Press, 1966), pp.70~77.

104) M. Dower, *The Challenge of Leisure*(London : Civic Trust, 1965), pp.9~15.

라포포트(Rhona Rapoport)와 라포포트(Robert N. Rapoport)는 현대사회에 들어와 여러 가지 사회변화의 결과 기본적 부의 증가와 신장된 선택의 자유덕분에 사람들은 종전보다 비노동적 활동과 가정활동에 더 많은 활동을 하게 되었고, 그 결과 여가현상에서도 선택의 자유가 급속히 확대되어 일종의 쇼크를 낳고 있는 현상을 '여가폭발'(leisure explosion)로 규정하고 있다.105)

그리하여 현대의 여가는 인간생활의 「혁명」 내지 「제4의 물결(a fourth wave)」로 규정되고 있듯이 인류역사상 새로운 생활현상으로서 사회전반적인 문제가 되고 있다. 이러한 문제를 해결하기 위한 노력은 제2차 세계대전 이후 지속적으로 전개되어 왔으며, 그 대표적인 것으로 유엔인권선언(U. N. Human Right Declaration ; 1948), 「유엔 경제, 사회, 문화적 권리에 대한 국제선언」(U. N. International Convention on Economic, Social and Cultural Rights ; 1960), 그리고 국제레크리에이션협회의 「여가헌장」(Charter for Leisure ; 1970), 세계관광기구(WTO)의 「마닐라선언」(Manila Declaration : 1980) 등은 여가를 인간의 권리로 인식하며 국민복지의 관점에서 여가시설의 제공에 관한 구체적인 대책을 수립, 시행할 것을 촉구하고 있다.

이처럼 오늘날의 여가혁명은 단순한 여가시간의 증가뿐만 아니라 여가의식의 혁명 및 그에 따른 생활의 질적 혁명과 관련되어 있다.

2. 사회변동과 여가특성

여가는 모든 시간에, 그리고 모든 문화 속에서 존재하여 왔으며 산업사회의 등장은 그 사회 내에 있어서 여가의 지위를 향상시켰다. 현대여가의 본질을 산업사회의 등장에서 찾은 번스(Tom Burns)는 여가가 산업화에 따라 새로이 창조된 것으로 인식하고 있으며, 로버츠(Kenneth Roberts)는 산업혁명 이후 사회의 구조적 분화(structural differentiation)가 발생하게 되는데

105) Rhona Rapoport, and Robert N. Rapoport, *Leisure and the Family Life Cycle* (London : Routledge and Kegan Paul, 1975), p. 4.

여가 역시 구조적 분화의 과정을 겪은 사회에서 나타난 현상으로 기술하고 있다.[106)]

우리가 사는 사회의 변동은 그것이 긍정적이든, 또는 부정적이든 여가현상에도 많은 변화를 주고 있다. 즉 사회가 근대화되고 산업화가 진전되어 감에 따라 그것을 움직이는 관련 메커니즘(mechanism)의 연결성은 강화되고 조직의 효율성도 증대한다. 전통사회와는 비교도 될 수 없는 복잡한 구조를 갖게 된 현대 산업사회는 대량생산과 대량소비가 이루어지고 있으며 대중여가를 특징으로 한다.

갓드비(Geoffrey Godbey)는 사회변동 유형을 문화적인 차원에서 단순문화사회(single culture society)와 복합문화사회(plural culture society)로 나누면서 여가의 특성을 다음과 같이 규정하고 있다.[107)]

첫째, 여가의 정의에 있어서 단순문화사회에서는 여가를 수단(means)화하고 있는데 비하여, 복합문화사회에서는 여가를 삶의 목적(end)으로 여기게 된다.

둘째, 여가의 유형에 있어서 단순문화사회에서는 여가의 행동범위가 소규모이나 복합문화사회에서는 대규모이다.

셋째, 여가행동의 수용기준에 있어서, 단순문화사회에서는 규범 내지 관습에 의해 판단되어지지만, 복합문화사회에서는 법률에 의하여 통제되어 진다.

넷째, 여가의 역할에 있어서, 단순문화사회에서는 국민적 정체성과 연결되어 있지만, 복합문화사회에 있어서는 개인 및 하위문화의 정체성과 연결되어 있다.

다섯째, 여가의 역할문제에 있어서 단순문화사회에 있어서는 사회통제와 관련이 있으나, 복합문화사회에 있어서는 윤리적 판단에 의존할 수 없고 강력한 규제를 받지 않는다.

여섯째, 정부의 역할에 있어서 단순문화사회에서는 공통분모(common denominator)에 해당하는 여가서비스를 제공하나, 복합문화사회는 선택적 서

---

106) Kennets Roberts, *Leisure*(London : Longman, 1970), pp.62～65.

107) Geoffrey Godbey, “Planning for Leisure in a Pluralistic Society”, in T. Goodale, and P. Witt, eds., *Recreation and Leisure*(State College : Venture Publishing, 1980), pp.165～167.

비스만을 유지한다.

한편, 현대사회는 산업사회와 후기산업사회의 특성을 동시에 유지하고 있는데 이들 사회의 특성은 여가와도 밀접한 관련이 있다.

트리스트(E. Trist)는 산업사회에서 후기산업사회로 변화되어 감에 따라 여가의 특성도 성취에서 자아실현, 자기통제에서 자기표현, 독립성에서 상호 의존성, 긴장의 견딤에서 유희의 추구로 변화되고 있음을 밝히고 있으며,[108] 세계관광기구(World Tourism Organization)의 보고서에서도 사회가 산업사회에서 후기산업사회로 변동됨에 따라 여가현상도 고립에서 단체생활로, 정주생활에서 이동생활로, 휴식위주에서 활동중심으로, 수동적 소비에서 발전적 여가로 변화되고 있음을 기술하고 있다.[109]

일본의 一番ヶ賴康子 등은 사회변동을 전산업사회, 산업사회, 탈산업사회로 구분짓고, 각 시대별 인간의 생활방식, 경제이론, 자유시간내 주요활동을 다음과 같이 구분하고 있다. 전산업사회는 근면과 절약의 가치관이 강조되어 자유시간을 주로 휴식, 휴양, 보양적 차원, 즉 레크리에이션의 관점에서 활용하였다. 산업사회에서는 소유와 소비가 중요한 가치관으로 작용하여 여가를 기분전환과 오락, 즉 엔터테인먼트적 관점에서 활용되었다. 그러나 탈산업사회로 들어와 존재와 자기계발의 가치관이 강조되면서 레저, 스포츠, 리조트생활, 여행 등 새로운 자유시간활동이 활성화되고 있다.[110]

일본의 岡田治雄은 그의 저서 「여가사회학」에서 사회변동에 따른 여가의 특성을 위에서 〈표 3-1〉처럼 아홉 가지로 나누어 설명하고 있다. 즉 산업사회에서 후기산업사회로 변동됨에 따라 여가특성도 수단적 가치에서 자기충족적 가치로, 주지주의적 방향에서 쾌락주의적 방향으로, 노동의 보상적 의미에서 인간권리의 의미로, 도덕적인 사회가치의 기준에서 향락적인 인간가치의 기준으로, 전통적인 계급적 특징에서 개인주의적인 대중적 특징으로, 행정과 종교교육의 리더에서 여가산업의 선도자로, 상류사회의 유한 및

108) Eric Trist, "Toward a Postindustrial Culture", in R. Dubin, ed., *Handbook of Work, Organization and Society*(Chicago : Rand McNalling College Publishing Co., 1976), p.1014.

109) World Tourism Organization, *Spiritual Values*(Madrid : WTO, 1981), p.15.

110) 一番ヶ賴康子 外, 「餘暇生活論」(東京 : 有斐閣, 1993), p.232.

특권계급의 여가독점에서 대중화 현상으로, 여가의 부정적 비관주의 견해에서 긍정적 낙관주의 견해로, 행사중심의 여가에서 상업주의적 여가로 변화되고 있음을 기술하고 있다.

〈표 3-1〉 사회변동과 레크리에이션, 엔터테인먼트, 여가

사회유형	인간의 생활방식	경제이론	자유시간을 보내는 방식
전 산업사회 (농업중심의 사회)	'근면-절약'의 가치관	고전경제학 (보이지 않는 손)	anapausis(휴식, 휴양, 보양) (recreation)
산업사회 (공업중심의 사회)	'소유(to have)-소비'의 가치관	근대경제학 (보이는 손)	paidia(기분전환, 오락) (entertainment)
탈 산업사회 (서비스중심의 사회)	'존재(to be)-자기계발' 의 가치관	-	schole(레저, 스포츠, 리조트생활, 여행 등) (leisure)

자료 : 一番ヶ賴康子 外, 「餘暇生活論」(東京 : 有斐閣, 1993), p.232.

〈표 3-1〉 사회변동과 여가특성의 변화

구 분	산 업 사 회	후기산업사회
여가의 본질	수단적 가치	자기충족적 가치
여가의 지향	주지주의적 방향	쾌락주의적 방향
여가의 사회적 위치	-도덕적 · 사회적 가치 -노동재생산적 여가중시 -지역 · 집단에의 공헌도	-향락적 · 인간적 가치 -창조적 · 자기실현적 여가중시 -개인적 성취에의 공헌도
여가실태의 특징	-전통적 · 폐쇄적 · 계급적 -통제적 · 권위주의적 -건전오락적 · 타율적 -형식적 질서지향 -여가의 계급적 분화 -전통적 관습에 의존한 지역적 패턴	-개인주의적 · 개방적 · 대중적 -자유방임적 · 평등주의적 -대중오락적 · 자율적 -실익적 향락지향 -여가의 계급적 평준화 -유행에 의존한 사적 패턴
여가의 유행선도자	행정, 종교교육의 리더	여가산업, 대중매체, 사회교육
여가의 리더십	유한계급, 특권계급	일반대중
여가의 일반적 견해	-부정적 비관주의 -사회문제로서의 여가	-긍정적 낙관주의 -문화적 필요로서의 여가

여가현상의 특징	-행사중심의 여가 -위락과 스포츠의 장려 -계몽적·교육적 활동 -신사숙녀형 여가기대 -여가활동공간의 협소 -지역중심의 여가활동 -세대간 격차의 존재 -일종의 활동양식	-상업주의적 여가 -오락, 취미의 몰두 -향락적·자기지향적 활동 -자기표현형 여가기대 -여가활동공간의 광역화 -가족중심의 여가활동 -세대간 격차의 축소 -일종의 생활양식

자료 : 岡田治雄, 「レジャ-の社會學」(東京 : 世界思想社, 1982), pp.153～154.

이와 같이 경제적으로나 사회적으로 발전이 이루어지게 되면 그에 따라 여가도 밀접한 관련성을 지니게 되며, 역으로 여가가 개인적으로나 사회적으로 비중이 커지게 되면 그에 상응하는 여가의 역할도 커지게 된다. 이러한 여가의 사회학적 측면은 기능주의시각, 갈등론적 시각, 상호작용적 시각, 그리고 정치경제적 및 비판론적 시각 등 네 가지 관점에서 논의할 수 있다.[111)]

첫째는 기능주의적 시각이다. 이것은 여가가 사회전체를 움직이는데 필요한 각 부분에 기능적 역할을 한다는 시각이다. 이를테면, 여가는 기본적으로 내일의 일을 위한 재충전과 회복제로서 기능을 한다는 것이다. 단, 이러한 이론에서는 일과 여가의 영역간 분리가 확연해야 한다는 전제조건이 요구된다.

둘째는 갈등론적 시각이다. 이것은 사회내 집단들이 다원화, 복잡화되면서 상충적 이해관계에 놓여짐으로써 발생되는 여러 차원의 여가와 관련된 갈등문제 해결을 위한 관점이다. 이를테면, 여가제도로 인하여 발생하는 이익차로 인한 집단 및 계층간 갈등, 일과 여가와의 분리가 명확하지 못하여 발생되는 갈등, 과도한 노동으로부터 여가로의 도피로 여가의 본질적 의미 왜곡 등에 대한 갈등이다.

셋째는 상호작용적 시각이다. 산업발달로 인하여 현대인들은 점차 기본적 생계유지를 위한 노동에서 벗어나게 되면서 자유시간 증대에 따르는 자유시간의 해결문제와 단순히 생존이상의 보다 많은 것, 그리고 양보다는 질적

111) 고영복, 「현대사회문제」(서울 : 사회문화연구소, 1991), pp.451～457.

측면의 생활추구를 삶의 질에서 기대하게 되었다. 주관적 해석으로 이루어지는 상호작용적 시각에서 보면, 여가는 상이한 조건이나 상황에 따라 각기 달리 인식되는 것이므로 개인이나 사회를 둘러싸고 있는 여러 환경들이 중요한 영향요소가 된다고 본다.

넷째는 정치경제학적 및 비판론적 시각이다. 여가의 의미, 일과 여가간의 분리 및 통합문제를 현실적으로 구체적이고 역사적 차원에서 다루고자 하는 마르크스주의의 정치경제학적 시각과 프랑크푸르트 학파의 비판이론적 시각이다.

3. 현대사회의 특징과 여가

1) 고령화와 여가

현대사회의 동향 중에서 일상생활과 직결되고 더욱이 21세기를 향해 급속히 진전되고 있는 것은 고령화의 경향이다. '여가 그 자체가 인권'이라는 것에 대해서는 이미 논의한 바이지만, 특히 고령자의 경우는 생활 그 자체가 여가라는 특징이 있다. 그만큼 그 여가시간을 어떻게 보내는가에 따라 그 사람 자신의 건강은 물론 생활의 충실감도 완전히 달라지게 된다. 따라서 고령시에 있어서의 여가를 '남은 시간'으로서 받아들이는 것이 아니고, 더 적극적으로 인생전체를 통해 하고 싶은 일을 할 수 있는 자유로운 시간, 삶의 보람을 충족할 수 있는 시간으로써 받아들이는 것이 보다 의미가 있다.

특히 고령시의 여가생활이 갖는 적극적인 의의는 다음의 네 가지로 살펴볼 수 있다.

첫째로 고령시에 있어서 여가는 소위 최후의 자기실현의 기회라는 것이다. 특히 오랫동안 봉급생활자 혹은 기타 직업을 가진 자로서 하고 싶은 일이 있어도 시간적 제약 또는 기타의 제약으로 할 수 없었던 사람에 있어서, 고령시에는 실로 그것을 마음껏 실현할 수 있는 시기이다. 예를 들면, 소설을 읽고 그림을 그리는 등의 창작활동과 학습활동 기타 취미를 더욱 적극화하고 충실히 하게 하는 등, 소위 필생의 사업(life work)의 완성을 노리는 시기이다. 그렇게 함에 따라 고령기에는 삶의 보람이 있는 충실한 생활을 보낼 수 있다.

둘째는 그와 같은 삶의 보람을 더 일상생활을 계획적이고 또 충분히 배려하면서 살아가는 것에 의해 심신의 쇠퇴를 늦추게도 한다. 예를 들면, 그 사람의 개성, 체력에 맞는 스포츠를 한다든지, 손재주를 이용하여 도예 등을 한다는 것은 신체의 건강에 있어서는 말할 것도 없고, 소위 '치매화'를 방지하게 하고 게다가 생명활동도 활성화하게 된다. 학습활동은 말할 것도 없다. 즉 고령시의 여가의 이용방법대로 그 사람은 자기의 건강을 유지하고 수명을 연장하는 것도 가능하게 된다.

셋째로 적극적인 여가활동은 개인적인 즐거움뿐만 아니라 동료 혹은 그룹을 만들어 가는 것이다. 그 동료와 그룹과의 관계에 있어서 서로 계발하고 또는 서로 격려하는 것에 의해 노후의 고독이 해소되어 가는 면을 볼 수 있다. 또한 그것이 막상 이루어질 경우에는 상조활동으로 발전할 가능성을 가지고 있다.

넷째로 여가활동은 적극적인 사회참가에 연결되어 가는 것이다. 특히, 고령시에 있어서 여러 가지 사회봉사활동은 고령자 자신의 오래된 지혜와 경험을 근거로 하는 것이다. 그런 만큼 고령시의 여가가 문화의 창조, 사회활동의 개선에 기여하는 것과 연결된다.

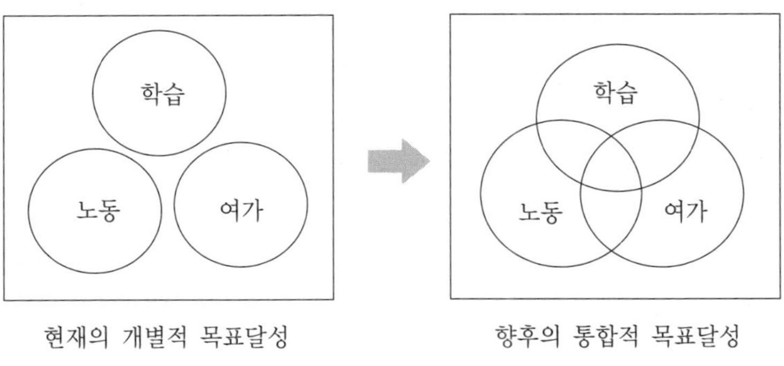

자료 : 瀨沼克彰, 「餘暇と地域文化創造」, 東京 : 學文社, 1995, p.27.

[그림 3-1] 노년기 학습-노동-여가의 상관관계 변화

따라서 고령화시대의 도래는 풍요로운 노후생활에 대한 욕구가 강하게 작용하게 될 것이다. 특히 노인문제의 핵심인 경제적 측면(소득, 저축), 노동, 가정생활, 여가, 건강 등을 여가의 개념을 중심으로 풀어가려는 시도도 나타날 것이다. 그리고 그동안 개별적으로 추구되어 오던 노동, 학습, 여가가 상호 밀접한 상관관계를 유지해 통합적인 형태로 활용될 것이다.

2) 정보화와 여가

현대사회를 특징짓는 요소의 하나는 '정보화'라는 것이다. 이것은 정보라는 것이 사회에 있어서도 개인의 생활에 있어서도 예전의 시대와는 비교할 수 없을 정도의 중요한 의미를 가지고, 큰 영향력을 가지고 있다는 것을 의미하고 있다. 그 중에서 특히 대량의 정보를 광범위하게 제공하는 매스미디어 역할은 크다.

종래부터 미디어와 통신기술의 발달을 배경으로 한 새로운 미디어가 생기고 있다. 이것은 디지털 전송방식과 광섬유의 개발에 대표되는 통신수단의 혁신과 LSI(대규모 집적회로)를 사용한 초미소전자공학의 발전이 크게 영향을 주고 있다.

이들의 뉴미디어의 특색은 종래의 매스컴과 비교하면 훨씬 섬세하고 빈틈이 없는 다양한 정보를 제공하여 준다. CATV는 작은 생활공동체내에서 가까운 영상정보의 제공을 가능하게 해주고 전화회선을 이용해 각양각색의 정보뱅크를 선택적으로 이용할 수 있다. VTR의 보급은 TV를 단지 멍하니 보는 게 아니고 보고 싶은 영상을 보고 싶은 시간에 볼 수 있도록 해주고 있다. 뉴미디어를 잘 다루면 정보를 받는 사람의 주체성을 드높일 수가 있을 것이다.

오늘날 TV나 VTR은 거대한 매스미디어인 동시에 거대한 오락장치라고 말할 수 있다. 정보기기의 발달은 예전에 없었던 놀이를 만들어내고 있다. 그 전형적인 예가 TV게임, 가정용 컴퓨터일 것이다. 컴퓨터의 기능을 이용해 TV화면상에 가지각색의 영상을 출현시키고 그것을 즐기는 게임은 아이들 뿐만 아니라 어른들도 매료된다. 컴퓨터가 양산되고 IC회로의 발명으로 저가격화가 실현되고 가정에서도 작은 컴퓨터를 가질 수 있도록 된 것이 그 배경이다.

스포츠와 문화활동, 야외레크리에이션 등의 보다 순화된 여가행동에 있어서도 정보화의 영향이 현저하다. 그 대표적인 것은 관광레크리에이션이다. 일상권을 벗어나고 미지의 땅에서 놀고 싶어하는 관광은 목적지(어디에 갈까)와 교통수단(무엇으로 갈까)의 선택에 있어 무엇으로부터의 정보를 필요로 한다. 예전에는 소문(다른 사람으로부터의 전문)과 간단한 안내서가 수단이었지만, 현재에는 매스미디어를 통해 여러 가지의 관광정보를 제공받고 정보가 관광을 선도하고 있는 것이다.

그러므로 여가를 충실하게 하기 위해서는 자신의 욕구와 목표에 맞는 활동을 고르고, 그것을 실천하기 위한 정보를 얻는 일이 중요한 조건이 된다. 어떤 종류의 정보가 필요한지를 열거해 보면 다음과 같다.

① 프로그램에 관한 것 : 어떤 여가를 보내는 방법이 존재하는가와 그 권고사항으로서는 어떤 것이 있는가라고 하는 정보, 여가활동의 분류별 목록과 각각의 구체적인 내용(특색, 재미, 대상, 난이도 등).

② 장소 및 시설에 관한 것 : 스포츠에서 특징적으로 볼 수 있듯이 어떤 종류의 여가활동을 행하기에 필요한 공간 및 시설이 필요하다. 또 거기를 가면 더 효과적으로 그 활동을 즐길 수 있다고 하는 최적지가 있는 경우가 있다(관광, 야외레크리에이션 등).

③ 여가활동의 기술에 관한 것 : 기술적으로 특정한 활동에 대해서는 기술의 내용, 습득의 방법, 신기술의 개발에 대해서 정보를 모으고 전문적인 정보지의 발행과 정보서비스가 행해지는 경우가 많다.

④ 지도자 및 지도원에 관한 것 : 기술을 가르치고 훈련시켜 주는 전문가와 전문단체, 학교 등에 대한 정보.

⑤ 비용에 관한 것 : 이상의 정보에 대한 주요 경비를 알고 싶다고 하는 욕구도 확대되고 있다. 그것들의 비용과 할인제도에 관한 정보.

정보화의 급속한 진전은 반드시 우리들에게 행복한 생활을 가져다주는 것은 아니다. 그것은 한편으로는 넘쳐나는 정보에 남용되어 정보의 제공자에 의해 조작되어 버리는 정보매몰형 인간을 만들어 내고 있다. 또 정보화가 인간과 인간의 사이를 가로막아 인간끼리의 대면을 적게 하는 면도 무시할 수 없다. 커뮤니케이션의 발달이 사람과 사람의 직접적인 교류를 잊고 영상과 문자 속으로 매몰되어 버리는 것은 분명히 비인간적인 삶이다.

그러한 문제점을 극복하고 정보화사회의 활성화를 위하여 인간의 자유와 주체성을 펼치는 방향으로 활용해야 한다. 거기에는 우리들이 항상 적극적으로 행동하여 신선한 정보의 발신자로써의 위치를 잃지 않도록 노력할 필요가 있다. 자유로운 시간으로써의 여가는 그런 주체적이고 충실한 활동의 산물으로써의 중요한 의미를 가지고 있다.

3) 국제화와 여가

국제화란 한마디로 말하면 물건, 돈, 사람, 정보 등이 일정이상의 규모에서 국경을 넘어 이동하는 것에 의해서 가져오는 사회, 정치, 경제, 문화 등의 여러 측면의 변화를 의미하고 있다. 국제화는 정부정책이나 제도측면에서 노동시간 단축과 휴가제도의 확대, 국민의 해외여행 욕구 증대 등에 따라 여가생활 전반에 걸쳐 커다란 변화를 가져오고 있다.

특히, 국제화 사회에서는 국제화에 따른 여가생활의 영향으로 행정적 측면의 주요 동향은 다음과 같다. 우선 정부차원에서 여가시책을 적극적으로 강구하고 있다는 점을 들 수 있다. 유급휴가의 집중적 활용을 촉진하기 위해 여름에 1주이상의 휴가를 보급한다든가, 또 주2일 휴일제의 보급 등 노동시간의 단축에 대해 국민적인 의견일치의 형성과 여가향유를 위하여 노사의 자주적 노력에 대한 지도를 하게 되었다. 최근에는 기업의 해외진출과 함께 해외근무자와 그 자녀가 외국에서의 생활을 체험하는 사람도 늘고 있다. 그런 사람들의 경우, 현재 그 나라의 사람들과의 사교와 교류를 가지는 것은 당연하다.

외국과의 인적인 교류가 극히 활성화된 것을 들 수 있다. 이런 국제교류의 활성화에 따라서 해외에서 풍족한 여가생활을 체험한다든지, 각양각색의 미디어와 커뮤니케이션을 수단으로 하여 외국의 생활에 관한 정보를 접하게 된다. 그리고 국민은 자신들의 생활의 내용과 질을 외국의 그것과 비교하여 생활의식과 라이프스타일을 서서히 변화시키고 있다. 여가생활에 관한 의식과 행동의 변화도 그와 같은 변화과정의 일부분을 이루고 있다.

국제화를 향하는 일은 중요한 과제중의 하나이지만, 여가생활과 관련하여 앞으로 다음과 같은 문제를 해결할 필요가 있다.

① 노동시간 단축과 단기, 장기휴가의 증가를 도모한다.

② 국민이 국제화시대에 맞는 노동관과 여가관을 가질 수 있도록 개발한다.

③ 국민이 앞으로의 국제적인 여가시대에 맞는 행동양식을 몸에 익힐 수 있도록 지원한다.

④ 국내의 여가시설과 여가활동의 기회, 여가정보 등의 면에 있어서도 국제적인 수준으로 향상시킨다.

최근 들어 관광의 대중화가 가속되면서 종래 일상권 중심의 여가활동이 비일상권까지 확대되는 추세를 보이고 있다. 나아가 사회경제적 여건이 성숙되면서 관광 자체도 일상화되고 있으며, 국내뿐만 아니라 해외로까지 확대되고 있다. 이와 관련하여 일본의 瀨沼克彰은 관광행동의 일상화 패턴을 시대별로 제시하고 있다.112)

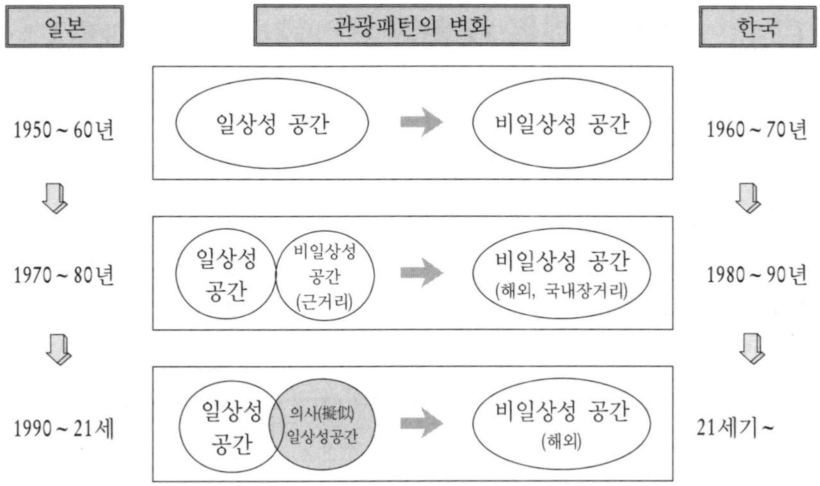

자료 ; 瀨沼克彰,「餘暇の動向と可能性」(東京 : 學文社, 2005), p.63.

[그림 3-2] 관광행동의 일상화 패턴 변화추이

112) 瀨沼克彰,「餘暇の動向と可能性」(東京 : 學文社, 2005), pp.63-64.

첫 번째 패턴은 일본의 경우 1950~1960년대에 나타난 현상으로 관광이 일상성 공간에서 비일상성 공간으로 이동하는 형태이고, 두 번째 패턴은 1970~ 1980년대에 교통기관의 발달, 경제수준의 향상으로 비일상성 공간의 일상생활 공간화가 진행되고, 비일상성 공간은 해외나 국내의 원거리가 강하게 부상하였다. 세 번째 패턴은 1990년대 이후 현재에 이르는 현상으로 종전 비일상성 공간이었던 국내의 원거리가 일상성 공간으로 편입되어지고 대신 해외가 비일상성 공간으로 남아 있다.

한국의 경우에는 첫 번째 패턴이 1970년대까지 이루어졌다면, 두 번째 패턴은 1980~1990년대에 전개되었고, 21세기로 들어와서는 세 번째 패턴에 접어들었다고 할 수 있다.

4) TV와 여가

1950년대에 들어서면서 TV는 종래 중요한 대중매체였던 라디오를 제치고 각 가정에서 보급되면서 가정생활의 중심적인 부분으로 자리잡게 되었다. TV의 역사를 보면 기술의 단계와 사적인 가정내의 친숙한 동료로서의 단계를 거쳐 일상생활의 리듬을 지배하고 생활영역을 가정이라는 내적 공간으로 끌어들이는 역할을 담당해 왔다. 그 결과 TV는 여가는 물론이거니와 현대사회의 사사화(privatization)를 주도하게 되었다.

현대사회에 있어서 텔레비전의 영향은 막강하다. 전 세계적으로 텔레비전은 국적을 막론하고 여가시간의 절대시간을 지배하고 있다. 그로 인해 현대사회에서는 텔레비전이 여가영역을 식민화하는 단계에까지 이르렀다고 해도 과언이 아니다. 일찍이 사힌과 로빈슨(Sahin and Robinson, 1980)은 「텔레비전과 여가의 식민화」라는 연구에서 현대사회에서 텔레비전이 '여가를 식민지화' (colonization of leisure)하였다고 한 바 있다. 이는 텔레비전이 여가시간의 절대시간을 차지하고 있다는 의미이다. 특히 텔레비전은 현대사회의 여가양식을 지배하고 있다. 텔레비전에 소비하는 시간량에서 뿐만 아니라 시청패턴에 있어서도 전반적으로 의례화되어 있다.[113]

통계청의 보고서에 의하면, 우리나라 10세 이상 국민이 경우 평일에 텔레

113) 이재현(2001), 「한국인의 여가 및 문화시간 분석」, 통계청, "1999 생활시간조사 종합분석사업결과".

비전을 2시간 22분 시청하고, 토요일(2시간 52분), 일요일(3시간 33분)로 갈수록 더 늘어나고 있다. 또한 텔레비전의 시청하는 사람의 비율을 보더라도 평일은 89.7퍼센트에서 토요일은 91.9퍼센트, 그리고 일요일은 94.3퍼센트로 점차 늘어나고 있다. 이는 다른 여가활동을 할 수 있는 시간을 잠식하는 것이며, 여가의 다양화에 제약을 주는 것이다.[114)]

텔레비전은 현대인의 삶에 있어서 중요한 부분이다. 우리나라의 텔레비전 보급률은 99.9퍼센트로 텔레비전은 일상생활 그 자체가 된 것이다. 한국인의 생활은 '노동하기, 수면, 텔레비전보기, 기타'로 나눌 수 있을 정도로 텔레비전에 흠뻑 빠져 있다. 텔레비전의 메시지는 교양의 일부분이 되고 대화의 소재가 되며, 나아가 가치의 준거로 자리잡았다가 행동으로 나타난다. 그리하여 텔레비전은 문화의 민주화라는 긍정적 기능뿐만 아니라 문화의 물신화, 상품화, 저질화, 소비화, 향락화, 종속화, 현실의 모조화 등 역기능에 이르기까지 대중문화 형성의 진원지 구실을 하고 있다.

제 2 절 현대인의 생활과 여가

현대의 여가는 종래 하나의 활동양식(activity style)의 차원에서 벗어나 인간의 생활양식(life style)으로 정착되어가고 있는데, 이는 곧 여가가 노동이나 종교, 교육, 가족 등과 밀접한 상호관계에 있음을 말하는 것이다.

1. 노동과 여가

농업사회에 있어서 노동이나 중세에 있어서의 장인적(匠人的) 작업의 경우는 물론, 공장제 수공업단계의 노동자에게 있어서 일상 노동의 템포는 노동자 자신에 의해 어느 정도 관리되고 조정될 수 있는 성질의 것이었다. 이러한 와중에서 노동시간에 있어서도 적당한 여유와 인간적인 페이스가 유

114) 통계청, 「1999 생활시간조사보고서」, 2000.

지되는 여지가 있었다.

이에 반해 기계화된 근대 공장제 노동에 있어서는 노동자는 단지 생산의 하나의 요소로써 관리되는 대상에 지나지 않고, 또 노동시간은 타인에게 팔아 넘기는 시간으로써 그 자신으로부터 완전히 소외된 시간이 된다. 노동은 분업 하에서 세분화된 기계의 리듬에 종속되는 단조로운 작업이 된다.

이러한 노동시간의 연장과 노동강화 속에서 인간의 신체와 정신이 마멸되어 견딜 수 없다. 이 때문에 근대 초기의 공업도시는 폐질자(廢疾者), 정신이상자, 알코올중독자 등이 마구 쏟아지고, 때때로 전염병의 유행에 휩싸이고, 범죄와 도덕적 퇴폐의 소굴이 된다. 이것이 노동력의 안정적인 확보와 사회적인 질서에 위협을 가하게 됨에 따라 지배계급의 관심이 노동력의 재생산의 과정, 즉 여가에 향하여지게 된다

노동시간의 제한과 그것에 의한 건강한 노동력의 확보는 동시에 노동자 계급의 자립과 단결의 계기를 부여하게 된다. 이후 서구 여러 나라에 있어서 노동운동은 보다 인간다운 생활을 추구하고 노동시간 단축의 요구를 축으로 해서 전개된다. 1886년 5월 1일에 미국의 노동자들은 8시간 노동제의 확립을 요구하고 총파업에 돌입했다. 현재 국제적인 노동자의 제전(祭典)으로서 널리 시민 전반에 침투하고 있는 노동절은 이것을 기념한 것이다.[115]

노동으로의 종속적 지위로부터 벗어난 현대의 여가는 여가 그 자체가 방대한 시간적 영역으로서 우리들 앞에 나타나게 된다. 그리고 이 여가시간이란 그 자체로는 단지 목적 없는 공백의 시간이고, 우리들 자신이 그 내용을 적극적으로 설계하고, 구성해야 하는 시간이기도 하다.

현대사회에 있어서 여가란 가장 자유로운 선택가능성이 큰 시간이고, 개인의 인격이 최대한으로 발현될 수 있는 삶의 영역이다. 그런 까닭에 여가를 생활 그 자체로서 어떻게 풍족하게 살리는가는 인간의 행복, 사회복지와 중요한 연관을 가진다고 생각된다. 생산우선에서 복지우선으로의 시대적 흐름 속에서 사람들이 자기의 여가생활을 어떻게 구축해 가는가는 복지라고 하는 막연한 개념이 그 실체를 획득해 가기 위한 최대의 과제가 될 것이다.

노동과 여가와의 관계는 양자가 융합되어 구별이 힘든 관계, 계급적 노동과 계급적 여가의 관계, 예술가와 장인의 노동에서 보듯이 노동 자체가 여가

115) 熨斗隆文, 「現代の餘暇」(東京： 日本經濟新聞社, 1974), pp.50～51.

의 성격을 갖는 관계, DIY(Do-It-Yourself)에서와 같이 여가가 노동의 성격을 갖는 관계, 나아가 노동과 여가가 분리되어 있기는 하나 대립하는 관계로 발전되지 않는 단계, 산업사회에서 보듯이 노동과 여가가 대립되어 발전하는 단계 등 매우 다양하다. 이와 같이 현실적으로 다양한 노동과 여가와의 관계는 이론적으로 보아 다음의 세 가지 관점에서 고찰될 수 있을 것이다. 첫째, 노동이 중심이 된 관계(priority of work), 둘째, 노동과 여가가 균형을 이룬 관계(equality of work and leisure), 셋째, 여가가 중심이 된 관계(priority of leisure)가 그것이다.[116)]

첫째는 노동중심의 이론이다. 산업사회 초기단계에서 노동과 여가의 관계를 설명하는 이론에 의하면, 노동이 생활의 주가 되며 여가는 일을 보조하는 수단으로 존재하게 된다. 즉 인간은 휴식, 레크리에이션 등의 여가활동을 통해 노동에 필요한 에너지를 충족하게 되며, 여가는 오직 이러한 목적을 달성할 수 있을 때만 의의를 지니게 된다. 이러한 여가가치에 대한 이론은 생산성의 향상이 중시되던 산업사회 초기의 여가관과 프로테스탄티즘의 직업윤리에서 발견될 수 있다.[117)] 노동에 최상의 가치를 부여할 때 여가시간은 단지 노동을 위해서만 존재하며 노동에 도움이 되지 않는 여가는 불필요하고 심지어는 죄악시되게 된다.

둘째는 균형유지이론이다. 이 이론은 노동과 여가가 동시에 인간의 삶에 필요하며, 둘은 상호 보완관계에 있다는 입장을 보이게 된다. 즉 여가와 노동중 그 어느 하나만으로 우리의 삶은 완전할 수 없다고 말한다. 이러한 인생에 대한 보다 종합적인 접근(holistic approach)은 우리의 삶이 노동과 여가를 동시에 추구할 때 만족된 삶이 될 수 있다고 강조하게 된다. 많은 연구결과가 노동과 여가생활 사이에 상호관련이 있음을 밝히고 있다. 이 연구들은 노동과 여가를 따로 떼어 접근할 경우, 문제의 본질에 접근하기 어려우며, 이들 상호간의 영향관계를 유기적으로 파악할 때만 양자에 내재한 문제의 효과적인 해결책을 모색할 수 있음을 암시해 주고 있다. 머피

116) Stanley R. Parker, *The Future of Work and Leisure*(London : MacGibbon and Kee, 1971), p. 47 ; Stanley R. Parker, *The Sociology of Leisure*(New York, N.Y. : George Allen & Unwin, Ltd., 1976), p. 66.

117) Geoffrey Godbey, and Stanley R. Parker, *Leisure Studies and Services* : an Overview(Philadelphia : W. B. Saunders Co., 1976), p.10.

(Murphy)는 후기산업사회의 가상 시나리오를 제시하며 우리 사회가 안정된 발전을 계속 이루어 나가게 될 경우, 노동과 여가에서 동시에 삶의 의미와 만족을 찾는 사회가 올 것이라고 예견하고 있다.[118)]

셋째는 여가중심적 이론이다. 노동과 여가의 관계에서 발전되는 마지막 이론은 이것은 첫 번째의 노동중심의 이론을 뒤집어 놓은 것이다. 즉 여가를 인생의 목표로 보면 노동을 단순히 여가를 얻기 위한 수단으로 본다. 이러한 여가관은 멀리 그리스 철학자들로부터 발견되고 있다. 그러나 이 이론은 보다 본격적으로 우리 사회가 후기산업사회로 발전해 감에 따라 주목을 받기 시작하였다.

특히 존스톤(Denis Johnston)은 노동과 여가의 관계를 세 가지의 개연적 시나리오로 설명하고 있다.[119)]

첫째, 소수의 사람만이 재화의 생산과 분배에 책임을 지며 나머지는 소비만 하는 자동화된 사회(automated society)의 구성원이다.

둘째, 완전고용의 경제가 실현되고 일할 의욕을 지닌 사람들을 적절히 훈련시키는 사회다.

셋째, 노동과 여가가 통합되는 형태가 전산업사회(pre-industrial society)의 특징이라 할 수 있다. 이와 같이 현대사회의 성격이 어떠한가에 따라 여가와 노동의 관계도 변화되고 있음을 나타내 주는 것이다.

한편, 쥬잔넥(J. Zuzanek)과 만넬(R. Mannell)은 노동과 여가의 관계를 파악하는 방식을 다음과 같이 제시하고 있다.[120)]

첫째는 통계적(statistical) 그리고 시간예산(time-budget)의 관점에서 시대별 노동과 여가간의 관계에 초점을 두는 것이다.

둘째는 사회경제적(socio-economic) 관점에서 노동-여가관계를 파악하면서 수입과 자유시간 간의 상호작용을 논의하고 있다.

셋째는 사회조직적(socio-organizational) 및 계획적(planning) 차원에서 노

---

118) James F. Murphy, *Concepts of Leisure*, 2nd ed.(Englewood Cliffs, New Jersey : Prentice-Hall, Inc., 1981), pp.194～195.

119) Denis F. Johnston, "The Future of Work : Three Possible Alternatives", *Monthly Labor Review*, May 1972, p.35.

120) J. Zuzanek, and R. Mannell, "Work-Leisure Relationships from a Sociological and Social Psychological Perspective", *Leisure Sciences*, Vol. 2, 1983, pp.327～330.

동-여가관계를 파악하는 것이다. 이것은 급속히 전개되는 사회변화에 대응하여 생활시간의 적정화를 모색하려는 것이다.

넷째는 사회학적(sociological) 또는 사회역사적(socio-historical) 관점에서 노동-여가관계를 시간의 배분보다는 가치지향적 변화의 차원에서 논의하고 있다.

다섯째는 사회직업적 위상(socio-occupational status)의 틀 내에서 노동-여가간의 상호작용을 파악하면서, 각 사회계층별 여가스타일을 파악하는 것이다.

여섯째는 여가행동과 경험에 대한 노동의 직접효과(direct effects of work) 및 그 구조적 특성을 파악하는 것이다. 이는 노동의 본질이 여가에 어떻게 파급되는가에 초점을 두고 있다.

일곱째는 사회심리학적(socio-psychological) 관점에서 노동과 여가의 관계를 파악하는 것으로, 주로 여가참여와 여가관련 태도 및 지각에 대한 노동태도의 영향에 초점을 두고 있다.

이와 관련하여 산업사회와 후기산업사회에 있어서 노동과 여가의 성격변화를 살펴보면 〈표 3-2〉와 같다.

〈표 3-2〉 사회변동과 노동·여가의 관계

구 분	산업사회	후기산업사회
생활공간의 비중	일, 집단생활	여가, 사생활
주생활관심사	일, 직무, 보수	여가, 가족, 소비
자기확인의 기반	일, 직업, 노동	자유시간, 여가, 휴식
몰두사항	일, 사회적 의무	여가, 자기실현
기계화, 조직화	생산양식	생활양식이 여가의 영역에 관련
일반적 가치기준	일중심의 업적주의, 금욕	여가중심의 향락주의, 욕구충족
생활욕구의 기조	생리적·경제적 욕구	정신적·인간적 욕구
일과 여가의 특징	여가의 일화, 일을 위한 여가	일의 여가화, 여가를 위한 일

산업사회에 있어서는 여가보다는 일에 더 큰 비중을 두게 되고 일 중심의 업적주의나 금욕 및 생리적 · 경제적 욕구의 충족에 관심이 있었으나, 후기산업사회로 이행하면서 노동보다는 여가에 큰 비중을 두게 되고 여가중심의 향락주의나 욕구충족 및 정신적 · 인간적 욕구의 실현을 더욱 추구하게 됨을 알 수 있다.

2. 종교와 여가

여가는 모든 문화에서 찾을 수 있다. 고대 로마시대에서 일요일은 공휴일이며 크리스마스나 부활절은 종교적 의식에 기원을 둔 휴일이다. 그리고 중세유럽에서 3일중 1일은 휴일이었으며, 레크리에이션에 대한 적대적인 성향은 퓨리터니즘과 관련이 있었다. 퓨리터니즘(Puritanism)은 항시 소수의 운동이었으나, 여가에 대한 극단적인 견해는 대다수의 사람들에겐 부합되지 않았다. 대중의 레크리에이션은 여전히 사회적인 기능을 수행하여 휴일은 일련의 노동부담에 대해 심리적 평형추(psychological counterweights)를 제공하였다.

근대 유럽에서 영국의 교회는 노동자의 전통적 축제에 단지 말초적으로 몰두하였으며, 교회가 정부의 시녀로 전락하여 종교적으로 중요한 많은 정기적 축제들이 16~17세기 동안 줄어들었다. 레크리에이션에 대한 갈등은 종교의 본질에 깊은 영향을 주었으며, 종교의 세속화 과정(process of secularization)을 가속시켰다. 종교와 레크리에이션은 밀접하게 통합되어 왔으나, 19세기로 들어와서는 시간이나 가치의 측면에서 경쟁성을 띠게 되었다.

이후에도 종교를 여가 및 놀이와 통합시키려는 시도가 많이 행하여져 왔다. 여가는 여러 측면에서 종교와 밀접한 관계를 갖고 있는 바, 양자는 개인의 행복욕망을 표현하고 자유의지를 발휘할 기회를 부여한다는 점에서 통합되어 있다. 또한 양자는 재창조(recreation)에 대해 각별히 중요성을 부여하고 있다. 어떤 공동체에 지배적인 종교적 신앙은 신앙적 공동생활을 하는 가운데 여가기회에 영향을 준다. 종교적 신앙심의 전반적인 쇠퇴에도 불구하고 많은 교회나 종교단체들은 많은 사람들에게 조직적인 여가시설을 제공하는 중요한 역할을 담당하고 있다. 야외의식과 같은 종교의 어떤 측면은 여가활동적 성격을 갖고 있다.

여가와 종교의 관계를 검토하기 위해서는 우선 여가에 관한 종교학자들의 정의가 중요한 기초를 이룬다. 이들은 통상 여가를 존재상태(a state of being)로 인식하고 있는데, 이는 여가가 그 자체의 목적, 이를테면 자유나 평화의 감정 등을 위하여 행하여지는 것임을 나타내 주고 있다. 그리하여 여가시간을 소유하고자 하는 욕구와 여가상태를 유지하려는 욕구가 일치되지 않으면 진정한 의미의 여가가 구현될 수 없는 것이다.

여가는 피이퍼(Joseph Pieper)가 주장하듯이 숭배(worship)로 시작하는데,[121] 숭배는 모든 종교활동과 마찬가지로 생계유지와 관련되지 않는 시간에서 일어난다. 따라서 종교적 축제는 여가의 중요한 형태이다. 원시사회에 있어서는 종교적 제의(祭儀)가 여가기회의 제공에 크게 이바지하였으며, 현대에 있어서도 종교는 여가생활의 중추적 요소이다. 가령 휴일이면 너나 할 것 없이 교회나 사찰 등을 찾아 시간을 소일하거나 사교, 대화의 기회를 갖는다.

여가는 종교와 많은 점에서 친화성(affinity)을 유지하고 있는데, 특히 개인적 행복의 표현활동인 동시에 자유의지(free will)를 실행하는 기회를 제공해 주고 있다. A.D. 32년 로마의 콘스탄티누스대제(Flavious Valerius Aurelius Constantinus, A.D. 280~337)는 일요일을 공휴일로 제정하였으며, 크리스마스나 부활절, 추수감사제 등의 휴일이 생김으로 인하여 여가의 여건이 사회적으로 개선되어 왔다.

청교도주의는 여가에 대한 태도나 관습 등에 많은 영향을 주어 사회적으로 긍정적 기능을 가진 여가만을 허용하였는 바, 이는 여가가 인간의 세속화(secularization)를 조장하는 것으로 보았기 때문이다. 그리하여 종교는 인간의 비노동시간을 통제하는 기능을 갖게 되었다.

현대인의 생활에 있어서 주목되는 또다른 특징으로는 여가를 위하여 종교생활을 하고 있다는 견해이다. 이는 곧 여가를 어떻게 보내는가 하는 문

121) Joseph Pieper, *Leisure : The Basis of Leisure*(New York : Random House, 1963), p.178.

제의 해결책으로 종교의 의의를 찾는 경향이다. 또 일요일이 노동으로부터 휴식과 위락의 날로 간주되면서 현대인들은 여가를 보낼 고정적 시간(fixed time)으로서 종교를 믿는 중요성에 그 의의를 부여하려는 경향도 나타나고 있다. 이는 오늘날 종교단체에 의하여 교인들에게 많은 여가기회를 주고 있는 현상과 무관하지 않다.

최근에는 여가 및 놀이를 종교와 조화시키려는 시도가 있었는 바, 호이징가(Huizinga)는 놀이와 종교의 몇 가지 공통된 특질을 다음과 같이 말하고 있다. 첫째, 여가와 종교가 엄숙성(seriousness)을 지니며, 완성(perfection)이라는 이상을 추구하고 있다. 둘째는 양자가 한정된 물리적 공간에 관련돼 있으나 무한정한 상상력을 지니고 있다. 놀이와 기도는 그들의 규칙과 희생의 세계에서 일어난다. 셋째로 경건(the holy)과 가식(the make-believe)은 양자 모두 상징적이며 특이한 의복과 언어로서 장관을 이룬다.[122]

한편, 여가와 종교를 통합시키고자 가장 야심적인 시도가 피이퍼(Pieper)에 의해 실시되었는 바, 명상적 생활의 기독교적·서구적 관념은 여가에 대한 아리스토텔레스의 관념과 밀접한 관련을 맺고 있다고 하였다. 그는 여가가 정신적·영적 상태(a mental and spiritual attitude)이며, 단지 외적 요인의 결과나 빈 시간, 휴일, 휴가의 불가피한 시간보냄의 결과가 아님을 밝히고 있다. 즉 여가는 마음의 태도(attitude of mind), 영혼의 상태(a condition of soul)라고 한다.[123]

3. 교육과 여가

현대사회는 산업사회인 동시에 기술사회이고 대중사회라는 복합적 성격을 갖고 있으므로 그 분위기에 순응하면서 자기를 돌아보는 교육이 필요하다. 특히 현대의 급속한 사회변화는 교육의 역할을 증대시키고 있으며, 이에 따라 여가교육의 역할도 커져가고 있다.

여가는 참가자에게 어떤 활동을 통하여 직접적인 만족감을 가져다 주는

122) J. Huizinga, *Homo Ludens*(London : Routledge, 1949), pp.18～27.
123) J. Pieper, *op. cit.*, pp.23～52.

것임에 비하여 교육은 보다 원대하고 고차원적인 목표를 두고 때로는 강제적 성격을 띠고 있다. 학교에서 우리는 여가활동을 위한 기술을 습득하고 관심을 일깨우게 된다. 반대로 레크리에이션활동은 학습 뿐만 아니라 놀이를 배울 수 있는 중요한 학교 프로그램이다. 그리하여 여가와 교육은 인간의 자기계발을 본질로 하는 것이다.

여가의 어원인 희랍어의 스콜레(schole)나 라틴어의 스콜아(schola) 모두 학교(school)의 어원이기도 하다. 즉 여가는 본래 교육적인 면과 학습과정과 밀접한 관련이 있음을 보여주는 것이다.[124)]

브라이트빌(Charles Brightbill)은 여가가 교육을 선도하고 교육은 여가를 뒷받침하는 것으로 파악하고 있다.[125)] 반면 그린(Thomas F. Green)은 미국의 학교시스템이 노동의 준비활동과 관련되어 있음을 제시하고 교육이 여가뿐만 아니라 노동과도 밀접한 관련이 있는 것으로 파악하고 있다.[126)] 그러므로 교육은 여가의 경험을 풍부하게 해주는 것이며, 여가참여 기회의 장애를 제거하여 주는 기능을 지닌다.

여가에 대한 교육의 기능은 학교교육 뿐만 아니라 성인교육에 있어서도 중시되고 있다. 성인교육은 대부분 비직업적 성격을 띠고 있기 때문에 목적, 조직, 방법에 있어서 레크리에이션과 흡사하다. 노인대학이나 대학의 교양강좌 및 특수대학원, 직업훈련원 등이 점차 증가하고 있는 것도 성인교육의 일환이며, 이러한 교육과정에는 레크리에이션이 필수적이다. 이와는 다른 의미에서 평생교육은 점차 증대되는 성인의 여가시간을 효율적으로 관리할 수 있는 대책으로도 활용되고 있다.

또한 교육의 영속적인 과정인 평생교육이라는 사고가 팽배해지면서 학교교육뿐만 아니라, 사회교육에 많은 관심을 기울이게 되었고 이는 성인 및 노인의 여가시간에 초점을 두고 있다는 점에서 교육은 여가활동의 중요한 형태인 셈이다.

---

124) Gordon J. Dahl, *op. cit.*, p.32.

125) Charles K. Brightbill, and T. A. Mobley, *Education for Leisure-Centered Living*, 2nd ed.(New York, N.Y. : John Wiley & Sons, Inc., 1977).

126) Thomas F. Green, *Work, Leisure, and the American Schools*(New York : Random House, Inc., 1968).

4. 독서와 여가

문화관광부가 2002년에 조사한 우리나라 성인의 연간 독서율은 1993년 '책의 해'에 출판계, 언론계, 도서관계를 중심으로 한 대대적인 독서 캠페인에 힘입어 1994년에는 1993년에 비해 7.5% 증가하여 86.8%에 이르렀으나, 그 이후 1995년 79%, 1996년 77.2%로 계속 감소추세를 보여오다가, 지난 1999년에는 '전국민 책읽기운동' 등에 힘입어 3년 전에 비해 0.6% 증가한 77.8%로 나타났다. 또한 통계청 및 언론이 조사한 국민독서율은 이보다도 훨씬 낮아져 각각 59.4%(2000년 기준), 56.4%(2002년 기준, 월평균)에 불과한 것으로 나타났다.[127)]

1년 동안 단 1권의 책도 읽지 않는 독서 기피층도 우리나라 성인의 22.2%(1999년 기준, 1995년 21%, 1996년 22.8%) 이상 되었다. 결국, 이상의 자료를 통해 우리나라 국민 10명 중 3~4명은 평소에 책을 전혀 읽지 않는 책맹(冊盲)이라는 사실을 알 수 있다.

학생의 경우, 한 학기 독서율은 1994년 이후 매년 감소하고 있으며(1995년 0.5%, 1996년 0.4%, 1999년 2.8% 각각 감소), 2002년 조사에서는 학생(중고생 및 대학생) 가운데 15% 정도가 한 달에 단 1권의 책도 읽지 않는 것으로 나타났다. 결국 책을 읽는 사람은 보다 많이 읽고 전혀 읽지 않는 사람도 늘어나는 '도서인구의 양극화' 현상이 진행되고 있다.[128)]

각국 정부기관이 집계한 국민 연평균 독서율을 비교해 보면 우리나라의 독서율 저조현상이 보다 뚜렷하게 부각된다. 국민독서율은 영국 96%, 스페인 77%, 프랑스 73% 등인 데 비해 우리나라는(통계청 조사) 59.4%에 불과해 지식기반 정보사회의 국가경쟁력 차원에서 위험신호로 받아들여진다.[129)]

---

127) 문화관광부, 「국민독서실태 조사」, 2002.

128) 문화관광부와 한국출판연구소가 2002년 11월 전국 성인 1,200명과 학생 3,000명을 대상으로 독서관련 설문조사를 실시하였다. 그 결과 국민들의 독서율과 독서시간은 감소되는데 비하여 독서량이 늘어난 것으로 나타나고 있다. 즉, 성인 가운데 책을 전혀 읽지 않는 사람은 지난 3년 사이에 6퍼센트나 늘어 '책맹'인구는 국민 10명당 3명이 되고 있지만, 국민 1인당 평균 독서량은 오히려 1권이 늘었다.

129) 문화관광부, 「세계 출판산업 지표조사 연구」, 2001.

1999년도 우리나라 성인의 연평균 독서량은 9.3권으로 지난 1996년보다 0.2권 정도 늘어난 반면, 학생들의 한 학기 독서량은 초등학생 23.3권, 중학생 9.6권, 고등학생 7.1권으로 초·중·고 모두 3년 전에 비해 감소추세를 보이고 있고, 학교급이 낮을수록 감소량도 많은 것으로 나타났으며, 특히 초등학생의 독서량 감소가 두드러졌다. 이러한 학생 독서량 감소추세는 컴퓨터게임, 인터넷 확산 등 매체환경의 변화에 기인한 것으로 보여진다.

2002년 현재 국민들의 1일 평균 여가시간 이용은 'TV시청' 3시간, '인터넷 및 PC통신' 1.5시간 등인데 비해, 책을 읽는 '독서'시간은 고작 25분에 불과하다. 따라서 방송 및 정보통신 매체의 영향력 증대에 따른 독서시간의 지속적 감소현상에 대한 타개책 수립이 시급하다. 주5일근무제 시행에 따라 늘어나는 국민들의 여가시간이 생산적이고 창의적인 독서활동과 연계될 수 있도록 정책방안이 강구돼야 할 것이다.

특히 인터넷 이용이 보편화된 이후 젊은층의 독서량이 줄어드는 점에 주목할 필요가 있다. 인터넷의 생활화 이후 '독서량이 늘었다'는 응답은 극소수인 반면, '독서량이 줄었다'는 응답이 50% 전후로 나타났기 때문이다. 이는 학생들에 대한 미디어 이용 교육이 체계적으로 활성화되어야 하며, 학교현장에서 정보화교육 못지않게 독서교육이 강화되어야 함을 반증한다. 창의적 지식정보 생산을 전제로 한 정보소양 및 정보이용 교육이 필요하다는 것이다.

5. 사회계층과 여가

사회계층별 여가활동의 선호도를 조사해보면, 중·상류층과 하류층 간에 차이가 크게 나타나고 있다. 우선 두 계층간의 두드러진 차이는 독서에 대한 선호비율과 휴식에 대한 선호비율에서 두드러지게 나타나고 있다. 중·상류층들이 선호하는 여가활동으로는 독서(1위) 〉 스포츠 참여 〉 TV/라디오 〉 야외 레크리에이션 〉 사교/파티 〉 음악감상 〉 바느질 〉 휴식 〉 정원손질 〉 실습(10위)의 순이다. 하류층의 선호여가활동 순위는 TV/라디오(1위) 〉 사교/파티 〉 스포츠 참여 〉 독서 〉 휴식 〉 야외레크리에이션 〉 음악감상 〉 바느질 〉 게임 〉 정원손질(10위)의 순이다.

1992년 9월 미국의 'TV가이드'사의 의뢰로 미국 전역의 성인 1,000명을 대상으로 실시한 여론조사에 따르면, 25퍼센트의 응답자는 1백만달러와 TV 시청 중 TV시청을 선택한 반면, 46퍼센트는 최소한 1백만달러 정도는 받아야 TV를 포기하겠다고 응답한 바 있다. 한편, 1993년 영국의 한 잡지가 "보상금을 주면 영원히 TV시청을 포기할 수 있는가?"라고 물은 설문조사 결과 64퍼센트가 1만 파운드를 준다 해도 TV시청을 포기할 수 없다고 답변하였으며, 10명 중 1명 이상이 1백만 파운드를 주어도 포기할 수 없다고 답변했다. 현대인의 TV중독증이 얼마나 심각한 상황인가를 보여주는 사례이다.[130]

그런데 우리나라의 여가계층은 IMF 외환위기를 겪으면서 중산층이 크게 몰락하면서 양극화 현상을 보이고 있다. 종전에는 상류층, 중류층, 하류층으로 대별되던 계층의식이 중류층의 붕괴로 하류층으로 편입되어 상류층과 중·하류층으로 바뀌게 되었다.

우리 사회에서 골프회원권, 콘도회원권, 스포츠센터 회원권과 같은 여가형 자본의 소유에 있어서 하층계급의 소유율은 대부분 10퍼센트 미만을 밑돌고 있기 때문에, 여가형 자본은 상층계급과 하층계급을 상징적으로 구분해 주는데 하나의 기준이 될 수 있다. 대다수의 하층계급의 사람들이 수중에 넣기 어려운 상품을 소비할 수 있을 때에만 상층계급은 다른 계급에 대한 자신의 사회적인 위세를 과시하기 위해 이를 사용한다.[131]

현대경제사회연구소가 1998년 6월에 전국의 기혼 남녀 813명을 대상으로 실시한 「IMF시대 중산층 생활과 의식변화」라는 연구에 의하면(조선일보, 1998년 6월 17일자), 중산층이란 "외식－문화와 여가생활을 즐길 수 있어야 한다"는 의견을 제시했다. 그러나 도시근로자나 자영업자들이 20.4퍼센트가 IMF 관리체제 이전에 중산층이었으나, 이제는 하류층으로 떨어졌다고 인식하고 있다. 그런데 중·하류층의 여가생활이 경제적인 여건변화에 따라서 크게 위축되는 대신에 상류층의 여가생활은 고급화의 경향을 노골화하고 있다. 이들은 IMF위기기간에도 고금리 덕분에 나름대로 부를 축적하여 빈

130) 강준만, 「대중문화의 겉과 속」(서울 : 인물과 사상사, 2001).
131) 장미혜, "소비양식에 미치는 문화자본과 경제자본의 상대적 효과"(연세대학교 대학원 박사학위논문, 2001).

부의 격차를 더 넓히고, 결과적으로 여가소비를 더욱 고급화하고 사치화되는 방향으로 나아가게 되었다. 그러나 IMF 관리체제가 지나고 경기회복이 진행된 2000년 이후 고소득층의 소득이 먼저 상승하면서 고소득층의 소비가 상대적으로 크게 증가하고 있다.

그러나 소비의 양극화는 소비하는 계층의 양극화뿐만 아니라 소비품목의 양극화 현상도 동시에 나타나고 있다. 즉 소비가 저가품과 고가품으로 양극화되는 현상이 바로 그것이다.[132] 특정개인의 소비에서 기본적인 품질이 보장되는 필수재 성격의 재화에 대해서는 저가품의 비중이 늘어나는 반면, 첨단기술과 디자인을 응용한 패션관련 상품에서는 유명 브랜드에 대한 선호와 더불어 고가품 소비가 증가하는 방향으로 소비가 양극화되고 있다.

132) 임일섭, "미래소비의 주역, 20대의 소비패턴", 「주간경제」(2002. 4. 17), 제671호.

제4장 현대여가의 특징과 기능

제 1 절 여가의 기본적 특징

1. 해방성(free)

인간의 생활에 있어서 여가는 노동과 함께 삶의 중요한 영역을 구성하고 있는데, 노동이 인간의 물질적 생활을 규정하는 필요의 영역(realm of necessity)이라면, 여가는 보다 차원높고 정신적 가치를 추구하며 인간다운 삶을 가능케 하는 자유의 영역(realm of freedom)이라고 할 수 있다.[133]

미국의 소설가 아놀드 비네트(Arnold Bennet)는『하루 24시간 사는 법』이라는 책속에서 신은 누구에게나 공평하게 하루에 24시간씩 나누어 주신다는 것을 강조하였다. 24시간을 낭비하는 사람에게나 절약해서 쓰는 사람에게나 차별없이 다음날 또 24시간을 나누어 준다. 하루 24시간을 어떻게 사용하느냐의 권리행사에 대해서는 누구에게나 완전한 자유가 있다고 했다. 여기에서 선택의 자유란 개인에게 부여된 특권인 것이다. 이 특권만은 그

133) 칼 마르크스 저, 김수행 역, 「자본론 II」(서울 : 비봉출판사, 1991), p.1011.

누구도 외부로부터 침해를 받아서는 안되며, 또 침해해서도 안될 것이다.[134)]

그리고 인간은 훌륭하고 영광스러운 생활을 하면서도 때로는 지루함, 진부함, 단조로움과 같은 틀에 박힌 생활(routinization)을 탈피하고자 한다. 이러한 여가의 해방성에 대하여 듀마즈디에르(J. Dumazedier)는 다음과 같이 역설하고 있다.

"여가는 형식적·제도적 의무에서 자유로워야 하는 특성을 기본적으로 지니고 있다. 그와 동시에 여가는 학교교육과정에 포함되지 않은 학습으로부터 자유롭고, 직장의 피고용관계의 기본적 의무로부터의 자유가 보장되어야 한다. 환언하면, 여가는 의무로부터 오는 사회적 구속이나 또는 개인에게 충분한 만족을 주지 못하는 일상적 활동으로부터 일시적인 이탈을 의미한다."[135)]

이와 관련하여 토레인(A. Touraine)은 여가가 규칙으로부터의 자유(freedom from rules)이며, 사회적으로 승인된 행동모형(models of behavior)으로부터의 자유임을 강조하고 있다.[136)] 이러한 여가의 해방성에 착안하여 모우(R. Maw)는 여가의 모형을 구속성의 정도에 따라 완전구속적인 것으로부터 부분구속적인 것까지 네 가지로 나누고 있다.

그에 따르면 구속성이 배제된 여가생활의 유형으로는 휴식, 스포츠, 놀이, 외식, TV시청, 독서, 한담, 산보, 드라이브 등을 들 수 있다.[137)] 그러나 여가가 일상생활의 제약적·구속적 요소와 완전히 단절된 상황하에서 행할 수 있기란 극히 제한되어 있으므로 '최소한의 의무로서의 여가'(leisure as a minimum of obligation)라는 표현이 적절하다.

---

134) 朴元任, "도시주부의 여가시간에 관한 조사연구 : 서울시 주부를 중심으로", 고려대학교, 「사대논집」, 제1집, 1976, p.95.

135) Joffre Dumazedier, "Leisure", in D. L. Sills, ed., *International Encyclopedia of the Social Sciences*, Vol. 9, (New York : The MacMillan Company and The Free Press, 1968), pp.250~251.

136) A. Touraine, *The Post-Industrial Society*(London : Wildwood House, 1974), p.212.

137) R. Maw, "Construction of a Leisure Model", *Official Architecture and Planning*, August 1969.

〈표 4-1〉 모우의 여가모형

완전구속적 ←——→ 부분구속적			
필수적 생활	고도적 생활	임의적 생활	여가생활
필수수면	수면	–	휴식
건강, 위생	자기관리	–	스포츠, 놀이
주 식사	식사	–	외식, 음주
필수쇼핑	쇼핑	임의쇼핑	–
주된 일	일,	잔업, 부업	–
필수가사, 요리	가사	집수리, 차관리	만들기, 정원손질
학업	교육	추가교육, 숙제	–
–	문화, 통신	–	TV, 라디오, 독서
–	사회활동	정치, 종교, 양육	한담, 파티
통근, 통학	여행	–	산보, 드라이브

자료 : R. Maw, "Construction of a Leisure Model", *Official Architecture and Planning*, August 1969.

2. 자유선택성(free-choice)

인간은 자신이 지닌 여러 의무나 제약에서 벗어나게 되면 그 여가시간의 활용은 전적으로 자발적인 상황하에 놓이게 된다. 그러한 점에서 여가는 자발적인 활동인 것이며, 자발적 활동이란 자신이 좋아해서 즐겁게 참여하는 여러 활동을 말한다.

개인행동을 사회활동과 연결시켜 보면 크게 두 가지로 구분할 수 있는데, 첫째, 유급노동이나 가사노동 등 생산활동으로서의 의무적 활동, 둘째, 생리적 필수활동 및 자유재량적 활동과 관련된 비노동 또는 비생산활동이다. 이때 여가는 시간자원의 사용방법에 관하여 자신의 의지를 표명할 수 있는 자유재량적 시간에 이루어진다는 점에서 여가를 자유재량적 시간으로 개념화할 수 있다.

여가활동의 특징 중의 하나는 각자의 개성, 흥미, 요구에 의하여 스스로 우러나는 활동을 선택한다는 점에 있고, 만약 타인으로부터 강요되어 참여하였을 경우 그것은 준여가(semi-leisure)에 불과하다. 여기에서 준여가란 여가행위 속에 의무성, 목적성, 상업성 등 비여가적인 요소가 내포된 여가를 말한다. 이것은 특히 여가가 민주적이며 선택의 자유가 보장되어야 함을 의미하는 것이다.

이와 관련하여 켈리(J. R. Kelly)는 여가의 자유선택성을 두 가지 차원, 즉 자유재량성(freedom-discretion)과 노동관련성(work-relation) 간의 함수관계에 따라 [그림 4-1]과 같이 네 가지의 여가형태를 제시하고 있다.[138)]

노동관련성 (work-relation)	자유재량성 (free-discretion): 선택 (chosen)	자유재량성 (free-discretion): 결정 (determined)
독립성 (independant)	순수여가 (31%)	보충적 여가 (30%)
종속성 (dependant)	조정적 여가 (22%)	준비 · 회복적 여가 (17%)

자료 : John R. Kelly, "Work and Leisure : A Simplified Paradigm"

[그림 4-1] 켈리의 여가패러다임

첫째, 순수여가(pure leisure)는 행위자가 자유로운 선택을 하였으므로 노동과의 관계에서 독립성을 가진다(전체여가 중 31% 차지).

둘째, 보충적 여가(compensatory leisure)는 자유선택은 아니지만 노동과는 독립된 여가이다(전체여가 중 30% 차지).

셋째, 조정적 여가(coordinated leisure)는 행위자가 자유로운 선택을 하였지만 노동과 관련이 있는 여가이다(전체여가 중 22% 차지).

넷째, 준비 · 회복적 여가(preparation, recaperation leisure)는 선택의 자유

138) John R. Kelly, "Work and Leisure : A Simplified Paradigm", *Journal of Leisure Research*, No. 4, 1972, pp.50~62.

는 없으나 노동과는 관계가 있는 여가이다(전체여가 중 17% 차지).

켈리의 여가유형별 속성 중 순수여가와 조정적 여가에는 자유선택성이 내재하고 있지만, 순수여가를 제외하면 나머지는 자유재량성이 비교적 결여되어 있다고 볼 수 있다. 따라서 여타 사회현상과 마찬가지로 여가의 본질 속에는 의무란 개념을 완전히 배제할 수 없으며, 집단이나 조직속에 여가가 어느 정도 사회적 구속력을 지니게 된다.

3. 자기표현성(self-expression)

여가는 개인의 자아가 진실되게 표현된다는 속성을 지니고 있다. 진실하다는 것은 아무렇게나 행동한다는 것을 뜻하지 않는다. 흔히 여가라 하면 경박하고 진실성이 없는 여흥으로 간주되기 쉽지만, 여가는 어떤 의미에서 하나의 수양이나 도(道)처럼 진실된 면을 가지고 있다. 왜냐하면 진정한 여가는 참된 자아틀 가장 잘, 그리고 아무런 제약도 받음이 없이 충분히 표현하는 데서 더 없는 만족을 느끼게 되는 활동이고, 인간이 참된 의미에서의 가치표현에 몰두할 때 가장 진실할 수 있기 때문이다.

그리고 여가가 자기표현적 활동이라고 할 때, 그것은 신체적 · 정신적 · 정서적인 자기표현을 뜻하는 것이다. 여가는 삶에 있어서 '자기표현, 자기해방, 그리고 자기만족의 달성을 위한 수단'(outlet for self-expression, for release, and the attainment of satisfaction)으로서,[139] 내면지향적 동기와도 관련이 깊다. 이와 관련하여 여가는 자유스러운 심성(free mind)을 배양시켜 주고, 비공리적 속성(non-utilitation)을 지니며 가치표현을 향상시켜 준다.

특히 산업화와 도시화가 보다 가속화되고 있는 현대사회에 있어서 대중이 타락할 가능성이 커지고, 또한 조직화 · 규격화되어 가는 현실에 있어서 진실한 자기표현의 가능성이 축소되고 있기 때문에 여가를 통한 자기표현은 인간의 가능성을 발휘시켜 준다는 점에서 중요한 의미를 갖는다.

139) George D. Butler, *Introduction to Community Recreation*(New York, N. Y. : McGraw- Hill, 1967), p.15.

4. 가치창조성(creation of values)

여가는 사회조직의 기본적인 의무나 제약에서 벗어나려는 성격을 지니고 있다는 점에서 개인의 욕구와도 긴밀한 관계가 있다. 따라서 여가는 쾌락 및 가치추구의 성격을 가진다고 할 수 있다.

행복은 단순히 여가와 직접 관련된다는 사실은 아니지만, 현대사회에 있어서 여가를 통한 만족감과 쾌락은 확실히 사회적 책임에서 오는 일상적 압박에서 벗어나 내면적인 가치와 감정을 충족시켜 주기 때문에 여가의 기본적 요소가 되는 것이다.

여가는 순수한 즐거움(pure pleasure)을 얻기 위해서 영위되는 가치창조적 활동이다. 순수한 즐거움이란 즐거움 그 자체가 행위의 목적이 되는 것을 말한다. 인간은 자기가 추구하는 욕구가 충족될 때 만족을 느끼게 되기 때문에 욕구충족에서 오는 만족의 근원도 다양하다. 가치창조적이라 함은 여가활동에 참여하는 데서 오는 삶의 보람과 의의를 한결 새롭고 힘차게 느껴지게 하고 삶의 내용을 더욱 풍요롭게 해주며 밝고 명랑한 정신적 충족감을 느끼게 되는 것을 말한다.

여가에 있어서 가치의 창조성이 중요시되는 이유는 개인의 삶의 질을 측정하는 수단으로서 여가의 역할이 증대되고 있기 때문이다.

5. 노동관련성(work-relation)

노동이라는 시각에서 여가를 볼 때, 여가는 노동에 대한 대가의 성질을 가지며, 따라서 여가는 노동에 있어서의 고통·강제 등을 상쇄해 주는 의미를 가지는 것이 된다.[140] 여가라는 것을 노동의 시각에서 설명하는 시도는 여가에 관한 적극적 정의에서 출발하는 것이 된다. 이러한 입장에서는 공업화·산업화의 진전에 따라, 노동은 더욱더 타율의 강도를 더해가고 있기 때

140) Jost Kripendorf, *The Holiday Makers : Understanding the Impact of Leisure and Travel*(London : William Heinemann Ltd., 1987), p.25.

문에 여가를 자기실현의 기회로 삼아야 함을 강조한다. 노동과 여가를 다같이 자기실현의 장과 기회로 삼아야 하며, 양자가 다같이 그와 같은 조건을 갖추어야 함을 주장하는 입장을 말한다.141)

인간의 역사를 통해서 볼 때, 여가의 중요한 특징 중의 하나는 노동과의 긴밀한 상호작용 관계에 있다는 것이다. 윌렌스키(Harold Wilensky)는 확산(spillover)과 보상(compensation)의 개념142)으로서 노동과 여가의 관계를 논하고 있다. 그는 노동에 대한 경험과 태도가 여가로 연결되어 나타날 경우, 노동의 잉여분이 흘러넘쳐 여가가 된 형태를 확산으로 정의하고 있으며, 다른 한편에서, 노동에서 얻게 되는 불만족을 여가에서 보상받으려 할 경우, 보상의 성격을 갖는 여가가 된다고 주장한다.

노동과 여가의 관계에 대하여 파커(S. R. Parker)와 스미스(A. M. Smith)는 〈표 4-2〉와 같이 확대관계, 대립관계, 그리고 중립관계로 나누고 있다.143)

〈표 4-2〉 노동과 여가의 상관모형

구 분	확대관계	중립관계	대립관계
노동 · 여가의 내용(content)	유사함	보통 상이함	아주 상이함
노동 · 여가의 구분(demarcration)	약	보통	강
주생활관심사(central life interest)	노동	여가	비노동
여가에 대한 노동의 각인(imprint)	분명	불분명	분명
노동자율화(autonomy)	고	중	저
도덕적 가치(moral value)	노동중시	노동회피	노동경시

자료 : Stanley R. Parker, and M. A. Smith, "Work and Leisure", in R. Cubin, ed., *Handbook of Work, Organization and Society*(Chicago : Rand MacNally College Publishing Co., 1976), pp.54~56.

141) Vgl Hoffmann, "Leerstellen bei den Parteien", *Animation*, Nr. 1, 1985, p.45.
142) Harold Wilensky, "Work, Careers and Social Integration", *International Social Science Journal*, No. 4, 1960.
143) Stanley R. Parker, and M. A. Smith, "Work and Leisure" in R. Cubin, ed., *Handbook of Work, Organization and Society*(Chicago : Rand MacNally College Publishing Co., 1976), pp.54~56.

첫째, 확대관계(extension)는 노동과 여가의 구분이 불분명하나 대체로 노동을 중시하는 형태이며, 그러한 점에서 노동환경에 고도의 자율성을 지니고 있으며, 노동을 통하여 자신의 능력발휘를 추구하며 진정한 만족감을 얻게 되는 형태이다. 이러한 유형에 속하는 대표적인 계층은 사업가, 의사, 교사, 엔지니어 등을 들 수 있다.

둘째, 대립관계(opposition)는 노동과 여가의 구분이 뚜렷하며 생활의 주관심사는 비노동 분야이며, 그 결과 노동에 있어서 낮은 자율성과 능력의 소극적 발휘를 가져온다. 그리고 이에 해당하는 대표적 집단으로는 육체노동자, 선원, 광부 등을 들 수 있는데, 이들 계층은 노동외적 활동을 통하여 생활의 만족을 얻고자 하며 노동에 대한 보상을 여가에서 얻으려는 경향이 있다.

셋째, 중립관계(neutrality)는 노동과 여가의 구분이 보통수준이며 생활의 주관심사를 여가에 두기 때문에 노동에 대한 자율성이 부족하고 능력발휘의 정도가 낮다. 여기에는 반숙련 육체노동자, 성직자, 소수의 전문가 등이 해당된다.

한편, 뉴우링거(J. Neulinger)는 노동과 여가의 관계를 자유에 기준을 두고 자유를 인지하는가, 아니면 제약(constraint)을 인지하는가를 중심으로 여가의 패러다임을 제시하고 있다. 그에 따르면 자유를 지각하는 순수여가, 여가화된 일(예 : 정원손질), 여가화된 과업(예 : 게임, 도박)만을 여가라고 할 수 있으며, 순수한 일, 일화된 과업, 순수한 과업 등은 여가로 볼 수 없다는 것이다.[144]

따라서 노동관련적 여가의 특성은 일과 상호 의존적인 관계에 있고 엄밀한 의미에서의 여가는 일과 휴식시간을 제외한 나머지 자유시간에 한정하는 것이 타당하며, 여가는 휴식시간과 같이 분리되거나 분할된 시간을 의미하는 것이 아니며, 어느 정도의 지속성을 유지한 계속적인 시간을 의미한다.

---

144) John Neulinger, *The Psychology of Leisure*(Illinois, Ill. : Charles C. Thomas Publishers, 1981), p.18.

6. 생활양식성(lifestyle)

여가는 이제 인간생활에 있어서 보편적 현상으로 정착되어 가고 있는 바, 이는 인간의 인간다운 생활의 출현과 더불어 지속되어온 현상이므로 삶의 중요한 영역이다. 이에 대하여 듀마즈디에르(Dumazedier)는 "여가는 사회적 행동의 하나의 분명한 범주로만 볼 수 없으며, 어떠한 생활에서든 나타나는 행동양식(style of behavior)인 것"으로 주장하는 바,[145] 이것은 인간생활에 있어서 여가의 위상을 잘 표현해 주는 것이다.

이와 관련하여 생활활동별 여가속성의 내재빈도를 조사한 쇼우(S. M. Show)의 분석은 생활양식으로서의 여가의 중요성을 잘 반영해 주고 있다. 그의 분석결과를 보면, 자유시간부분의 여가속성이 86%로 가장 많으며, 다음으로는 개인적 일부문으로 여가속성이 59.7%이고 자녀양육부문은 42.5%를 차지하고 있다. 그리하여 인간의 총생활 중에서 여가의 속성은 거의 35%를 차지하고 있는 것으로 나타났다.[146]

〈표 4-3〉 생활부문별 여가속성의 빈도

순 위	생활부문	여가속성의 빈도(%)
1	자유시간부문	86.0
2	개인적 일부문	59.7
3	자녀양육부문	42.5
4	노동부문	23.9
5	가정부문	18.9
평 균	전체생활	35.0

자료 : Susan M. Show, "the Measurement of Leisure : A Quality of Leisure Issues", *Society and Leisure*, Vol. 7, No. 1, 1984, p.95.

145) Joffre Dumazedier, *op. cit.*, 1974, p.68.

146) Susan M. Show, "The Measurement of Leisure : A Quality of Leisure Issues", *Society and Leisure*, Vol. 7, No. 1, 1984, p.95.

한편, 세섬스(H. D. Sessoms)는 여가생활양식(leisure lifestyle)의 형태가 다음의 3단계로 진행되고 있음을 제시하고 있다.

첫째, 여가생활양식은 일과 여가에 대한 태도 및 전통적 가치체계의 영향을 받는 형으로서 여기에는 두 가지의 집단이 있다. 하나는 여가환경이나 여가시설물에 자신이 예속됨으로써 정관적인 행태를 보이는 집단이고, 다른 하나는 시설물을 이용하고 여가를 경험하면서 어떤 파괴성을 띤 극단적인 소비자주의적 집단이다.

둘째, 여가생활양식은 그들의 여가시간을 여가답게 접근하려는 사람들에 의해 나타나는 형으로서, 여가를 다양한 자기지향적 경험으로 특성화하며, 자기의 성취감을 달성하기 위하여 일과 여가에 똑같은 비중을 두는 것이다.

셋째, 여가생활양식은 그 사회의 문화에 대한 역문화적(counter-culture) 집단에서 나타나는 형으로서, 시간의 제약을 떨쳐버리고 자연의 리듬에 대항하며, 여가경험은 단지 그 자체를 행함으로써 삶의 의미를 부여하려는 것이다.[147)]

특히 현대인에게 여가는 전체 생활체계 속에서 노동과 의무로부터 상대적으로 독립된 것으로 존재하며 동시에 그것들과의 상호관계를 통하여 건전한 생활을 위한 긍정적 기능을 담당하고 있다. 따라서 여가를 어떻게 효율적으로 이용하느냐의 문제가 인간다운 생활을 영위하는데 있어서 관건이 된다.

---

147) H. Douglas Sessoms, Harold D. Meyer, and Charles K. Brightbill, *Leisure Services*(Englewood Cliffs, New Jersey : Prentice-Hall, Inc., 1975), pp.73~75.

제 2 절 현대여가의 기능

1. 여가의 긍정적 기능

1) 신체적 기능(physical function)

고도의 산업구조, 빈틈없는 조직적 집단체제, 단조로운 기계적 노동의 연속은 현대인들에게 정신적·신체적 피로와 긴장을 축적시키고 있어 이에 대한 요법으로 휴식을 통한 생리적 리듬을 원활히 유지시켜야 하는데, 여가는 이러한 피로를 풀고 생명력을 순화시켜 다시 일할 수 있는 힘을 회복시키는 생리적 기능을 지니고 있다.

피이퍼(Joseph Pieper)에 따르면 휴식(rest)이란 시간 그 자체에 가치를 부여하는 시대에 노동의 우월적 가치에 대한 하나의 반대가치(counter-value)라고 할 수 있으며,[148] 묵상의 취미를 기르는 원천이 되기도 한다. 이처럼 여가는 일상생활, 특히 노동생활에 있어서의 육체의 피로를 회복시켜 준다.

일찍이 여가를 '미래의 예방약'(the preventive medicine of the future)이라고 러스크(David Dean Rusk ; 미국의 정치가, 1909~1994)는 말한 적이 있는데,[149] 이것은 여가가 인간신체의 평형적 건강유지에 적극적인 효험이 있기 때문에 여러 가지 질병요인을 사전에 예방하는 역할을 담당한다는 것을 의미하고 있다. 이와 관련하여 신체적성(physical fitness)이라는 말도 여가와 관련지을 수 있다.

한국사회에도 급속한 근대화와 관료화 속에서 인간성은 매몰되고 있으며, 이와 같은 조직의 합리성에서 비인간화되는 한국인들은 여가를 통하여 생체의 리듬을 다시 찾기를 원하고 피로회복과 생리의 원활한 작용을 추구하고 있다.

148) Joseph Pieper, *op. cit.*, p.43.
149) G. D. Butler, *Introduction to Community Recreation*(New York, N.Y. : McGraw-Hill, 1967), p.24.

2) **심리적 기능**(psychological function)

여가는 사회적 책임에서 오는 일상의 압력을 기분전환을 통하여 해방시켜주고 개인에게 상상의 세계를 열어주며, 전문화되고 반복적인 노동에서 오는 권태감이나 지루함을 해소시키는 생리적 기능을 가지고 있다. 즉 집단관계나 대인관계 속에서 쌓인 욕구불만, 갈등, 좌절감, 혹은 정서적 불안, 정신분열증 현상을 해소하고 정서적 안정을 구하고자 하는 것이 여가의 기능인 것이다.

현대인의 생활은 스트레스의 와중에서 살아가고 있으며, 스트레스(stress)란 압력, 압박, 긴장을 뜻한다. 어떤 자극에 반응하여 살아가는 것이 생명을 가진 생물체의 본성인 방어반응인 바, 이는 개인도 예외는 아니며, 이러한 의미에서 스트레스는 정상적인 것이다. 그러나 과거시대와는 비교도 안될 정도로 현대인의 스트레스는 너무 많이 생긴다. 따라서 스트레스를 해소하기 위한 여가에의 참여가 가일층 중요시되고 있다. 이와 같이 현대인에게 여가가 필요한 이유는 그것이 불안 및 긴장해소의 유효적절한 방법이기 때문이다.

에딘턴(Edington, et al.) 등은 여가의 심리적 기능을 개인적 발전, 사회적 연대, 심리적 치료, 신체적 안정, 자극추구, 자유와 독립, 향수 등 일곱 가지를 제시하고 있다.[150)]

3) **교육적 기능**(educational function)

여가기능 중의 하나는 개인의 지적 능력을 향상시키는 것이므로 여가의 목표와 교육의 목표는 일맥상통하는 점이 있다. 여가와 교육의 목표는 서로 양극을 이루는 것이 아니다. 그 이유는 양자가 다 함께 인간의 삶을 풍요롭게 만들도록 기여하기 때문이다. 만일에 학습(learning)이 즐겁고 그 자체가 만족스러운 것이 되면 그것의 효과는 빠르고 지속적이다. 그러한 의미에서 가장 훌륭한 교육적 경험은 여가 및 레크리에이션의 성격을 갖는 것이다.

---

150) Christopher R. Edington, et al., *Leisure and Life Satisfaction*(Dubque, IA : Wm. C. Brown Communications, Inc., 1995), pp.19~21.

아리스토텔레스(Aristotle)는 교육의 목적이 여가의 현명한 이용(the wise use of leisure)이라고 말한 바 있으며,[151] 바그리트(L. Bagrit)는 여가의 전체적 목적은 사람들에게 그가 지니고 있는 재능이나 흥미를 발전시키는 기회를 제공하는 것으로 보고 있는데,[152] 이들 두 가지의 견해를 종합하면 앞으로의 교육은 여가를 어떻게 선용할 것인가 하는 문제를 고려해야 한다.

또한 인간의 사회화도 교육의 중요한 부분인데, 여가는 인간의 평생교육에도 긴요한 역할을 한다. 그리고 사회화(socialization)는 인간의 태도, 선호, 기술, 행동양식, 역할기대, 가치 및 대인관계의 규범과 관련되며, 또한 사회화는 이러한 가치와 규범 등의 내면화로 정의되기도 한다.[153] 그 결과 사회화를 위한 여가활동 및 스포츠, 놀이의 기능이 중시되어 왔다.

여가의 사회화 기능에 대하여 파커(Stanley R. Parker)는 여가가 사람들로 하여금 그들이 사회에서 담당해야 할 역할(role)을 제시하여 주며 사회적 · 집단적 목표를 달성하도록 도와주고 사회적 결속을 유지시키는 기능을 담당하고 있다고 주지시키면서, 인간의 여가사회화 현상을 크게 세 가지로 나누고 있다.

첫째, 포괄적 접근(inclusive approach)은 아동기에 있어서 여가의 의미와 성인이 되어서 여가행태를 학습하는 것이다.

둘째, 성인의 사회적 역할의 학습(learning of adult social roles)은 가정, 학교, 커뮤니티의 활동 등 사회적 배경과 연결되어 있으며, 여가의 사회화가 보편적 학습과 적절한 역할을 습득하게 된다.

셋째, 평생(full lifespan)교육은 여가를 통한 가치, 기술, 흥미가 아동기로부터 노년기까지 지속적으로 발달 · 변화하며, 노동, 가족, 여가가 독자적인 활동성향을 가지는 게 아니라 평생을 통하여 상호 작용하게 되는 것을 말한다.[154]

---

151) John P. Bradley, et al., eds., *The International Dictionary of Thought*(J. G. Ferguson Publishing Co., 1969), p.434.
152) L. Bagrit, *The Age of Automation*(London : Weidenfeld & Nicolson, 1965), p.48.
153) Stanley R. Parker, et al., *op. cit.*, p.160.
154) *Ibid.*, p.161.

4) 사회적 기능(social function)

여가는 자연스러운 사회관계 속에서 각자의 위치를 자각하게 하고 사회적 역할을 배우게 하며, 인간관계의 조화적 태도와 기술을 익히게 하는 사회적 기능을 갖는다. 인간이 그릇된 방향으로 들어서지 않도록 하는 것도 여가의 기능이다. 즉 여가활동에 모든 사회구성원이 참여함으로써 보이지 않는 벽을 헐어 버릴 수 있게 된다.

특히 현대여가의 기능은 노동과의 대비를 통하여 이해될 수 있다. 노동은 물건을 생산하는 것이며, 또한 자신을 소비하는 데 비하여 여가는 물건을 소비하고 자신을 부활시키는 행동이라고 할 수 있다. 노동의 자리에서는 개성적인 것이 개입되기보다는 몰개성적 사회성이 지배한다. 그로 인하여 여가의 사회적 의의가 중요시되는 현실에 이르렀다.

여가는 인간의 사회적 적응이라는 측면에서도 그 긍정적인 기능을 찾아볼 수 있다. 즉 인간은 여가를 통한 보다 폭넓은 사회적 접촉으로 가족 또는 사회구성원으로서 자신의 역할을 인식하고, 상대방의 존재를 인정하며, 단체정신을 함양하는 등 공동체 일원으로서의 자각을 경험할 수 있게 된다.

수준 \ 기능	사회문제 해결	삶의 질 기여
개인적 차원	-신체적 · 정신적 건강증진 -스트레스 해소 -노동의 재창조	-자아실현 -몰입경험 -개인적 발전
사회적 차원	-일탈방지 -사회집단의 응집력 강화 -사회적 통합유지	-사회개혁 -문화적 창조성

자료 : 임번장, (1995) 「여가와 삶의 질」, 이화여대 보건체육연구소 주최 학술발표회(1995. 12. 2) 발표자료 참조 재정리.

[그림 4-2] 코헨의 여가기능모형

인간은 사회적인 동물이다. 우리는 우리가 사회적으로 어떤 방향으로도 연결되어 있다는 것을 배운다. 또 우리의 일상생활, 직장, 여가시간에서도 그런 인간관계를 개발한다. 유대관계는 명확한 행동보다 중요하고 가능성, 의무보다 중요하다.

에리히 코헨(E. Cohen)은 여가의 본질적 기능을 크게 사회문제의 해결과 삶의 질에의 기여라는 두 가지로 요약하고 있으며, 이러한 두 가지 기능은 각각 개인적 수준과 사회문화적 수준으로 파악될 수 있다고 하였다.[155)]

우선 사회문제의 해결과 관련된 기능은 주로 사회발전의 과정에서 나타난 부정적 결과를 완화하거나 치료하는 보상적 기능을 의미하며, 산업화·전문화·분업화·도시화 등 산업사회의 사회구조적 변화로 인하여 발생한 신체활동의 감소, 정신적 스트레스 및 긴장, 노동에서의 소외, 물질적 인간관계로 인한 정서적 기아 등에 대한 치료적 기능을 말한다.

다음으로 삶의 질은 여가선용의 결과로 나타나는 미래지향적 기능을 말하는데, 특히 이러한 삶의 질 기능은 후기산업사회에서 중심적인 여가기능으로 자리잡게 됨을 예측할 수 있다.

여가의 삶의 질 기능은 주로 개인의 자아실현과 성취로 요약되고 사회문화적 차원에서 문화창달의 기능으로 집약할 수 있다. 여가는 인간의 삶 속에서 문화를 창조하고 전승하며 발전시키는 기본토양의 구실을 하는 것이다.

5) 문화적 기능(cultural function)

현대에 있어서 여가활동 그 자체는 하나의 문화를 형성하여 이를 더욱 향상, 발전시켜 나가는 동시에 계승 창조해 나가고, 다른 사람들과 함께 공동문화로서 형성해 간다. 그리하여 여가는 개인적으로나 사회적으로 문화를 창조하는 제1차적 의미를 지니나, 노동에 종속되어 생산만을 추구할 경우, 문화가 발전하지 않는 것이 일반적인 추세이다. 문화가 인간의 학습, 스포츠, 예술, 취미, 창조생활을 총칭한다면 여가는 문화창조의 토양이 된다.

사회의 문화가 주로 여가에 의해 결정되는지 또는 다른 방법으로 결정되는지 하는 것은 '닭과 달걀 중 어느 것이 먼저인가?' 하는 물음과 같다. 여

155) Cohen, E.(1991), "Leisure－The last Resort : A Comment", in B. L. Driver, et al., eds., *Benefits of Leisure, Pennsylvania* : State College, Venture Publishing, Inc.

가가 문화에 영향을 미쳤다고 믿는 데는 이유가 있다. 피이퍼(Josef Pieper)는 수년간의 연구 끝에 "문화는 그것의 여가에서의 존재에 의존한다"고 말했다. 그리고 인도의 시인인 타고르(Tagore)는 "문명은 여가가 깊이 자라난 곳에서 수확되는 산물이다"라고 말했다. 신석기시대 동안 인간은 자연을 이기기 시작했다. 인간은 그의 양식을 기르는 것을 배우기 시작했고, 마침내 그의 오랜 적인 추위와 기아에 대항하는 데까지 진척했다.

현대사회에 있어서 여가는 개인이 시간적·정신적으로 자유로운 상태에서 재창조와 자아발견을 위한 것이라고 전제할 때, 여가시간에 이루어지는 음악, 미술, 연극, 영화 등과 같은 예술활동은 문화를 건전하게 발전시키는 수단이며, 호이징가(J. Huizinga)가 인간의 문화가 놀이 속에서 놀이로서 발생하고 전개되어 왔음을 밝힌 바 있듯이, 인간에게 있어서 여가는 창조의 기쁨을 개인적으로 충족시켜 가는 과정에서 문화적 진보가 달성되어 가고 있다고 볼 수 있다. 특히 카이요와(Roger Caillois)는 놀이의 유형을 문화적인 차원에서 네 가지로 나누고 있다.

〈표 4-4〉 여가의 제도적 및 문화적 유형

구 분	사회질서의 범주내에서 발견되는 문화형태	사회생활로 통합되는 제도적 형태	타락형태
agon	스포츠	경쟁시합, 경제적 경쟁	폭력, 트릭
alea	복권뽑기, 카지노	증권시장에서의 관전	미신, 점성술
mimicry	카니발, 연극, 영웅숭배	획일성, 의례적 범절	소외, 성격파행
ilimx	등반, 스키, 곡예줄타기	고도의 위험성	술 및 의약중독

첫째, 아곤(agon)은 상대와 기술로써 겨루는 상황에서 승자가 생기는 경쟁을 나타내는 것으로 스포츠를 비롯한 경쟁적 시합, 폭력 등을 들 수 있다.

둘째, 알레아(alea)는 시합자가 결과를 통제하지 못하는 상황에서 승자가 생기는 행운을 뜻하며 카지노, 복권 뽑기, 미신 등을 들 수 있다.

셋째, 미미크라이(mimicry)는 환상과 가공을 보여주는 것이며 카니발, 연극, 영화, 의례적 범절 등을 들 수 있다.

넷째, 일림스(ilimx)는 급격한 선회, 하강, 혼동상태를 말하며 스키, 등반, 곡예 줄타기, 술중독 등을 들 수 있다.

카이요와가 제시한 놀이의 네 가지 유형을 보면, 평등이라는 요소가 공통으로 포함되어 있다는 것을 알 수 있다.[156] 경쟁(아곤)의 놀이란 개인의 능력을 발휘하기 위한 조건의 평등을 전제로 하고 있고, 행운(알레아)의 놀이는 내기에서 전형적으로 볼 수 있듯이 모든 개인을 우연의 운명 앞에서 평등하게 한다. 또 환상(미미크라이)의 놀이에서는 현실세계에서 자기를 속박하고 있는 다양한 조건으로부터의 일탈을 가능케 한다.

물론 이들 놀이유형은 사회질서로 통합되는 제도적 형태가 있는가 하면 그 반대의 타락형태도 있다. 여가의 오용도 역시 문화적으로 많은 흔적을 남겼다. 그것의 탐욕, 부패 그리고 비도덕성은 로마제국의 멸망을 초래했다. 야만스런 유희, 모독적인 전람회, 권태 그리고 게으름 등과 같이 여가가 건설적으로 사용하지 못할 경우에는 수없이 많은 병폐를 초래하게 된다.

6) 자기실현적 기능(self-actualization function)

여가의 가장 중요한 측면중의 하나는 현대사회에서 여가의 밝은 면을 추구하는 인간의 모습에서 찾을 수 있다. 여가는 비인간화의 길을 걸어온 산업노동에서의 탈피를 의미하며 이를 통해 인간화를 추구하고, 자신의 능력을 새롭게 발견할 수 있는 귀중한 기회로 여겨지고 있는 것이다. 즉 여가시간을 통해 자아실현을 이룩하고 이를 통해 개인적인 삶의 만족에 도달할 수 있게 된다.[157]

여가는 상실된 인간성과 에너지를 회복시키기 위한 중요한 바탕이 되며, 인간의 신선미와 주체성, 나아가 인간적인 휴머니티(humanity)를 조장시키는 기능이 있다. 일반적으로 여가나 레크리에이션 활동을 행하는 사람일수록 대체적으로 건전하고 균형잡힌 인격을 구비하고 준법정신이 강한 사회인이 되는 경향이 많다.

나아가 여가는 자기실현을 가능하게 하기 위하여 자연과 점점 멀어지고

156) 熨斗隆文, 「現代の餘暇」(東京 : 日本經濟新聞社, 1974), pp.12～13.

157) John R. Kelly, and G. Godbey, *The Sociology of Lesure*(State College, PA : Venture Publishing, Inc., 1992).

기계화되어 가는 현대산업사회의 도전에 대항하여 자기인격을 형성하고 표현하여 나가는 기능이 있다. 듀마즈디에르(Joffre Dumazedier)는 여가의 자기실현적 기능에 대하여 "여가는 기계적인 일상적 사고와 행동으로부터 개인을 해방시키고 보다 폭넓고, 자유로운 사회적 활동에의 참여나 실무적·기술적 숙련 이상의 의미를 갖는 육체, 감성 및 이성의 도치를 가능케 한다"고 보고 있으며,[158] 마이어슨(R. Meyerson)은 이를 '정신적 재생(spiritual renewal)' 기능으로 규정하고 있다.[159]

게다가 노동과 여가의 시간적·관념적 분리가 확대되어가는 현실로 인하여 여가가 인간의 자기실현을 위한 역할의 상당 부분을 떠맡게 되었다.[160]

이러한 배경 속에서 여가는 기계문명의 팽배에 따른 인간의 피지배현상으로부터 자아를 탈출시켜 인간성의 해방가능성을 제고시켜 주며 자기실현의 조건을 제공하는데 커다란 역할을 하고 있다.

현대인들은 경제수준의 향상에 따른 자유시간의 증대, 소득수준의 향상, 교통통신의 발달과 고속화로 인한 행동반경의 확대, 기계문명의 발달과 도시의 과밀화에 따른 자연과 인간성의 회복추구 등을 배경으로 인간의 정신적 가치를 중시하기에 이르렀고 전보다 새로운 것을 찾고 만들어가며, 자신에게 잠재되어 있는 어떤 가능성을 발휘하고 개발하여 나가고 있다.

7) **경제적 기능**(economical function)

현대 경제체제는 일의 분담이 극도로 복잡한 방식으로 성격화되고 있다. 결과적으로 여러 가지 환경적 위험과 스트레스, 사고 등이 매우 광범위하게 일어나고 있다. 어떤 특별하고 결정적인 노동자만이 그 대가가 매우 높고 나머지는 지극히 낮다. 그런 체계 속에서 여가는 두 가지 주된 기능을 한다. 생산성과 소비성 향상이다. 둘 다 그들의 생산자와 소비자로서의 경제적 역할을 기초로 한다.

먼저 여가는 생산적인 경제력을 얻기 위한 장의 하나로써 간주되어진다.

158) Joffre Dumazedier, *op. cit.*, pp.17～18.
159) 김진섭 편, 「현대여가론」(서울 : 형설출판사, 1981), pp.26～27.
160) Jean Lloyed, et al., *Sociology and Social Life*, 6th ed.(New York, N.Y. : D. Van Nostrand Co., 1981), pp.386～387.

여가는 정신적 · 육체적인 건강을 향상시켜 준다. 이에 대하여 두 가지 적절한 설명이 있다. 첫째, 실용주의 취미에 있어서 그런 여가는 오히려 쇠약하게 하기보다는 건설적인 것이다. 레크리에이션은 생산성을 감소 또는 소모시키기보다는 오히려 보충해 주는 것이다. 결과적으로 고용주뿐 아니라 공공기관들, 의견의 제공자들 또한 그런 지출을 할 것으로 추정된다. 역사적으로 볼 때 생산력을 감소시키는 요소는 제한되고 법적으로 금지하기조차 한다. 둘째, 여가의 사회적 투자는 정당화되어지고 지출분야는 가치를 평가받고 있다.

또 다른 여가의 경제적 기능은 소비이다. 경제에서의 생산과 분배는 상품과 서비스를 팔 시장을 요구한다. 상품의 생산이 더 효과적으로 이루어짐으로써 새로운 상품과 서비스는 생산성과 소비 사이의 차이를 잘 해결할 수 있게 된다.

더욱 나아가 경기부양의 하나가 여가이다. 미국에서 여가소비의 90% 이상이 여가시장에 있다. 여가는 이제 적어도 경제부문의 세 번째 커다란 분야이다. 여행, 스포츠, 대중매체와 유행 문화뿐만 아니라 모든 종류의 장비, 의복, 장소 그리고 다른 기능들의 대부분이 여가시장부문에서 제공되어진다. 레크리에이션은 발전된 경제에서 매우 큰 사업이다.

2. 여가의 부정적 기능

1) 획일적 기능(uniformity function)

여가의 진의는 자기만의 개성적 시간인데, 현대여가의 개념 속에는 대중성, 무 개성, 동질성, 획일성 등이 지배적으로 작용하여 인간의 주체적 사고나 판단이 소외당하는 감을 느끼게 된다. 따라서 너무 개성화되고 특수한 여가를 즐기는 것은 무가치한 것으로 간주되는 반면, 다수가 즐기는 여가활동이 오히려 값지고 보람있는 것으로 여기게 되어 궁극적으로는 각자의 인간성 상실을 초래할 위험성을 내포하고 있다.

그런데, 이러한 여가생활의 획일성은 매스미디어(mass media)의 영향과 여가의 상업화(commercialization of leisure) 추구에 따른 파생물로 볼 수 있다. 자본주의 사회에서는 특정기업의 이윤추구를 위하여 각종 매스미디어를 통한 특정 여가가 강요되면서 대중은 선택의 여지없이 획일적인 여가를 택할 수밖에 없다.

이렇게 획일화된 여가를 강요받았을 때 그러한 환경에 처해 있는 인간 또한 획일화되며, 매스미디어를 통한 획일적인 정보와 지식이 대중들에게 전달되어 대중은 사회적인 유대를 상실하고 점차 동질화·획일화되고 있다. 이러한 가운데 여가산업조차 이윤추구만 목적으로 한 영리단체가 지배하고 매스미디어를 통하여 이윤이 많은 여가만을 지배적으로 선전하면서 대중은 획일화된 여가만을 선택하게 된다. 이에 따라 자기본래의 개성발휘에 목적을 두는 여가추구가 전도되어 획일성이 작용하게 된다.

2) 모방적 기능(imitation function)

현대의 여가에는 유행심리에 따른 모방성이 작용하는 바, 이러한 유행심리 속에는 지성적인 사고보다 정서적이고 맹목적인 행동이 앞서게 되며, 이러한 경향이 사회적 풍조를 이룰 때에는 대중에게 전염되어 전사회적으로 파급확산될 뿐 아니라 대중문화에까지 중독현상을 미치게 된다.

프롬(Erich Fromm)은 이와 같은 현대의 인간상을 시장지향형(market-oriented)이라고 부르고,[161] 이러한 시장지향적 가치체계는 교환가치에 의존하기 때문에 상품이든, 인격이든 어떻게 하면 잘 팔리고 비싼 값으로 수요에 응할 수 있는가에만 관심이 있으며, 또한 다른 사람의 기호나 기대에 부응할 수 있는 자동인형적 순응태도가 좋은 처세방편으로 여기고 행동한다. 이에 대하여 리이즈만(David Riesman)은 이를 타인지향형(other-oriented)으로 표현하고 있는데,[162] 이와 관련된 성격특징으로서 그는 개인의 인기를 모으는데 골몰하고 항상 도처에서 오는 신호를 받아들이기 위하여 불안한 심리가 팽배하고 있다고 한다.

---

161) Erich Fromm, *Man for Himself*(New York, N.Y. : Rinehart & Co., Inc., 1947), p.98.

162) Davis Riesman, et al., *The Lonely Crowd*(New York, N.Y. : Doubleday & Co., Inc., 1954), p.65.

이와 같이 현대사회에 있어서 여가생활은 반드시 자기자신이 지향하는 방향으로 영위되지 않고 주변의 여건과 사회환경에 의하여 많이 모방되고 있음을 알 수 있다.

3) 위장화 기능(maskness function)

사회내에 유행심리가 팽배할 경우 대중에 대하여 역작용을 일으키는 경우가 있다. 왜냐하면 개인은 여가를 통하여 자기의 행위를 위장화시킬 수 있기 때문이다. 자기를 실제 이상으로 과시하거나 위장시켜 다른 사람들에게 잘 보이고 그들의 인기를 차지해 보려는 심리이다. 이와 같이 대중여가는 개인의 과시욕구를 충족시켜 주는 대상으로 전락될 가능성이 많으므로 일시적으로나마 현재보다 높은 지위에서 자기를 나타내어 보이기 위하여 분수에 맞지 않은 사치와 낭비를 가져오게 하고, 소비성향을 자극할 우려가 있다.

특히 현대인의 여가생활에 있어서 문제가 되는 것은 여가가 자기실현의 수단으로서 행하여지기보다는 타인에게 내보이기 위하여 행하여지는 경우가 많으며, 또한 조직 속의 인간소외에서 벗어나기 위하여 과도한 오락의존의 생활을 영위한 결과, 오락마비증에 빠짐으로써 또다시 자아를 상실하는 이중소외현상을 일으키게 되며, 나아가서는 무치증(無恥症)의 징조를 수반할 가능성이 있다.

4) 무감각화 기능(insensibility function)

나쁘게 조직된 대중오락이나 여가의 그릇된 이용은 개인이나 사회의 의식을 불건전하게 하고 삶의 의욕을 상실시키는 결과를 가져오게 한다. 여기서 여가에 대한 맹목적인 추구로 인하여 정치적·사회적 문제에 대한 무감각화 현상을 조장하고 국민의 건전한 여가발전을 저해할 소지가 있다.

여가시간이 잘못 활용되는 것도 문제이지만, 그것이 창조적·능동적으로 이용되지 못할 때 생기는 나태함과 무력감도 개인적·사회적으로 큰 문제가 된다. 따라서 늘어난 시간적 공백을 어떻게 메우느냐 하는 것도 미래에 있어 심각한 사회문제로 대두될 수 있다.

즉 산업사회에서는 노동의 단조로움이 고통의 원인이 되었으나, 앞으로는 늘어난 여가시간을 어떻게 유효적절하게 활용할 것인가가 큰 부담이 될 수 있다. 특히 실업의 증가로 일자리를 찾기 힘든 젊은이들이 일을 통해 얻을 수 있는 정신적·정서적인 안정을 여가를 통해 얼마만큼 보상받을 수 있는가에 대해서는 회의적인 견해가 많다.[163)]

근대 정치가들이 스포츠를 장려한 이유로 국민들이 선수와 자신을 동일시 하게끔 하여 그 속에서 정치적 불만을 해소하도록 하여 정치적인 무관심을 조장하려는 데 있다. 그리고 현대정치의 대표적 놀이조작인 3S(sport, sex, screen)가 본래 로마시대에 세계통치의 교활한 지혜인 빵과 서커스의 연장 및 확대인 것처럼, 여가 자체가 정치조작의 수단으로 변질되고 있다는 데에 문제점이 있는 것이다.

5) 향락화 기능(hedonism function)

여가가 건전하게 행사되지 못하고 향락적·순간적·쾌락적인 방향으로 흐른다면 인간은 그 속에서 가치관을 찾지 못하고 혼돈에 빠지게 된다. 말초신경적 쾌락을 추구할 때는 모든 것을 초월하는 여가의 건전한 역사적·세계적 정신이 자리잡을 틈도 없다. 거기에는 오직 쾌락을 추구하는 것만이 최고의 선이며 가치이기 때문이다.

향락적인 것만을 추구하면서 인간은 지금까지 지녀왔던 도덕관, 윤리관, 더 나아가 세계관과 역사관을 포기하게 되며, 이 자리를 쾌락(pleasure)이 최고라는 향락제일주의가 차지하게 된다. 그 결과 기업화된 향락지향적 여가산업의 성업은 청소년교육이나 국민의 가치관 형성에 역기능을 가져올 위험성을 지니고 있다.

영리추구에만 몰두하는 경우, 사회적·도덕적 책임감이 결여될 뿐만 아니라 청소년들의 안일주의적 사고와 퇴행적 의식형성을 방지할 통제기능을 잃게 되어 향락성을 극대화시키도록 자극할 소지가 있다. 이러한 대중여가의 향락성은 매춘, 범죄, 퇴폐적 윤락, 청소년 비행 등의 기본적 원인이 되고 있다.

---

163) R. Roberts, "Unemployment, Youth, and Leisure in the 1980s", in Fred Coaler ed., *Freedom and Constraint*(London : Routledge, 1989), pp.209~212.

제 3 절 현대여가의 당면과제

현대의 여가는 인류학자들이 지적하는 것처럼, 인류역사상 전혀 새로운 현상으로 등장한 것이다. 그리하여 오늘날 막강한 영향력을 지닌 여가태풍은 인류가 일찍이 겪어보지도, 경험해 보지도 못한 것이기 때문에 대응할 만한 아무런 지적 경험이나 능력을 갖지 못하고 있다. 여가의 문제(leisure problem)는 시간의 증가에 따른 문제일 뿐만 아니라 현대문명의 방향을 결정하는 문제이며, 동시에 여가에 대한 관심은 새로운 문화에의 전망을 요구하는 심각한 문제이다.

여가를 하나의 문제로 인식하기 시작한 것은 1908년 베블렌(Thorstein Veblen)이 「유한계급론」(*The Theory of Leisure Class*)을 발간하면서 시작되었다. 베블렌은 여가에 대한 포괄적이며 비판적인 시각을 제시하고 몇 가지의 인상적인 사고를 제공하였지만, 그 후 수십년 동안 여가문제가 거론되지 않았다. 그러나 제2차 세계대전 후에 급속한 사회경제적 발전으로 인하여 여가시간의 증가가 괄목할 만한 현상을 보임으로써 다시금 여가를 사회문제로 보려는 시각이 나타났다.

베블렌은 인류의 역사에 있어서 잉여생산물의 약탈로 성립해 온 유한계급의 생활습관이 허영과 차별의 체계로써 심하게 비난하고 있다. 유한계급은 돈과 시간이 많이 드는 생활습관을 자신들과 노동계급을 차별하기 위해 만들어 내고, 유한계급은 내부에서도 이러한 차별화가 제한없이 추구되고, 이 번잡한 차별의 체계가 문화를 빙자해 형성되었다고 여겨지고 있다.[164)]

한국에 있어서는 1980년대부터 여가가 대중화된 현상을 보이게 됨과 동시에 그로 인하여 파생되는 문제도 적지 않게 나타나고 있으며 아직도 충분히 해소되지 못하고 있다.

164) 熨斗隆文, 「現代の餘暇」(東京 : 日本經濟新聞社, 1974), pp.20～21.

1. 노동과 여가의식의 변화

오늘날 경제의 발전과 더불어 소득과 여가시간의 증가로 인하여 인류는 노동관과 여가관의 혼돈상태에 빠지게 되었다. 오늘날 많은 사회학자들은 노동과 여가의 관계에서 일어나는 구조적 변화를 주목하고 있다. 노동만이 가치있는 것으로 여기며 오락과 여가는 무가치한 것으로 여기던 가치관이 급격히 변화되어 노동이 수단이고, 여가는 목적이라는 의식이 팽배해 가고 있다.

프로테스탄트 윤리와 유교의 영향으로 인하여 오늘날 일반대중은 아직까지 노동은 생산적인 반면, 여가는 비생산적인 것으로 여기어 비생산적인 여가생활을 하는 데에 죄의식과 수치심을 느끼며, 그 결과 정체감 또는 삶의 기조가 흔들리고 있다.[165] 이와는 반대로 어떤 부류는 물질숭배에만, 또다른 어떤 부류는 쾌락만을 쫓아가는 결과 생활의 조화를 잃게 되며, 여가는 일상생활에 대하여 활력소라기보다 오히려 경악감을 조장시키는 것이라고 생각하는가 하면, 엉뚱한 기분전환적 행위로 도피시켜서 모든 문화적 노력이나 사회적 책임에 대한 관심이 약화되는 결과를 가져왔다.

그리하여 노동과 여가를 상호 조화된 하나의 세트(a set)로 보지 않고 분리시키게 되면,[166] 현대에 와서는 노동의 신화가 무너지고 여가의 신화에 빠져들게 된다.

일례로 소비자보호원이 2002년 4월에 발표한 「소비문화에 대한 국민의식조사」와 일본 내각부의 2001년 9월의 「국민여론조사」를 비교하면 한국인들은 아직 '여가보다 돈'을 선호하고 있는 반면, 일본인들은 '돈보다는 여가'를 더 선호하는 것으로 나타났다.[167]

한국인은 자기계발(44%), 재산증식(42%), 여가선용(41%)의 순으로 역점을

165) Larry C. Loesch, et al., *Principles of Leisure Counselling*(Minnesota : E. M. C., 1982), pp.22~24.

166) Charles K. Brightbill, *Man and Leisure*(Englewood Cliffs, New Jersey : Prentice-Hall, 1961), p.25.

167) 중앙일보, 2002년 5월 23일자.

두고자 한다면, 일본인들은 여가선용(39%), 소득증대(28%), 식생활 식도락(23%)의 순으로 역점을 두고 있다. 한국인은 자유시간(31%)보다 수입(42%)을 늘리고 싶어하지만, 일본인들은 돈(32%)보다 여가(44%)를 원하고 있다. 그러나 하고 싶은 일을 할 만한 시간이 있다는 응답은 일본인(63%)이 한국인(47%)보다 많았다.

여가를 보내는 방법 1순위(중복응답)는 한 · 일 모두 텔레비전 시청이 각각 51퍼센트와 60퍼센트로 나타났다. 그 다음으로 한국인의 경우 가족(35%), 친구나 친지(34%)와 시간을 보내거나 인터넷(28%)을 하는 반면, 일본인들은 취미생활(41%)을 즐기거나 신문 · 잡지를 읽고(38%), 한가로이 쉬면서(37%) 보내는 것으로 조사되었다. 돈을 벌기 위해 일한다는 응답은 일본(50%)이 한국(37%)보다 높았으며, 보람을 찾기 위해 일한다는 응답은 오히려 한국(35%)이 일본(24%)보다 높았다. 이상적인 직업에 대하여 한국인들은 '즐거움을 주는 일'(54%)을, 일본인들은 '소득이 안정적인 일'(49%)을 손꼽았다. 따라서 한국인들은 일 자체에서 보람과 즐거움을 찾는 반면, 일본인들은 직업을 소득안정의 수단으로 생각하며 여가생활에서 즐거움을 찾고 있다.

여가중시의 비현실적인 생활기조는 사회의 기본적 불평형을 야기하며 사회정체성(social identity)을 양분하는 결과를 가져오게 된다.[168] 따라서 현대인의 여가의식은 노동과 여가가 상호 통합되고 조화된 형태로 형성되어야 한다.

2. 여가수용력의 문제

현대인들은 자유시간이 너무나 급속하게 증가하기에 그 자유시간을 효과적으로 처리할 만한 준비가 되어 있지 않고 어떤 의미에서는 자유시간을 두려워하는 경향도 있다. 이러한 여가공포증(leisure phobia)은 휴가중이나 휴무중에도 여가를 즐길 수 없는 무감각상태로서, 시간소비에 대한 적응부족이나 불안감이 여가 자체를 노동적 부담처럼 느끼는 심리적 거부반응이다.

168) W. Rordorf, *Sunday*(London : SCM Press, 1968), p.162.

이는 주어진 여가를 적절하게 사용치 못한 비적응의 형태로서 자기존재에 대한 좌절감 내지 정신적 실업(spiritual unemployment)상태인 것이다.

이와 함께 여가적성(leisure fitness)의 문제도 없는 것은 아니다. 여가는 개개인의 창조성을 요구하는 것으로 취급되고 있으므로, 여가를 수용하는 태도는 스스로의 힘으로 개척하지 않으면 안된다.[169] 자유시간을 갖고도 이를 활용하지 않는 사람이나 활용할 줄 모르는 사람은 인간으로서 불완전하고 시대에 뒤떨어져 어떤 의미에서는 소외된 인간이 되기 쉽다. 그러므로 여가의 효율적 활용은 미래를 추구하는 인간으로서 간과하여서는 안될 중요한 문제이기에 이에 대한 사회정책적 배려가 요구된다.

풍부한 자유시간을 참으로 충실하게 활용하느냐, 아니면 그것을 권태의 연속으로 낭비하느냐 하는 것은 각 개인 뿐만 아니라 사회정책적 문제로 귀결된다.

토인비(Arnold J. Toynbee)는 인류의 장래문명발전은 "여가를 어떻게 처리하느냐에 달려 있다"고 보고 있으며,[170] 프롬(E. Fromm)은 "대다수의 인간들은 정서적으로나 심리적으로 자유로운 시간을 가질 만한 준비가 되어 있지 않다"며 여가수용력의 문제를 제기하고 있다.[171] 이처럼 여가시간이 증가하여 더 이상 감당할 수 없는 상태에 이르면 대중에게 생활의 만족감을 주기보다는 혼돈하게 하는 입장에 다다를 수도 있는 것이다.

3. 여가일탈화 문제

여가는 본래 자기만의 개성적 시간인데, 여가시간의 증가로 인한 대중여가현상 속에는 대중성과 몰개성이 지배적으로 작용하여 주체적 사고나 판단이 소외시되고 있으며, 여가산업의 탐욕스런 영리추구는 그것이 제공하는 저질의 대중오락과 더불어 일반인에게 생활의 충실성과 인간성 회복의 기

169) Joseph J. Bennon, *Problems Solving in Recreation and Parks*(Englewood Cliffs, New Jersey : Prentice-Hall, 1972), pp.40~44.

170) 崔赫洵 譯, 「미래에 산다」(서울 : 문예출판사, 1974), pp.66~69.

171) Erich Fromm, *The Anatomy of Human Perspectiveness*(New York, N.Y. : Halt Rinehart and Winston, 1950).

회를 주기보다는 단순히 한 때의 정서적 만족이나 옳지 못한 자극을 줌으로써 비인간화나 자기소외를 더욱 가중시킨다. 그리하여 여가생활 속에서 삶의 즐거움을 경험하는 것이 아니라 더욱 심한 고독감을 갖게 되어 문자 그대로 고독한 군중(lonely crowd)이 된다.172)

일탈적 여가(deviant leisure)라는 것은 일상생활에 있어 여가시간을 갖는 기회에 불만을 느끼고 새로운 주체성을 탐색하고자 하는 여가행위를 말한다. 오늘날 산업사회의 발전에 따른 여가의 대량화 · 대중화는 그 결과 유행심리, 모방성이 작용하여 맹목적인 추종이 사회풍조화되고 여가의 획일성, 전염성이 전사회적으로 파급되어 급기야는 대중문화의 중독성을 가져오게 되었다.

또한 소비적 여가로의 퇴색은 거액의 여가소비가 목표가 되어 여가는 높은 소득층에 의해서만 즐길 수 있는 것으로 착각하게 되고 돈의 가치가 수단이 아닌 목적이 되는 향락적 여가현상을 나타내게 되었다. 그리고 여가가 질적으로 쇠퇴해지면 그때에는 반여가론(anti-leisure hypothesis)이 등장하게 된다. 갓드비(Geoffery Godbey)는 지난 20년 동안에 나타난 여가현상을 시간기근(time famine)으로 규정짓고 여가가 점차 '여가답지 못한 반여가'(unleisurely anti-leisure)로 치닫고 있음을 경고하고 있다.

그리고 우리나라 여가문화가 지닌 가장 심각한 문제 중의 하나는 바로 양질의 여가문화가 형성되지 못하고 단순 오락적 · 향락적 여가문화의 편재현상을 들 수 있다. 이것은 도박 · 음주 · 성의 도구화를 그 특징으로 하며, 지적 · 심미적인 자아계발 활동과는 구분이 된다. 흔히 비판의 대상이 되는 불건전한 향락적 오락문화의 예를 들면, 일면 '고스톱'으로 대변되는 화투나 도박성 경마 · 경륜 · 경정, 빠징코 등과 같은 사행성 오락, 2차 · 3차로 이어지는 음주문화, 가라오케 · 카바레 등 유흥업소, 룸살롱 · 퇴폐이발소 등 향락 · 퇴폐업소 등을 들 수 있다. 또한 유원지나 계곡 등지에서 술을 마시고 고성방가를 하는 행락객들의 탈선적 추태도 불건전 오락문화의 대표적인 예가 된다.

한국인들이 여가시간을 보낼 때 어른의 경우에는 노래방, 식당, 술집을

172) 김경동, "90년대 한국사회의 도전과 과제", 전경련 · 한국미래학회, 「90년대 도전과 미래의 창조」 발표보고서, 1977. 2. 28, p.12.

많이 찾고, 청소년은 PC방을 가장 애용하는 것으로 나타나고 있다. 말하자면 가장은 술집에서, 아이들은 PC방에서 놀다가 한번 같이 외식하고 노래방에 가서 유행가를 제창하는 것이 여가시간을 보내는 한국적 전형이다.

이처럼 현대인의 여가생활이 본질적인 가치로부터 일탈, 왜곡되고 있는 원인에는 산업화시대의 급격한 사회변동을 따르지 못하는 개인들의 가치관, 윤리의식, 행동규범 등이 미정립된 상태에서 생활의 모든 가치가 돈과 과소비의 양으로써 척도되고 있기 때문이다.

여가는 여러 긍정적인 기능을 갖고 있지만 때로는 인간의 존엄성과 문명을 파괴하는 역기능을 수행하기도 한다. 그 대표적인 예가 여가의 퇴폐·향락화이다. 여가의 퇴폐·향락화는 개인의 도덕관, 윤리관 등을 파괴하고 사회를 혼란 속에 빠져들게 하며 나아가 문명을 파괴한다. 한때 찬란했던 로마문명이 쇠퇴한 것도 바로 이 여가시간이 건전하게 행사되지 못하고 퇴폐와 향락에 돌려졌기 때문이기도 하다.173)

따라서 현대사회에 있어서의 여가시간의 증대가 곧 삶의 질을 향상시킨다고 보아서는 안될 것이며, 역으로 증대되는 여가시간이 건전한 방향으로 활용되지 않을 때 개인과 사회에 해악이 될 수 있음을 알아야 할 것이다.

여가에 있어서 역기능인 퇴폐 및 윤락의 현상은 네 가지 기준, 즉 탈선행위와 지역사회 해체, 그리고 전통적 윤락과 퇴폐적 윤락에 따라 다음의 유형으로 나눌 수 있다.

〈표 4-5〉 일탈적 여가현상의 유형

구 분	전통적 윤락	퇴폐적 윤락
탈선행위	제1형	제3형
지역사회해체	제2형	제4형

173) John R. Kelly, and G. Godbey, *The Sociology of Lesure*(State College, PA : Venture Publishing, Inc., 1992)

제1의 유형은 전통적 윤락이자 탈선행위에 속하는 것으로 매음굴의 창녀, 콜걸 등이 이에 해당된다. 제2의 유형은 제1의 유형에 속하는 성적 탈선행위자들이 집단적으로 거주함으로써 생기는 현상이다. 제3의 유형은 퇴폐적 윤락이자 탈선행위에 속하는 것으로 룸살롱, 나이트클럽, 요정, 퇴폐이발소, 퇴폐안마시술소가 해당된다. 제4의 유형은 제3의 유형에 속하는 성적 탈선 행위자들이 밀집되어 서비스를 제공하는 지역에서 생기는 현상이다.[174)]

4. 여가기회 불평등의 문제

여가가 전(前)산업사회에서 볼 수 있는 것처럼 소수특권층에게만 주어지던 단계를 지나 현대로 들어와 대중화되었음에도 불구하고 비용과 시간이라는 기본적 조건의 부족으로 말미암아 아직도 모든 여가유형이 전사회인에게 보편화되지 못하고 있다. 이러한 상황에서 보다 나은 여가를 향유하지 못하는 저소득층은 고급여가를 즐기는 층에 대하여 불만을 가지게 되어 여가의 건전한 활용에 장애가 되고 있다. 크로포드(D. Crawford)와 갓드비(G. Godbey)는 여가활동의 제한요소를 다음의 세 가지로 분류하고 있다.[175)]

① 개인 내적 제한성(intrapersonal constraints) : 여가선호와 상호작용을 중시하는 개인의 생리학적 상태와 태도를 의미한다. 대표적인 예로는 스트레스, 우울, 열망, 광적 신앙, 친족이나 친족이 아닌 관계집단, 태도, 자기만 알고 있는 기술 등을 들 수 있다.

② 대인간의 제한성(interpersonal constraints) : 사람들 간의 상호작용이나 개인의 성격들 사이의 관계에 기인하다. 예를 들면, 여가활동을 위한 적합한 파트너나 집단을 발견할 수 없어서 참여를 위한 선호가 감소할지도 모른다는 것이다.

③ 구조적인 제한성(structural constraints) : 여가선호와 참가 사이의 제한성이나 장벽의 존재로서 개념화되어진다. 구조적인 제한성이나 장벽

174) 현대사회연구소, 「퇴폐 · 윤락문제 대처방안 연구」(서울 : 현대사회연구소, 1984), p.3.

175) D. Crawford, and G. Godbey, “Reconceptualizing Barriers to Family Leisure”, *Leisure Sciences*, Vol. 9, 1987, p.122.

의 예는 가족의무, 재정의 원천, 계절, 기후, 작업시간의 일정, 기회의 이용, 기회의 지식과 전환을 포함한다.

반면, 에딘턴(Edignton, et al.) 등은 여가참여에 제약을 주는 요인을 태도 제약성, 정보제한성, 소비제한성, 시간제한성, 사회문화적 제한성, 경제적 제한성, 건강제한성, 경험제한성, 여가가치 및 기술적 제한성, 그리고 환경적 제한성 등 10가지를 제시하고 있다.[176)]

구체적으로 여가활동에 참여하지 못하는 이유는 여러 가지가 있을 수 있겠으나, 잭슨(Edgar L. Jackson)은 생업과의 관련성, 여가기회의 부족, 여가시설의 혼잡, 장비의 이용곤란, 동반자의 부족, 지식부족, 비용부족, 가족과의 관련성, 여가교육의 부족, 대인접촉의 불원 등 열 가지를 제시하고 있다.[177)] 패트모아(J. Allam Patmore)는 신체장애, 비용부족, 사회적 장애, 교통의 불편을 지적하고 있다.[178)] 또한 일본의 여가개발센터는 여가참여의 장애요인을 순위에 따라 시간의 부족(48.4%), 비용의 부족(33.3%), 유급휴가의 부족(24.4%), 휴일부족(14.3%), 시설의 부족(14.3%), 건강불편(12%), 여행사의 부족(11.9%) 등을 제시하고 있는데, 이중 시간과 비용의 부족에 주목할 필요가 있다.[179)]

5. 여가교육의 문제

하나의 사회가 발전하고 또 부조리한 현상들이 근원적으로 개선되기 위해서는 그것과 관련된 의식구조와 행동양식 자체가 혁신되지 않으면 안되는데, 그것은 바로 끊임없는 교육과 그것의 전파수단인 홍보(publicity)에 의하여 달성될 수 있다.

---

176) C. Edington, C. Hanson, and S. Edignton, *Leisure Programming : Concepts, Trends and Professional Practice*, 2nd ed.(Philadelphia : Saunders College, 1992).

177) Edgar L. Jackson, “Activity-Speific Barriers to Recreation Participation”, *Leisure Sciences*, Vol. 6, No. 1, 1983, p.55.

178) J. Allan Patmore, *op. cit.*, pp.98～99.

179) (財)餘暇開發센터, 「地域開發と餘暇に關する調査硏究」(東京 : 餘暇開發센터, 1984), p.9.

그러나 오늘날 여가생활의 건전화를 위한 사회교육이나 학교교육이 거의 실시되지 못하고 있는 형편이며, 자연애호심이나 공중도덕심과 깊은 관련이 있는 환경보전에 대하여 그 중요성을 일깨워 줄 수 있는 체계적인 교육과 홍보기능이 미흡하고 나아가 그것을 담당할 전문인력, 즉 레크리에이션 지도자의 양성태세도 갖추어져 있지 못하다.

또한 국민들로 하여금 각자 적합한 여가유형을 선택하게끔 도움을 주기 위해서는 여가지도가 필요하다. 여가지도(leisure counselling)라는 것은 자아의식(즉 개인의 태도, 가치, 감정에 대한 의식)과 자기 및 타인, 기타 환경적 요인간에 여가참여와 관련된 의사결정을 촉진하고 나아가 문제해결의 기술개발까지도 증진할 뿐 아니라 더욱 이를 향상·발전시키려는 언어적 촉구기법을 이용한 과정(process)으로서,[180] 개인의 사회적 배경, 신념, 가치관 그리고 태도에 대한 면밀한 조사와도 관련이 있으며 교정적인 지도뿐만 아니라 앞으로의 발전적 교육과정을 말한다.

그럼에도 불구하고 현대의 교육제도는 아직도 여가의 준비기능을 도외시한 채 일의 준비기능만을 강조하는 실정에 있다. 여가가 단순한 행락과 소비의 성격에서 벗어나 욕구불만의 해소, 피로회복, 내일의 노동재생산을 위한 심신의 회복 및 견문의 확대 등 생산적 측면에서 점차 긍정적인 면을 지니고 있으나, 아직도 여가행동의 무질서, 비도덕적 행위, 퇴폐행위가 줄어들지 않고 있으므로 건전한 여가풍토의 조성을 위한 지속적인 캠페인을 전개해야 할 것이다.

6. 여가의 상품화 문제

여가의 확대와 함께 또 하나의 부정적인 측면은 여가의 상품화이다. 즉 다양한 여가행태의 상품가치가 점차 증대하게 되면 여가도 산업노동과 같이 인간적인 의미를 차츰 상실해 나가지 않을까 하는 우려가 생기게 된다.

---

180) S. L. Gunn, "The Relationship of Leisure Counselling to Selected Counselling Theories", in D. M. Compton, et al., eds., *Perspectives of Leisure Counselling*(Arlington, Virginia : National Recreation and Park Association, 1977), p.22.

산업사회를 움직이는 경제의 원리는 시장메커니즘을 통한 이윤의 추구이며, 따라서 여가시간의 확대는 여가경험을 시장에서 상품으로 취급하게 할 가능성을 높이고 있는 것이다. 이러한 우려는 신(新)마르크스주의자(Neo-Marxist)의 여가관에서 특히 강조되고 있다. 그중 브레이버만(Braverman)과 같은 학자는 이윤추구의 동기가 여가에까지 확산됨으로 인해 대중여가가 고상한 취미를 살리지 못하고 저속화될 가능성이 있음을 지적하고 있다.[181)]

이밖에도 여가의 상품화는 뒤뜰이나 교회 또는 클럽 등에서 행해졌던 평범한 활동까지도 상품화할 가능성을 배제할 수 없다. 그리하여 여가활동이 소비를 조장하고 시장이윤 추구의 대상이 된다. 결국 자본주의 산업사회에서 노동이 보여 주었던 비인간적 측면이 여가활동에 의해 보상받기는 커녕 그것에 의해 더욱 조장되는 결과를 낳을 수 있다.

그뿐 아니라 여가활동이 경쟁의 대상이 됨에 따라 전문화되고 프로화되어 이를 즐길 수 있는 특별한 기술의 습득이 중요시됨에 따라 점점 여가활동 본래의 의미를 상실해 갈 것이다. 따라서 경쟁에서 이기기 위해 유명한 음악가, 체조선수, 배우, 스케이터가 되려고 더욱 노력하게 될 것이고, 이에 따라 여가의 소외화현상도 일어날 수 있게 될 것이다.[182)]

7. 여가제약의 문제

여가장애(leisure barriers) 또는 여가제약(leisure constraints)이란 사회심리적인 의미에서 개인의 여가행동을 제한하는 힘으로 경험되는 내적인 심리상태나 특성 또는 성격과 외적인 환경을 의미한다. 일반적으로 여가장애의 원천은 '장애를 지각하는 근거가 무엇인가'(장소), '어떠한 요소의 장애가 있는가'(형태), '장애가 얼마나 지속되는가'(지속성)이라는 세 가지 차원에 근거하여 개인적 · 사회문화적 · 물리적 장애 세 가지로 구분할 수 있다.

첫째, 개인적 장애란 개인적 능력과 동기가 문제인 경우를 말한다.

---

181) C. Rojeck, "De-skilling and Forced Leisure : Steps beyond Class Analysis", in Fred Coalter, ed., *Freedom and Constraint*(London : Routledge, 1989), p.39.
182) J. Seabrook, *The Leisure Society*(Oxford : Basil Blackwell, 1988), pp.4~6.

둘째, 사회문화적 장애란 사회적 규범과 사회적 상호작용이 문제가 될 때를 말한다.

셋째, 물리적 장애는 금전이나 시설, 기회, 시간의 부족과 같은 요인으로 여가활동 참여에 실제적인 장애를 줄 수 있는 경우이다.[183)]

여가제약이란 다양한 원인에 의해 발생하게 되며, 특정한 여가제약은 개인에게 직접 혹은 간접으로 여가활동을 기피하게 하거나 중단토록 만드는 원인이 되고 있다. 이에 대해 박세혁은 「주5일근무제에 따른 가족여가 살리기」(2002)에서 여가제약을 개인의 여가활동을 제한하는 방해요인이며, 나아가 여가참여를 통해 얻을 수 있는 혜택이나 만족감을 제한하는 것으로 규정하고 있다.[184)]

크로포드와 갓비의 「가족여가제약의 재개념화」라는 연구에 따르면(Crawford and Godbey, 1987), 여가참여에 영향을 주는 제약요인은 크게 내재적·대인적·구조적 요인으로 나누고 있다. 내재적 요인은 여가선호에 작용하는 개인의 심리적 특성과 상태이다. 대인적 요인은 특정한 여가활동에 참여함으로써 대인관계에서 기인하는 제약을 말한다. 그리고 구조적 요인은 자원, 시설, 가족생활주기, 기후 등의 외적요인을 말한다.[185)]

에딘턴과 한손은 「여가프로그래밍」(1992)이라는 공저에서 여가서비스의 참여를 방해하는 열 가지의 중요한 제약요인들을 제시한 바 있다.[186)]

① 개인마음 상태와 태도상의 제약(attitudinal constraints)
② 타인과 의사소통상의 제약(communicative constraints)
③ 돈의 제약(consumptive constraints)
④ 시간적 제약(temporal constraints)
⑤ 사회문화적 제약(social/cultural constraints)
⑥ 여가시설·서비스적 제약(facilities and service constraints)

---

183) 김외숙, "도시기혼여성의 여가활동참여와 여가장애", 서울대학교 대학원 박사학위논문, 1991.

184) 박세혁, 「주5일근무제 실시에 따른 가족관계의 변화 : 실시집단의 주부들 대상 설문조사」, 여가문화학회, 제1차 포럼 발표자료, 2002.

185) Crawford. D. W., & Godbey, G., (1987) Reconceptualizing Barriers to Family Leisure, *Leisure Sciences*, 9.

186) Edignton, Christopher R. et al., *Leisure Programming : Concepts, Trends and Professional Practice*, 2nd ed. (Philadelphia : Saunders College, 1992).

⑦ 건강상의 제약(health constraints)
⑧ 여가경험상의 제약(experiential constraints)
⑨ 여가가치 및 기술적 제약(leisure values and skills constraints)
⑩ 환경적 제약(environmental constraints)

한국청소년개발원은 전통적 여가제약요소로 시간, 비용, 시설 등에 구조적 요인뿐만 아니라 개인의 기술이나 관심부족, 건강, 개인의 여가경험이나 주관적인 감성, 여가동반자와 같은 개인의 내부적 요소를 모두 고려하는 것이 중요하다고 보고 있다.[187]

즉 개인 내적 요인의 제거를 위해서는 여가교육을 실시한다든가, 여가상담 및 지도를 통하여 여가적성의 개발을 꾀하여야 할 것이다. 또한 구조적 제약요인을 해소하기 위해서는 근로시간의 단축과 유급휴가제의 확대, 주5일근무제의 확대, 저비용 여가시설의 확충 등을 도모할 수 있다.

김규원은 「주5일근무에 따른 문화부문 활성화 과제」라는 연구에서 여가문화활동 참여에 걸림돌로 작용하는 요소를 경제적 접근성, 사회적 접근성, 그리고 문화적 접근성으로 나누고 있다.[188] 이 가운데 현재 문화예술 여가활동을 하는데 가장 큰 걸림돌이 되고 있는 요인으로는 시간과 비용을 들고 있다.

한국문화정책개발원이 3년마다 조사하는 〈국민문화활동실태조사〉의 결과를 보면, 문화·여가활동은 시간·비용문제가 강한 탄력성을 지니고 있다. 즉 여유시간이나 돈이 있으면 먼저 문화생활에 사용하고 싶어하고, 시간이나 돈이 없으면 우선 줄이게 되는 등 강한 탄력성을 지니고 있다.

2000년의 경우 실제 여가생활에 있어서 평일의 경우 시간부족이, 주말의 경우 부담이 가장 큰 장애요인인 것으로 나타났으나, 2006년 조사에서는 주말에도 시간부족이 가장 큰 장애요인으로 작용하고 있다.[189]

반면 통계청의 「2000년 사회통계조사」결과에 의하면, 경제적 부담이 여가불만족의 가장 큰 요인으로 작용하고 있다. 즉 경제적 부담은 35.9퍼센트를

---

187) 한국청소년개발원, "청소년 여가제약 모델에 관한 연구"(1995).
188) 김규원(2001), "주5일근무에 따른 문화부문 활성화 과제", 한국관광연구원, 「한국관광정책」, 가을호.
189) 한국문화정책개발원, 「국민문화활동실태조사」(2000, 2006).

차지하고 있으며, 시간부족은 16.8퍼센트에 그치고 있다.

2001년 한국소비자보호원은 「여가 소비문화 의식 및 실태」에서는 여가불만족의 요인을 여가활동 유형별로 나누어 조사한 적이 있다. 이 조사시 여가활동을 문화활동, 스포츠활동, 여행·나들이 활동, 오락활동, 자기계발활동, 일상적인 여가활동 등 여섯 가지로 분류하였다.

〈표 4-6〉 여가활동의 장애요인

(단위 : %)

2000년				2006년			
평일	비율	주말·휴일	비율	평일	비율	주말·휴일	비율
시간부족	50.9	경제적 부담	41.0	시간부족	46.1	시간부족	48.7
경제적 부담	33.3	시간부족	28.1	경제적 부담	36.2	경제적 부담	20.2
시설/프로그램 부족	5.2	시설/프로그램 부족	10.6	시설/프로그램 부족	11.3	시설/프로그램 부족	19.7
피곤	4.8	피곤	9.5	정보부족	3.5	정보부족	7.5
정보 부족	2.7	정보 부족	5.7	동행인 없음	1.9	동행인 없음	3.5
기타	3.1	기타	4.9	기타	0.4	기타	0.5

자료 : 한국문화정책개발원, <국민문화향수 실태조사>, 2000, 2006.

우리나라의 경우, 종합적인 관점에서 여가시간 활용의 제약점은 본인이 무엇을 하겠다는 의사결정이 앞서고 그 다음이 시간적 여유, 경제적 여유, 여가시설과 서비스의 적정성, 교통 등의 용이한 접근성, 지역사회의 참여도 등에 의해서 결정된다고 할 수 있다.

8. 여가의 사행화 문제

한국레저산업연구소의 분석자료에 의하면,[190] 경제호황기에는 사행성 오락과 모험스포츠가 유행하며, 경제불황기에는 건전오락과 일반 스포츠가 각각 유행하는 등 여가활동이 경기변동에 크게 좌우되는 것으로 나타났다. 일본 여가시장의 변동상을 토대한 분석한 결과 일본의 경제호황기인 1987~1991년에는 경마(92.3%), 승마(75%), 각종 게임(51.3%), 골프(19.5%) 인구가 크게 늘어난 것으로 나타났다. 반면 경제불황기인 1997~2001년의 경우에는 조깅(38.5%), 축구(33.3%), 배구(25.7%) 인구가 크게 늘어난 것으로 나타났다. 결국 우리나라의 경우에도 주5일근무제가 실시되고 소득수준이 향상되면서 사행성 오락(경마, 경륜, 경정, 카지노 등)이 크게 증가할 것으로 보여진다.

이러한 일본의 사례에도 불구하고 경제가 호황일 때나 불황일 때 모두 활개를 치는 산업은 바로 사행도박산업이다. 우리나라의 경우 경제가 어려운 IMF외환위기 때에도 사행도박산업은 꾸준히 성장하고 있었다.

〈표 4-7〉 경기변동에 따른 여가활동의 선호형태(일본)

구분	호황기(1987~1991) 선호활동	불황기(1997~2001) 선호활동
스포츠	승마, 골프, 스키, 요트, 수영	축구, 야구, 배구, 조깅, 체조
취미창작	도자기공예, 유리공예, 조각	PC통신, 꽃꽂이, 영화연극감상
오락	경마, 경륜, 경정, 카지노, 외식	PC게임, 바둑, 장기, 노래방
관광행락	해외여행, 숙박여행, 콘도 · 펜션	국내여행, 당일여행, 민박 · 캠핑

자료 : 연합뉴스, 2002년 9월 24일.

국내에는 현재 경마와 경륜, 경정, 내국인 카지노, 복권 등의 사행도박산업이 정부공인하에 허용되고 있다. 한국레저산업연구소의 자료에 의하면,

190) 한국레저산업연구소, 「여가시간 확대 및 경기변동에 따른 레저활동」, 2002. 9.

2000년의 사행산업규모는 6조 3,408억원이었으나, 2001년에는 총 9조 2,238억원으로 늘어나 전년대비 45.5퍼센트의 성장추세를 보이고 있다. 사행산업의 이용자들도 2,261만명으로 국민 10명당 4.8명꼴로 이용한 셈이다.[191]

부문별로 보면, 경마의 매출액이 6조 163억원으로 가장 컸으며, 연간 이용객수도 1,691만명에 이르고 있다. 다음으로는 경륜이 약 480만명이 참여하여 2조 1,575억원의 매출을 기록하였다.

더구나 사행도박산업으로 집계되지 않는 사설경마, 투견, 투계, 투우, 인터넷 도박 그리고 전국 1만 1,000여곳에 실제 도박행위가 이루어지고 있는 성인오락실을 합하면 국내 도박산업의 실제 매출액은 15조원 이상이 될 것으로 추산된다.[192]

이러한 사행성 여가산업에 대하여는 정부차원에서 2007년 「사행산업통합감독위원회」를 설립하여 카지노 등 사행성 활동 전반의 도박중독자 양산 등 사행성 여가활동에 대한 부작용을 최소화하고 사행산업을 건전한 여가게임 및 관광레저산업으로 발전 도모해 나가고 있다.

제4절 주5일근무제 시대의 여가정책

1. 여유와 관조(觀照)의 창의력

약 120년 전에 '게으름의 미학'을 설파한 사람이 있었다. 프랑스 사회주의 운동의 선구자 인 폴 라파르그(1842~1911)였다.

"아! 게으름이여, 우리의 기나긴 불행을 동정하라. 아! 예술과 고귀한 덕성의 어머니인 게으름이여, 인간의 고뇌를 위로하는 방향(芳香)이 되어라." 라파르그가 1880년 옥중에서 발표해 파문을 일으킨 논문 '게으를 수 있는 권리'(Le Droit la Paresse)는 게으름에 대한 시적 찬미로 끝난다. 그는 원래 의사가 될 생각이었다. 그러나 과학적 사회주의 이론에 빠져 런던으로 건너

191) 한국일보, 2002년 2월 10일자.
192) 파이낸셜 뉴스, 2002년 10월 31일자.

가 마르크스의 비서가 되었고 빵 문제를 해결하기 위해 노동자들이 하루 12~13시간의 중노동에 시달리면서도 노동은 신의 소명(召命)이라고 믿고 있던 시절이었다.

그가 깨뜨리고자 했던 것은 '노동은 신성하고 게으름은 죄악'이라는 고정관념이었다.

라파르그는 자본가들의 착취를 정당화하는 프로테스탄트적 직업윤리의 미망(迷妄)에서 깨어나지 못하는 한 노동자들의 불행은 계속될 수밖에 없다고 보았다. 개인과 사회의 모든 불행은 노동에 대한 맹목적 열정에서 비롯된다는 것이었다.

잊혀졌던 라파르그가 되살아나고 있다. 2000년 4월 초 파리에서는 라파르그의 논문제목이 붙은 연극이 공연되었다.

"모든 사람에게 일자리를, 그러나 각자에게는 최소한의 일거리를"이라는 라파르그의 신념을 관객들에게 일깨워 주고 싶었다고 연출자 로제구즈는 설명한다. 산업화과정에서 무시되었던 '게으를 수 있는 권리'가 디지털 정보화 시대를 맞아 새롭게 조명되고 있다.

프랑스에서는 주4일근무제 도입을 외치는 시민단체가 생긴 것도 이런 맥락에서다. 주5일근무제로 인한 여가시간을 선용하게 되면 세상은 창의력이 경쟁력이 되는 시대로 패러다임 자체가 바뀌게 된다.

창의는 여유와 관조(觀照)에서 나오는 것이지 쥐어짠다고 나오는 것이 아니다. 그러나 여가시간에 낮잠으로 소일하던가, 아니면 노동만을 위한 노동, 공부만을 위한 공부의 노예에게서는 창조적 사고를 기대할 수 없다. 급변하는 세상에 적응하는데 필요한 자기계발의 여유를 갖기 위하여서도 그렇고, 점점 황폐화되어지는 가정과 사회의 가치를 복원하기 위해서도 1주일에 이틀은 쉴 수 있게 해야 한다. 우리에게 지금 필요한 것은 여유와 관조이지 눈먼 부지런함이 아니다.

2. 근로시간 단축은 시대의 소명(召命)

근로시간의 단축은 한 국가의 경제가 발전하고 산업화·고도화되어 가는 과정에서 자연스럽게 발생하는 경제적 현상인 동시에 시대적 소명이기도 한다. 최근에는 높은 실업률에 대한 워크셰어링의 개념과 지역사회와 가족을 중심으로 한 삶의 질 향상의 개념에서 근로시간의 단축이 논의되고 있다. 특히 경제협력개발기구(OECD) 가입회원국의 근로자들의 연간 총 근로시간을 비교하였을 때 우리나라 근로자들이 가장 장시간 일을 하고 있음을 알 수 있다.

연간 2000시간 이상의 총 근로시간을 갖고 있는 나라는 우리 한국과 체코뿐인데, 체코와도 약 400시간 더 일하는 차이를 보이고 있다.

한편, 급변해 가고 있는 국제 경제환경과 심화되어 가는 국제간 경쟁 속에서 생존하고 성공하기 위하여서는 각국의 기업들은 상품의 가격경쟁력에서 벗어나 지식경쟁력을 확보하기 위한 모든 노력을 기울이고 있다. 그 중의 핵심은 우수한 인력의 확보와 유지이며 인적자원관리의 효율화가 활발하게 이루어지고 있다.

우리 근로자와 그 가족들의 삶의 질을 향상시킨다는 대승적인 차원에서 근로시간 단축의 당위성은 분명히 존재하며, 문제는 근로시간 단축을 할 것이냐 안 할 것이냐의 문제가 아닌, 어떤 방식으로 도입할 것이냐가 관건이다.

그러면 어떤 방식으로 도입하느냐를 두고 그간 논의된 배경을 살펴보면, 근로시간 단축은 그간 장시간 근로를 하는 우리 근로자들을 위해 오랫동안 제기되어 온 문제였다. 특히 1997년 IMF외환위기 이후 경제가 다소 호전되면서 근로자의 삶의 질 향상의 문제를 놓고 노동계에서 법정근로시간 단축을 요구하여왔고 이에 따라 정부가 주도하여 노사정위원회를 구성하였다.

1998년 2월 노사정위원회는 '경제위기 극복을 위한 사회협약'을 채택하면서 '근로시간 위원회'를 '98년 상반기 중에 구성하여 이 위원회에서 근로시간 단축을 통한 고용안정방안을 강구하기로 하였다. 그리고 2000년 5월 노사정위원회에서 근로시간 단축 특별위원회를 설치하면서 여기서 근로시간 단축문제, 관련 임금 및 휴가·휴일문제를 다루기로 합의하고 연내에 입법을 추진토록 합의하였다. 그 후 2000년 10월 23일 노사정위원회는 법정근로시간 단축 및 근로시간제도 개선에 관한 특위에서의 기본합의를 채택하였다. 즉, 연간 일하는 시간율 2,000시간 이내로 줄이는 점에 합의하고 근로자

측은 업종과 규모를 감안한 근로시간 단축 추진일정을 받아들였고, 사용자 측은 근로시간 단축과정에서 근로자의 생활수준이 저하되지 않도록 한다는 점을 수용하여 기본합의에 이르게 되었는데, 그 합의문의 명칭은 '근로시간 단축관련 기본합의문(2000. 10. 23, 노사정위원회)으로 되어 있다. 그 주요 내용은 다음과 같다.

① 현재 연간 2,497시간에 달하는 근로자의 일하는 시간을 가능한 한 빠른 시일 내에 2,000시간 이하로 줄이도록 한다.

② 근로시간제도 개선은 근로자에게는 삶의 질 향상 및 창의력을 드높이는 한편, 고용 및 교육훈련기회의 확대를, 사용자에게는 생산성 향상을 통한 기업경쟁력 제고를 위한 상생(相生)의 개혁이 되도록 추진한다.

③ 근로시간제도 개선은 국민적 공감대를 토대로 추진하며, 국제기준에 걸맞게 추진함으로써 국민의 삶의 질이 개선되도록 한다.

④ 정부가 2000년 내에 근로기준법 개정안을 국회에 제출한다.

⑤ 장시간의 근로시간을 줄이고 시간당 생산성 향상을 촉진하기 위하여 시간을 효과적으로 활용하는 방안을 강구한다.

⑥ 정부는 근로시간 단축을 촉진하기 위한 각종 시책을 강구하고 학교수업 주5일제, 교육훈련 및 여가시설의 확충 등 사회적 환경의 정비방안을 마련한다고 되어 있다.

3. 근로시간 단축의 효과

근로시간 단축으로 인한 효과는 경제적 효과, 기업에 미치는 효과 및 국민생활에 미치는 사회적 효과 등 다양하다. 먼저, 경제적 효과부터 알아보자.

① 고용구조의 변화와 고용창출 면에서는 파트타임 등 자발적인 비정규 근로의 활성화로 고용형태의 다양화가 유도되면 한편, 고용창출이 발생하고 경제활동 참가율이 증가한다. 법정근로시간을 주40시간으로 9.1% 단축할 경우, 총고용은 5.2% 증가한다. 이는 2000년의 임금근로자가 1,314만명임을

감안할 때 근로시간 단축이 진행되는 기간 중에 68만 개의 새로운 일자리가 생성되는 것을 의미한다.

② 임금에 있어서는 근로시간 단축이 임금과 노동비용을 감당하지 못할 정도로 상승시키고 우리나라 잠재성장력을 악화시킬 것이라는 일부의 우려가 있으나, 일반의 예측보다는 낮을 것으로 전망된다. 유급 주휴의 무급화 및 그에 따른 임금조정과 초과할증률 50% 불변조건에 유급 연월차 휴가일수의 하향조정을 할 경우, 기업은 조정수당으로 임금손실을 보전하는 방식을 택할 확률이 높고 근로강도의 강화, 생산성 향상 등이 어느 정도 나타날 것을 고려하여 초과근로는 현재보다 0~2%시간 정도 증가하는 것으로 예상할 때, 임금상승효과는 약 2.9%내로 나타나고 이 결과가 현실에 가장 가까운 전망치로 보여진다. 그러나 경영자측에서는 이보다 더 큰 임금상승요인을 주장할 것이다.

③ 노동비용에 있어서는 기업이 직접적인 관심을 갖게 된다. 즉 근로시간 단축이 되었을 때 같은 산출량의 유지를 위하여 기업단위의 비용상승을 얼마나 줄이느냐의 문제이다. 가장 현실에 가까운 것으로 예상되는 방식을 채택할 경우, 근로시간 단축이후, 초과근로시간이 1일 2시간 증가한다면 최대 노동비용 상승률은 약 7.2% 정도 될 것으로 예상할 수 있다.

④ 근로시간 단축시 우리가 보유하고 있는 인적 자본과 물적 자원의 구성 및 활용여부에 따라 잠재국민생산이 어떻게 변화하는지 추정해 본다. '풀려난 하루' 중 일부를 직업능력개발에 활용하여 인적 자본의 질이 5% 상승하게 되고 물적 자원의 투입이 5% 증가하는 경우, 잠재성장률은 4.7%까지 증가한다고 추정할 수 있다.

두 번째로 근로시간 단축이 기업에 미치는 효과를 살펴보자. 기업은 근로관리와 작업조직 정비를 포함한 총체적인 인적자원관리의 혁신과 협력적인 노사관계의 활성화가 필수적이다. 따라서 기업들은 근로자들의 생산성을 높이기 위한 노력을 적극적으로 전개하여 나갈 전망이다.

그 어느 때보다도 협조적인 노사관계의 활성화가 중요함은 두말할 필요도 없다. 특히 중소기업의 경우, 관리 및 작업방식의 혁신을 추진할 능력이나 경험이 부족하기 때문에 정부의 입장에서는 중소기업을 대상으로 효율적 근로시간과 작업조직의 개선에 적극적 투자와 혁신을 할 수 있도록 지원하는 방안이 필요할 것이다.

세 번째로 근로시간 단축이 국민생활에 미치는 사회적 효과를 검토해 보자. 근로자들에게는 근로태도 및 근로강도의 변화가 올 것이며, 다양한 여가생활을 가질 수 있는 시간적 기회를 제공받음으로 인하여 자신의 인적자본향상, 지역사회활동, 가족단위의 활동에 더 많은 시간을 투자할 수 있으며, 관련 산업인 관광, 숙박산업, 레저체육산업, 주말농장, 낚시산업 등 여가산업의 파생적 발전을 기대하게 된다.

주5일근무제가 정착된다면 정기적인 교육 및 훈련의 기회를 가지게 되며, 이를 위하여서는 양질의 교육훈련기관과 프로그램이 필요하게 될 것이다. 또한 성숙한 민주사회로의 도약을 위하여 국민들이 직접 사회와 정치의 변화에 참여하고 활동하는 자세와 행동이 필요하며, 이러한 활동은 지방자치단체를 중심으로 한 프로그램들의 고안과 동시에 그들이 자발적으로 참여하여 활동하려는 적극성이 있을 때에만 가능하기 때문에, 이를 위한 지방자치단체와 지역주민 중 자원봉사자들의 적극적인 참여를 필요로 한다.

〈표 4-8〉 주5일 근무시대의 5대 트렌드

트렌드	특 징	유망분야
체험형 여가시장	여행, 스포츠, 게임 등 체험형 여가에 대한 지출확대	이벤트관광, 오토캠프, 골프, 해양스포츠, 체육관, 게임, 문화센터 등
자기계발과 사회성 여가	휴식시간에 자기계발 투자와 자원봉사 활동을 확대	학원, 인터넷 교육 등
가사노동대체 비즈니스	여성의 사회진출로 가사노동을 대체하는 각종 서비스 시장확대	탁아소, 청소대행업, 결혼 및 장례토털 서비스, 반찬판매업, 외식 체인 등
기업지원 비즈니스	근로자의 시간절약과 핵심업무 집중위해 잡다한 업무의 아웃소싱 및 임시직 활용	경비, 물류, 창고, IT, 빌딩관리 등의 대행업, 폐기물 처리, 인력파견사업, 인력정보사업
기존사업과 제품의 엔터테인먼트화	소비자의 관심이 레저나 신종 서비스로 옮겨짐에 따라 제조업도 소프트화 전략 강화	레저 및 신종 서비스용 제품. 매니아 취향의 특수제품, 오락성 마케팅

자료 : LG경제연구원.

한편, LG경제연구원에서는 근로시간이 단축되면서 늘어나는 여가시간은 가족중심의 생활을, 재교육, 문화 및 레저활동, 사회적 참여 등에 활용되어 근로자의 삶의 질을 향상시키게 될 것으로 보고 있다. 그러나 IT 혁명, 경제성장을 통한 생활수준의 지속적 향상을 전제로 하면서 주5일근무제 정착에 따라 새로이 형성될 뉴 트렌드로 체험형 여가시장의 형성, 자기계발과 사회성 여가시장의 확대, 가사노동대체 비즈니스 확대, 기업지원 서비스 확대, 기존 사업과 제품의 엔터테인먼트화를 들고 있다. 특히 여가부문의 트렌드로 시간소비형 여가, 가족중심주의적 여가, 여가의 문화화 및 학습화, 여가의 디지털화와 탈디지털화 병행, 참여형·체험형 여가 등 5가지를 제시하고 있다.[193]

네 번째로 주5일 근무제가 근로자의 여가생활에 미친 영향을 살펴보자. 이에 대해서는 한국문화관광정책연구원이 2005년에 실시한 「주40시간 근무제 실시 이후근로자 여가생활 실태조사」의 조사결과를 인용하고자 한다.[194] 먼저 "주5일 근무제 실시 이후 자기계발을 위해 투자하는 시간이 증가하였는가?"에 대한 응답결과, 증가 또는 매우 증가하였다고 응답한 조사대상자가 전체의 66%를 차지하고 있어, 주40시간 근무제 실시 이후 자기계발 투자시간이 전반적으로 증가하였음을 알 수 있다.

둘째, "주5일 근무제 실시 이후 귀하의 여가생활에 대한 만족도는 어떠한가?"에 대한 응답결과, 증가 혹은 매우 증가하였다고 응답한 조사대상자의 비율이 전체의 79%를 차지한 반면, 동일하다는 응답은 단지 17%에 불과해, 주40시간 근무제 실시 이전에 비해 전반적으로 여가생활에 대한 만족도가 증가하였음을 알 수 있다.

셋째, "주5일 근무제 시행 전과 비교하여 귀하의 평균 여가경비는 어떻게 변화하였는가?"에 대한 응답결과, 증가 혹은 매우 증가하였다는 비율이 전체의 83.1%를 차지하고 있는 반면, 감소하였다고 응답한 비율은 0.6%에 그치고 있다. 이는 조사대상자들 대부분이 주40시간 근무제 실시 이후 여가경비가 대체로 증가한 것으로 지각하고 있음을 보여주는 것이다.

---

193) 이지평·오정훈·송태정, 「근로시간 단축의 영향과 기업에의 시사점」, LG경제연구원, 2000.

194) 한국문화관광정책연구원, 「주40시간 근무제 실시 이후근로자 여가생활 실태조사」, 2005.

넷째, “주5일 근무제 실시 이전에 비해 여가생활을 규모 있고 계획성 있게 보내고 있는가?”에 대한 응답결과, 그렇다 또는 매우 그렇다로 응답한 비율이 전체의 40.6%로 나타났다. 이는 절반 이상(59.4%)의 조사대상자가 주40시간 근무제가 실시된 이후에도 크게 계획적이거나 규모 있는 여가생활을 영위하는 것은 아니라는 것을 보여주는 것이다.

다섯째, “주5일 근무제 시행 전과 비교하여 귀하는 희망했던 여가생활을 영위하고 있는가?”에 대한 응답결과, 그렇다 또는 매우 그렇다로 응답한 비율이 46.7%로 비교적 높은 반응을 보이고 있으나, ‘희망하는 여가활동을 영위하고 있는 것은 아니다’라는 응답 또한 보통(그저 그렇다)을 포함하여 53.3%에 달하고 있다. 이는 주40시간 근무제 시행 이전에 비해서는 나아졌지만, 온전히 본인이 원하는 여가생활을 영위하는 것은 아님을 보여주는 것이다.

여섯째, “주5일 근무제 실시 이후 건강에 관심을 갖고 관리하는 시간이 증가하였는가?”에 대한 응답결과, 증가 혹은 매우 증가하였다고 응답한 조사대상자가 전체의 56.8%를 차지하고 있어, 주40시간 근무제 실시 이후 건강에 대한 관심이 매우 증가하였으며, 건강관리를 위해 투자하는 시간도 증가하였다. 그러나 41.4%의 응답자가 ‘여전히 동일(보통)하다’고 응답하고 있어 이들에 대한 관심이 요구된다.

일곱째, “주5일 근무제 실시 이후 가족과 대화하는 기회가 증가하였는가?”에 대한 응답결과, 증가 혹은 매우 증가하였다고 응답한 조사대상자의 비율은 전체의 70%이며, 감소 혹은 매우 감소하였다고 응답한 비율이 2.1%에 불과하다는 점을 볼 때, 대다수의 응답자들에게 가족과의 대화 기회가 증가하였다는 것을 알 수 있다.

이상의 조사결과를 봉합해 볼 때, 주40시간 근무제 실시 이후 회사생활과 가족생활, 여가생활의 변화를 살펴보면, 대체적으로 긍정적인 변화를 보이고 있다.

4. 계획적 주말활용의 생산성 향상

주5일제의 실시목적은 ① 일자리 나누기와 ② 인간의 삶의 질 향상에 있다. 그러나 대부분의 근로자들은 매주말 돌아오는 2일휴무제를 유효적절하게 이용하지 못하고 있다. 토요일 하루는 가사일을 돕거나 주중의 피곤함을 달래기 위해 휴식을 취하기도 한다. 그리고 일요일에는 주거지를 떠나 여행을 해보기도 하지만 마음은 편치 않고 어딘가 모르게 좀 불안하다. 주5일근무제로 휴일은 연이틀이 되었으나 지나고 보니 시간만 허송했을 뿐 휴일이 하루뿐이었을 때와 별로 다름이 없다. 이와 같이 주말 2일간의 알량한 시간을 허비한 것은 주말계획이 없었기 때문이다. 미국의 두 여가학자 첩(Michael Chubb 및 H. R. Chubb)은 그들의 저서 '우리들의 3분의 1시간(*One Third of Our Time*)'에서 "인간은 일생동안 수면 및 식사시간 등의 생활필수시간과 생계를 유지하기 위한 노동시간을 빼면 나머지 3분의 1시간은 여가시간으로 남는다"고 규정하였다. 즉 여가시간은 개인의 가정에서의 일상생활, 직업적 노동 및 기타 사회적 의무로부터 벗어나 자유로운 상태하에서 휴식, 기분전환, 자기계발 및 사회적 성취를 이루기 위하여 활동하는 시간이다. 이와 같이 귀중한 주말 2일간의 여가시간을 무계획적으로 무의미하게 보내게 되면 인생 3분의 1도 허송세월로 보내어 결국 인생낙오자가 되고 만다.

주말 2일간을 잠만 자고 쉬더라도 생활계획에 포함시켜 놓을 때에는 의미가 있지만, 무계획하에 아무런 대책 없이 시간을 낭비하는 것은 생존경쟁에서 뒤지기 마련이다.

주중의 꽉 짜인 시간계획은 물론이고 주말의 시간계획도 결코 무시하지 못한다. 증권시장이나 기업체에서 최고의 예우와 연봉을 받고 있는 직원은 '펀드매니저'이다. 이들이 하는 일은 '피를 말리는' 직업이다.

펀드매니저들은 수익률 경쟁이 치열하고 또한 그들의 펀드운영실적이 공개적으로 나타나기 때문에 엄청난 스트레스를 받는다.

증권시장 등의 장세(場勢)를 놓치지 않기 위해 고차원적인 집중력과 순발력 그리고 배짱이 요구되는 만큼 체력소모가 크다. 증권시장은 오전 9시에 개장하여 오후 3시에 마감한다. 그러나 그들은 장이 열리기 전에 경제예측 자료를 점검하고 장을 마친 후에는 거래내용 점검 및 이튿날의 장세예측 등으로 보통 오전 7시부터 오후 5시까지로 연장되나, 새벽 6시에 끝나는 뉴욕 증시 등 세계 각국의 증시상황을 인터넷으로 24시간 체크하다보면 하루 24시간도 모자랄 지경이다. 상당한 체력소모와 정신적 긴장과 스트레스 때문에 보통 40세 전후에 정년으로 퇴직하는 경우가 많다.

그러나 펀드매니저들의 주말은 화려하고 사치스러울 정도로 멋진 경우가 많다. 국내외 저명한 휴양지를 택하여 가족과 함께 휴일을 보내면서 거기에서 새로운 아이디어와 상상력 그리고 창의력을 개발한다. 따라서 그들의 휴가는 결국 업무의 연장이기도 하지만, 개인적으로는 삶의 질을 향상시키고 내일을 위한 재충전의 기회로 삼는다.

또한 주말을 잘 활용하려면 평일 즉 주중의 업무를 완벽하게 처리해야 한다. 주말로 업무의 스트레스가 연장되어서는 안된다. 주말에 나혼자만의 시간을 갖고 싶으면 주중의 하루 정도는 일찍 퇴근하여 집안일을 돌보거나 가족과 함께 외식을 하는 것이 가장으로써 책무를 다하게 되는 것이다. 주말에 가족과 함께 시간을 보내는 것은 그만큼 중요하다. 그리고 주말을 잘 보내는 사람의 주중업무처리는 시(時)테크로 이루어져야 한다. 우리나라 대부분의 근로자는 하루 8시간 근무한다 하지만, 업무에 집중시간은 약 70%에 불과하다고 한다. 근무시간에 동료와 잡담, 커피마시기, 컴퓨터로 사적인 메일을 교환하는 등에 시간을 낭비하는 경우가 많다. 근로자가 주중에 시(時)테크로 일하는 5가지 원칙은 ① 시간계획에 의하여 업무를 처리하는 습관, ② 소중한 업무부터 우선순위를 정하여 일하는 습관, ③ 일의 타이밍을 중요시하는 습관, ④ 정보를 이용하여 일하는 습관, ⑤ 공사(公私)가 불분명한 시간을 최소화하는 습관 등이다.

이제 주5일근무제가 정착되었으므로 “일 잘하는 사람이 잘 쉬고, 잘 쉬는 사람이 일 잘하는” 선순환의 시대가 되었다.

시대에 따라 빠름의 시(時)테크에 대해서는 다소간의 의견이 있을 수 있다.

그러나 ‘느림의 경제학’, ‘느림의 시테크’라는 이론을 내세워 속도보다 삶의 질을 더 소중히 여기는 웰빙성향의 주장들이 나타날 수 있으나, 이것은 극히 일부의 주장에 불과하다. 전체적인 시대흐름은 빠름의 시(時)테크중심으로 움직일 가능성이 높다.[195]

제 5 절 웰빙(참삶)을 통한 느림의 여가

1. 웰빙의 정의와 유래[196]

최근 웰빙(well-being)은 이에 대한 정보의 홍수와 함께 국민에게 많은 관심대상이 되고 있다. 우리나라에서 웰빙에 관한 개념이 언급되기 시작된 것은 대략 2002년말부터이다. 용어가 도입된 지 일천함으로 인하여 정확한 정의, 의의, 개념 등이 통일되지 않고 각자가 사용하기에 따라 다소 뜻도 달라진다.

우리나라 말로 옮겨 쓰지 않고 굳이 생소한 외국어인 '웰빙'으로 많이 사용하는 까닭은 기왕의 번역어가 마땅치 않고, 번역어를 지정한다 해도 그 어의(語義)가 잘 전달되지 못하거나 특별히 주의를 끌지 못하는 측면이 있어 외국어 그대로 '웰빙'이라는 용어를 쓰는 것 같다.

웰빙의 사전적 정의는 말 그대로 건강한(well : 안락한, 만족한) 인생(being)을 살자는 뜻이다. 즉 남보다 나은 장신의 건강하고 좋은, 편하고 조화로운 등의 참된 상태를 의미하는 well과 살아가는 삶의 being을 합친 '참삶'을 의미한다.

이 뜻은 사람들의 정신적인 욕구와 정서적인 측면 그리고 삶의 질에 대한 가장 기본적인 욕구에 관계하여 생겨난 어휘라고 보는 것이 옳다.

나의 정신과 육체적인 건강이 서로 합의점을 찾아 가장 최선의 조화를 이루어 이러한 조화가 자연친화적인 성격을 가질 때 진정한 웰빙이 시작된다고 볼 수 있으며, 건전한 라이프 스타일을 추구하는 바로미터가 된다.

---

195) 김봉중, 주말을 잘 공략해야 인생이 성공한다(서울 : 랜덤하우스중앙, 2005), pp.9～31.
196) 김광득, 웰빙시대의 건설교통산업 육성방안, 건설교통저널(서울 : 2004, 11월 및 12월호), pp.19～23.

웰빙하면 떠오르는 이미지는 친환경 · 친건강 · 신사고(新思考)이다. 한편, 일부학자들은 웰빙의 사전적 의미로서 "행복, 안녕, 복지를 통한 삶의 질"을 강조하면서 "몸과 마음을 유기적으로 결합하여 인생을 풍요롭고 아름답게 영위하고자 하는 새로운 라이프 스타일이며, 물질적 가치나 명예를 얻기 위해 앞만 보고 달려가는 삶보다 건강한 신체와 정신을 유지하는 균형있는 참된 삶을 행복의 척도로 생각하면서 살아간다"고 한다.

한편, 영어의 wellbeing을 그대로 음사(音寫)하여 쓰고 있는 '웰빙'이란 말에 들어 있는 '좋음'의 뜻을 국역하여 '참된 것', '잘 지내는 것' 또는 '행복' 그리고 '삶의 질'이라는 말로 의역할 수도 있다. 여기서 '행복'이란 '웰빙'과도 관련이 많은 용어이며 자신의 가치를 중요시하는 현대인의 라이프 스타일에서 가장 강한 키워드이다. '행복'이란 단순하게 광범위한 피상성을 가진 용어가 아니라 개인 주관의 생활만족도의 개념을 갖고 있다.

다음으로 '주관적 웰빙'의 정의는 친환경적 자연속 전원주택에서 기거하면서 건강제품을 소비하고 건강증진활동을 즐기는 생활스타일로 살면서, 명상음악과 요가 등 정서적 만족을 추구하고 인생을 즐기며 살아가는 것이다. 그리고 지역사회에 적극적으로 봉사함으로써 정신적 풍요를 추구하는 건전한 시민상을 보이려고 노력하는 생활이 주관적 웰빙이다.

객관적 웰빙이란 건전하고 건강한 육체와 정신을 도야하기 위한 소비생활 또는 문화를 형성하는 생활스타일을 말한다.

위와 같이 웰빙의 정의를 살펴보았으나 웰빙의 정확한 의미는 "네와 이웃 내가 살아가는 환경을 위해 여유롭고 안정적인 마음가짐을 가지고 이에 가치를 부여하여 투자하는 참된 삶"이라고 정의할 수 있다.

다음으로 이러한 웰빙의 역사적인 유래를 살펴보자. 웰빙의 유래는 1960~1970년대 미국의 히피즘(hippism)과 연관성이 있다는 주장이 지배적이다. 초기 웰빙의 대표적인 문화적 코드인 요가의 붐이나 명상의 파급은 1960년대와 1970년대 초에 미국의 히피(hippie)족들에 의해서 크게 유행되었고, 1980년대에는 여피족(yuppie)과 1990년대에는 보보스(bobos)족의 라이프 스타일에도 웰빙은 중요한 요소였다.

미국에서 웰빙이 하나의 라이프 스타일로 본격적으로 생성되기 시작한 것은 불과 10여년 전이다. 미국에서 동양적 참선과 요가, 쉼과 여유로움 등을 추구하기 시작하여 천연재료로 만든 음식들과 자연을 즐기는 평화로운 휴식을 강조하는 웰빙 특유의 성격이 미국 뉴욕에서부터 젊은 층의 인기를 독차지하였다.

이러한 현상은 몸과 마음의 균형을 강조하는 사람과 환경 그리고 그들이 일상적으로 사용하는 각종 제품과 서비스에 이에 대한 의미가 쓰여지기 시작하였다.

미국 웰빙의 선조격은 '로하스(LOHAS)'집단이라고 볼 수 있다. 이들 집단은 개인의 돈이나 지위, 소비에만 집착하는 것이 아닌 자신과 가족뿐만 아니라 주어진 환경에도 감사를 하며, 건강하고 주관적 시간을 갖고 유기농 재배 농산물과 에너지 효율이 높은 가전제품들을 사용하며, 요가를 즐기는 집단들이 웰빙의 초기 종족이라 볼 수 있다.

로하스 집단을 뒤따라 최근에 대두되고 있는 트렌드가 웰루킹(well-looking)이다. 단순히 잘먹고 좋은 환경과 좋은 생각만을 지니는 것이 아니라, 어떤 이미지를 지니고 있는가의 여부를 생각하기 시작한 것이다.

나를 가장 나답게 표현할 수 있는 미를 추구하면서 자신이 가지고 있는 장점과 개성들을 가장 잘 표현할 수 있도록 외모와 건강을 가꾸고 자기 자신에 대한 투자를 아끼지 않으며 철저한 자기관리를 통해 타인에게 자신을 나타낸다.

한편, 영국을 비롯한 유럽의 웰빙역사는 '다운시프트족(Down Shifter)'에 의하여 시발되었다. 자동차가 빠르게 달려 나가다 속도를 줄이는 경우와 같이 '인간이 자신의 삶의 속도를 조정해 나가는 사람'이란 뜻으로, 돈과 출세 지향적인 삶의 자세에서 자신이 갖고 싶은 삶의 여유에 더 큰 비중을 가지는 사람들이다.

이어서 우리나라에 웰빙문화가 도입된 것은 대개 2002년말부터로 보고 있다. 그 당시 외국 라이선스계열 여성잡지에서 미국 등지에서 유행되고 있는 새로운 라이프 스타일과 웰빙에 관하여 소개하면서부터 다른 언론매체에서도 이것을 크게 다루기 시작한 데서 발단되었다.

한국에서의 웰빙의 유래는 유통업계의 S백화점 식품부에서 유기농 야채와 웰빙관련 식품을 팔면서 시발되었다고 볼 수 있다. 웰빙의 단초는 4~5년전 잘사는 주부, 극성스런 주부들이 유기농장에서 식품을 사다 나눠먹는 것에서 시작되었는데, S백화점은 이런 점에 착안하여 건강식품을 다량 취급하게 된 것이 웰빙으로 이어졌다. 그 예로 TV드라마 '허준'에서 홍삼의 효용과 함께 건강에 대한 관심이 크게 고조되면서 그 후 녹차의 매출은 신장된 반면 커피의 매출은 다소 줄어들었다.

최근 몇 년간 유럽의 다운 쉬프트가 우리나라에도 빠르게 도입되어 다양하게 그 모습이 확산되고 있다. 특히 30~40대의 도시생활 근로자 중 전문직에 종사하는 집단을 중심으로 도시를 벗어나 한적한 시골 전원생활을 꿈꾸는 라이프스타일로 생활형태를 바꾸는 이들이 크게 늘고 있는 것이다. 스트레스와 과중한 직무에서 벗어나 여가시간을 즐길 수 있는 전원생활로 회귀하는 다운시프트족이 늘어나고 있는 현상이 과연 좋은지 나쁜지는 좀더 두고 생각해 볼 일이다.

이와 같이 웰빙열풍이 왜 우리 사회를 몰아치고 있을까. 그 이유로는 먼저 생활수준의 향상를 들 수 있다. 1996년 국민개인소득 1만달러 시대와 2007년 2만달러 시대를 맞아 라이프스타일이 선진국들의 전례를 따라 정신적 여유와 건강을 추구하면서 삶의 질을 높이려는 생각이 팽배해 있다고 볼 수 있다.

둘째로, 주5일근무제의 정착이다. 2004년 7월 1일부터 크게 확산되면서 이제 금요일을 시작으로 토·일요일은 어디론가 여행을 떠나거나, 운동에 빠져들거나 혹은 자기계발에 전념하는 풍조가 완연하다. 직장인들은 금요일부터 양복 대신 캐주얼차림으로 출근하기 때문에 양복점에서 정장이 잘 팔리지 않고 캐주얼이 잘 팔리는 이색현상도 볼 수 있다. 여가시간 선용의 시대가 온 것이다.

셋째로, 경쟁사회의 숨가쁜 일상생활에서 벗어나 스트레스를 해소하려는 시간적 여유를 갖고자 하는 것이다. 도시의 공해와 치열한 경쟁에서 벗어나 몸과 마음의 평화를 추구하고 화학조미료나 농약 등을 사용치 않은 유기농 식품과 친환경적 음식을 섭취하고 싶어한다.

술자리를 피하고, 일찍 일어나 집주변을 뛰거나 거닐고 요가 등의 운동을 즐기며, 아로마 향을 탄 물에 목욕을 하고 조용히 독서삼매경에 빠질 수 있는 여유시간을 찾고자 한다.

즉 현대의 바쁜 일상과 주변의 각종 유해환경으로부터 벗어나 육체적·

정신적·영적 건강을 조화시키고자 하는 바람이 웰빙을 우리 사회에 크게 확산시켰다.

2. 웰빙시대의 여가

오늘날 '웰빙'(well-being : 참삶)은 우리나라 사회·문화 각 분야에 빠지지 않는 화두가 되고 있다. 신문, 잡지 등 언론에 '웰빙'이라는 용어가 심심치 않게 쓰이고 있다. 향후 계속해서 우리 대한민국 나아가서 전 세계인의 키워드는 단연 '웰빙'이라 하여도 과언이 아닐 것이다.

1950년 한국전쟁에도 참전한 바 있는 미국의 정치사회학자 앨빈 토플러(Alvin Toffler)는 약 15년 전에 그의 저서 '예견과 전제'에서 "21세기의 정보화 사회가 되면 '빠른자'와 '느린자'로 나누어지는 뉴 패러다임이 전개되는데 빠른자는 생각도 빠르고, 정보도 빠르고 의사결정도 빠르고 행동도 빨라 속도의 경쟁시대에는 단연 빠른자가 느린자를 지배한다"고 서술하였다.

미국의 빌 게이츠(Bill Gates)는 그의 저서 '생각의 속도'에서 "생각, 창의, 정보, 의사결정, 프로세스, 추진력 등 모든 것이 남보다 훨씬 빨라야 부(富)를 축적할 수 있고 세계를 제패할 수 있다"고 했다.

우리 한국 사회도 빠르게 변하고 있다. '속도경쟁시대'에 올라 탄 것 같다. 20~30대 나이는 빠른자에 속하고 40대 중반나이가 되면 이미 느린자가 된다. 20~30대 나이가 되면 40대 중반나이 이후 물러나 주었으면 좋겠다고 생각한다는 것이다. 그래서 생겨난 속어가 사오정(45세가 되면 정년)과 오륙도(56세 나이에도 현직에 있으면 도둑)이다.

그러나 프랑스의 교육철학자인 피에르 쌍소 교수는 그의 저서 '느리게 산다는 것의 의미'에서 삶의 진정한 여유와 깊이를 느끼기 위해서는 느림이 중요하다는 것을 강조하였다.

그는 교육계에서 은퇴한 후 그간 오래 살던 파리를 떠나 한적한 시골에 가서 전화와 컴퓨터도 없이 노부부만이 산길을 산책하며 사색하고 인생을 논하는 느림의 여가기회를 가졌다.

대도시에서 새벽 일찍부터 저녁 늦게까지 열심히 뛰는 사람들을 인생의 의미를 잘 모르고 사는 사람들로 느끼기 시작한 것이다.

그의 인생철학은 한가로이 거닐기, 남의 말을 경청하기, 권태를 느끼기, 공상과 같은 꿈꾸기, 기다리는 인내심 기르기, 마음의 고향을 떠올리기, 시간만 나면 글쓰기, 포도주 음미하기 등의 '느림의 중요'한 생활철학으로 바꿔 나갔다. 그는 느림이 게으름과 다르다고 말한다.

게으름은 목적의식과 의미부여가 없이 그냥 시간을 낭비하고 흘러 보내는 것이고, 느림은 적극적인 삶의 한 가지 형태로 여가시간을 나름대로 잘 활용하고 있다고 파악하고 있다. 그는 최근 '느리게 사는 사람들'의 대표적인 예를 다음과 같이 들고 있다.

슬로비(Slobbie)족은 '천천히 그러나 훌륭하게 일하는 사람(Slow but Better Working People)'으로 그들은 삶의 여유, 마음의 평화, 그리고 안정적인 가정생활을 추구하고 있다. 즉 웰빙에 가까운 생활을 하고 있다고 보아야 할 것이다. 여피(Yuppie)족은 '젊은 도시거주 전문직 종사자'로서 슬로비족보다는 물질적 풍요를 만끽하는 신흥 부유층의 의미가 더 강한 면이 있으나 역시 웰빙의 삶을 추구하고 있는 것은 슬로비족과 같다고 할 수 있다. 또한 스카이버(Skiver)족도 고소득 전문직이면서 자신만의 시간에 의미를 부여하여 웰빙을 즐기는 종족이라 할 수 있다.

그러는가 하면 슬로 라이프 운동(Slow Life Movement)도 전개되고 있다. 이는 도심의 일정거리에 자동차 없이 전통음식을 천천히 먹으며 여유와 성찰, 음미를 하며 살자는 운동이다. 미국, 유럽, 일본 등 선진국 뿐만 아니라 우리나라에도 이미 이 운동이 상륙하였다.

이 운동의 7개 실천방안은 첫째, 자동차 안타고 천천히 걷는 슬로 페이스, 둘째, 양복·양장 안 입고 전통의상 입는 슬로 웨어, 셋째, 천연식품을 즐기는 슬로 푸드, 넷째, 오래된 전통주택에서 멋과 편리함을 찾는 슬로 하우스, 다섯째, 느긋하고 여유있게 나이들자는 슬로 에이징, 여섯째, 무농약·유기농 음식을 먹자는 슬로 인더스트리, 일곱째, 조기교육·선행학습보다 평생교육을 즐기는 슬로 에듀케이션 등이다.

21세기의 진정한 부자는 누구일까. 이제는 돈만으로 부자라고 평가할 수 없다. 돈부자(money rich)개념에 시간부자(time rich)개념이 합쳐져 두 가지가 상호 교환관계(trade off relation)에 있다고 볼 수 있다. 즉 모든 인간의 하루시간은 24시간인데 돈 벌기에 치중하면 여가시간이 줄어들고 개인의 여가시간을 즐기기 위해서는 돈버는 시간을 줄여야 한다.

이는 선택의 요소이나 요즘에 와서는 산업사회시대 때와 같이 전 인생을 돈 버는데만 매달리지 않고 여가시간을 갖고 인생을 즐기는 데에 투자하는 사람도 많아졌으나, 공통점은 상황에 따라 돈을 열심히 벌기도 하고 여가시간에 모든 것을 잊고 열심히 놀기도 하는 상황적 접근론이 우세하다.

세계적 IT밴처 세대들이 피말리는 경쟁을 하고 빛과 같이 움직이는 사람들인 한편, 주말에는 교외에 가족과 함께 여가를 즐기며 반(反) 스피드 생활을 하면서 컴퓨터, 전화, 전기도 없이 촛불로 전원생활을 하는 사람들이 많다. 결국 빠름의 시(時)테크와 느림의 시테크를 상황적·통합적으로 활용해야 한다는 것이다.

3. 웰빙을 즐기는 사람들

나이나 소득, 직업을 불문하고 같은 방향으로 생각하고 행동하는 사람들, 즉 삶의 코드가 맞는 사람들끼리 한 집단을 이루는 경우를 '종족'이라고 부른다. 이 종족의 분류는 전통적인 또는 양적인 기준에 의한 분류기준과는 달리 질적 기준을 근거로 하여 새롭게 분류된 사람의 집단을 공동운명체라는 의미로 분류된다.

현 시대를 살아가는 우리들은 늘 새로운 종족들을 접할 수 있다. 1960년대를 주름잡았던 히피족, 히피족이 결혼을 하는 1970년대에 나타난 딩크(DINK)족, 생활수준이 급격히 올라 선 1980년대를 수놓은 여피족, 기존 세대의 보수적 가치와 신세대의 전향적 가치를 동시에 받아들이던 1990년대의 보보스족 등 수없이 많다.

이러한 종족들 중에 21세기에 들어와 무서운 속도로 퍼지고 있는 것 중 하나가 바로 웰빙족이다. 웰빙라이프의 대안으로 모든 것을 천천히 하면서 여유와 성찰, 음미를 하며 살자는 슬로 라이프족도 있으며 G 웰빙(G wellbeing)족도 있다.

여기서 'G'란 이 시대의 대표적 키 노트를 나타내는 문자로서 첫째 가치중심적·이타적 평등과 자유를 뜻는 'Good', 둘째, 전체를 위한 환경·양보· 인내하는 환경을 뜻하는 'Green', 셋째, 지구적 관점, 관용, 평화, 지구가족, 문화와 관습존중 등을 나타내는 'Global'을 뜻한다.

정신문화를 추구하는 웰빙족의 이념이 지식과 사상적으로 발전된 개념이며 인류문화가 더욱 친환경적 인간존중 중심의 문화로 발전되어 갈 것임을 예견하고 있다.

G 웰빙족은 17~18세기 고전문화의 부흥을 통한 르네상스가 아닌 개성과 창의적인 문화의 다양성과 정신문화 부흥을 일으키는 21세기 르네상스의 주역이라 말할 수 있다.

그리고 슬로우 푸드족은 느림의 상징인 달팽이를 상징으로 하고 있으며, 단지 몸에 좋은 음식만을 먹는다는 것이 아니라, 속도만을 중요시하는 현대문명을 되돌아보고 자연과 공동체 그리고 내가 속한 환경과 더불어 여유있게 사는 것을 지향하는 대안 문명운동가를 말한다.

이 운동은 처음에는 반(反)패스트푸드 운동으로 시작하였으나, 지금은 세계 약 60여개국에서 활발하게 일어나고 있으며, 유료 회비를 내는 회원수만 약 8만여명에 달하는 국제운동으로 성장하였다.

웰빙족이 가지는 의미는 경제와 시장환경 속에서 일어나는 트렌드적 가치뿐만 아니라 단순히 건강하게 잘 사는 것을 떠나 20세기 기술과 합리성 중심의 모더니즘 문화에서 해방된 인간중심, 개성의 해방 및 다양한 문화의 부흥을 다시 한번 생각하게 하고, 정신적 가치에 대한 중요성을 모든 인류에게 메시지화한다는 점에서 더 큰 의의를 찾고 있다.

그리고 디지털 문명과 급속한 사회문화의 변화 속에 바람직한 종족을 창조해 내는 새로운 이름의 행복찾기는 우리 시대의 역할 모델의 발굴이며 각자의 정체성을 찾아가는 설계의 출발이라 생각한다.

4. 웰빙지수(wellbix)의 도입

세계 모든 인류의 공포는 지진, 전쟁, 항공기·선박사고, 핵폭발 등 주로 많은 인명과 재산의 피해에 대해서는 매스컴의 관심과 집중적인 조명을 받지만 한 개인의 일상생활에 축적되는 각종 오염으로부터 서서히 생명을 잃는 현상들에 대해서는 통상 무관심하기가 십상이다.

실내 공기오염이 건강과 관련지어 중요한 이유는 인간의 일상생활과 직·간접적으로 관계되는 생활 속의 환경문제이기 때문이다.

일반적으로 도시인은 하루 24시간 중에서 80% 이상을 가정, 사무실, 학교, 실내작업장, 공공건물, 지하 건축물, 상가, 음식점, 자동차·전철·항공기 등의 교통수단 등 다양한 실내공간에서 지내고 있다.

이와 같은 실내공간에서 도시인은 실내의 오염된 공기로 인하여 건강에 영향을 받게 된다.

'웰빅스(wellbix)', 다시 말해서 웰빙지수라 함은 소비자가 쾌적하고 편안한 실내공간 및 건강하고 안전한 친환경적 웰빙제품을 향유할 수 있도록 웰빙 정도를 객관적으로 평가하는 제도를 말한다. 웰빅스는 'well-being index'를 줄인 말이다.

웰빅스 상표는 실내환경 웰빙지수 인증, 웰빙우수상품 인증 및 서비스 인증에도 동일하게 활용된다.

일반적으로 우리 소비자들은 일상생활 중에 자신도 모르게 각종 오염물질이나 유해환경에 노출된다.

최근에는 빌딩증후군(BS : building syndrome), 새집증후군(SBS : sick building syndrome), 불통증후군(TBS : tight building syndrome), 화학물질과민증(MCB : multiple chemical sensitivity) 등 실제 질병으로 인한 피해가 보고되면서 실내환경 오염에 대한 관심도가 지속적으로 증가하고 있는 반면에 다중이용시설관리자들의 실내환경 개선의 의지는 미흡한 실정이다.

빌딩증후군이란 고층빌딩의 환기부족으로 야기되는 눈의 자극증상, 코의 충혈, 두통, 피로, 흉부압박감, 구토증상, 피부염 등의 증후군을 말한다. 새집증후군이란 신축건물의 건축자재나 페인트에서 나오는 휘발성유기화합물(VOC)이나 포름알데히드(HCHO) 등 화학물질이 사람에게 두통이나 호흡곤란, 천식, 피부병 등 알레르기 증세를 일으키는 현상이다.

불통증후군이란 인공적인 공기조절이 안되고 실내공기가 오염되어 있는 상황에다 흡연에 의한 실내공기 오염이 가중되고 실내온도나 습도 등이 인체의 생리기능에 부적합하여 생기는 일종의 환경유인성 신체증후군을 말한다.

이들은 특히 건축산업과 밀접한 관계를 지니는 것으로 건축업계가 정부와 함께 이를 개선해 나가야 하는 중요한 과제이다.

이 제도는 앞으로 보급할 계획인데, 한국의 웰빙지수 인증으로 인하여 다중이용시설의 실내환경 및 상품의 웰빙성에 대하여 소비자들이 신뢰할 수 있는 선택기준이 제시될 것으로 기대되며, 이것은 종래의 상품의 질에 대한 보증을 하는 'KS마크'와 국제표준 규격에 대한 보증을 하는 'ISO14001'과는 다르다.

웰빙이란 인간이 인간답게 자신의 의지대로 자연에 순응하며 육체와 정신을 도야해 가는 삶을 뜻한다.

웰빙생활을 추구해 나가는데 일생의 80% 이상의 시간을 가정, 직장 그리고 일반 건축물 등에서 시간을 소비하게 된다.

우리는 에너지 절약을 위하여 실내공기의 80~90%를 재순환하게 함으로써 실내공기를 포함한 실내환경이 외부보다 더 오염이 되어 있다.

향후 '실내공기질관리법' 등을 새로 제정하여 국민건강 증진을 도모하고 근본적인 건축자재의 친환경제품을 사용하는 등 다양한 오염물의 검출과 이의 제거에 대한 연구와 노력이 아직도 미흡한 것이 사실이다.

따라서 국민복지 차원의 지속적인 연구개발과 투자가 시급하고 산, 학, 관, 연의 협력체제의 구축이 필요하다.

우선 다양한 실내공간 공기질 현황의 정확한 파악을 위한 실태조사를 실시하고, 중장기 종합대책에 따라 사후조치보다 사전예방중심의 실내공기오염 관리방안을 수립·추진해 나가야 한다.

그리고 실내환경 웰빙지수 및 웰빙우수상품 인증제도에 적극 참여하여 정신적·육체적 건강 청정공간 확보에 진력해 나가야 할 것이다.

제5장 여가행동과 인간발달

제 1 절 인간발달단계와 여가행동

1. 인간발달의 단계

인간의 발달에 대한 고전적 공식은 에릭 에릭슨(Erik Erikson)의 공식일 것이다. 그는 인생의 주요 단계는 반드시 겪어야 하고 다음 단계로 넘어가기 전에 만족되어져야만 하며, 각각의 단계에는 근본적인 대립이 있다고 주장한다.[197]

〈표 5-1〉과 같이 그의 초기 연구에서의 주요 요지는 프로이트(Freud)의 이론을 중심으로 아동기와 청년기에 맞춰져 있다. 인간발달의 단계는 다음과 같이 요약되어질 수 있다.

---

197) Erik H. Erikson, *Childhood and Society*(New York, N.Y. : W.W. Norton & Company, Inc., 1963).

〈표 5-1〉 인간발달의 단계와 발전상의 대립요소

단 계	발전상의 대립
유아기	진실과 거짓
초기유아기	자율성과 부끄러움, 의심
놀이기	창의성과 죄의식
학동기	부지런함과 열등감
청년기	정체성과 역할혼란
중년기	친밀성과 고립
장년기	발생과 자기열중
노년기	완전과 실패

〈표 5-2〉 인간의 발달과정과 딜레마

단계와 나이	발전과 딜레마(안전 대 도전)
1. 유아(1~12개월)	감정적 만족 대 감각운동적 경험
2. 초기아동기(1~2세)	유순·복종 대 자기조절
3. 질투시기(3~5세)	표현성 대 수단성
4. 후기아동기(6~11세)	동등한 관계성 대 평가되는 능력
5. 초기청소년기(12~15세)	수용 대 성취
6. 후기청소년기(16~20세)	친밀감 대 고립감
7. 청년기(19, 20~29세)	접촉 대 자기결단
8. 초기중년기(30~44세)	안정 대 성취
9. 중년기(45세~정년퇴직연령)	품위 대 조절
10. 은퇴기(일할 수 없을 때까지)	의미있는 완전 대 자율성
11. 무능기(죽을 때까지)	생존 대 죽음의 인식

위의 보기를 포함하는 기본적인 발달상의 딜레마는 안전과 도전이다. 정착되지 않고 아직 알려지지 않은 부분으로서의 실존적인 활동의 가능성이 있고, 그런 활동은 항상 자신의 안정되고 정착된 어떤 것에 위험을 수반한다. 이런 도전이 성장을 향한 것임에 반하여 안정의 가능성은 항상 존재한다. 그런 안정은 역할기대 또는 새로운 지위에 근접되어 있는 자기인식 또는 기본적인 사회적 관계에서 발전되어질 수 있을 것이다.

초기아동기에서 이러한 딜레마는 발전적인 활동이 가족내의 다른 사람들에 의해 용기를 얻음으로써 심각하지 않다. 독립적인 표현적 활동은 초기아동기에서 권장된다. 청년기에서는 개인과 자신의 사회적 정의에 대해 어른과 동등한 딜레마 속에서 독립심과 성적 관심들이 그 개인에게 나타난다. 중년기에서는 일, 가족, 공동체의 사회적인 관례가 안정과 위험 사이에서 더욱 중심적인 딜레마의 배경이 된다. 그러나 몇년 후엔 자기수용과 가치의 만족으로 돌아간다.

그러한 발달상의 사이클을 통하여 놀이와 여가는 가족 역할에 관한 대안적 실험과 수용의 사회적 배경 등을 반영하면서 활동하게 된다. 여가는 활동과 도전의 측면으로 치우치는 경향이 있으나, 그것처럼 그 시기에 아주 결정적인 발달로 일을 성취하는 것뿐만 아니라 도전하려는 노력에 주목할 만한 배경을 제공하는 것이다. 역할확립과 변화에 의존하는 20대와 30대 초반에서 놀이와 여가가 발달단계의 중심임에 주목할 필요가 있다. 이것은 후기중년기와 은퇴시기의 재완성 시간에도 마찬가지이다.

2. 인생의 네 가지 주제들

삶의 여정은 인생을 의미있게 구성하는 많은 주제들로서 혼합되어 있다. 이들 주제는 어떤 시기에는 혼돈상태에 있고 다른 것들과 일치되기도 할 것이다. 각각의 주제들은 삶의 과정 중 다양한 시기에 삶의 구성에 더 크거나 작은 중추성(centrality)을 갖게 될 것이다.

이러한 각각의 주제들은 일반적으로 인생의 기본적인 시기를 가지고 있다는 주장이 있다. 이러한 주제들은 어떤 시기들에서 지배적이고 다른 시기들에서도 여전히 보조적으로 중요하다. 중년기에는 일, 아동기나 청년기에는 학습, 초기아동기나 은퇴기에는 놀이가 중심적인 역할을 하게 될 것이다. 어떤 공동체는 사회적 의존에서 배분까지의 과정을 통하여 의무를 변경한다. 특히 가족과 같은 공동체들은 의무감이 전 인생과정의 구석구석까지 중추적으로 적용한다.

〈표 5-3〉 인생의 네 가지 주제들

주 제	기본적인 제도상의 배경	결 말
생산성	경제	일
의무감	가족	사회
학 습	학교	발전
표현성	여가	놀이

네 가지 주제들은 전 인생과정의 구석구석까지 중요하지만, 그 중추성은 변화하고 다른 여러 가지 방법들도 끼여 들게 된다. 더욱이, 명백히 혼돈이 있는 사회에서도 주제들은 완전하게 되거나 균형잡힌 삶에 일치되는 경향이 있다. 발달상의 시각에서 볼 때, 이 네 가지 주제들은 인간의 모든 시기에 필요하다. 균형상 한 가지 주제의 지배력만이 필요한 것은 아니다. 예를 들면, 은퇴시기에 여가는 그간의 경험, 당면한 공동체와의 의미있는 사회적인 문제, 능력의 재구성, 그리고 타인의 삶에 가치있는 공헌의 가능성을 제공해 주는 배경이 된다.

제 2 절 가족생활주기와 여가

생활주기는 모든 제도적 역할에서의 변화와 관계된다. 성장에 따라서 활동무대와 환경의 폭은 넓혀지며 사회적 역할은 증대된다. 청년기에 여가의 기회와 목표는 바뀌게 되어, 여가지역이나 동료집단은 이전의 것에서 이동하여 팽창하게 된다. 또한 그들은 개인의 성장과 표현에 기여하고 자기 자신의 것이라고 주장하는 여가를 보존하고 개발하려고 노력한다.

중년기의 많은 실패와 변화는 여가기회와 여가를 위한 사회환경, 개인의 여가자원에 영향을 준다. 한 사람의 사회적 역할의 중요도가 감소되면 그는 다른 것에 집중하게 된다. 가정과 직장에서의 실패는 성취와 생의 의미를 위한 여가투자를 하게 된다.

많은 사람에 있어 완성과 통합의 시기인 노년기는 재정적·사회적·개인적인 여가자원의 상실을 내포한다. 아직도 여가와 사회적 상호작용의 여가 환경은 계획, 선호도, 자아인식에 보다 중요할지도 모른다. 보양자와 관리자로서의 역할이 사라짐에 따라, 여가와 교제는 훨씬 큰 중요성을 띠게 된다.

로나(Rhona)와 라포폴트(Rapoport)는 인간의 발전과 사회적 역할을 가진 여가에 대한 관심을 결합하여, 외부적으로 역할과 환경에서 뿐만 아니라 내부적으로 자아에 대한 인간의 변화를 지적하였다. 인간은 사회적이고 생물학적인 시간표에 따라 반응하며, 그 시간표는 우리로 하여금 인간이 할 수 있는 것을 규정하는 방법, 그리고 자신을 정의하는 방법의 변화를 요구하고 있다.

가족생활주기에 대한 여러 가지 견해가 있으나, 일반적으로 구혼(courtship)에서 시작하여 결혼, 신혼부부, 출산(childbearing), 어린이 양육(child rearing), 자식을 결혼시킴(launching), 노부부(postparent dyad), 은퇴(retirement), 과부(홀아비)생활(widowhood)로 이어진다. 그러나 이 단계는 기간이 구별되지 않고 생활의 단계가 명확하지 않다. 한 어린이가 태어나면 '출산'은 어린이 교육과 중첩된다. 출산은 첫 아이의 출생으로 시작하고 자식결혼은 마지막을 보낼 때 끝난다.[198)]

한편, 가족생활주기는 여가와 밀접하게 관련된 역할을 조사하는데 유용한 틀(framework)을 제공한다. 왜냐하면 여가는 노동, 공동체의 관련사항, 그리고 환경자원의 생활과정(life course)과 관련되기 때문이다.

1. 여가행동 예측

사회과학에서 예측은 항상 확률의 문제이다. 우리가 이용가능한 정보를 가지고 있다면 주어진 지역내의 여가활동 참여를 측정하는데 매우 유용할 것이다. 이용가능한 정보의 종류는 인구통계 조사자료로부터 주어진 지역의 크기와 위치, 그리고 지역인구의 연령, 성, 소득수준, 직업, 가족특성, 교육

---

198) J. R. Kelly, *Leisure*, 2nd ed.(Englewood Cliffs, N.J. : Prentice-Hall, 1990), pp.46~71.

수준 등이다.

인구센서스 조사자료를 가지고 '레크리에이션 참여예측모델'(models of recreation-participation estimation)의 개발을 여러 번 시도했으나 거의 실패했다. 여가참여의 결정요인에는 소득수준, 육체적 능력과 같은 인적자원과 기후, 숲, 물 같은 환경적 자원이 있다. 레크리에이션 참여의 '여과모델'(filtering model)은 비용, 거리 또는 또다른 접근의 장애요인에 의해 여가기회에의 일반적 접근이 배제된 사람들을 고려한다.

그러나 이 두 가지 모델만으로는 여가·레크리에이션 수요를 예측하는데 충분하지 않다. 보다 정교한 모델은 사회화의 모델이다. 이는 여가흥미, 경쟁, 기대들이 대개 부모와 자식을 갖고 있는 우리들의 가족내에서 발달된다는 데에 근거하고 있다.[199] 그렇다고 가족에만 한정해서는 안될 것이다. 바로 여가활동이 이웃이나 지역사회와 공동으로도 이루어지고 있다는 것이다.

따라서 여가 의사결정의 더욱 완전한 모델은 다음 요건을 포함해야 할 것이다.[200] 첫째, 여러 활동을 여과시키는 시간, 비용과 같은 한정된 자원과 신체적 잠재력 같은 요인이다. 둘째, 이미 체험한 종류의 활동이나 장소선택에 영향을 주는 가족이나 친구의 조언이다. 셋째, 실질적 참여의 결정요인은 동반자에 대한 선호도, 스케줄의 적합성, 습관, 공간이나 시설의 이용성, 기후 그리고 기타 결정항목들이 관련된 요인이다.

2. 여가의 역할과 정체성

여가가 다면적 현상이므로 단지 하나의 사회적 요인에 의해 결정되지 않고 여러 요인들과 관련된다. 따라서 생활과정의 틀은 현대생활에 있어서 여가는 무엇이고 무엇을 의미하는지 이해하는 방법을 제공한다. 여기서의 접근방법은 가족생활주기와 노동교육과정을 3가지 주요 차원, 즉 준비(preparation), 확립(establishment), 재결합(reintegration)과 조합시키는 것이다.

---

199) John R. Kelly, "Leisure Socialization : Replication and Extension", *Journal of Leisure Research*, Vol. 9, 1977, pp.126~132.

200) John R. Kelly, "Situational and Social Factors in Leisure Decisions", *Pacific Sociological Review*, Vol. 21, 1978, pp.313~330.

1) 준비기

75세 삶의 기간 중 초기 1/3 이상은 훗날의 가족, 일, 그리고 지역사회역할을 위해 주로 '준비'하는 것으로 규정될 것이다. 초기 어린 시절은 주로 어른들에 의해 사회화가 이루어진다. 사회화의 일부는 학교에서 이루어지고, 가족 내에서와 놀이집단 내에서 더욱 많이 일어난다. 어린 시절의 체험기간동안 여가선호와 가치가 사회화될 뿐만 아니라 어린 시절의 여가에 의해 어른이 되고 난 후 여가역할도 사회화된다.

라포폴트(Rapoports)가 「여가와 가족생활주기」에서 연구한 10세 미만과 10대초반 청소년의 여가실태 분석결과, 이들은 주로 정체성 결정체(identity crystallization)를 구성하며, 청소년들은 개인적 정체성보다도 사회적 정체성이 더욱 많이 구성된다는 것으로 나타나고 있다.[201)]

(1) 개인적 정체성 추구

젊은 사람은 많은 종류의 개인적 정체성을 추구하는 경향이 있다. 젊은 사람을 위해서는 여가관심의 변화를 인정하는 것이 중요하다. 변화만큼 중요한 것은 탐구과정에 있어서 여가의 중요성이다.

(2) 사회적 정체성 개발

가시적인 개인적 정체성에 대한 요구가 계속되는 반면에 학교를 떠난 시점에서 젊은이들은 가족, 경제, 지역사회의 사회적 제도와 관련된 더욱 많은 어른들의 역할을 수행한다. 인생행로 가운데 이 '준비기간'에 사회적 지향이 더욱 뚜렷해진다.

(3) 정체성 형성과 학생

고등학생과 대학생들은 그들이 누구인지를 규명하려고 한다. 이들의 정체성은 상당한 일치성과 지속성을 가져오는 과정에서 가정과 지역사회내에서 만들어졌다. 그러나 일반적으로 알고 있는 것 이상으로 성적 특질(sexuality)

201) Rhona Rapoport, and Robert N. Raporport, *Leisure and the Family Life Cycle* (London : Routledge and Kegan Paul, 1975).

에 초점이 놓여진다. 사회적 기대나 신체적 발달에 의해 고무되는 성적 정체성은 다른 사람의 성적 정체성과 관련하여 자신의 새로운 사실을 구성하도록 요구된다.

성적 특질은 학생들에 의한 정체성 형성의 가장 간절한 측면으로 볼 수 있지만, 동시에 발생하는 다른 변화들도 있다. 독립심의 개발이나 경제적 자급자족과 같은 변화들은 점진적으로 우아하게 발전할 것이다. 또한 운전면허 취득과 자동차 소유에 의한 이동성의 증가는 많은 사람들에게 위험을 포함한다. 학생시절은 새로운 정체성을 배우고, 탐구하고, 조사하는 기간이다. 그러나 정체성 형성기간 중의 한 문제는 학생들에게 밀접한 어른생활의 '실제세계', 즉 노동, 결혼, 완전한 정치참여 등이다.

(4) 구혼기간

대부분 구혼기간은 여가와의 관계에서 발생한다. 공식적인 데이트 형태는 콘서트, 무용, 스포츠, 옥외활동, 그리고 가정에서 음악을 듣거나 TV를 시청하는 것과 같은 많은 종류의 비공식적 상호작용으로 구성된다. 이것들은 만남을 위한 여가를 제공한다.

2) 확립기

확립기간에는 사회체계 내에서 자기위치의 발견과 확립, 생산적 역할과 보상에 대한 선입관, 그리고 선천적인 생활형태에서 다양한 역할의 통합 등이 이루어진다. 이 기간에는 가족과 노동이 중요한 것 같고, 여가는 또다른 생활공간에의 기여에 가치가 있다.

(1) 독신과 생활투자

결혼과 가족구성을 추구하는 사람들에게 있어서 여가는 다른 사람들과의 상호작용과 흥미로운 만남을 추구하는 경향이 있다. 한편, 독신은 결혼보다 교육목표, 노동목표, 여가목표의 성취를 더 선호한다. 결혼을 연기하려는 사람은 여가의 충분한 사회적 의미를 원하는 것 같고, 여가내에서 그들 자신의 자아(selfhood)를 개발할 기회를 바라고 있다. 따라서 결혼을 연기하는 사람과 결혼을 원하는 사람의 여가관심은 모두 사회적으로 된다.

(2) 결 혼

오늘날 인구의 80% 이상이 어느 시점에 가면 결혼하지만 결혼을 늦추는 경향이 있고, 또 결혼하지 않는 독신의 선택이 증가하고 있다. 이것은 결과적으로 여가환경에 영향을 미칠 것이다. 먼저 함께 살다가 결혼한 부부의 경우는 결혼이 여가에 큰 변화를 미치지 못할 것이다.

(3) 취학전 부모

여가의 주요자원은 시간, 공간, 기술, 동료, 장비, 그리고 경제력이다. 시간, 공간, 그리고 경제력은 어린이의 출생에 의해 제한된다. 따라서 여가는 시간의 부족에 의해서 뿐만 아니라 어린이의 출산에 의해서도 제한된다. 어린이의 출산은 자유의 상실(어린이 위주), 공간의 축소(어린이의 생활공간 필요)를 초래한다.

어린이의 출산이 여가에 미치는 영향은 다면적이고 명백하다. 인생경로에 있어서 이 시기의 여가는 단지 낮은 우선순위를 가진다. 여가활동은 어린이가 가족활동에 충분히 참여할 수 있을 때까지, 그리고 더욱 많은 시간과 돈이 있을 때까지 연기된다.

(4) 중간확립(mid-establishment) 단계

15세에서 20세까지의 학생은 성취욕구를 가지고 있으며, 집밖에서의 상호관계나 활동이 더욱 많게 되는 경향이 있다. 이는 부분적으로 학생들의 이동범위와 사회범위를 확대시킨다. 따라서 학생들은 그들 부모를 위한 여가동료가 되고, 부모들은 그들 자신의 시간을 학생들의 활동에 따라서 계획된다.

이 경우 가장 중요한 것은 가족구성원의 일정과 그들의 다양한 관심을 통합하는 것이다. 각각의 가족구성원별 욕구를 통합하는 방식은 다음의 세 가지 스타일이 있다. 첫 번째 스타일은 종종 어머니들에게서 나타나는 것으로서 여가일정을 지휘하거나 잘 결집시키는 것이다. 두 번째 스타일은 가족간의 간섭을 최소한으로 하기 위하여 일정을 가능한 한 분리시키는 것이다. 세 번째 스타일은 가족간의 흥미와 참여를 공유화 하는 것이다.

(5) 가족과 여가관계

여가는 가족과 구분될 수 없다. 가족은 여가학습의 첫 번째 환경을 제공하고, 여가가치에 관한 최초의 사회화를 이루며, 각 생활주기에 걸친 여가동료가 되며, 그리고 대부분의 여가활동을 위한 장소를 제공한다. 가족은 여가소비단위이고 대부분 여가는 가정에서 발생한다. 가족내에 있어서 여가활동은 평행적(parallel)이고, 편리하며, 상호관계적 또는 역할결정적(relational or role-determination) 활동으로 될 것이다.

첫째, 평행적 여가활동은 상호작용이나 의사소통 없이 가족구성원과 TV 시청을 하는 경우이다. 둘째, 편리한 여가활동은 카드놀이 때 서로의 파트너가 되는 경우이다. 셋째, 상호관계적 여가활동은 상호관계나 동료관계가 가치있고 즐겁기 때문에 선택된다. 여가와 부부만족도 간의 관계에 대한 연구결과를 보면, 공동여가활동에 많은 시간을 보내는 부부들은 결혼 그 자체에 대하여 더 많은 만족을 하고 있다.[202] 그러나 남편과 아내가 그들의 시간과 자원을 소비하는 방법에 대해 일치되지 않을 때 여가는 갈등을 초래할 수도 있다.

(6) 출가(launching)와 두번째 변화

출가기간은 대학교육, 서비스, 그리고 분가를 위해서 가정을 떠난 기간을 의미한다. 이 시기는 부모나 자녀 모두 점차 독립되어지는 시기이다. 이 단계의 중요한 문제는 결혼이분(結婚二分, marriage dyad)에 따른 여가이분(leisure dyad) 현상이다. 이는 중년기 부부간에 인적 관계가 없는 상태하에서 역할의 결합을 시도하고자 하지 않는 것을 말한다. 부모가 되는 것이 첫번째라면, 출가는 두번째 변화의 시작이며 여가참여와 탐구하는 시간의 새로운 시작이다. 출가로 인하여 여성들의 취업이 증가하고 있으며, 부모로서의 새로운 역할을 모색하게 된다.

---

202) Dennis Orthner, "Leisure Activity Patterns and Marital Satisfaction over the Marital Career", *Journal of Marriage and the Family*, Vol. 37, 1975, pp.91~102.

3) 재결합기

재결합기는 아이들이 학교를 졸업하고 난 기간과 그 뒤의 퇴직기간까지를 말한다. 이 기간동안 성인들은 자신과 그들의 삶을 재평가하게 된다. 이 기간은 통상 탈부양기, 퇴직이전기, 퇴직기, 고독생존기로 세분된다.

(1) 탈부양기(post-parental)

퇴직전인 탈부양 기간은 가족생활주기에서 가장 긴 기간이며, 여가는 더욱 중요하게 변화될 것이다. 주요하며 명백한 변화들은 첫째, 어떤 중류계층의 어른들에게는 가족외의 다른 사람들과 행하는 활동쪽으로 여가가 변화된다. 둘째, 남편 또는 아내는 다시 주요한 여가동료가 된다. 셋째, 자신을 위해 선택되는 활동비율이 증가한다. 또한 여가를 위한 새로운 욕구는 이 기간의 재평가와 관련된다.

(2) 퇴직이전기(退職以前期)

연령에 의해서는 퇴직전(preretirement)이 명확하게 정의되지 않는다. 21세기에는 인구의 20% 이상까지가 65세 이상이 될 것이고, 노령화의 경제적 비용은 사회적 재구성의 중요한 요인이 될 것이다. 퇴직을 위한 준비는 1990년보다 2020년에는 다른 의미와 문제를 가지게 될 것이다.

이 시기의 모든 사람들은 아주 현실적인 문제들, 즉 주택, 자식과의 관계, 건강, 재정, 시간의 이용에 직면하게 된다. 여가는 이 준비에 부분적으로 기여할 것이다. 더욱 많은 시간을 소비하는 활동의 탐색, 바람직한 여가시설을 가진 지역으로의 이동가능성, 여행이나 가족과 친지방문의 마지막 해(年)의 휴가기간에 이루어질 수 있다. 그러므로 퇴직전 기간은 변화의 시기나 대개 사람들은 여가, 사회적 상호작용, 그리고 이전시대의 생활형태를 유지한다. 즉 일상시간에서 변화는 현저하지 않다.

(3) 퇴직기

갑작스러운 사건으로서 퇴직(retirement)이 되었을 때, 일상생활의 많은 스케줄, 소득의 상실, 그리고 중심역할 등의 변화는 매우 극적인 영향을 줄 것이다. 또한 이에 대한 적응은 어렵고 시간이 걸릴 것이다. 그러나 대부분 사람들에게 갑작스러운 것이 아니고, 많은 사람들은 퇴직 전에 긴 휴가기간을 가지며, 심리적 적응은 퇴직 몇년전부터 이루어진다. 충격적 변화보다도 더욱 일반적인 변화는 고용역할로부터의 심리적 이탈과 예측되는 퇴직을 위한 준비이다. 이 준비에는 여행과 선호하는 여가의 확대가 계획될 것이다. 반면에 어떤 퇴직자는 우울, 외로움, 그리고 반감으로 특징지워질 것이다. 퇴직에 따른 여가연구에서는 노동상실이 퇴직에의 적응에 중요한 요인이 아닌 것으로 나타났다. 즉 고용에 만족했던 것보다도 퇴직후 여가에 더욱 만족하는 경향이 있다. 더구나 퇴직시 적당한 경제적 자원과 여가 동료집단을 유지하고 있다면 여가정체성은 자기존중과 만족감을 제공할 수 있다.

대체로 노동기간 동안 가족, 여가 그리고 공동체 내의 상호작용에 만족했던 사람들은 퇴직기간에도 이들 역할을 유지할 것으로 기대된다. 즉 삶에 있어서 비노동적 면의 질이 높을 때 퇴직은 상실보다도 기회로 다가올 것이다. 한편, 대부분의 노동만족은 여가에서 획득될 수 있다. 이와 같은 측면에서 만족스러운 퇴직을 위한 기초적 전제조건은 적당한 소득과 건강이다. 먼저 재정적 안정은 퇴직을 만족시키는 중요한 전제조건이다. 그리고 양호한 건강은 여가활동의 전제조건이다.

건강과 소득의 전제조건을 가진 사람들에게는 공동체내 상호작용의 질이 중요한 문제이다. 물론 여가기회, 주택, 자원, 그리고 이전의 여가경험도 요인이 되겠지만, 가장 중요한 것은 만족스러운 개인관계의 여부이다. 그러므로 많은 여가는 비공식적 상호작용이고, 이 상호작용의 질은 새로운 비노동적 삶에서 가장 중요한 요소이다.

(4) 고독생존기

노령화와 여가의 모순이 이 기간에 존재한다. 남편이 죽은 경우 손실이 가장 큰데, 이 경우는 여가를 포함해서 대부분은 삶의 동료를 상실하게 된다. 또 일상생활 속에서 외로움을 느끼고 여가의 내용도 변화한다.

첫째, 남편의 죽음은 공동체내와 여가표현에 있어 역할의 재정립이 요구된다.

둘째, 남편의 죽음은 재정적 불안정을 수반할 것이다. 이것은 소득, 주거, 사회적 순노동(順勞動) 역할, 그리고 기대의 충족에 변화를 가져올 수 있다.

셋째, 여가는 다른 노인들과의 관계를 재정립하고 친구를 사귀는 중요한 사회적 분야이다.

결국 이 기간에 중요한 요인은 사회적 분위기이다. 지역사회 분위기가 다른 사람들과 함께 일을 하는 것으로 된다면, 여가 추구와 역할이 더욱 가치있을 것이고, 노인들의 정체성은 전적으로 여가참여로 변화될 것이다.

제 3 절 여가생활양식과 생활만족도

1. 생활양식의 개념

생활양식(lifestyle)이란 용어는 인간행동의 중요한 결정인자로서의 역할을 한다. 생활양식이란 용어는 독일의 사회학자인 웨버(Max Weber)가 처음 사용하였다. 그가 처음 사용할 때 생활양식은 생활태도, 인생관으로 인식되었다.[203)]

정신분석학자인 아들러(Alfred Adler)는 개인에 초점을 두고, 행위주체로서의 개인은 외부 자극에 대한 단순한 반응자가 아니라 능동적이고 목표지향적인 자기통일성을 가진 존재로 보고 있다. 그는 생활양식을 "과거에 있어서의 생활환경에의 대처경험 혹은 생활과제의 독자적 해결방법과 미래로 향한 목표지향적 노력 중에서 나타나는 개인의 통일성과 일관성"으로 정의하고 있으며,[204)] 개인행동을 이해하고 예측하는 열쇠로 인식하고 있다.

한편, 소비자행동의 측면에서 레이져(William Lazer)는 생활양식을 "사회전체 또는 사회일부에서 나타나는 차별적이고 특징적인 생활형태"로 정의

---

203) Max Weber, ed., and Translated by G. Roth, and C. Wittich, *Economy and Society,* 3 Vols.(New York, N.Y. : Bedwinster Press, 1968), pp.305~306.

204) Alfred Adler, ed. by H. L. Ansbacher, *The Science of Living*(New York, N.Y. : Anchor Book, Double Day & Co., 1969), pp.38~47.

함으로써 사회계층과 생활주기 및 가족과 같은 환경적 변수들을 강조하고 있다.[205] 세섬스(H. D. Sessoms)는 생활양식을 일종의 표현형태(a person's mode of expression)로 규정하고 있으며,[206] 이브라힘(H. Ibrahim)은 대부분의 인간사회에서 그 구성원들을 종교나 문화적 정체성에 기반을 두고 서로 확인할 수 있는 비교적 동질화된 집단이 존재하게 되며, 이러한 신념체계를 생활양식으로 정의하고 있다.[207]

이상에서 생활양식에 대하여 여러 각도의 정의를 살펴보았는 바, 생활양식이 지니고 있는 일반적인 특징은 다음과 같다.

첫째, 생활양식은 하나의 개인현상뿐만 아니라 집단현상이다.

둘째, 생활양식은 생활의 여러 측면과 여러 영역에 침투해 간다.

셋째, 생활양식은 주생활관심사(central life interest)를 포함하고 있다.

넷째, 생활양식은 몇 개의 사회학적 변수에 따라 차이를 나타낸다.

다섯째, 생활양식은 한 나라가 지니고 있는 문화나 사회체계의 영향을 받는다.

따라서 생활양식은 생활주체가 생활의 유지와 발전을 위한 생활과제를 해결하고 충족하는 과정에서 스스로의 독자적 욕구성향으로부터 동기를 부여받고 스스로의 가치태도, 생활목표, 생활설계에 의해 방향을 결정한다. 그리고 외부사회가 공급하는 재화나 서비스, 정보, 기회를 선택적으로 채용, 적합하여 사회문화적인 제도에 의해 제약을 받아 능동적·주체적으로 설계하고 발전시켜 나가는 생활의식과 생활구조와 생활행동의 3개 차원에서 구성된 패턴화된 체계라고 할 수 있다. 따라서 이러한 생활양식은 여가의 이용과 여가서비스의 구매에도 많은 영향을 주게 된다.

---

205) William Lazer, "Life Style Concepts and Marketing", in *Marketing and its Environment : Some Issuses and Perspectives*, Richard A. Scott, and Morton (Belmont, California : Word-Worth, 196).

206) H. D. Sessoms, "Lifestyles and Life Cycles : A Recreation Programming Approach", in *Recreation and Leisure : Issues in an Era of Chang*, ed. by T. Goodale, and P. Witt, Vol. 1, 1985, pp.221~243.

207) H. Ibraham, *Leisure and Society*(Dubuque, IA : Wm. C. Brown Communications, Inc., 1991).

2. 여가와 생활만족도

1) 생활만족도의 개념

여가는 인간의 생활만족도와 밀접한 관련을 맺고 있다. 생활만족도라고 하면 보통 행복감, 행복 또는 생활의 질을 연상하게 된다.[208] 조오지(L. K. George)가 생활만족도를 새로이 개념 정의하기 이전까지 생활만족도라는 개념은 주로 사기(士氣) 또는 행복감이라는 관념과 상호 교환적으로 또는 혼용되어 왔다.[209]

그러나 생활만족도는 아주 복잡하고 어려운 과제이며 보편적으로 수용할 만한 정의가 마련되어 있지도 않다. 또한 생활만족도는 주관적이며 철학적인 성격을 지니고 있다. 조사분석을 통해서도 개인의 경제적 행복, 정신적·신체적 건강, 기타 요인을 객관적으로 측정할 수 있으나, 개인의 정신적 행복과 같은 생활만족을 정량적·질적 요인을 평가하는데는 주관적인 도구가 필요하다.

생활만족도라는 개념을 최초로 사용한 뉴우가텐(Neugarten, et al.) 등에 의하면, 생활만족이란 매일의 생활을 구성하는 활동으로부터 기쁨을 느끼며 자신의 생활에 대해 의미와 책임감을 느끼고, 자신의 목적을 성취하였다고 느끼며, 긍정적 자아상을 지니고 자신을 가치있다고 여기고, 낙천적인 태도와 감정을 유지하는 것이라고 정의한다.[210] 따라서 생활만족도나 행복에 관한 연구결과를 보면, 개인이 지적요인과 정서적 반응을 포함하여 그의 생활을 얼마나 긍정적인 방식으로 경험하는가에 초점을 맞추고 있다.[211]

---

208) S. Shichman, and E. Cooper, "Life Satisfaction and Sex role Concept", *Sex Roles,* Vol. 11, No. 3/4, 1984, p. 227.

209) L. K. George, "The Happiness Syndrome : Methodological and Substantive Issues in the Study of Social-Psychological Well-being in Adulthood", *The Gerontologist*, Vol. 19, No. 2, 1979, pp.210~211.

210) B. L. Neugarten, J. Havighurst, and S. S. Tobin, "The Measurement of Life Satisfaction", *Journal of Gerontology*, Vol. 16, No. 2, 1979.

211) E. Diener, "Subjective Well-being", *Psychological Bulletin*, Vol. 95, No. 3, 1984, p.542.

2) 여가와 생활만족도와의 관계

여가만족은 여가활동의 선택과 참가의 겨로가로서 개인이 형성·유도하거나 획득하는 긍정적 인식 또는 감정이라 할 수 있다. 대다수 연구에서 제시되고 있는 여가만족도의 공통적인 개념은 특정 여가활동을 통하여 개인이 추구하는 목적 및 욕구를 달성했을 때 느끼는 활동에 대한 긍정적 인식 또는 주관적인 만족감으로 표현되고 있다. 즉 여가만족은 인간이 충족시켜야만 하는 사회친화, 상호작용, 대인관계의 욕구충족에 의한 산물인 것이다.212)

여가참여는 생활만족 또는 행복의 변수에 의해서 영향을 받기도 하지만 그 반대일 수도 있다. 사실상 여가는 개인의 행복에 기여하는 중요한 구성요소라고 할 수 있다. 예를 들어, 우리들이 매일 수면, 식사, 가사, 그리고 단조로운 노동환경에 몰입하게 되지만, 이것들이 우리들의 행복이나 즐거움을 반드시 향상시켜 주지는 않는다. 그러한 활동들을 하지 않을 때 생활만족도가 더욱 악화되는 것이다. 다시 말해, 내적으로 동기되거나 종종 자유로이 선택되는 여가활동이 즐거움의 기회를 더 많이 주며 생활만족을 향상시켜 주는 것이다.213)

보통 생활만족이나 행복에 영향을 주는 요인은 상당히 많다. 이에 대해 에딘턴(Edignton) 등은 이를 주관적 변수와 인구통계적 변수, 그리고 심리적 차원으로 나누고 있다.214)

첫째, 주관적 변수(subjective variables)에는 자기존경, 자아만족, 생활기준(standard of living), 가족생활, 노동, 정신적 및 육체적 건강, 커뮤니티, 무드(mood), 거주지, 신체적 매력성, 그리고 여가가 포함되고 있다. 둘째, 인구통계적 변수(demographic variables)에는 소득, 연령, 성, 인종 및 민족, 고용, 교육수준, 결혼과 가족이 포함되고 있다. 그리고 심리적 차원으로는 사

212) 이정순·전원배, "관광활동, 여가만족, 심리적 웰빙(well-being), 주관적 웰빙의 관계", 한국관광학회, 「관광학연구」, 28:4, 2005.

213) J. Reich, and A. Zautra, "Demand and Desires in Daily Life : Some Influences on Well-being", *American Journal of Community Psychology*, Vol. 11, No. 1, 1983, p.43.

214) Christopher R. Edignton, et al., *Leisure and Life Satisfaction*(Dubque, IA : Wm. C. Brown Communications, Inc., 1995), p 9.

회적 접촉, 성격, 창조성, 활동 등을 들고 있다. 이들 변수의 요인들은 여가 경험 자체에서도 연구될 수 있다.

이소 아홀라(Iso-Ahola)는 여가와 생활만족도 간에는 긍정적인 상관관계가 존재하고 있음을 밝힌 바 있다.[215] 켈리(John R. Kelly)는 생활만족도의 결정요인으로 자기표현, 동료애(companionship), 통합, 건강, 휴식과 기분전환, 새로운 사람의 접촉, 자연과의 접촉, 가족관계 등 여덟 가지를 제시하고 있는 바, 이 가운데 휴식과 기분전환이 여가와 밀접한 관련이 있는 것이다.[216]

연령별로 여가와 생활만족도의 관계에 대한 연구결과, 생활만족도에 크게 영향을 주는 활동으로는 다음과 같다. 첫째, 여행과 문화적 활동은 45~55세 연령층에서 가장 중요한 만족요인이다. 둘째, 사회적·문화적 그리고 관광활동은 55~64세의 연령층에서 가장 중요한 만족요인이다. 셋째, 사회적 및 여행은 65~74세의 연령층에서 가장 중요한 만족요인이다. 넷째, 가정중심적이고 가족간 활동은 75세 이상의 노인들에게 가장 중요한 생활만족요인이 되고 있다.[217] 따라서 연령이 증가함에 따라 가족간의 여가활동이 중요한 변수로 작용할 수 있다.

한편, 생활만족도에 대한 여가와 노동의 기여도에 대한 조사결과, 다음의 세 가지 가설이 논의되고 있다.[218] 그 하나는 사람들의 노동이 여가에 파급되어 생활만족도에 영향을 준다는 것이다. 둘째는 사람들은 노동의 불만족을 보상받기 위하여 여가를 이용하게 되며, 그 반대의 경우도 있을 것이다. 셋째는 노동과 여가는 생활만족도와 관련하여 서로 아무런 관계가 없을 것이다. 연구결과, 노동과 여가는 서로 파급효과를 줄 수 있을지라도 생활만족도에 대한 영향면에서 노동과 여가는 아무런 관계가 없다는 것이다. 그러나 반대로 다차원적이고 아주 복잡한 생활의 여러 측면을 고려할 경우, 노동과 여가 그리고 생활만족도 간에는 어떤 관계가 있다고 보아야 할 것이다.

---

215) S. Iso-Ahola, *The Social Psychology of Leisure and Recreation*(Dubuque, IA : Wm. C. Brown Publishers, 1980).

216) John R. Kelly, *op. cit.*

217) Christopher R. Edignton, et al., *op. cit.*, p. 10.

218) R. Bergermaier, et al., "Structual Realtionships among Facets of Work, Nonwork, and General Well-being", *Work and Occupations*, Vol. 11, No. 2, 1984.

또한 여가는 커뮤니티생활에 만족의 영향을 준다. 알렌(Allen)과 비아티(Beattie)는 커뮤니티생활의 만족도를 결정하는 차원을 여가를 포함하여 일곱 가지를 설정하고, 그중 경제적 차원이 가장 중요한 것으로 밝혀냈으며, 여가는 다섯 번째로 중요한 차원이었다고 제시한다.[219] 그러면서 여가는 커뮤니티생활의 전반적인 만족도를 가장 잘 예견해 주는 요인으로 지목하고 있다. 따라서 여가활동에의 충분한 참여는 커뮤니티생활의 행복에 대한 개인의 지각에 강력하게 영향을 줄 수 있을 것이다.

3) 한국인의 여가생활 만족도

한국노동연구원은 1998년과 1999년 2회에 걸쳐 생활만족도를 조사한 적이 있다. 이 조사항목 중의 하나는 생활만족도로서 생활만족도의 영역을 생활전체/전반, 가족의 수입, 가족관계, 여가활동과 주거환경 등 5가지로 구성하였다. 두 번에 걸친 조사결과 만족도의 수준에는 별다른 변화가 없었다. 이 가운데 가장 만족도가 높았던 가족관계(5점 만점중 3.7점)였으며, 다음으로 주거환경(3.1점), 생활 전체/전반(2.9점), 여가활동(2.8점), 가족의 수입(2.6점)의 순으로 나타났다. 여가에 대한 만족도는 보통 이하로 나타났으며, 고연령대보다는 저연령층, 저학력보다는 고학력 수준의 만족도가 상대적으로 높게 나타난 것이 특징이다. 그러나 이 조사의 구성에서 노동 또는 직장에 대한 만족도가 빠져 조사설계에 약간의 문제가 있기도 한다.[220]

〈표 5-3〉 한국인 생활만족도 비교

구분	생활 전체/전반	가족의 수입	가족관계	여가활동	주거환경
1차(1998년)	2.9	2.5	3.7	2.8	3.1
2차(1999년)	2.9	2.6	3.7	2.8	3.1

자료 : 한국노동연구원, 「한국가구와 개인의 경제활동(II)」, 2001.

219) L. Allen, and R. Beattie, "The Role of Leisure as an Indicator of Overall Satisfaction with Community Life", *Journal of Leisure Research*, Vol. 16, No. 2, 1984, pp.99～109.

220) 한국노동연구원, 「한국가구와 개인의 경제활동(II)」(2001).

2차연도 생활만족도 조사에서 생활 전체/전반에 대한 만족도는 평균 2.9점으로 보통 정도의 만족도를 나타내고 있다. 가족관계에 대한 만족도는 3.7점으로 응답자의 64.3%가 가족관계를 만족스럽게 여기고 있다. 반면 가족의 수입에 대한 평균 만족도는 2.6점으로서 다른 생활만족도에 비해 대체로 점수가 낮은 편이며, 가족의 수입에 만족한다는 응답자의 비중은 13.5%에 불과하다. 여가활동과 주거환경에 대해서는 평균만족도가 각각 2.8점, 3.1점으로 보통(3.0점)에 근접하는 것으로 나타났다.

3. 세대별 여가생활양식

1) 키튼세대(kitten generation)

'키튼'이란 키즈(kids)와 틴즈(teens)의 합성어로 연령적으로 10대 이하의 아동과 청소년을 말한다. 이들은 전체 인구의 약 20% 수준을 차지하면서 성인시장에 못지 않은 엄청난 구매력을 갖고 있다. 요즘 부모들은 자녀수는 적지만 사교육비를 비롯하여 자녀들을 위한 것이라면 서슴지 않고 구매력을 발동하는 심리상태이다. 이제 키튼은 엄연한 소비자로서 대중매체의 각종 광고를 독자적인 소비패턴 형태를 가지고 독특한 브랜드를 선호하기도 한다. 여가시간 활용에 있어서도 독자적인 판단기준에 따라 스스로 결정하기도 하지만 부모를 비롯한 가족구성원들에게 많은 영향력을 행사한다.

2) 베이비세대

제2차 세계대전이 끝난 후 출산율이 많았던 시기(1946~1964년)에 태어나 세계경제의 호황기에 비교적 부유하게 자란 소위 팍스 아메리카(Pax America)세대라 할 수 있다. 하지만 한국에 있어서는 6·25전쟁을 거치면서 경제적으로나 사회적으로 상당히 어려운 시기에 태어나 '보릿고개'를 거치고 5·16군사쿠데타를 겪은 세대로서 지금은 50대 전후의 연령층이다. 여가문화를 제대로 이해하지 못하고 계속 일에만 얽매여 왔다.

3) X세대

대개 1965~1977년에 태어나 국제적으로는 미국이 베트남 전쟁에서 패전하고 동서냉전이 지속된 시기에 전 세계적으로 경제상황이 경기후퇴의 어려웠던 경험을 가진 40대 전후의 세대들이다. 역시 여가시간의 선용을 제대로 이루지 못한 세대이다.

4) Y세대

주로 1978~1994년에 태어나 소련 등 공산주의 사회의 붕괴 및 구라파 동구권의 몰락과 함께 미국이 전세계의 정치·경제·군사적 패권을 차지하면서 경제적 활황기를 이루었던 시기의 세대들이 특히 우리 한국은 이 시기에 경제적인 안정과 부(富)를 형성하여 오늘날과 같은 2만불 시대를 맞이하게 되었으며, 여가활동에 많은 관심을 가지고 '즐기는 인생'의 맛을 터득하기 시작한 20~30대의 세대이다. 오늘날 Y세대는 '디지털세대'라고도 불려지면서 각종 미디어의 세례를 받으며 TV에 열중하고 컴퓨터에 매료되어 가장 적극적으로 이를 활용하며, 지난 2002년 12월 18일 대통령 선거에서 이들이 인터넷을 이용하여 노무현 대통령을 당선시킨 무서운 세대이기도 하다.

5) 386세대

'80년대에 대학을 다녔으며 '60년대에 출생한 현재 40대 전후의 정치·경제·사회 등 각 분야에서 적극적으로 활동을 하고 있으며, 모든 분야에서 '변화와 개혁'을 주장하면서 한국발전에 이바지하려는 신선한 면도 있지만, 아직도 미숙한 면에서 시행착오를 겪기도 한다.

6) N세대

컴퓨터의 인터넷을 통한 '네트워크세대' 또는 '통신세대'라 한다. 20~30대가 주류를 이루고 인터넷 통신망을 통하여 전세계 또는 한 국가를 지배하려는 영국 소설가 조지오웰의 소설 '1984'를 연상할 수도 있다. 통신네트워크를 지배하는 자가 세계를 지배한다는 뜻이다. 역시 2002년 대선 때 활약한 세대이다. 여가시간 선용에 많은 관심과 다양한 체험을 원하는 세대이다.

7) P세대

과거 386세대의 사회의식, X세대의 소비문화, N세대의 라이프스타일, W세대의 공동체의식과 행동이 모두 통합되어 나타나는 집단으로 17~39세의 연령층에 폭넓게 자리잡고 있다. P세대는 참여(Participation), 열정(Passion), 잠재적 힘(Potential power) 및 변화주도(Paradigm-shifter)의 기치 아래 그들의 80%가 '나는 사회를 변화시킬 수 있다'는 자신감을 가지고 기존의 젊은 세대와는 달리 문화·스포츠보다 사회·경제 이슈에 더 큰 관심을 가지고 있다.

P세대의 공동 키워드(Key word)는 'CHIEF'이다. 즉 권위주의를 거부하고 새로운 변화에 도전(Challenge)하면서 정보의 공유와 전파이용을 선호하면서 인간관계로 '뭉치기'(Human network)를 좋아하고 개성과 다양성을 존중(Individual)하고, 많은 경험자를 선호하며(Experience), 감성(Fun/Feel)을 중시하는 세대이다. 또한 이들은 한달 소비하는 금액의 50%를 옷과 외식에 투자할 정도로 멋과 먹거리에 관심이 많으며 글자보다 영상과 음향이 있는 매체를 선호한다. 이들은 앞으로 여가혁명을 일으킬 역군들이며 여가소비에 적극적으로 동참할 것이다.[221]

---

221) 신문 'Metro' 2003년 6월 9일, p.24.

제6장 여가의 수요·공급과 영향요인

제 1 절 여가수급의 개념

최근 들어 여가에 대한 국민의 관심이 증가하고 새로운 여가대상의 등장이 두드러짐에 따라 정책적 · 경영관리적 차원에서 여가현상을 이해하고자 수요 및 공급이론이 크게 부각되고 있다. 따라서 여가의 수급문제는 정책결정, 개발계획수립, 사업경영 등의 문제와 관련하여 해결할 문제인 것이다.

1. 여가수요의 정의

수요자를 소비자로 볼 경우, 수요는 제품이나 서비스를 구매하고자 하는 현재의 수준 또는 미래의 욕구를 말한다. 그러면 여가의 구조면에서 볼 때, 여가수요(leisure demand)는 여가이용자가 여가대상을 이용하는 현재의 이용수준 및 향후의 이용희망자 수를 가리키며, 개인적 차원에서 여가활동의 성향이 집단화되어 나타나는 것이다.

밀스(C. Miles)와 시브루크(W. Seabrooke)는 일반적 여가현상에 수요라는 용어를 적용하는 것이 대체적으로 분명하지 못하다고 지적하고 있다.[222] 그것은 여가수요를 현재의 여가활동 수준으로 인식하려는 것에 대한 분명한 반대의견이기도 하다. 왜냐하면 여가참여자의 수나 참여율로 지칭되는 현재의 여가활동수준은 수요의 진면(眞面)이라기보다는 단지 수요의 한 부분인 실제로 관찰된 행동(actual observed behavior)이기 때문이다.

라베리(Patrick Lavery)는 여가수요를 "여가시설이나 여가자원에 대한 현재의 이용수준과 동시에 미래의 여가욕구로서 여가활동에 참여하고자 하는 사람의 수"로 정의하고 있는데,[223] 이는 여가수요에 현재 실제로 관찰되는 활동뿐만 아니라 미래의 활동욕구까지를 포함시키는 것이다.

특히 드라이버(B. Driver)와 브라운(P. Brown)은 미래의 여가욕구를 중시하여 여가수요를 "개인이 여가생활의 만족에 경제적 여유와 기타 조건을 갖추고 있는지의 여부와는 관련없이, 다만 개인의 선호 및 욕망과 동격을 이루고 있다"고 한다.[224] 따라서 여가수요는 개인의 선호-여망-욕망(preference-aspiration -desire level)으로 볼 수도 있다.

이와 같은 점에서 여가수요는 잠재적·행동적 성향을 반영하는 하나의 성향개념(propensity concept)이며, 그것은 부수적인 여가활동과 분리되어진다. 왜냐하면 수요는 실제적 참여(participation)를 전제로 하여 형성되는 것이 아니기 때문이다.

미국 내무성 야외 레크리에이션국(B.O.R.)의 정의에 의하면, 여가수요는 "여가자원의 가용성과 함께 개인에 관한 특수한 상황 및 가정하에서 발생될 수 있는 참여의 조건적 설명(a conditional statement of the participation)"이라고 할 수 있다.[225] 특히 이 정의에서는 여가수요에 개인적 차원뿐만 아니라 자원의 이용가능성도 포함시키고 있음에 주목할 필요가 있다.

---

222) C. Miles, and W. Seabrook, *Recreational Land Management*(London : E. & F. N. Spon, 1977), pp.6~8.

223) Patrick Lavery, ed., *Recreation Geography*(London : David and Charles, 1974), p.23.

224) B. Driver, and P. Brown, "A Social-Psychological Definition of Recreation Demand", *Appendix A of Assessing Demand for Outdoor Recreation*, U. S. Bureau of Outdoor Recreation, Washington, D.C., 1975.

225) U.S. Bureau of Outdoor Recreation, Assessing *Demand for Outdoor Recreation*, U.S. Bureau of Outdoor Recreation, Washington, D.C., 1975, pp.10~20.

이밖에 파커(Stanley R. Parker)는 여가의 수요는 소비(consumption)와 밀접한 것이기에 여가자원이나 여가장비, 여가서비스를 소비하지 않는 여가행동은 그것이 사교적 접촉이든, 육체적 활동이든 여가수요의 범주에 포함시킬 수 없음을 강조하고 있으며,[226] 이러한 수요개념은 경제 및 경영적 차원에서 주로 관심을 갖게 되는 개념이다.

따라서 여가수요는 여가활동을 하거나 시설을 이용하고자 하는 개인의 선호 또는 욕망으로서, 실제 관찰가능한 행동뿐만 아니라 참여 이전의 여망까지도 포함하는 것으로 규정할 수 있다.

2. 여가공급의 정의

여가공급(leisure supply)은 여가현상의 체계 내에서 이용자의 여가수요에 대응하는 여가자원, 여가산업 등의 총체적 개념으로 종종 여가활동의 수행을 위한 교육이나 프로그램의 개발과 제공까지도 포함한다[그림 6-1]. 따라서 여가의 공급체계는 아주 광범위하며 포괄적이다.

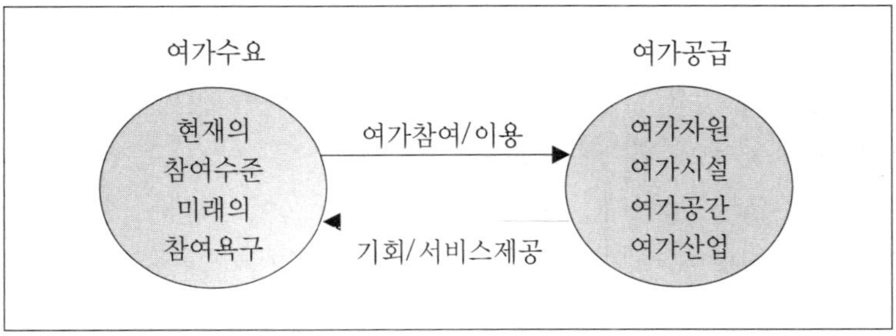

[그림 6-1] 여가의 수요·공급체계

226) Stanley R. Parker, *The Sociology of Leisure*(New York, N.Y. : George Allen & Unwin, Ltd., 1976), pp.117~119 ; Sidney G. Lutzin, and Edward H. Storey, eds., *Managing Municipal Leisure Services*(Washington, D.C. : The International City Management Association, 1973), pp.148~149.

그러나 여가공급의 개념 속에는 여가행동의 대상인 자원과 산업만을 포함시키고 있는 것이 일반적인 추세이다. 즉 여가공급은 활동이 이루어지는 물리적·유형적 속성을 지니고 있으며, 그것을 이용함으로써 만족감을 가져다주는 기반(base)이 되는 것이다.

2. 여가수급의 특징

1) 여가수요의 특징

수요와 공급은 여가현상의 체계를 이해하는데 있어서 아주 중요한 개념이며 상호 밀접한 관계에 있다. 가령, 여가수요가 발생하였을지라도 여가기회를 제공하지 못할 경우에는 수요의 활성화가 불가능해질 수 있다. 이와 같은 점에서 여가수요는 다음과 같은 특징을 지니고 있다.

첫째, 여가수요는 여가공급의 기회(opportunity)에 의하여 창출된다. 개인이 여가시설을 이용하거나 여가공간을 찾아가거나 기회가 있을 경우 인간의 욕망은 수요로 이어진다.

둘째, 여가수요는 인간의 욕구(needs)에 의해 창출된다. 여가행동의 발생을 자극하거나 촉진시키는 인간의 욕구는 여가수요와 밀접한 상호 관련성을 보이고 있으며 필요에 따라 여가수요로 진전되며, 이러한 욕구는 본질적으로 심리적 요인에 의하여 결정되며 충족된다.

셋째, 여가수요는 개인적 능력(personal ability)에 의해 창출된다. 개인마다 능력, 기술, 취향에는 차이가 있는 바, 어떠한 여가활동을 하는데 반드시 필요한 지식이나 습득된 기술(skill)이 없다면 자신의 수요를 만족스럽게 충족시킬 수 없다.

넷째, 여가수요는 여가참여(leisure participation)에 의하여 창출된다. 크넷취(J. Knetsch)는 여가수요와 참여간에 혼돈이 일어날 것에 유의하여 "행하기를 원하는 것(want to do)"은 수요이고 "행하는 것(doing)"은 참여로 구분짓고 있다.[227] 높은 참여율은 높은 수요의 지표가 될 수 있다. 또한 어떠한

227) J. Knetsch, "Interpreting Demands for Outdoor Recreation", *Economic Record*, Vol.

행사 프로그램이나 시설에 대한 추가수요(additional demand)는 새로운 수요를 창출하고 만족을 주게 되며 여가활동에의 실질적 참여와도 연계되어 있음을 알 수 있다.

2) 여가공급의 특징

여가수요에 대응한 여가공급요소의 특징은 다음과 같다.

첫째, 여가공급요소는 경우에 따라 전도불능의 특성을 갖고 있을 때도 있는 바, 특히 자연상태의 자원에 인공적 개발을 가하게 되면 다시 원래의 상태로 돌이키기가 곤란하게 되며, 또한 개발의 정도가 클수록 복구하기가 어려워진다. 이는 곧 자연자원에 의한 여가공급요소가 제공하는 여가기회의 성격은 원칙적으로 변화가 거의 불가능한 것임을 뜻하는 것이다.

둘째, 여가공급요소는 여가활동에 대한 잠재가치(potential value)를 부여하는 특성을 지니고 있는데,[228] 특히 자원의 활용도가 큰 활동에서 그 가치가 더 부각된다. 이러한 특성은 자원별 수요패턴과 만족의 주요 원인이 어디에 근거하는가를 사전에 검토하여야 함을 뜻하는 것이다.

셋째, 여가공급요소의 구성은 여가수요를 직접적으로 충족시켜 주는 주공급요소(main leisure attraction)와 간접적으로 충족시켜 주는 부차적 공급요소(support leisure attraction)로 나눌 수 있다. 전자는 여가공급원으로써의 주된 기능을 담당하는 반면, 후자는 주된 여가공급원을 보완시켜 주는 것으로써 주변적 기능을 담당하고 있다.

넷째, 여가공급의 가치에는 서열(hierachy)이 있다. 코스그로브(I. Cosgrove)와 잭슨(Jackson)은 여가공급에 서열개념을 적용하면서, 특정한 여가시설에 근접하면 할수록 더 많은 수요를 갖게 될 것이며, 시설의 수준이 좋으면 좋을수록 더 많은 수요를 창출하게 된다고 보고 있다.[229]

다섯째, 여가공급은 여가수요를 창출한다. 일반적으로 "공급은 수요를 창출(supply creates demand)"하게 되며, 특히 공급이 정상적으로 이루어지거

48, September 1972, pp.429～432.

228) Patrick Lavery, ed., *op. cit.*, p.37.

229) I. Cosgrove, and R. Jackson, *The Geography of Recreation and Leisure*(London : Hutchinson, 1972), p.144.

나 시간 및 공간의 생활스타일과 일치될 경우에는 더욱 그러하다. 그리고 잠재적 수요를 현재화시켜 주는 특정시설을 제공하여 줄 경우 잠재수요는 현재화된다.

3. 여가수급의 유형

여가의 수요와 공급의 유형은 그 구분방식에 따라 다양하게 구분될 수 있으나, 여기에서는 여가수요와 공급을 개괄적으로 살펴보고자 한다.

1) 여가수요의 유형

여가수요는 간단히 말해 여가활동에 참여하고자 희망하는 사람의 수(number)를 뜻한다. 이에 따라 라베리(P. Lavery)는 여가수요의 유형을 유효수요(effective demand), 유예수요(deferred demand), 잠재수요(potential demand)로 나누고 있으며,230) 골드(Seymour M. Gold)는 여가수요를 잠재수요(latent demand), 유인수요(induced demand), 현재수요(expressed demand)로 나누고 있다.231) 이들 두 가지 분류는 별다른 차이를 보이지 않으나, 전자의 분류를 중심으로 설명하고자 한다.

첫째, 유효수요는 실제로 여가활동에 참여하거나 소비하는 사람들에 의해 나타난다. 유효수요는 여가시간, 이용자의 연령, 자가용차의 보유여부 및 기타 사회경제적 배경에 따라 변하는 것이 분명하다. 그러나 '각 개인이 어떠한 여가성향을 보일 것인가' 하는 문제를 파악하기가 불가능하며, 다만 '집단적 경향이 개인에게 어떠한 영향을 미치는가'로 파악되어져야 한다.

둘째, 유예수요는 여가활동에 참여할 능력은 있으나 기존의 여가에 대한 제반 정보와 지식의 부족, 또는 시설의 부족 등의 원인으로 유효수요화 하지 못하고 있는 수요이다. 그리하여 매스미디어나 교육과정을 통한 공적 조건화(public conditioning)에 의하여 유효수요화가 될 수 있으며, 경비나 자원이 부

230) Patrick Lavery, ed., *op. cit.*, p.23.

231) Seymour M. Gold, Recreation Planning and Design(New York, N.Y. : McGraw Hill Co., 1980), p.146.

족한 상황에서는 대안(alternatives)의 개념에 의하여 충족될 수 있는 것이다.

셋째, 잠재수요는 현재로서는 자신의 사회적·경제적 환경으로 인하여 여가활동에 참여할 수 없으나, 앞으로 참여할 수 있도록 향상되기를 기대하는 수요이다. 이 수요는 모든 인간에게 존재하나 현재의 이용에는 반영되지 않는 수요이다. '공급이 수요를 창조한다'는 논리가 이 수요의 기초개념이 되고 있으므로 적정한 시설, 접근수단, 정보만 제공된다면 참가가 예상되는 수요이다. 따라서 잠재수요는 여가활동의 양과 범위의 예측을 위하여 중요한 개념이 되고 있다.

2) 여가공급의 유형

여가공급의 유형에는 공급내용, 공급요소, 공급범위 등에 따라 다양하다.

첫째, 공급요소의 소유권(ownership)에 따른 유형에는 공적 여가공급(public leisure provision)과 사적 여가공급(private leisure provision)이 있다. 전자는 국가나 지방자치단체 및 공공기관이 국민의 복지향상을 도모하고 여가기회의 형평성을 보장하기 위하여 직접 제공하는 형태로서, 예를 들면 국립공원, 도립공원, 박물관, 공공도서관 등이 이에 해당된다. 반면, 사적 여가공급은 개인 또는 기업이 각각의 회원이나 이용자에게 차별적으로 제공하는 형태로서 대부분 이윤을 목적으로 한다.

둘째, 공급요소의 공간범위(scale of space)에 따른 유형에는 지방수준(local level)과 전국수준(national level), 중간수준(intermediate level)이 있다. 이러한 공간범위별 구분은 수요의 범위와도 관련있는 것으로써,[232] 지방수준의 여가공급이 한정된 지역의 주민을 대상으로 하는 것이라면, 전국수준의 여가공급은 전국민에게 여가기회를 제공하기 위하여 부여되는 형태이다. 그리고 중간수준의 여가공급은 앞의 두 가지의 중간수준의 공급형태이다.

셋째, 공급요소의 이용시기(time)에 따른 분류에는 넓게 일과 후, 한나절, 1일, 주말, 휴가 등으로 나눌 수 있으며,[233] 좁게는 당일형, 주말형, 휴가형으로 나눌 수 있다. 당일형은 주로 거주자의 일상생활권에 제공되며, 주말형은 광역생활권, 그리고 휴가형은 전국생활권에 이루어지는 특징이 있다.

---

232) J. Allan Patmore, *Land and Leisure*(Harmondson : Penguin, 1972), pp.67～68.
233) Stanley R. Parker, *op. cit.*, pp.141～142.

넷째, 공급요소의 형태(feature)로 보면, 유형적 공급형태와 무형적 공급형태로 나눌 수 있다. 가령, 전자에 시설이나 공간 등의 재화나 유형적 여가자원이 포함된다면, 후자에는 정보 내지 행사 등의 서비스나 무형적 여가자원이 포함된다.

다섯째, 공급요소의 구성내용상으로 볼 경우, 앞서 언급하였던 것처럼 여가자원과 여가공간, 여가시설 그리고 여가산업으로 나눌 수 있다. 여가자원(leisure resources)은 크게 ① 체육·스포츠 자원, ② 휴식·보양자원, ③ 오락·사교자원, ④ 교양·문화자원, ⑤ 취미·감상자원, ⑥ 관광·행락자원으로 나눌 수 있다. 그리고 여가공간(leisure spaces)은 '여가활동이 이루어지는 장소 및 물리적 공간의 총체'로 여가의 속성, 즉 생활의 구속에서 벗어나 편안하고 즐겁게 여가선용 및 휴식을 취할 수 있는 모든 공간을 의미한다.[234] 여가공간은 활동권역(생활권, 권역권, 광역권), 입지공간(이용자지향형, 중간형, 자원지향형), 계획공간(가정지향적 공간, 하위근린생활공간, 근린생활공간, 지역사회공간, 도시규모공간, 지역공간) 등 분류기준에 따라 다양하게 구분되어진다.[235] 여가시설(leisure facilities)은 인위적으로 개발된 물리적 형태이다. 그리고 여가산업(leisure industries)은 이윤을 목적으로 운영되는 시설을 말한다.

제 2 절 여가수급의 영향요인

앞서 여가수급 발생에 영향을 미치는 요인을 결정요인과 영향요인으로 나누어 직접적인 영향을 주는 요인에 대하여 설명하였으나, 본 절에서는 여가수급의 발생에 간접적인 영향을 주는 요인에 대하여 언급하고자 하며, 여가수급의 영향요인을 거시적인 여가환경요인을 비롯하여 이용자의 사회경제적 배경과 심리적 요인, 여가객체의 특성요인 등 네 가지로 나눌 수 있다.

234) 국토연구원, 「레저행태변화와 여가공간 조성방안 연구」, 2002.
235) 김효정·김윤형·윤희정·윤주, 「여가공간의 정책적 유형화」, 한국문화관광연구원, 2007.

1. 여가의 거시적 환경요인

여가수요 및 공급의 발생은 하나의 여가체계(leisure system)로 살펴볼 수 있다. 또 여가를 체계론적인 차원에서 살펴볼 때, 여가수급의 발생은 수많은 요인들에 의하여 영향을 받게 된다. 여가수급에 영향을 주는 요인에는 인구통계적 요인, 심리적 요인 및 자원의 특성요인과 같이 구체적이고 직접적인 영향요인이 있는가 하면, 정치적, 경제적, 사회·문화적, 기술적 및 생태적 요인과 같이 포괄적이고 간접적인 영향요인도 있다.

여가의 거시적 환경요인은 여가수요와 공급이 발생하는 데서 긍정적인 영향을 미치는가 하면, 그 반대적 현상도 있다. 골드(Seymour M. Gold)는 인구증가, 여가시간의 증가, 고학력, 소득증가, 도시화, 대중매체, 조기퇴직 등의 요인은 여가수급의 발생에 호조건이 되고 있으나, 빈곤, 특정종교적 영향, 신체조건, 범죄, 오염, 인플레 등은 여가수급의 발생에 악조건이 되고 있음을 지적하고 있다[236]. 따라서 여가수요와 공급을 촉진시킬 때에는 이들 호조건과 악조건에 대한 세심한 검토가 요구된다. 여가수급의 거시적 환경요인의 유형 및 특징은 다음과 같다.

1) 정치적 요인

여가수급에 대한 정치적·정책적 노력은 국민의 여가활동에 지대한 영향을 준다. 제2차 세계대전 이후 각국은 자국민의 복지향상을 도모하기 위하여 여가부문에 상당한 관심을 기울이고 있다. 그리하여 각국의 정부는 정당하고 보다 나은 여가생활이 보장되도록 모든 국민에게 즐거움을 누릴 권리(right to enjoyment)를 인정하고 있으며 휴식, 여가, 노동시간의 단축, 정기적 유급휴가의 부여 등에 많은 관심을 기울이고 있다.

법정노동시간을 단축하고 정부기관이나 기업들이 여가정책에 적극 참여하도록 유도함으로써 보다 인간적인 노동조건을 확립하고자 하는 것이 정

236) Seymour M. Gold, *op. cit.*, p.152.

치사회적 동기가 될 것이며, 현저히 감소하는 노동의 양을 모든 노동자가 균일하게 분배 및 공유함으로써 완전고용(full-employment)을 확립하고자 하는 것이 경제적 동기가 될 수 있다.237)

그리하여 오늘날 휴식, 여가, 자유시간, 휴가, 유급휴가 등의 권리를 기본적 인권으로 보장하는 추세에 있으며, 다양한 여가의 공급체계를 확보하여 중간 및 저소득층이 이를 이용할 수 있도록 정책적인 배려를 하고 있다. 물론 각국의 여가정책은 선진국, 개도국, 사회주의국가의 구분에 따라서 현저한 차이를 보이고 있다.

〈표 6-1〉 국가형태별 여가정책의 비교

구분	선진국	개도국	사회주의국가
혜택대상	저소득층	중·저소득층	노동자
기본이념	기본권으로 인정, 기회균등의 구현	여가정책 유도, 건전여가의 보급, 생산적 의미	생산성 증가, 노동자의 건강증진
지원패턴	소수 극빈자에 휴가비 보조	부분적 지원	사회후생제도의 일환으로 지원
여가행정	지방분권적	중앙집권적	중앙 또는 지방분권적

선진국의 경우 저소득층의 복지구현에 주력하고 있는 반면, 개도국은 정부주도의 건전여가를 통한 생산성의 향상을 도모하고 있고, 사회주의 국가에서는 사회후생제도의 일환으로 노동자의 건강증진을 도모하려는 정책을 추진하고 있다.

오늘날 국가의 행정기능이 비대해지면서 국민의 복지향상을 최우선 과제로 삼고 있다. 정부의 국정지표의 정책 및 시책은 여가를 포함한 국민생활의 전반에 영향을 주며, 사회복지의 확대를 위하여 신체장애자층을 위한 여가프로그램, 노인을 위한 여가프로그램이 확산되고 있다. 또한 국가는 장기적인 관점에서 국민의 여가수요에 효율적으로 대응하기 위하여 여가계획을

237) Markus Schainger, "Forecasting Leisure and Tourism", *Tourism Management*, Vol. 11, No. 4, 1984, pp.340~356.

실시하고 있는데, 한국의 경우, 국토종합개발계획은 10년 단위의 장기계획으로 국민의 여가환경을 향상시키려는 정부의 의지로 볼 수 있다.

2) 경제적 요인

국가의 경제사정은 국민의 여가생활에 직접적인 영향을 미치고, 또한 여가의 패턴에 민감한 변화를 야기하고 있다. 경제의 불안정은 여가의 수급에 많은 영향을 준다. 경제적 어려움이 있는 경우는 여가 중에서도 장거리보다는 단거리 여가패턴을 조장하게 되며, 인플레이션 또한 가계지출을 줄이기 위하여 염가 여가소비를 조장하게 된다.

또한 여가에 대한 에너지의 영향도 심각하다. 여가현상에 있어 에너지 가격이 높아지게 될 경우에는 에너지소비 중심시설의 공급이 감소되며, 자가용 대신 대중교통을 선호하게 되며, 항공기의 노선폐쇄 등의 결과를 가져올 가능성이 있다. 이러한 현상에 대하여 군터(Gunter)와 무어(Moore)는 소비적 여가(consumptive leisure)의 개념을 다음과 같이 설명하고 있다. 즉 소비적 여가란 여가활동에 직접 참여하지 않고 대리적으로 소비(vicarious consumption)하는 경우로서, 전형적인 예는 TV의 오락프로그램의 시청이다.[238)]

또한 여가자원의 한계는 여가공급의 범위에 많은 영향을 준다. 자연자원의 무제한적 개발 및 이용과 더불어 자연환경의 오염을 통하여 자연공간 중심의 증가추세를 보일 것으로 전망된다.

또한 여가공급에 보다 영향을 주게 되는 주요 현상 중의 하나는 소비자주의(consumerism)이다. 소비자주의는 대중이 참여하는 여가의 추세에 항시 부응할 수 없는 '고급의 질적 상품'(high quality goods)과 경험을 제공하게끔 더 많은 요구를 하게 된다.

한편, GNP의 증가, 3차산업 구성비의 증가, 교양 및 오락비의 증가, 비공식경제(informal economy)의 발달 등은 여가수요와 공급을 증대시키는 요인이 되고 있다. 국민 1인당 GNP의 증가는 그만큼 엥겔계수를 감소시키는 반면, 가처분소득의 증가를 가져와 여가관련 비율을 증가시키게 되어 문화

---

238) S. E. Iso-Ahola, ed., *Social Psychological Perspectives on Leisure and Recreation*(Illinois : Charles C. Thomas, 1980).

비, 여행비 등 비생계비의 비중을 향상시키고 있다.

일반적으로 제3차 산업분야에의 취업률 증가나 제3차 산업의 GNP 증가는 여가관련 산업의 성장을 의미하는 것이고, 국민의 여가기회를 확대시키는 요인이 되고 있다. 또한 오늘날 비공식경제의 영역이 증가하고 있는 점은 여가수요에 많은 영향을 준다.

즉, 국가경제계정에 포함되지 않는 생활활동이 늘어나고 있는 것이다. 가사, 손수 만들기(DIY : Do-it-yourself), 자조사업 등 비공식적 경제의 성장은 앞으로도 계속될 것으로 보여, 여가활동의 패턴과 소비지출에 영향을 줄 것이다.

다음, 경기침체와 여가관계부분에 대하여 알아보자.

IMF협상 이후 공보처가 1998년 12월에 전국의 성인남녀 1,000명을 대상으로 실시한 여론조사에서 경기침체기의 소비절약방안에 대한 질문에 대하여 가장 먼저 줄여야 할 항목으로 '여가 및 레크리에이션'의 오락비가 30.5%로 1위를 차지하였으며, 다음으로 의류구입(17.2%), 전자제품 구입(12.4%), 식료품(11.9%)의 순으로 나타나 여가지출이 생활필수품보다 소득변화에 매우 커다란 영향을 받고 있음을 보여주었다.[239)]

주5일근무제가 시행되어도 경기불황기에는 여가행태가 움츠러든다. 일본의 예를 보더라도 1990년대의 경기후퇴로 일본인들의 여가가 내부지향적으로 바뀌게 되었다. 일본 여가개발센터의 『여가백서 2000』(2001)은 최근 일본 노동자들의 여가활동을 '집 바깥으로 나가지 않고', '멀리 놀러가지 않고', '돈을 쓰지 않는' 패턴으로 정리하고 있다. 이와 같은 내부지향형 여가경향을 보이게 된 이유는 '잃어버린 10년'이라고 불리는 1990년대 장기불황으로 소득이 줄어든 탓이다. 그리하여 비디오 감상이나 정원가꾸기, 조깅, 마라톤 등 일상생활과 밀접하거나 집 주변에서 즐길 수 있는 여가에 참여하는 노동자가 늘고 있다.[240)]

우리나라의 경우에도 비슷한 조사결과가 나왔었다. 1998년 IMF체제가 극에 달했을 때 한국인 여가생활의 가장 큰 특징은 평일 여가활용의 65.9%, 주말·휴일 여가활용의 45.1%가 집안에서 이루어지고 있다.[241)]

239) 매일경제신문, 1997년 12월 30일자.
240) 일본 여가개발센터, 「여가백서 2000」, 2001.
241) 한국문화정책개발원, "경제위기 이후 문화향수실태조사"(1998. 12).

〈표 6-2〉 IMF 체제의 영향으로 바뀐 소비생활(중복응답)

(단위 : %)

구분	생활비 축소	대중교통 이용	적극/보험 해약	가계부 쓰기	대출금 상환	집규모 줄임	자가용 처분
비율	81.3	37.7	23.7	21.1	11.6	2.9	2.7

자료 : 한국소비자보호원(1998. 2), IMF체제 전후의 소비자의식 및 행태 비교

연령별로 보면 20대는 잡비와 교제비 지출을, 30대는 외식비 지출을, 40대는 교육비 지출을 보다 더 줄이고 있다. 구체적으로 IMF 관리체제 전후의 소비패턴에서 여가생활과 관련이 높은 외식횟수 줄이기, 자가용이용 줄이기 등의 실천 및 실천예정 비율이 매우 높게 나타나고 있다.

3) 사회·문화적 요인

사회를 구성하는 인간의 본질 또한 여가에 영향을 준다. 인구의 증가, 평균수명의 증가, 노령화 등 인구구조의 변화는 여가에 여러 가지 영향을 준다. 최근 들어 전세계적으로 출산율이 하락하고 있음에도 불구하고 총인구는 지속적인 증가현상을 보이고 있다. 이는 곧 수명의 연장과 노령화의 결과이다.

기대수명(life expectancy)의 연장은 노인인구의 증가와 더불어 노인형 여가공급을 가일층 요구하게 되며, 여성의 사회진출은 여성의 여가수요를 증대시키는 요인이 되고 있다. 이와 더불어 평균가구원 수의 감소 또한 여가수요에 영향을 미치며 가족단위의 여가공간이 필요하게 된다.

고학력화 현상 또한 여가에 많은 영향을 준다. 한국의 경우, 학령인구의 절대 수는 감소될 것이나 고등교육에 대한 수요는 계속 증대될 것으로 나타나, 특히 학교여가(school leisure)에 대한 수요에 많은 영향을 주게 된다.

또한 사회구조의 변화에 따른 생활양식의 변화는 여가의 수급에도 영향을 주게 되는데, 일본의 여가사회학자 岡田治雄은 산업사회와 후기산업사회의 구조적 변화를 다음 〈표 6-3〉과 같이 제시하고 있다.[242] 즉 산업사회에서는 생산지향적이며 육체적 여가, 커뮤니티 여가, 일상권형 여가에 대한

추구라는 여가생활양식을 보이게 되었지만, 향후의 후기산업사회에서는 소비지향적이며 감정적 여가, 대중매체에 의한 여가, 비일상권형 여가의 추구 경향을 보일 것이다.

다음으로 문화와 하위문화(sub-culture)는 여가이용자의 수요에 중요한 영향을 미친다. 종교나 민족집단(ethnic group), 준거집단(reference group) 등의 영향력은 개인의 여가형태나 여가자원의 선호형태에 적잖게 작용하고 있다.

〈표 6-3〉 사회변화에 따른 생활양식의 변화

구분	산업사회	후기산업사회
물질문화	검약, 검소, 생산양식 지향	소비양식 지향
자유시간의 성격	육체적 성격	감정적 성격
생활문화의 주류	커뮤니티의 지배	TV의 지배
여가패턴	팬(pan)형(일상성 중시)	서커스(circus)형(비일상성 중시)
생활의 미덕	고통, 인고	쾌락, 해방
생활패턴의 주축	일, 노동, 직업의 중시	사생활, 여가, 가정의 중시

자료 : 岡田治雄, 「レジャ-の社會學」 (東京 : 世界思想社, 1982), p.144.

종교와 관련하여 그 구성원은 종교적 규율(dogma)에 의하여 바람직하지 않은 여가활동을 삼가하게 된다. 동양의 유교나 서양의 프로테스탄트 윤리는 여가에 있어서 금욕을 강조하는 대표적 형태가 된다.[243] 또한 특수한 민족이나 인종집단에의 소속감 또한 여가의 유형과 참여패턴에 제약을 주고 있다.

특히 여가수요의 형성에 영향을 주는 여가에 대한 가치관 및 선호형태는 개인적인 성격보다도 준거집단에 의하여 영향을 받기 쉽다. 사회, 단체의

242) 岡田治雄, 「レジャ-の社會學」(東京 : 世界思想社, 1982), p.144.

243) Richard Kraus, *Recreation and Leisure in Modern Society*(Englewood Cliffs, New Jersey : Prentice-Hall, Inc., 1971), pp.12~13.

관례나 이념에 순응하려는 외부지향적 생활양식(outward-directed life style)에 젖어 있는 사회일수록 사상이나 행동이 자기자신에 의해 지배되는 내부지향적 생활양식(inward-directed life style)에 지배되는 사회보다도 여가참여에 있어서 집단성, 유행성, 과시적 소비 등의 현상을 수반하게 된다.

소비행태의 변화와 관련하여 LG경제연구원은 소비자들의 스마트, 감성, 주체 및 능동, 편리, 자기표현이 보다 강하게 추구되고 있으며, 이에 따라 새로운 소비형태로 트렌저 헌터, 아티젠, 크리슈머, 몰링(Malling), 마이크로 미디어소비가 확산될 것으로 전망하고 있다.[244)]

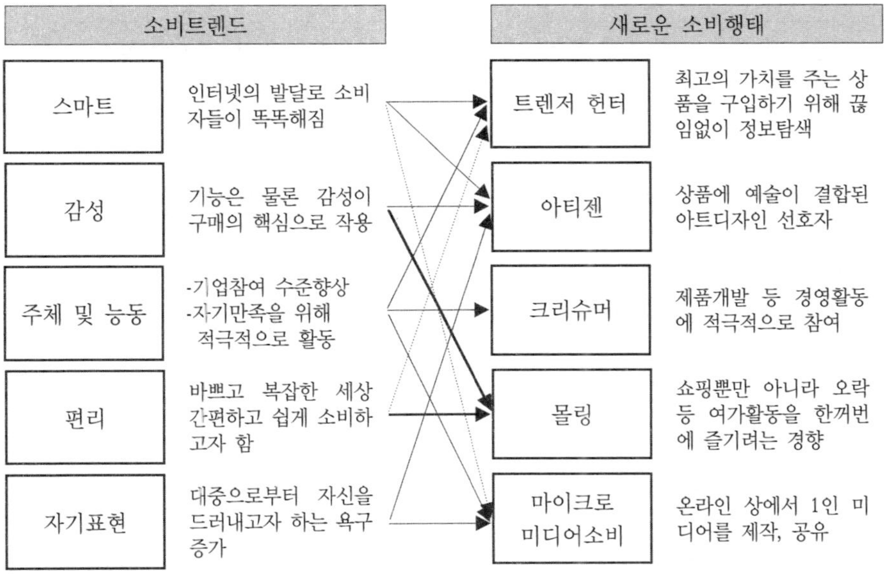

자료 : LG경제연구원, 「New 소비코그 5」, 2007.

[그림 6-2] 사회변화에 따른 소비패턴의 변화

문화의 향유에 있어서 사회계층간의 격차가 두드러져 저소득층은 주로 TV, 라디오, 영화관 등을 중요한 여가시설로 이용하고 있지만, 중·상류층은 각종 공연장이나 전시장, 그리고 활자매체 등을 주로 이용하고 있다. 이

244) LG경제연구원, 「New 소비코그 5」, 2007.

와 관련하여 스탬프스(S. M. Stamps) 등의 조사결과에 따르면,245) 〈표 6-4〉에서와 같이 사회계층별에 따라 여가선호에 많은 차이점을 보이고 있다. 즉 중상류층에서는 독서, 스포츠, TV, 라디오, 야외 레크리에이션 순위로 선호하는 데 비하여 저소득층은 TV, 라디오 등의 시청에 더 열중함으로써 계층간 차이를 보이고 있다.

〈표 6-4〉 사회계층별 선호 여가활동

순 위	중·상류층	저소득층
1	독서	TV/ 라디오
2	스포츠 참여	사교/ 파티
3	TV/ 라디오	스포츠 참여
4	야외레크리에이션	독서
5	사교/ 파티	휴식
6	음악감상	야외레크리에이션
7	바느질	음악감상
8	휴식	바느질
9	정원손질	게임
10	실습(exercise)	정원손질

4) 기술적 요인

과학기술의 발달에 따른 교통수단의 신속·고급화, 통신의 발달, 매스미디어의 양적 증가, 노동시간의 감소 등도 여가의 수급에 커다란 영향을 미친다. 과학기술의 발달은 여가에 직·간접적인 영향을 미친다. 생산의 자동화·표준화는 여가상품의 대량생산을 가져오는 동시에 로보트, 컴퓨터 등의 등장은 노동자의 여가시간을 상대적으로 감소시키는 요인이 되고 있다. 또한 여가시설의 개발에 있어서도 첨단기술의 응용이 많아짐에 따라 여가공급의 범위에도 많은 변화를 가져다 주고 있다.

245) Spurgeon M. Stamps, and M. B. Stamps, "Race, Class and Leisure Activities of Urban Residers", *Journal of Leisure Research*, Vol. 17, No. 1, 1985, p.46.

여가수요의 형성에 가장 중요한 영향을 주는 요인은 업무의 자동화에 따른 노동부문의 급격한 변화이다. 기술적 자동화(technical automation)는 여가와 노동관계에 다음의 영향을 미치고 있다.[246)]

첫째, 많은 사람들의 작업과정이 정신적·육체적으로 편리하게 됨으로써 노동에 에너지를 덜 소비하는 대신 여가에 더 많은 관심을 기울이게 된다.

둘째, 노동중시 윤리의 감소화 현상이 뚜렷한 반면 여가중시의 철학이 팽배하게 된다.

셋째, 주당 노동시간의 감소, 조기퇴직현상, 그리고 자유시간근무제(flex-time)의 등장으로 여가시간 이용에 많은 탄력성을 제공하고 있다.

또한 교통수단의 신속화 및 안락화는 장거리 여행수요를 증대시키고 있으며, 이동 그 자체가 여가수요의 발생요인이 되는 경우도 있다. 그리하여 여가시설이나 자원에의 접근성(accessibility)이 향상됨으로써 개인의 여가활동 공간의 광역화를 도모하는 역할을 하고 있다. 특히 자가용 승용차의 소유증대는 여가공급에 있어서 자동차야영장 등 자동차중심적 여가시설의 수요를 증대시키고 있다. 보통 자가용 승용차의 소유자는 비소유자보다 평균 두 배 이상의 여가참여율을 보이고 있다. 이에 대하여는 〈표 6-5〉와 같다.[247)]

〈표 6-5〉 자동차소유 여부별 여가활동부문별 참여율(%)

구 분	자동차 비소유가구	자동차 소유가구
① 활동적 여가	30.0	57.0
② 비공식적 여가	6.2	10.0
③ 야외외출	13.0	27.0
④ 교외여가	33.0	64.0

자료 : J. A. Patmore, *Recreation and Resources*(Oxford : Basil Blackwell, 1983), p.81.

246) Larry C. Loesch, and P. T. Wheeler, *Principles of Leisure Counselling*(Minnesota : E. M. C., 1982), pp.8~10.

247) J. Allan Patmore, *Recreation and Resources*(Oxford : Basil Blackwell, 1983), p.81.

활동적 여가에의 참여율은 자동차 소유가구가 57%로 비소유가구의 30%보다 약 2배 이상의 참여율을 보이고 있으며, 특히 교외여가의 경우에는 평균 30% 이상의 차이를 보이고 있다.

한편, 자동차보급과 여가의 관계는 우리나라의 경우, 1980년에 자동차가 50만대 이상 보급된 이후 매년 급속히 증가하여 2000년말 현재 1,200만대로 늘어났다. 그 중에서 승용차의 보급은 1980년에 25만대 수준에서 1990년에는 207만대로 8배 이상 증가하였으며, 2000년말 현재 808만대로 늘어났다. 특히 자가용 승용차의 경우 1대당 인구가 1980년에는 213명 꼴에서 1990년에는 22.5명 꼴로 크게 낮아졌으며, 2000년에는 6명당 1명 꼴로 낮아져 가족단위 여가활동을 재촉하는 요인이 되고 있다.

5) 생태적 요인

인간의 생태적 환경요인 또한 여가에 커다란 영향을 준다. 도시화나 환경오염, 역사·문화적 자원의 파손, 산업화에 따른 생활환경의 악화는 여가의 수급에 근본적인 영향력을 지니고 있다.

산업구조의 변화로 제기된 농업인구의 감소는 결과적으로 도시로의 인구집중을 초래하였다. 일반적으로 볼 때 선진국에 비하여 개발도상국은 산업화의 부진으로 도시인구의 비율이 낮은 실정이나, 한국과 같이 급격한 도시화 현상을 보이는 경우에는 도시내의 여가시설 및 공간에 대하여 폭발적 수요를 일으키게 되므로 도시공원, 스포츠시설, 교양시설, 녹지공간 등을 공급하는 것이 필연적이다.

한편, 도시화와 더불어 산업화에 따른 생활공간의 극소화와 각종 공해에의 시달림, 그리고 공동체사회에서 유대감의 결여로 인하여 도시인들은 반복적이고 권태로운 생활환경에서 벗어나 자연환경에 대한 동경이 증대하고 있으므로, 이는 도시인의 일상성 해방욕구와도 관련되고 있다.

한국의 경우, 도시환경의 구조적 변화요인으로 첫째, 인구의 도시집중과 인구밀도의 증대, 둘째, 에너지 수급구조의 변화와 소비증대, 셋째, 교통구조의 변화, 그리고 정보·통신분야의 기술혁신을 들 수 있는데, 아직도 도시의 생활환경은 쾌적성, 건전성이 충분하지 못한 실정에 있다. 이처럼 도시생활환경의 악화는 교통수단의 발달에 힘입어 야외 레크리에이션 수요를 증대시키고 있다.

그러나 여가공급대상인 여가공간이나 자원, 시설 등에 대하여 생태계를 무시한 개발과 자연보호대책의 부진, 환경위생대책의 미비는 여가환경의 오염 및 공해현상을 야기하게 되며, 여가자원의 과잉이용은 여가자원의 파괴, 마모를 초래하여 결과적으로 여가수급의 불균형을 가져올 소지가 있다.

기후변화도 여가공급에 커다란 영향을 줄 수 있다. 21세기로 들어와 기상이변 중에서도 지구온난화(global warming) 문제가 관광에도 큰 영향을 줄 수 있다. 기후변화와 변화된 기상패턴은 여행일정에 변화를 줄 수 있고 관광객의 편의와 여행 결정에 영향을 줄 것이며, 결국 여행객의 이동에까지 영향을 미칠 것이다. 또한 간접적으로는 관광의 주요 매력이면서 관광의 기본자원인 자연환경을 바꿈으로써 관광활동에 상당한 영향을 줄 수 있다. 지구온난화로 인해 관광의 수요와 공급패턴이 재구성될 수 있다. 예를 들어, 해변 관광지의 성수기에 극심하게 높은 기온은 관광객들의 여행동기를 감소시키지만, 반면 준성수기(shoulder seasons : 비수기와 성수기의 중간 시즌)의 여행수요는 증가할 수 있다.

반대로 이산화탄소 방출의 5분의 1인은 교통부문에서 기인하고 있기 때문에 관광이동을 위한 교통량의 증가는 지구온난화를 가중시킬 수 있다. 이산화탄소 및 다른 그린하우스 가스의 14%가 운송분야에서 방출되며, 이것은 다른 농업이나 산업과 비슷한 순위에 해당한다. 최근 항공분야 역시 책임론이 대두되고 있다. 2006년 9억 3천만의 항공기 탑승자들에 의해 발생한 CO_2는 전체 방출량의 2~3%를 증가시켰다.[248] 항공을 이용한 관광객은 연간 증가하고 있으며, UNWTO는 2005년 8억의 국제관광객은 2010년엔 11억, 2020년엔 16억으로 늘어날 것으로 예상하고 있다. 이러한 관점에서 관광산업이 기후변화로 인한 영향을 줄이는데 있어 매우 가능성 있는 분야로 지목되고 있다.

248) 한지숙, 「기후변화와 관광」, 한국문화관광연구원, 관광정책이슈, 제5-1호, 2007.

2. 여가주체의 여가활동조건

여가주체, 즉 이용자의 여가활동조건 및 사회경제적 배경(socio-economic background)은 여가수요의 형성에 직접적인 영향을 주는 요인으로 성별, 연령별, 교육수준, 여가시간, 소득, 취업, 가족생활주기(family life cycle), 거주지 및 건강으로 나눌 수 있다. 이들 요인은 상호 밀접하게 연결되어 있는데, 각 요인별 주요 특징은 다음과 같다.

1) 성 별

성별(sex)은 전통적으로 여가에 있어 중요한 역할을 하고 있다. 여가행동에 있어 성별차이(sex difference)는 남·여간의 성적 역할 및 사회적 역할이 상이함으로써 나타나는 일의 소요시간 및 에너지 등의 차이를 비롯하여 지역 및 사회활동에 대한 숙련도 및 흥미 등의 차이에 기인한다. 성별은 초기에 여가의 참여패턴을 구분하는 중요한 사회경제적 변수로 인식되고 있었으나, 오늘날에는 그 차이를 여가의 표현형태와 개인적 능력에 초점을 맞추고 있다.[249)]

성별로 볼 때, 여성은 남성에 비하여 두 가지 면에서 장애가 존재한다. 하나는 가정에 머물러야 하는 것이고, 다른 하나는 자녀를 돌보아야 한다는 것이다. 이것들은 여성들의 옥외활동 참가를 제한하며, 신체적 레크리에이션 활동의 참가를 억제시키는 작용을 한다.[250)]

일본의 여가개발센터의 조사결과를 보면, 여가활동에 대해 남·여간의 차이점을 발견할 수 있다. 일본의 경우에 남성이 여성보다 현저히 높은 참여율을 보이는 활동은 빠찡고, 음주, 야구, 바둑 등의 순위이며, 반대로 여성의 참여율이 더 높은 여가활동은 산보, 드라이브, 체조, 외식, 해수욕의 순

---

249) James F. Murphy, *Concepts of Leisure*(Englewood Cliffs, New Jersey : Prentice-Hall, Inc., 1981), pp.160~161.

250) George Torkildsen, *Leisure and Recreation Management*, 3rd ed.(London : E & FN Spon, 1992), p.92.

으로 나타났다.[251] 이처럼 성별은 각각에 허용되는 여가의 유형 뿐만 아니라 참여의 패턴에도 영향을 준다.

남성은 사회적 접촉이나 노동으로부터의 회복 등을 위한 외적 동기(extrinsic motivation)에 의해 여가에 참여하게 되지만, 여성은 노동보다는 여가를 통한 자아발견을 도모하기 위한 내적 동기(intrinsic motivation)에 의해 참여한다. 특히 주부의 경우, 여가시간은 매스미디어를 통하여 소비되는 경우가 많고 다음으로는 취미활동이다. 이는 곧 남성에 비하여 여성의 여가성향이 정적(static)임을 나타내어 주는 것이다.

이처럼 여가활동의 참여에서 성별 차이가 연령이나 소득보다는 크지 않지만, 남성이 여성보다 더 많은 참여의 범위를 지니고 있는 게 사실이다.

2) 연 령

연령(age)은 여가에 밀접한 관련을 지니고 있다. 젊은 연령층은 새로운 장소를 찾고 활동적인 여가패턴을 추구하는 데 비하여 노년층은 갈수록 친숙한 장소나 정적인 여가패턴을 추구하게 된다.

미국의 고든(C. Gordon)과 스코트(J. Scott)의 조사결과에 의하면,[252] 여가활동의 전체 유형에 대한 참여율에 있어서 20대 연령층은 전체 여가활동에 80% 이상 참여하게 되나, 45~64세의 연령층은 60% 정도 참여하는 것으로 나타났으며, 65~74세의 연령층은 35% 내외, 그리고 75세 이상의 연령층은 25% 이내로 나타났다. 특기할 만한 것은 45~64세를 중심으로 장년층에서는 여성의 여가활동범위가 남성보다 조금 많다는 점이다.

이소아홀라(Iso-Ahola)에 따르면 "여가활동의 성격을 친밀성과 신기성으로 대별할 경우, 청년층은 신기성의 여가대상을 추구하지만 유아기, 아동기, 노년기는 친밀성의 여가대상을 추구하게 된다"고 했다.[253] 한편, 밤멜(Gene Bammel)은 연령별로 스포츠, 사교활동 및 문화의 선호형태를 〈표 6-6〉과

251) (財)餘暇開發센터 編, 「餘暇ハンドブック」(東京, 1977), p.36.

252) C. Gordon, J. Scott, "Leisure and Lives : Personal Expressivity Across the Life Span", in R. H. Binstock, and E. Shanas, eds., *Handbook of Aging and the Social Sciences*(New York, N.Y. : Van Nostrand Reinhold Co., 1976), pp.310~341.

253) Seppo E. Iso-Ahola, *The Social Psychology of Leisure and Recreation*(Iowa : Wm. C. Brown Co., 1980), p.164.

같이 나누고 있다.[254]

여기에서 스포츠 활동은 노년층으로 갈수록 옥외활동의 참가에서 관전지향으로 변화되고 있으며, 사교활동은 젊은층의 다양한 사교활동의 참여형태에서 노인층의 대인접촉형태로 바뀌고 있다. 또한 문화활동에 있어서 노년층으로 갈수록 TV나 종교적 형태를 추구하고 있다.

〈표 6-6〉 연령별 여가활동의 선호형태

연령	스포츠	사교활동	문화
10대	옥외활동의 참가	댄스, 미팅	영화, 록음악
20대	옥외활동의 참가	디너파티, 바	대중오락
30대	비활동적, 덜 참가	가족회의, 방문	연극, 예술, 독서
40대	비활동적, 관전지향	가족지향	여행, 휴가
50대	관전지향	친척, 친구방문	TV
60대	관전지향, 활동력약화	가족중심적, 친구접촉	칩거, TV
70대	관전지향, 활동력약화	친구사귐, 카드놀이	독서, 종교

자료 : Gene Bammel, Lei Lane-Bammel, *Leisure and Human Behavior* (Iowa : Wm. C. Brown Co., 1982), p.232.

3) 교육수준

교육수준(education level)은 개인의 사회경제적 지위 및 소득과 상호 결합된 특징을 보이고 있는데, 특히 교육수준에 따라 얻고자 하는 경험의 유형, 여가관, 참여율 등에 많은 차이점을 보이고 있다.

일반적으로 여가활동은 사회계층 수준과 매우 밀접한 관련을 가지며, 특히 어느 정도의 교육수준을 필요로 하는 활동에 참여할 때에는 더욱 관련성이 있는 것으로 나타났다.[255] 토길드센(G. Torkildsen)에 의하면,[256] 교육

254) Gene Bammel, Lei Lane-Bammel, *Leisure and Human Behavior*(Iowa : Wm. C. Brown Co., 1982), p.232.

255) Max Kaplan, "The Uses of Leisure", *Handbook of Social Gerontology*, The University of Chicago Press, 1960), p.22

256) George Torkildsen, *op. cit.*, p.94.

수준은 여가참여의 양뿐만 아니라 여가선택의 유형에 커다란 영향을 주는 것으로 나타났다.

여가에 대한 교육수준의 영향은 여가에 대한 인식뿐만 아니라 여가의 참여율과도 관련이 있다. 여가의 참여율에 있어서도 야외 레크리에이션활동은 고학력자가 많이 참여하고 있는데, 이는 교양, 식견, 호기심에 대한 욕구의 증대에 기인하는 것이다. 이 점에서 교육수준은 여가의 참여패턴에 영향을 주는 가장 큰 요인이 되며, 위플러(R. Wippler)는 소득수준, 직업적 위광수준(level of occupational prestige)보다도 교육수준이 여가활동의 중요한 지표가 되고 있음을 밝히고 있다.[257] 즉, 교육수준이 높은 계층일수록 여가활동의 양(quantity), 질(quality) 및 형태(type)의 차원에서 보다 왕성하다.

통계청의 사회통계조사(2002년)에 의하면,[258] 여가에 대한 만족도 역시 교육수준에 따라 다르게 나타나고 있다. 즉, 여가에 대한 만족도는 교육수준이 높을수록 높아지지만, 불만족도는 교육수준이 낮을수록 더 크다. 즉, 대졸이상의 만족도는 16.7%이나 국졸의 경우에는 9.5%에 그치고 있는 반면, 불만족도는 대졸이 41.9%인데 비하여 국졸은 50.1%로 더 높다. 이는 곧 여가활동의 선택이나 노력의 차이에 기인하는 것으로 볼 수 있다.

4) 여가시간

미국의 두 여가학자 첩(Michael Chub 및 H. R. Chub)은 그들의 저서 '우리들의 3분의 1 시간' (One Third of Our Life)에서 "인간은 일생동안 수면 및 식사시간 등의 생활필수시간과 생계를 유지하기 위한 노동시간을 빼면 나머지 3분의 1시간은 여가시간으로 남는다"고 하였다.

인간이 여가시간을 유효적절하게 생산적 시간으로 선용하기 위해서 필요한 조건이 있다. 어떤 취미나 목적의식을 먼저 가지고 그 여가활동을 하는데 시간과 돈이 필요할 것이며, 여가시설을 이용하고 서비스를 받아야 할 때도 있을 것이다. 그리고 이럴 때 여가시설과 서비스에 대한 정보도 미리 파악・예약도 하고 그곳의 교통・통신시설의 상황과 지역주민의 수용태세

257) Reinhard Wippler, *Social Determinats of Leisure Behavior*(Assen : Van Gorcum, 1986).

258) 통계청, 「한국의 사회지표」(서울, 2002), p.313.

등도 미리 알아두어야 할 사항이다. 이 중에서 가장 중요한 요소는 시간과 돈의 문제이다. 통계청이 발표한 '2002 한국의 사회지표'에 의하면 여가활용에 대한 불만 이유로 '96년의 경우, ① 경제적 부담(39.2%)과 ② 시간부족(29.7%)을 대표적으로 꼽았다.

결국 여가활동에는 여가시간의 비중이 그 만큼 크다는 것을 말한다. 그러나 지금도 여가시간은 점차적으로 증가되고 있지만, 향후에는 확실히 더 많은 여가시간을 갖게 될 것이다. 그 이유로는 '주5일근무제'가 2003년 말 또는 2004년 초에 시행되면 주 2일간의 휴일을 통하여 개인시간이 엄청나게 확대될 것이고 또한 유급휴가제, 연월차 및 생리휴가제, 탄력적 근로시간제, 재택근무제, 정년단축 등의 제도에 의하여 여가시간이 더 많아질 것이다. 이제 앞으로는 근로시간의 단축으로 인한 자기계발을 추구하고 삶의 질 향상과 더불어 인간다운 삶을 추구하기 위해 여가시간 선용을 위해 노력하는 시대가 올 것이다.

5) 소득수준

소득(income)수준은 여가수요의 경제적 구성요소 중 가장 중요한 위치를 점유하는 요인으로 여가 공간구조를 변경시킬 수 있는 구매력을 의미한다. 일반적으로 소득수준이 낮은 단계에서는 활동의 대상이 기초적인 욕구를 충족시키기 위한 최소한의 의식주로 기울어지나 소득이 증가하여 기초적인 욕구를 충족시키게 되면 사람들의 관심은 여가 등 2차적인 소비로 이동하게 된다. 일반적으로 교육수준이 여가의 참여유형에 영향을 준다면, 소득수준은 여가활동의 참여율에 상대적으로 많은 영향을 준다고 볼 수 있다.

일반적으로 소득수준이 낮은 단계에서는, 사람들의 소비의 대상은 기초적인 욕구를 채우는 것, 즉 최소한의 의식주(특히 식)로 향해진다. 엥겔의 법칙은 이러한 사실의 경험법칙의 하나에 지나지 않는다. 그러나 소득이 늘어나고, 이 욕구가 채워지면 사람들의 관심은 차츰 선택적, 2차적인 소비로 바뀌고, 소비지출은 다양화해 간다. 이것은 가계상으로는 잡비 비중의 증대라고 하는 것에 집약적으로 나타나는데, 의식주에 대해서도 식생활에 있어서의 부식품, 선호식품, 외식의 증가와 의(衣)생활에 있어서의 패션화라는 현상으로 간주된다. 마찬가지로 여가에 대한 관심의 고조와 거기에 동반되는 여가관계 지출의 증대도, 소득의 상승에 의한 선택적, 2차적 소비증대의 전형적인 하나의 현상이라고 볼 수 있다.[259]

소득은 여가활동의 참여율에 대한 수요결정요인이다. 즉, 소득수준이 높을수록 여가의 참여율이 더욱 높아진다. 1986년에 저축추진중앙위원회가 우리나라의 의식조사를 실시하였는데,[260] 그 중 여가에 대한 참여정도에 대한 분석결과를 보면, 〈표 6-7〉에서와 같이 참여에 관심이 없거나 형편이 못된다는 의견은 저소득층이 74.2%, 중소득층이 58.7%이나 고소득층은 36.2%로 낮은 반면, 여가에 참여하고 있다는 의견은 저소득층이 25.4%, 중소득층이 41.1%, 고소득층은 63.4%로 소득수준별로 많은 차이를 보이고 있다. 그리고 하계숙박여행 등 장거리 숙박여가에 대한 참여율에서도 소득수준이 높을수록 그 참여율이 증가되고 있다.

〈표 6–7〉 소득수준별 여가참여 수준

구 분	저소득층	중소득층	고속득층	계
여가를 생각할 여유도 없다	20.8	9.2	4.0	10.6
여가를 가질 형편이 못된다	53.4	49.5	32.2	46.1
여가에 가끔 참여한다	21.7	36.2	51.6	36.7
여가에 자주 참여한다	3.7	4.9	11.8	6.3
무응답	0.3	0.3	0.4	0.3

자료 : 저축추진중앙위원회, 「한국인의 생활의식조사 : 경제생활을 중심으로」(서울, 1986), p.6.

따라서 소득수준은 여가참여에 있어서 교육수준 및 사회계층과 밀접히 연관되어 나타나기 때문에 소득수준과 여가참여율 간에는 정(+)의 상관관계를 맺고 있다고 할 수 있다.

259) 熨斗隆文, 「現代の餘暇」(東京 : 日本經濟新聞社, 1974), p.62.
260) 저축추진중앙위원회, 「한국인의 생활의식조사 : 경제생활을 중심으로」(서울, 1986), pp.63～66.

6) 직 업

직업(occupation)별 특성 또한 여가의 참여율 및 활동패턴에 많은 영향을 준다. 1960년 미국의 야외 레크리에이션 자원조사위원회(ORRRC)가 조사한 직업별 연간 여가활동 일수를 살펴보면, 전체 평균인 28.2일보다 더 많이 여가활동에 참여하는 직업층은 전문직이 36.7일로 가장 많고, 사무·판매직(화이트칼라)이 32.8일 그리고 수공업자가 30일이다. 반면 평균 활동일수에 못 미치는 직업층은 농부가 16.8일, 서비스업자가 26일, 경영·행정직이 24.4일, 작업직이 27일이다.[261] 이는 곧 노동환경의 조건과 여가참여 간에는 의미있는 관계가 있음을 뜻하는 것이다.

직업적 위광(occupational prestige)의 수준별 여가참여수준에 대한 클라크(A. Clark)의 연구에 의하면,[262] 직업적 위광이 높은 직업군들일수록 문화적인 여가활동이나 사교적인 여가활동을 선호하고 있는데 비하여 상대적으로 직업적 위광이 떨어지는 직업군인 경우에는 집에서의 단순한 휴식이나 기분전환 등의 여가활동에 더 많이 참여하고 있는 것으로 나타났다.

한편, 앞서 저축추진중앙위원회의 조사결과에 있어서도 이와 유사한 결과가 나타났는데, 우리나라의 경우, 여가참여가 많은 직업계층은 전문·관리·기술직(64.4%), 사무직(57.4%), 판매서비스직(34.7%), 생산직(30.2%), 농림어업(30.7%)의 순위로 나타났다.

1977년 영국의 총가구조사(General Household Survey) 결과에 따르면, 대체로 전문직의 여가참여율이 높은 반면 비숙련노동자의 참여율은 낮은 것으로 나타났으며, 특히 야외스포츠의 참여율은 전문직이 54%, 비숙련노동자는 14%로 커다란 차이를 보이고 있다.[263]

또한 여성의 여가활동은 직업소유 여부에 따라 달라질 수 있다. 직업을 가진 여성은 활동적(active) 여가생활을 더 많이 추구하는데 비하여 직업이

---

261) ORRRC, *Outdoor Recreation for America*(Washington, D.C., 1962), pp.27~28.

262) A. Clark, "The Use of Leisure and its Relation to Levels of Occupational Prestige", *ASR21,* 1956, p.304 ; G. Bammel, and L.L. Bammel, *Leisure and Human Behavior*(Iowa : W.C.B. Company Publishers, 1982), p.92.

263) Office of Population Censuses and Surveys, Social Survey Division, *General Household Survey*(London : HMSO, 1979), p.124.

없는 여성의 경우에는 정원손질, 산보 등 수동적(passive) 여가활동을 선호하는 경향이 높다.

7) 가족생활주기

가족생활주기(family life cycle) 또한 단계에 따라 여가활동수요에 영향을 준다. 가족생활주기란 가족의 형성단계로부터 해체에 이르는 동안 가구원의 변동을 기준으로 크게 신혼기, 친자녀가족기, 노년기로 나눌 수 있다. 일본의 松原治郎은 가족생활주기별 여가유형을 〈표 6-8〉과 같이 가족협동적 여가, 가족서비스적 여가, 가족공헌적 여가, 가족갈등적 여가로 분류하고 있다.[264]

이들 여가유형은 모든 가족에게서 나타나는 형태이지만, 가족협동적 여가는 신혼기에, 가족서비스적 여가는 친자녀 가족기 등에서 주로 나타나고 있다. 그리고 여가활동이 가족의 통합에 공헌하는 유형으로는 일요목공과 같은 것이 있으며, 가족구성원 간의 공통적 참여가 불가능한 낚시, 테니스, 골프 등의 활동은 가족간 갈등을 유발할 수 있다.

〈표 6-8〉 가족여가의 유형과 특징

여가유형	행동패턴	여가욕구의 충족패턴	가족기능의 공헌 유무	예
가족협동적 여가	집합적	집합적	유	가족여행
가족서비스적 여가	집합적	개인적	유	동·식물원
가족공헌적 여가	개인적	개인적	무	일요목공
가족갈등적 여가	개인적	개인적	무	골프, 테니스, 낚시

자료 : 松原治郎, 「餘暇社會學」(東京 : 垣內出版, 1976), p.145.

가족생활주기는 오늘날 여가행동 및 수요를 이해하는데 유용한 틀을 제공하고 있으며, 개인의 여가행동도 근원적으로는 가족구성원의 상호작용 및 생활주기와 관련이 있다. 가족은 여가행동에 대한 커다란 의사결정단위

264) 松原治郎, 「餘暇社會學」(東京 : 垣內出版, 1976), pp.145~155.

(decision- making unit)인데, 커닝햄(Isabella Cunningham)과 그린(R. T. Green)의 연구결과를 보면,[265] 가족여행에 대한 의사결정자는 주로 주부와 공동으로 담당하는 형태로서 전체의 84%를 차지하고 있다.

1993년에 실시된 미국신문사협회의 조사결과는 생활주기별로 여가활동에 참가하게 되는 비율이 다름을 나타내고 있다.[266] 이를 보면 10대는 다른 연령대보다 TV시청, 음악감상, 전화걸기, 운동, 잡지읽기, 취미활동에 대한 참여율이 높으며, 65세 이상은 신문읽기, 독서, 정원손질의 참가가 높다.

그러나 가족생활주기는 연령, 직업, 교육수준, 소득수준과 밀접한 관련성을 지니고 있으므로 개인의 여가행동에 대한 연구에 있어서는 이에 대한 연구가 선행되어야 한다.

8) 거주지

거주지(residence) 또한 여가참여율과 수요에 영향을 준다. 여가주체의 거주지는 여가기회의 가능성을 결정하는 중요한 요인으로 미국에서 조사한 지역별 여가참여빈도를 살펴보면,[267] 옥외수영, 드라이브, 피크닉은 도시지역 주민의 참여빈도가 더 많은 반면, 낚시, 사냥, 캠핑은 농촌지역의 주민이 더 많다.

우리나라에 거주지별 여가참여유형에 대한 사회통계조사의 결과를 볼 때,[268] 도시인은 농촌인보다 수면과 가사 등 소극적인 활동을 제외한 모든 활동에 더 많이 참여하고 있음을 볼 수 있다.

통계청 자료에 의하면, 도시가구와 농가간의 여가활용비 지출률에 있어서 커다란 격차가 나타나고 있으며, 오히려 격차가 심화되고 있음을 보여주고 있다. 도시가구의 여가활용비(교양오락비)의 비율은 1976년의 1.6퍼센트에서 1982년에는 3.7퍼센트로 늘어나고 1991년에 5퍼센트대로 진입하여 2000년 현재 5.2퍼센트를 차지하여 점차 증가되고 있다. 그러나 농가의 여가활용비

265) Isabella C. M. Cunningham, and R. T. Green, "Purchasing Roles in the U.S. Family, 1955 and 1975", *Journal of Marketing*, Vol. 38, No. 4, 1974, p.64.

266) Newspaper Enterprise Association, *Where Does the Time Go? The Unitied Media Enterprises Report on Leisure in America* (New York : N.E.A., 1993).

267) ORRRC, *op. cit.*, p.28.

268) 經濟企劃院, 「前揭書」, p.312.

의 비율은 1976년의 1.1퍼센트에서 1982년에는 1.8퍼센트까지 증가하였으나, 이후 감소하여 1985년부터 2000년까지는 0.7~0.9퍼센트 수준을 유지하고 있다. 이는 농가(14만 3천원)에 비해 도시가구(84만 5천원)의 여가활용비가 금액면에서는 7.7배가 많은 것이며, 가계지출의 비율에 있어서는 7.4배에 달하는 것으로 도·농간 여가활용비 지출의 격차가 심화되고 있음을 보여주는 것이다.[269)]

9) 기타 요인

이밖에도 여가수요 및 참여에 영향을 주는 요인에는 개인의 건강수준, 인종(race), 자동차 소유여부, 종교 등을 들 수 있다. 특히 개인의 건강수준은 여가활동의 필수적 조건이 되며, 건강정도는 여가의 참여여부 뿐만 아니라 여가활동의 유형을 결정한다. 즉, 건강한 사람일수록 활동적 행위나 이동행위를 수반한 여가활동을 선호한다면, 건강이 좋지 않은 사람은 정적이면서도 감상적이고, 시청각에 크게 의존하는 여가활동에 그칠 수 있다.

3. 여가주체의 심리적 요인

심리적으로 볼 때 인간의 여가수요를 형성하고 여가참여를 촉진하는 데 인간의 심리적 요인의 영향이 크게 작용한다. 본래 인간의 행동은 목표지향적(goal-oriented)인 성격을 가지고 있으며, 관찰이 가능하고 분명하게 표현되는 행태이다. 이처럼 여가주체의 수요에 영향을 주는 요인에는 여러 가지가 있으며, 여기에서는 지각, 태도, 학습, 동기, 성격 등 다섯 가지로 분류하여 검토하고자 한다.

1) 지각(知覺)

지각(perception)은 인간의 오감을 통하여 그들의 환경을 알게 되고 그것에 의미를 부여하는 과정으로서, 여가주체의 여가객체에 대한 다양한 지각

269) 통계청, 「2001년도 한국의 사회지표」, 2002.

은 그의 사회경제적 배경의 특징과 밀접한 관련이 있다. 특히 여가경험, 여가시간, 여가대상에 대한 지각은 여가활동의 참여에 중요한 역할을 한다.

여가활동에 대한 지각의 대부분은 과거의 경험에 기초한다. 좋은 경험을 하게 될 경우에는 이미지가 개선될 수 있으나 좋지 못한 경험은 나쁜 이미지를 가져올 수 있다. 또한 여가시간에 대한 지각은 일에 대한 책임의 영향을 받게 된다.

한편, 에드리지(F. M. Ethridge)는 여가주체의 지각을 일상생활의 상황에 의하여 파악하고 있는데,[270] 젊은층은 의사전달이 잘되고 영감을 주며 자유롭고 신비로운 자연적 매력을 중시하는데 반하여, 노년층은 행복, 심미성, 지속성, 친근성을 선호한다.

2) 태도

태도(attitude)는 여가를 인식하는 방식으로 개인의 여가추구와도 밀접한 영향을 준다. 여가태도의 개념화 과정을 보면, 개인에게 주어진 선행요소(antecedents)는 신념(belief)을 형성하고 이는 호의적 또는 비호의적인 태도를 갖추게 되며, 태도는 개인에게 수요를 형성하는 결정을 자극하고 최종적으로 여가행동에 참여하는 것이다.[271] 이처럼 태도는 개인이 그의 주변세계, 대상, 상징을 호의적 · 비호의적으로 평가하려는 성향이며, 여가행동 전반에 작용하는 중요한 지침은 아니나, 여가참여의 여부를 결정하는 중요한 역할을 하고 있다.

여가에 대한 태도의 대표적인 예는 개인별 생활의 주관심사(contral life interest)가 어디에 있는가에서 찾을 수 있다. 일본의 경우에 여가에 대하여 생활의 주된 관심을 두는 비율은 75년의 16%에서, 80년에는 20%, 85년에는 25%, 그리고 90년에 30%로 증가하고 있어,[272] 여가수요에 중요한 역할을 하고 있음을 엿볼 수 있다.

---

270) F. Maurice Ethridge, "Everyday Life Conditions and Travel Orientation", *Annals of Tourism Research,* Vol. 10, No. 4, 1983, p.574.

271) Seppo E. Iso-Ahola, *op. cit.*, p.253.

272) 日本海事廣報協會, 「海洋ｸﾘｪｴ-ｼｮﾝ現狀展望」 (東京, 1986), p.2.

3) 학습

학습(learning)은 과거경험(past experience)에 기초한 행동의 변화로서 행동패턴이 자극반응 및 인지메커니즘에 의하여 성립 또는 수정되는 과정이다. 여가활동에 있어서 '여가경험발달사'(experience use history)라는 용어가 자주 거론되고 있는데,[273] 과거의 여가경험은 향후의 여가참여에 관한 결정을 하는데 있어서 필요한 정보의 양과 유형을 제공하는 준거기준(frame of reference)이 되고 있다.

인간의 삶은 학습의 연속이듯이, 여가행동도 과거의 여가경험에 대한 학습의 결과이다. 여가행동에 대한 경험이 풍부할수록 동일한 여가활동에 대한 참여결정에 있어서 다른 사람과는 달리 신속정확하게 판단한다. 특히 여가목적지의 선정이나 교통수단, 숙박시설, 여가비용, 여가시기, 동반형태 등에 있어서 과거경험은 많은 참고가 된다.

학습에 있어서 과거경험의 역할 못지 않게 중요한 것은 정보 및 기술(skill)이며, 여가활용방법이나 기술이 부족한 사람의 경우에는 여가참여에 많은 제약을 받게 되고, 풍부한 사람의 경우에는 정보에 대한 민감성 또한 여가활동에 중요한 역할을 담당하게 된다.

4) 동기

동기(motivation)는 여가활동의 유형을 결정하는 중요한 요인이다. 잠재적 참여자가 여가참여의 다양한 예비적 단계를 거쳐야 할 경우, 그들은 처음에 개인적 동기형태에 의하여 영향을 받게 된다. 여가동기는 어떤 경우에는 지각단계에서 중요한 역할을 하며, 개인의 여가결정초기에 여가참여를 촉진하는 기능을 갖고 있다.

위트(P. A. Witt)와 엘리스(G. D. Ellis)는 여가참여의 동기로서 휴식, 잉여에너지의 방출, 보상, 정화, 적정자극, 사교, 지위, 창조적 표현, 기술개발, 자기이미지 등 열 가지를 제시하고 있으며,[274] 틸만(A. Tillman)은 여가동

273) Richard Schreyer, et al., "Characterizing to the Influence of Past Experience on Recreation Behavior", *Journal of Leisure Research*, Vol. 16, No. 1, 1984, p.34.

기로 새로운 경험, 휴식, 인지 및 정체성, 안전, 위엄, 사회적 상호작용, 지적활동, 창조성, 타인에 대한 봉사, 신체훈련 등 열 가지를 제시하고 있다.[275] 이처럼 동기는 욕구, 충동, 욕망, 본능 등의 총체적 개념으로 여가참여의 기초적 요인이 되고 있다.

5) 성격

성격(personality)은 일상생활양식에서 표출되는 개인의 행동패턴 및 지적구조(mental structures)로서 앞서 설명한 지각, 학습, 태도, 동기, 감정, 역할 등의 복합체(composite)이다. 성격은 여가활동의 선택과 참여의 양과 질을 결정할 뿐만 아니라 즐거움을 얻는 정도를 결정하는 중요한 역할을 하고 있다.

홀(C. S. Hall)과 린드지(G. Lindzey)는 성격을 개인이 타인과 성공적으로 상호작용을 하는 그의 기술(skill) 또는 타인에 대한 자신의 인상(impression)으로 규정하고 있는데,[276] 이에 따르면 성격에는 창조성, 사교성, 공격성 등이 내포되어 있다. 사회적 학습이론(social learning theory)에 따르면 성격, 즉 개인차(individual difference)는 학습의 차이에 기인하는 것이며, 자아이론(self-theory)에서는 성격을 개인적 감정 또는 경험으로 인식되고 있다. 여가행동에 대한 성격의 역할은 여가의 참여수준, 참여패턴, 참여효과 등에 영향을 주는 것으로서, 보통 라이프 스타일(life style)과 관계가 깊다.

라포포트(P. Rapoport)와 라포포트(R. N. Rapoport)는 여가의 생활주기별 라이프 스타일을 인간의 활동(A), 관심(I), 경향(O)과 연결시키고 있는데 그 내용은 〈표 6-9〉와 같다.[277] 이 가운데 특히 각 단계별 관심사항을 살펴보면, 청소년기에는 여가에서의 다양성, 변화, 신비성을 추구하며, 중년기에는 사회적 인정, 그리고 노년기에는 대인적 유대를 추구하고 있음을 볼 수 있다.

---

274) Peter A. Witt, and G. D. Ellis, "The Leisure Diagnostic Battery", *Society and Leisure,* Vol. 7, No. 1, 1984, p.116.

275) A. Tillman, *The Program Book for Recreation Professionals*(California, Palo Alto : National Press Books, 1974), pp.57~58.

276) C. S. Hall, and G. Lindzey, *Theories of Personality*, 2nd ed.(New York : John Wiley and Sons, Inc., 1970), pp.4~6.

277) P. Rapoport, and R. W. Rapoport, *Leisure and Family Life Cycle*, 1975, pp.14~24.

〈표 6-9〉 생활주기별 라이프 스타일

구분	청소년기	중년기	노년기
활동(A)	창작, 교제, 예술, 수예, 감상, 영화, 연구, 학습, 자연학습, 모험여행, 스포츠	실익적 가사(DIY), 취미 여가, 가족여행, 건강유지 여가, 금전소비형 여가	관람형 여가, 시간소비형 여가, 휴식, 산보, 일광욕, 원예, 가벼운 운동
관심(I)	다양성, 변화, 정치, 무관심, 자기실현, 우정, 경험, 신비성 추구	생활투자, 정신·육체적 균형, 사회적 안정, 성공, 재정적 안정, 세간의 동향	수입, 재산, 종교, 친구, 친척간 유대, 건강, 고독의 탈출
경향(O)	자율, 자극성, 사교성, 도덕적 민감성, 권위부정	생산성, 가정생활 충실, 안정성과 발전, 위생과 건강, 중용, 생활투자	사회적 연대, 생활불안, 육체적 한계, 장래예측, 생활양식의 재구성, 쾌락

자료 : P. Rapoport, and R. W. Rapoport, *Leisure and Family Life Cycle*, 1975, pp.14～24.

또한 플로그(S. Plog)는 여가목적지를 선택하는 개인의 성격을 알로센트릭(allocentric)과 사이코센트릭(psychocentric)의 연속체로 인식하고 있다.[278] 전자는 모험적이고 신기한 목적지를 선택하는 부류이고, 후자는 친숙하고 안전한 목적지를 선택하는 부류이다. 따라서 성격은 여가행동의 특징을 좌우하는 중요한 영향요인이라 할 수 있다.

4. 여가객체의 물리적 요인

1) 수용력

수용력(carrying capacity)이란 자원의 현저한 생물학적·물리적 변화나 여가경험의 중대한 손상없이 제공될 수 있는 여가기회의 횟수를 의미한다.

278) Stanley G. Plog, "Why Destination Areas Rise and Fall in Popularity", *Cornell Hotel and Restaurant Administration Quarterly*, November 1973, pp.13～16.

여가수요에 대응하는 자원의 용량은 면적보다 더 유용한 도구가 되고 있다.

특히 영국의 지방위원회(Countryside Commission)는 여가수용력을 자원의 질과 양, 그리고 여가경험의 중대한 손상없이 한 지역에서 제공되는 여가이용수준으로 정의하고 있다.[279] 이는 곧 수용력에는 물리적 요인과 심리적 요인의 두 요인이 기초가 되고 있음을 뜻하는 것이다.

여가수용력은 크게 물리적 수용력, 경제적 수용력, 생태적 수용력, 사회적 수용력으로 구분된다.

① 생리적 수용력(physical carrying capacity) : 어떤 장소가 수용되어 운영될 수 있는 사람의 수와 활동의 최대수준

② 경제적 수용력(economic carrying capacity) : 여가가 다른 어떤 오락형태와 결합되는 자원의 복합적 이용능력

③ 생태적 수용력(ecological carrying capacity) : 생태적 가치의 예기치 않은 저하가 발생하기 전에 어떤 여가이용자의 수와 활동의 최대수준

④ 사회적 수용력(social carrying capacity) : 여가경험의 질적 하락이 없이 이용될 수 있는 여가이용량의 최대수준

따라서 여가수용력은 이용자의 태도, 행동뿐만 아니라 생태적·물리적 속성까지 포함된다. 이러한 수용력의 개념은 최대량(maximum)에만 중요성이 있는 것이 아니며, 최적화(optimum)하는 데에도 목표가 있는 것이며 이것은 여가수요의 유인요인이 되고 있다.

2) 접근성

여가공급의 물리적 요인에는 접근성이 있다. 접근성(accessibility)은 여가자원의 공급효율을 증대시키는 중요한 변수가 되며, 특히 이용자 지향형 여가자원의 경우에는 접근성이 여가공급의 1차적 고려사항이다.

그리피즈(G. T. Griffiths)는 여가참여에 영향을 주는 공급특성의 하나로서 접근성을 들고 있는데,[280] 그에 따르면 접근성은 "참여할 가능성(ability

---

279) Countryside Commission, *Countryside Recreation Glossary*(London : Countryside Commission, 1970), p.2.

280) G. T. Griffiths, "Recreation Provision for What?", 1981, requoted in George Torkildsen, *Leisure and Recreation Management*(London : E. & F. N. Spon, 1983),

to participate)"이며, 크게 지각적 접근성, 물리적 접근성, 재정적 접근성, 사회적 접근성으로 나누고 있다(그림 6-3).

지각적 접근성에는 자각, 유인, 동기가 있으며, 물리적 접근성에는 입지, 분포, 거리, 교통이 있다. 또, 재정적 접근성에는 교통비, 사전 및 사후비용이 있으며, 사회적 접근성에는 자유시간, 프로그램 내용, 경영정책이 포함된다. 이러한 접근성 모형(accessibility model)은 아주 광범위한 특징을 보이고 있는데, 자원뿐만 아니라 이용자의 특징까지 포함하고 있다.

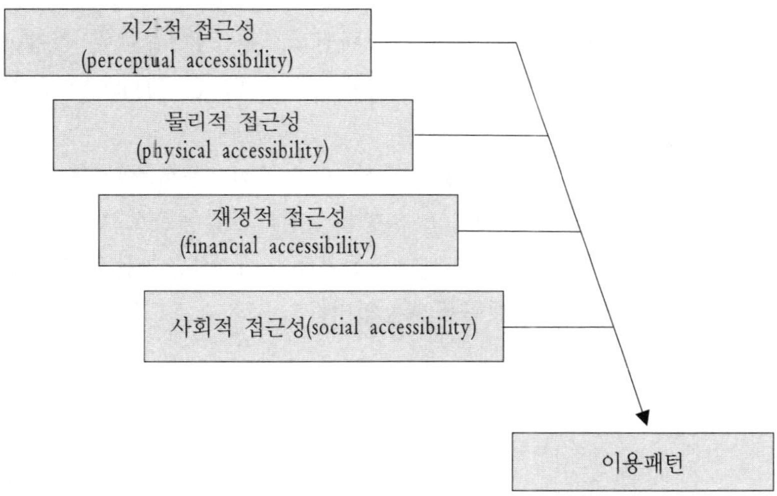

[그림 6-3] 여가참여와 접근성

3) 자원관리

물리적 요인의 하나로 자원관리(resource management)를 들 수 있다. 여가자원에 대한 관리는 자원의 가치를 높이고 공급의 질을 향상시키는 요인이 되고 있는데, 자원의 유형별에 따라 관리의 영역도 좌우된다. 관리의 기술은 양질의 경험을 제공하는 중요한 변수로서 관리기술이 낙후될 경우에 이용자의 자원이용은 저하되고, 심지어는 불가능할 수 있다.

---

pp.235～236.

쥬벤빌(Alan Jubenville)은 여가관리를 자원관리와 이용자관리로 나누고 있는데,[281] 이중 자원관리(resource management)의 영역으로 토양, 수질, 대기, 식물, 동물에 대한 조사와 장소관리, 식물관리, 경관관리, 생태계관리, 위험관리에 대한 프로그램을 제시하고 있으며 훌륭한 자원관리는 여가공급의 질을 결정하는 중요한 요인이 된다.

4) 행사프로그램

여가자원의 질을 결정하는 또다른 요인은 행사프로그램(event programme)이다. 여가자원의 물리적 형태만으로는 여가공급의 질을 향상시키기가 부적절할 경우에는 물리적 형태를 기반으로 한 행사 프로그램이 중요한 영향을 미친다.

여가행사 프로그램의 제공은 공공조직, 상업조직, 종교조직 등 다양한 기관에 의하여 행해질 수 있으며, 그 유형은 신체적 활동프로그램, 지적 활동프로그램, 예술적 활동프로그램, 사교활동프로그램, 실습활동프로그램, 특별프로그램 등으로 다양하게 제공될 수 있다.

281) Alan Jubenville, *Outdoor Recreation Management*(Philadelphia : W. B. Saunders Co., 1978), p.21.

제7장 여가자원의 개발 및 관리체계

LEISURE & MODERN SOCIETY

제 1 절 여가자원개발의 개념과 유형

1. 여가자원개발의 개념

여가자원개발의 정의를 내리기 위하여 여가의 정의, 여가자원의 정의, 여가개발의 정의부터 알아보자. 여가가 시간인 동시에 활동이며 한편으로는 상태 등의 의미를 지니고 있는 것이라면 그것은 그 행동이 구체적으로 수행되는 공간, 즉 자원과 밀접한 관계를 갖고 있다. 앞서 여가를 개인이 가정, 노동, 기타 사회적 의무로부터 벗어난 자유로운 상태 하에서 휴식, 기분전환, 자기계발 및 사회적 성취를 이루기 위하여 활동하게 되는 시간으로 정의한 바 있으며, 이러한 여가의 본질은 여가자원의 개념정립에도 도움이 되고 있다.

이와 같은 여가의 개념에 입각하여 여가자원(leisure resource)을 "개인 또는 집단이 자유로운 시간에서 휴식, 기분전환, 자기계발 및 사회적 성취를 이루기 위하여 이용되는 자연적 · 인문적 대상"으로 정의하고 이러한 여가자원의 개념적 특징을 다음 몇 가지로 규정하여 보고자 한다.

첫째, 여가자원의 이용주체(subject)는 개인 또는 집단이다.

둘째, 여가자원의 이용시간(time)은 자유시간이다.

셋째, 여가자원의 이용목적, 즉 여가동기(motivation)로는 휴식, 기분전환, 자기계발 및 사회적 성취 등을 들 수 있다.[282)]

넷째, 여가자원의 이용대상(object)은 자연적 자원 이외에도 인위성(man-made)이 가미된 인문적 자원까지도 포괄한다.

다섯째, 여가자원의 이용촉진(promotion)은 개발에 의해서만 가능하며, 여가자원은 경제적 가치를 지니는 동시에 사회문화적 가치를 지니고 있으므로 파손 또는 마모의 위험성에 대비한 관리를 철저히 할 필요가 있다.

과연 여가자원은 무엇인가? 인간의 작위적 노력에 의하여 변모되지 않는 산악이나 협곡, 호수, 강, 산림만을 생각하고 도시공원이나 영리적 여가산업 등의 인위적으로 개발된 지역이나 시설은 이에 포함하지 않는 이론도 있다. 그러나 여가자원은 자연자원 뿐만 아니라 인문자원(man-made resources)까지도 포함하는 것이 상례이며 사회적 자원(social resources) 또는 문화적 자원이 그러한 예에 해당한다. 그러므로 여가자원은 "형태나 위치에 관계없이 여가기회(leisure opportunity)를 공급하는 기초가 된다"는[283)] 뜻으로 풀이된다.

다음에는 여가개발의 정의를 알아보자. 여가개발은 여가에 대한 정책 및 계획을 구체적으로 실현하고자 하는 것으로서 그 의미는 아주 다양하다. 일반적으로 여가개발이라는 말은 주로 자원개발의 뜻으로 알려져 있으나 여가개발의 범위는 광범위하다. 따라서 우선 개발의 의미부터 이해하여 보고자 한다.

일반적으로 개발(development)은 구성원이 원하는 바람직한 상태로의 질적인 전환을 뜻하며 양적인 의미의 성장과는 그 뜻을 달리한다. 웹스터(Webster) 사전에서는 개발을 "진보적 변화를 통한 성장"으로 정의하여 개발을 현재보다 개선된 상태나 과정으로 기술하고 있다.[284)]

---

282) Alan Jubenville, *Outdoor Recreation Planning*(Philadelphia : W. B. Saunders Co., 1978), p.67.

283) Michael Chubb, H. R. Chubb, *One Third of Our Time?* (New York : John Wiley & Sons, Inc., 1981), p. 288.

따라서 여가개발의 개념을 규명하는데 있어서는 여가와 개발이라는 용어간의 의미가 여가를 중심으로 조합되어야 한다. 그러므로 "여가개발은 여가주체인 이용자의 욕구 및 동기를 충족시키기 위하여 인간의 노력과 자본을 투입하여 여가대상이 지니고 있는 편익을 높여주고 동시에 여가가치를 창조해 가는 의도적 과정"으로 정의할 수 있다. 그러므로 여가개발은 넓게 여가정책과 개발, 여가수요와 개발, 여가자원의 개발 등을 포함하는 개념이다.

끝으로 여가자원개발의 정의를 살펴보자. 여가자원개발(leisure resources development)은 근본적으로 여가자원의 양적 증가와 질적 향상을 도모하려는 과정이다. 따라서 여가자원의 개발은 여가주체의 행동을 일으키고 그 동기를 충족시켜 주기 위하여 여가자원의 노력과 자본을 투입하여 자원으로서의 가치를 부여하려는 과정이다. 여기에서 주목해야 할 것은 여가자원은 하나의 상품으로 비유될 수 있는데, 이는 곧 여가이용자의 행동대상으로서 가치가 있는 모든 대상을 지칭하게 된다. 따라서 여가자원은 자연자원, 문화자원 뿐만 아니라 레크리에이션시설, 행사(event) 및 심리적 욕구(psychological appeals)까지 포함한다.[285] 또한 여가자원은 현재 이용되고 있는 것뿐만 아니라 자원으로서의 잠재력이 있는 것까지 포함할 수 있다.

2. 여가자원개발의 원리

여가자원의 개발은 여가자원, 특히 자연 및 문화적 자원을 있는 그대로 보존·활용하는 의미와 기존자원에 인공(노력과 자본)을 가미하여 새로운 형태의 시설 및 공간을 조성하는 것까지 포함하고 있는데, 여가자원 개발은 다음과 같은 점에서 그 필요성이 제기되고 있다.

첫째, 여가자원은 국민의 여가욕구 및 수요패턴의 변화에 적극적으로 대처하기 위하여 개발할 필요가 있다. 국민의 여가형태는 동태적 양상을 보임에 따라 이에 대응하기 위한 시의적절한 자원의 개발이 필요하다.

둘째, 여가자원은 그것이 지니는 고유한 특성과 매력을 보호 및 보존하여

284) 유종해 외 공저, 『행정학사전』(서울 : 법문사, 1984), p.403.

285) Chuck Y. Gee, *The Travel Industry*(Conneticut : The AVI Publishing Co., 1984), p.92.

자원으로서의 가치상실을 최대한 줄이기 위하여 개발이 필요하다. 이와 관련하여 미국의 플로그(Stanley C. Plog)는 어떤 여가자원은 인간과 같이 생애주기(life cycle)를 지니고 있어 그 여가자원은 시간이 지남에 따라 그 매력과 인기가 상실되고 있음을 지적하고 있다.[286)]

이러한 필요성에 의거해 볼 때, 여가시설의 개발에는 다음과 같은 원리가 적용될 수 있다.

① 여가자원의 개발에는 지역주민의 의견이 반영되고 그들의 사회 및 경제적 편익을 보장하여야 한다.

② 여가자원의 개발에는 저소득층, 노인층, 신체장애자 등 특정집단들이 별다른 제약없이 저렴하게 이용할 수 있는 시설이 포함돼야 한다.

③ 여가자원의 개발에는 지역의 자연적 환경의 보전을 제1차적 목표로 삼고, 이와 함께 자원이용의 적정성 유지 및 계절적 편중을 방지할 수 있어야 한다.

④ 여가자원의 개발에는 자원의 양적 확대보다도 개개인에 대한 여가경험의 질(quality of leisure experience)의 향상에 더 많은 관심을 두어야 한다.[287)]

⑤ 여가자원의 개발에는 시장원리가 적용되어야 한다. 즉, 소위 'TIM 원칙'을 원용하면, 이용자가 거주지에서 목적지까지 떠나서 돌아오는데 시간(T)이 적게 소요되고 이용자의 경제적 사정(I)이 고려되어 다양하고 신속한 교통수단(M)이 구비될 수 있는 지역에서 자원을 개발하여야 한다.

⑥ 여가자원의 개발은 이용과 더불어 보존의 개념이 포함되어야 한다. 인간생활과 자연자원 및 문화재의 기본적 관계를 파악하여 자원 및 문화재에 대한 가치의 중요성을 인식하고 이들을 어떻게 보호할 것인가, 그리고 각종 개발사업과 이들의 보호를 어떻게 조화시켜 갈 것인가 하는 과학적 방법을 강구하지 않으면 안된다.

⑦ 여가자원의 개발은 사회적 형평성이 유지되도록 하여야 한다. 계층간,

---

286) Stanley C. Plog, "Why Destination Areas Rise and Fall in Popularity", *Cornell Hotel and Restaurant Administration Quarterly*(New York : Ithaca, 1973), pp.13~16.

287) George Torkildsen, *Leisure and Recreation Management*(London : E. & F. N. Spon, 1983), p. xvi.

학력간, 직업별 등으로 구분되는 이용자들이 아무런 차별 없이 이용할 수 있는 자원을 개발하여야 한다.

⑧ 여가자원의 개발은 지역간 균형(regional balance)을 유지할 수 있도록 하여야 한다. 지역간 여가자원은 자연적인 자원인 경우, 그 개발이 불가능한 지역도 있겠지만, 인위적인 시설의 경우에는 지역의 모든 주민이 균형되게 이용할 수 있도록 개발하여야 한다.

⑨ 여가자원의 개발은 개인의 자기실현이 보장될 수 있는 방향으로 전개되어야 한다. 자원은 그 성격상 국민의 자기실현에 크게 기여하는 자원으로부터 적게 기여하는 자원까지 하나의 연속체인 바, 가능하면 국민의 자기실현에 기여하는 자원의 개발에 역점을 두어야 한다.

⑩ 여가자원의 개발은 국민의 여가기회를 다양화한다는 차원에서 실시되어야 한다. 오늘날 국민의 여가기회는 개인적 특성상 선별적으로 주어지는 것이 사실이나, 좀더 적극적 의미에서는 국민의 여가욕구가 왕성한 활동에 대한 공급뿐만 아니라, 가치는 있으나 수요가 한정된 비인기 여가자원에 대한 개발도 요구된다.

3. 여가자원 개발의 유형

여가자원의 개발은 일차적으로 그것의 개발주체가 누구인가에 따라서 그 성격이 달라진다. 여가자원의 개발유형은 개발주체, 개발대상, 개발규모 등에 따라 구분할 수 있는데, 우선 개발주체별에 따라 공공주도형, 민간주도형, 지역주민 주도형으로 나누어 살펴보고자 한다.[288)]

① 공공주도형 여가자원 개발 : 공공주도형은 국가, 지방자치단체 또는 공기업체 등이 직접 또는 간접으로 개발의 주체가 되며 공공성과 국토개발, 여가자원의 효율적인 보존을 위하여 개발하는 경우이다.

② 민간주도형 여가자원 개발 : 민간주도형은 여가사업을 하는 기업 또는 개인이 주로 영리를 목적으로 여가시설을 확보하여 여가이용자의 욕

288) 개발주체에 관련한 또다른 유형은 공공형, 공공주도형, 공공민간 협동형, 민간형으로 구분되기도 한다.

구를 충족시키려는 개발형태이다. 이 형태는 여가수요에 즉시 응할 수 있고 영리를 위한 종합적인 개발이 가능하다는 장점이 있는가 하면, 공익성을 위한 자원의 보존과 같은 비영리적 분야의 투자에는 소극적인 단점도 있다.

③ 지역주민 주도형 여가자원 개발 : 지역주민 주도형은 지역주민 또는 지역의 여가단체가 공동으로 투자하여 여가자원을 개발하는 경우로서, 여가자원의 개발에 따른 이익은 모두 지역사회에 흡수되는 이점이 있으나 현실적으로 이러한 형태는 성공률이 낮다.

따라서 여기에서는 공공주도형과 민간주도형 개발형태간의 차이점에 대하여 좀 더 검토하고자 한다.

첫째, 공공주도형 개발이 지역분배적 단독적 자원의 개발에 치중하는 반면, 민간주도형 개발은 고밀도의 이용을 위한 복합적 자원의 개발에 역점을 둔다.

둘째, 공공주도형 개발은 자원의 이용요금을 비교적 낮게 책정하거나 공공적 성격에서 요금의 일부를 감면해 주는 반면, 민간주도형 개발은 건설비를 포함하여 적정이윤을 고려하기 때문에 요금이 비싸다. 그러므로 공공주도형은 국민복지적 측면의 효과를 지닌다.[289]

셋째, 공공주도형 개발은 국민 대다수가 비교적 개방적이고 자유스러운 환경에서 여가기회를 가질 수 있도록 정치적인 배려를 한다면,[290] 민간주도형개발은 경쟁적 시장과 기업 및 조직의 한계내에서 경제적인 이윤추구의 목표달성을 위하여 실시된다.

넷째, 공공주도형 개발은 의사결정에 있어서 다수인이 관여함으로 어느 일방에 집중되지 않지만, 민간주도형 개발은 의사결정의 권한이 사주(社主)를 비롯한 소수에 집중되어 있다.

다섯째, 공공주도형 개발의 파급효과는 광역적이며 대규모적인데 비하여, 민간주도형 개발은 그 효과가 비교적 소규모 지역에 국한되기 때문에 특수한 문제에 한정된다.

---

289) Elizabeth A. Gardiner, *An Economic Model of Outdoor Recreation Behavior*(Dissertation for Ph. D. : The University of Michigan, 1974), p.6.

290) lisle S. Mitchell, *op. cit.*, p.326.

여섯째, 공공주도형 개발의 평가는 그것에 영향을 주는 다양한 요소로 인하여 평가를 하기가 곤란하나, 그것은 자원개발의 다면적 목표에 기인하는 것이다. 이에 반하여, 민간주도형 개발은 주로 손익에 근거하여 평가하므로 대체로 성공적인 것처럼 보여진다.[291)]

일곱째, 공공주도형 개발은 서비스를 제공할 때에 공평성, 저렴성을 추구하고 역기능의 발생을 피하는데 반하여, 민간주도형은 그 개발이 지니는 영리성에 따라 서비스를 차별적으로 제공하게 된다.

〈표 7-1〉 공공 및 민간주도형 개발의 차이점

구분	공공주도형	민간주도형
개발주체	국가, 지방자치단체, 공기업체	개인, 사기업체
자원입지	지역분산적 입지	고밀도 이용적 입지
이용요금	저렴한 요금	비교적 높은 요금
개발목표	정치적 배려	경제적 배려
의사결정	비집중적(다수)	집중적(소수)
파급효과	대규모적 파급	소규모적 파급
개발평가	비긍정적 평가	긍정적 평가
서비스제공	공평한 제공	차별적 제공

이밖에도 여가자원의 개발유형은 자원의 유형에 따라 크게 무형적 자원과 유형적 자원의 개발로 나눌 수 있다. 이들 자원은 다시 자연적 자원과 인공적자원의 개발로 분류할 수 있다.

또한 여가자원의 개발은 대상자원의 분포에 따라 전국적 개발형태, 지역적 개발형태 및 국지적 개발형태로 나눌 수 있으며, 대상공간의 범주에 따라서는 광역적 개발(extensive development)과 집약적 개발(intensive development) 등으로 분류할 수 있다.

291) *Ibid.*, pp.326~327.

4. 여가자원 개발의 효과

여가자원의 개발이 가져다 주는 효과는 아주 광범위하며, 이러한 효과에 대한 분석은 자원을 개발하기 이전부터 미리 고려되어야 할 사항이기도 하다.

이러한 개발의 효과는 [그림 7-1]에서와 같이 수혜자의 입장에서 볼 때, 개인적인 효과와 사회 전반적인 효과로 나눌 수 있다. 그리고 이러한 효과는 긍정적 효과와 부정적 효과로도 나눌 수 있다.

첫째, 개인적 차원의 긍정적 효과(제Ⅰ형)는 자기계발형 효과로서 개인생활의 질을 향상시키는 결과를 가져온다. 가령, 공동도서관의 개발은 개인적으로 교양과 지식의 확대를 가져올 수 있다.

둘째, 개인적 차원의 부정적 효과(제Ⅱ형)는 개인의 발전을 저해하며 생활의 사기진작에 기여하지 못하게 된다. 가령 사치성, 향락적 여가시설의 개발은 인간의 건전한 발전을 저해하게 된다.

수혜자층 \ 수혜내용	긍정적	부정적
개인적	제Ⅰ형	제Ⅱ형
사회적	제Ⅲ형	제Ⅳ형

[그림 7-1] 여가자원개발의 효과 유형

셋째, 사회적 차원의 긍정적 효과(제Ⅲ형)는 사회의 구조적 분화 및 통합에 긍정적으로 기여하는 경우를 말한다. 지역사회의 개발효과, 사회적 동질성의 확립 등이 그러한 예이다.

넷째, 사회적 차원의 부정적 효과(제Ⅳ형)는 사회의 건전한 발전을 저해하며, 종국적으로는 사회해체의 결과를 초래하는 부정적 효과이다. 지나친 상업화, 모방화, 가족제도의 해체, 범죄, 도박 등이 여기에 해당된다.

그러나 현실적으로 볼 때, 여가자원 개발은 개인적 효과와 사회적 효과를 모두 나타내고 있지만, 부정적 효과보다는 긍정적 효과가 더 큰 것으로 나타나고 있다. 따라서 여기에서는 여가자원개발의 효과를 개인적 효과와 사회적 효과를 중심으로 자세히 분석하고자 한다.

1) 개인적 효과

여가자원의 개발효과로 이용자에게 제공되는 효과를 개인적 효과라 할 수 있으며, 이러한 여가의 개인적 효과에 대하여 켈리(John R. Kelly)는 환경적 효과, 사회적 효과, 개발적 효과, 건강적 효과로 나누고 있다.[292)]

첫째, 환경적 효과(environment benefits)는 자연환경에 심취하여 일상생활의 의미로부터 해방되는 경우를 말한다. 즉, 아름다운 경관과 공기 등을 접촉하면서 생활의 신선감을 향상시켜 주게 된다.

둘째, 사회적 효과(social benefits)는 대인관계를 향상시키는 경우를 말한다. 가령 사교적 · 집단적 여가자원의 개발을 통하여 타인과 사귀게 되며 상호이해의 폭을 넓힐 수 있다.

셋째, 발전적 효과(developmental benefits)는 여가시설의 개발이 개인의 지식 및 기술을 향상시키는 경우를 말한다. 특히 교양적 시설이나 사회교육적 여가시설의 개발은 인간의 지적욕구와 창조성 추구를 폭넓게 실현시키는 역할을 할 수 있다.

넷째, 건강 효과(healthful benefits)는 개인의 신체단련과 보양, 휴식, 휴양에 기여하는 경우를 말하며 운동장, 온천단지, 관광단지 개발이 이러한 경우이다.

2) 사회전반적 효과

여가자원의 개발은 개인적 측면뿐만 아니라 사회에 전반적인 영향을 끼

---

292) John R. Kelly, "Social Benefits of Outdoor Recreation", in Stanley R. Lieber, and Daniel R. Fesenmair, *op. cit.*, pp.8～10.

치게 된다. 여가자원의 개발효과는 크게 정치적 효과, 경제적 효과, 사회적 효과, 문화적 효과, 환경적 효과로 나눌 수 있다.

첫째, 정치적 효과(political impacts)는 여가자원의 개발이 국민복지 증진에 기여함을 말하는데, 구체적으로는 근대화에의 욕구를 제공하며 지역간 균형발전과 대 정부 기대의 향상 등의 효과를 가져오게 된다.

둘째, 경제적 효과(economic impacts)는 지역주민에 대하여 상품과 서비스의 생산에 의한 소득 및 고용창출의 기회를 제공하는 것과 관계가 있다. 경제적 효과는 여가자원의 개발에서 발생하는 직접적이고 중요한 효과로서 정부의 조세수입, 승수효과(multiplier impacts) 등을 추가로 들 수 있다

셋째, 사회적 효과(social impacts)는 사회집단 및 가치체계에 영향을 주는 경우를 말한다. 여가자원의 개발은 지역주민의 생활패턴 및 근대화에 크게 기여한다. 위생, 의료, 소방, 전기, 통신 등의 부가적인 개발을 통하여 주민의 생활의 질을 향상시키게 되며 개방적·다원적 가치관을 형성하게 되는데 기여하게 된다.

넷째, 문화적 효과(cultural impacts)는 여가자원 개발이 국민의 문화수준을 향상시키는 것을 의미한다. 이러한 자원은 교양적·역사적 여가자원의 개발시에 두드러지게 나타난다. 전통적 생활양식의 발굴 및 보급을 통하여 전통(tradition)에 대한 재인식을 할 수 있으며, 도덕기준 및 종교관 등에 변화를 초래한다.

다섯째, 환경적 효과(environmental impacts)는 여가자원 개발이 생활환경의 개선에 기여하게 됨을 의미한다. 자원의 개발이 환경파괴의 부작용을 가져올 수 있기도 하지만, 미개발된 잠재자원을 개발함으로써 자원의 효용성을 증대시킬 수 있으며, 넓게는 국토공간에 미관향상을 도모할 수 있는 것이다.

제 2 절 여가자원관리의 성격

1. 여가자원관리의 개념

일반적으로 관리(management)라는 말은 기업의 차원에서는 경영이라는 용어로 사용되고 있으나, 여가자원에 적용할 경우에는 관리라는 말로 쓰는 것이 이해하기가 용이하다.

두 용어를 구별한다면, 이미 확립된 조직속에서 현재화된 활동을 합리적이고 능률적으로 유지시키는 행위를 경영이라 한다면, 관리는 그 범위가 부분적이라는 성격을 갖는다. 따라서 여가의 관리는 자원, 환경, 위생, 안전, 서비스, 조직 등 폭넓게 포함하는 경영의 측면을 내포하는데 비하여, 여가자원의 관리는 여가관리의 하위개념이다. 여가관리에 대하여 피그램(John Pigram)은 여가수요와 여가공급의 관리행위, 다시 말하면 자원적합성(resource adequacy)과 인간의 여가욕구를 일치시키는 것으로 보고 있는데,[293] 이 점에서 여가자원의 관리는 수요에 부응하기 위한 여가자원의 적합성을 향상시키는 행위라고 볼 수 있다. 성격상 여가자원의 관리는 그것의 개발과는 다르나, 최소의 비용으로 최대의 성과와 능률을 얻고자 하는 경제성의 원칙이 적용될 수 있다.

여가자원의 목표는 각 자원마다 조금씩 다를 수 있는데, 페닝-포우셀(E. Penning-Powsell)에 따르면 다음의 네 가지로 설명할 수 있다.[294]

첫째, 자원보존의 가치가 있는 지역에 대하여 최우선 순위를 정한다.

둘째, 자원의 보호를 위하여 개발통제원칙에 입각하여 향후 개발의 방향과 이의 환경적 영향을 탐구한다.

---

293) John Pigram, *Outdoor Recreation and Resource Management*(New York : St. Martin's Press, 1983), p.81.

294) E. Penning-Rowsell, “Constraints on the Application of Landscape Evaluations”, *Transactions*, Institute of British Geographers, Vol. 66, 1975, pp.149~155.

셋째, 야외 여가활동을 촉진하기 위하여 적합한 형태로 자원의 질을 향상시키는 여가정책을 편다.

넷째, 여가자원의 향상으로 이용자 욕구를 충족시킬 수 있도록 매력을 조성한다.

이와 같이 여가자원의 관리는 이용자에게 훌륭한 여가기회를 제공할 수 있는 열쇠가 된다. 따라서 여가자원관리(management of leisure resources)는 주어진 여가자원에 잘 훈련된 인력, 적절한 재정지원 등을 통하여 자원의 가치를 훼손시키지 않는 범위내에서 여가이용자에게 최대의 여가편익(leisure benefits)을 제공하고자 하는 활동이라고 할 수 있다.

2. 여가자원관리의 중요성

여가자원은 그 가치가 가변적이며 시대상황에 따라 그 역할이 달라진다. 게다가 시간이 지속되면 될수록 자원의 손상 및 마모현상이 생기게 되어 개발과 더불어 자원의 질을 지속적으로 유지하려는 노력이 필요하다. 따라서 여가자원의 관리는 궁극적으로 이용자의 욕구를 충족시켜 줄 수 있는 공급의 질과 규모에 커다란 영향을 미친다.

여가자원의 관리가 중요한 이유는 자원도 인간과 마찬가지로 생애주기(lifecycle)가 있다는 사실에서 찾을 수 있다. 플로그(Stanley C. Plog)는 여가자원의 이용량이 시간의 경과에 따라 일정한 변화를 보이고 있음에 착안하여 여가자원의 생애주기의 개념을 적용하고 있다.[295)] 그는 여가자원(특히 관광목적지)의 생애주기를 다섯 가지로 나누고 있다. 본래 이 모형은 이용자의 심리적 특징과 여가지 선택간의 관계를 설명하는 것이나, 그곳에는 목적지의 이용에 일정한 주기가 있음을 나타내어 주고 있다.

이러한 여가자원의 생애주기를 제품의 생애주기와 관련시켜 볼 때, 여가자원의 이용횟수 및 인기는 시간이 지남에 따라 도입단계(introduction), 정착단계(establishment), 성장단계(growth), 성숙단계(maturity), 그리고 쇠퇴

295) Stanley C. Plog, "Why Destination Areas Rise and Fall in Popularity", *Cornell Hotel and Restaurant Administration Quarterly,* November 1973, pp.13～16.

단계(decline)를 거치게 된다.[296)]

따라서 인간의 심리적 성격을 내향성(psychocentric)과 외향성(allocentric)으로 대별할 때 하나의 목적지는 외향적인 이용자에 의하여 가장 먼저 접근되고 있으며 점차 인기가 있을 경우에는 중성형(mid-centric)의 이용자가 이용시 피크에 달한다. 그 다음에는 내향적인 이용자의 접근이 시작되면서 그 주기는 쇠퇴국면에 접어들게 된다. 따라서 여가자원의 관리는 자원의 인기가 하락되는 것을 방지하도록 노력할 필요가 있다.

한편, 노론하(R. Noronha)는 생애주기의 개념에 근거를 두고 여가자원의 생활주기를 ① 기동단계(inception), ② 성장단계(growth), ③ 성숙단계(maturity), ④ 쇠퇴단계(decline)로 나누고 있다.[297)]

이러한 여가자원의 생애주기가 주는 교훈은 많이 있으나, 가장 중요한 것은 여가자원의 쇠퇴 및 인기하락은 효율적 관리로서 방지할 수 있다는 것이다. 이와 더불어 여가자원의 관리는 곧 수용력의 관리와 맥락을 같이 하는 것으로 관리의 효율적 수행을 통하여 이용자의 자원이용을 지속시킬 수 있는 것이다.

제 3 절 여가자원 관리체계

1. 여가자원 관리체계의 개념

앞에서도 언급한 바와 같이 여가의 관리체계는 포괄적이며 다양한 영역으로 구성되어 있다. 여기에서는 여가자원의 관리체계를 논하기에 앞서 그 상위개념인 여가관리의 체계를 우선 살펴보고자 한다.

쥬벤빌(Alan Jubenvill)은 여가의 관리체계를 이용관리, 자원관리, 서비스

---

296) William Lazer, *Marketing Management : A System Perspective*(New York : John Wiley & Sons, 1971), p.272.

297) R. Roronha, *Social and Cultural Dimensions of Tourism : A Review of the Literature in English*, World Bank, Tourism Projects Department, May 18, 1977.

관리로 나누고 있는데,298) 이것은 궁극적으로 질적경험(quality experience)을 이용자에게 제공하는 데 있다.

첫째, 이용자관리(visitor management)는 이용을 촉진하기 위하여 정보 및 교육 프로그램을 이용자에게 실시하는 것이며, 계절별 및 주말의 이용분산과 공공안전의 관리와 더불어 여가욕구, 참여스타일 및 참여의의에 대한 이해를 주요과제로 하고 있다.

둘째, 자원관리(resource management)는 이용자에게 만족감을 향상시키기 위하여 자원을 조사하고 프로그램을 수립, 시행하는 것이다. 조사항목에는 토질, 수질, 대기, 동식물이 포함되며, 프로그램은 장소관리, 식물관리, 경관관리, 생태계관리, 재난관리 등으로 구성되어 있다.

셋째, 서비스관리(service management)는 이용자의 자원이용에 대한 촉진 또는 제한을 하려는 것으로써 이용에 대한 접근 또는 서비스 등에 대한 관리를 말한다. 이때 이용제한은 법률, 관리조직의 목적, 전문가의 조언, 이용자의 태도에 의해 실시되며, 프로그램 상에는 매점관리, 특별서비스, 공간계획 등이 포함된다.

따라서 여가자원의 관리는 여가관리의 하위체계(sub-system)로서 여가자원의 효율성을 증진시키는데 목적이 있다.

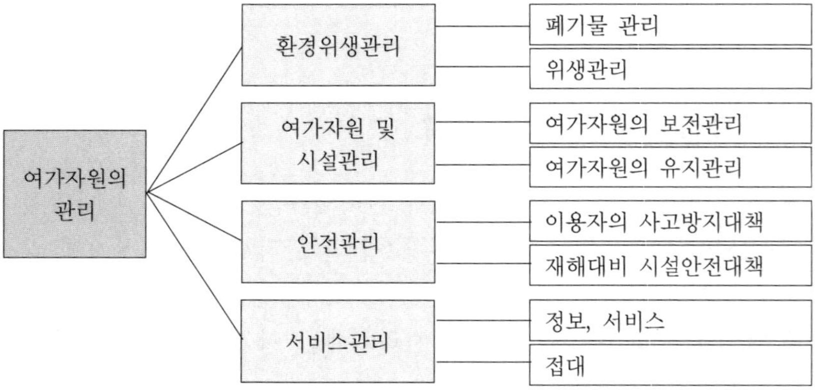

자료: 日本観光協會, 「観光地づくりの道標」(東京 : 日本観光協會, 1984), p.111.

[그림 7-2] 여가자원의 관리체계

298) 日本観光協會, 「観光地づくりの道標」(東京 : 日本観光協會, 1984), p.111.

한편, 여가자원의 관리는 이용자의 욕구를 최대한 충족시켜 주려는 것으로써, 일본관광협회는 여가자원의 관리체계를 [그림 7-2]와 같이 설정하고 있다.[299]

첫째, 환경위생관리는 폐기물처리와 위생관리로 구분하는데 전자에는 쓰레기수집처리, 오물처리, 대기오염방지 및 환경미화에 대한 계몽 등이 포함되고, 후자에는 식품위생, 음료시설정비, 병충해 방지와 같은 것이 포함된다.

둘째, 여가자원 및 시설의 관리는 여가자원 및 시설의 보전관리와 유지관리로 나누어진다. 전자는 문화자원의 보전과 수리, 식생(植生)의 복원, 주변환경정비, 이용통제, 계몽 등이 포함되며, 후자는 환경의 적정이용관리, 시설유지, 시설주변의 환경정비가 포함된다.

셋째, 안전관리에는 교통사고, 조난, 화재, 각종사고 등 이용자의 인재에 대한 사고방지대책과 지진·수해 같은 천재에 대한 사고안전대책이 있다.

넷째, 서비스관리에는 각종 정보의 제공, 안내소의 관리운영, 표지 등에 의한 정보서비스와 이용자관리, 여가산업 종사자에 대한 연구, 악덕업자에 대한 제재와 같은 사항이 있다.

이러한 여가자원의 관리체계는 자원만을 대상으로 한 제한적 관리뿐만 아니라 쥬벤빌(Alan Jubenville)이 주장한 바와 같이 여가의 전반적 관리체계와도 관련이 있다. 한국관광공사가 발간한 「국민관광연구의 이론과 실제」에 따르면, 여가자원 중 관광지에서의 관리체계는 인적자원관리, 관광자원 및 보조시설자원관리, 환경위생관리, 안전관리 및 서비스관리로 구성되어 있다. 이들 구성요소는 앞서 언급한 일본관광협회의 네 가지 구성요소에 인적자원의 관리까지 포함시키는 것이다.

299) 한국관광공사, 「국민관광연구의 이론과 실제」(서울 : 한국관광공사, 1986), p.189.

2. 여가자원관리체계의 유형

1) 환경위생관리체계

여가자원에 대한 환경위생관리는 자원의 가치를 영구히 보존하고 지속하기 위하여 필요하다. 이용자의 증가에 따라 발생되는 폐기물의 처리에 신속히 대처하며 이용상 위생수준의 제고를 통하여 이용촉진을 기하기 위하여서는 여가자원에 대한 환경위생관리가 중요하다. 이러한 환경위생관리는 크게 폐기물처리와 위생관리로 구분된다.

폐기물처리를 신속하게 하기 위해서는 쓰레기를 버리는 이용자의 행태연구가 필요하다. 특히 여가시설, 공간에 대한 공해의 원인과 현상에 대하여 세심한 분석이 요구되는데 포괄적 원인과 구체적 원인이 있으며, 이에 따른 공해현상으로서는 쓰레기, 악취, 토양오염, 수질오염, 대기오염 등이 있다.

한편, 여가자원의 위생관리에는 이용자가 먹는 식품의 위생관리, 음료수에 대한 위생관리, 의료설비시설의 정비를 비롯하여 파리, 바퀴벌레, 쥐 등 병원균을 옮기는 중간매개체의 박멸 등이 포함된다.

2) 여가자원 및 시설의 관리체계

여가자원 및 시설은 보는 행위의 대상, 보는 행위가 가능한 장소, 보는 가운데 배움의 행위가 가능한 장소, 활동할 수 있는 장소들의 요건을 갖춘 곳을 의미한다. 그러므로 이들 여가자원이 관리주체에 의하여 효율적으로 운영 및 관리되지 않으면 결과적으로 여가자원이 가지고 있는 고유의 매력이 손실될 수 있다.

여가자원의 관리체계에 앞서 쥬벤빌(A. Jubenville)이 주장한 것처럼 장소관리(site management), 식생관리(vegetation management), 경관관리(landscape management), 생태계관리(ecosystem management) 등으로 나눌 수 있는데, 이러한 것들은 크게 보전관리와 유지관리로 나눌 수 있다.

여가자원의 보전관리에는 ① 문화유적의 보존과 수리, ② 식생의 복원,

③ 주변환경의 정비, ④ 이용지구의 이용별·특성별 범위설정과 관리, ⑤ 생태계나 환경이 파괴되는 것을 방지하기 위한 이용의 제한, ⑥ 자연보호에 대한 지도 및 계몽활동 등이 포함된다.

다음으로 여가자원의 유지관리에는 ① 이용자의 자원이용에 있어 적정수준을 파악하고 이용에 수반될 수 있는 자원의 파괴 또는 손상이 없도록 이용관리, ② 손상된 시설을 수리 및 보수하여 이용자로 하여금 안전하고 쾌적한 이용이 이루어지도록 하는 시설의 유지 등이 이에 해당된다.

3) 안전관리체계

여가목적지에서의 이용자 안전의 문제는 분실, 도난, 침입, 강도, 화재, 조난, 상해 등과 같이 안전대책이 미비될 경우 언제든지 발생할 수 있다. 안전문제는 여가자원의 위치, 규모, 관리범위 등에 따라서 취약성이 노출되는 범위가 다르다. 가령, 산악에서의 안전관리와 해변에서의 안전관리간에는 관리의 범위나 유형상 많은 차이가 있다.

그리하여 여가자원의 관리자는 제반 안전문제에 책임을 지고 그 문제의 원인을 규명하고 대책을 수립, 집행할 책임이 있다. 여가자원 및 시설에 있어서 안전관리는 일차적으로 여러 가지 사고를 발생시키는 근본원인을 색출하여 과학적인 연구결과를 토대로 실시되어야 하는데, 안전사고의 측정방법은 다음과 같다.[300)]

첫째, 도수율 측정법은 얼마나 자주 사고를 내고 있는가를 나타낸다.

둘째, 강도율 측정법은 사고를 당한 사람이 어느 정도의 사고를 당했는가 하는 수준을 나타낸다.

셋째, 연천인율(年千人率) 측정법은 그 해의 사상자 수를 그 해의 평균 1일 이용자수로 나누어 1,000배 한 것이다.

넷째, 안전활동률 측정법은 여가관리주체의 안전관리활동이 종합적으로 보아 어느 정도 실효성있게 실시되고 있는가를 나타내 준다. 이러한 안전사고의 측정법을 통하여 교통사고, 조난사고, 해난사고의 실태를 정기적으로 조사하여야 한다.

---

300) 한국관광공사, 「전게서」, pp.205~206.

4) 서비스 관리체계

서비스관리는 여가자원을 배경으로 한 이용자 지향적 성격이 강하며 여가시설 이용자의 쾌적성을 높이는 데 그 목적이 있다. 서비스의 관리에는 크게 정보서비스와 접대서비스로 대별할 수 있다.

정보서비스는 이용자에게 여가자원 및 그것에 이르는 과정 등 여가행동에 대하여 안전하고 기능적인 활동이 되도록 관련정보를 제공하는 것으로써 여가행동별로 〈표 7-2〉와 같이 나타낼 수 있다.[301]

〈표 7-2〉 여가행동별 정보서비스

여가행동	장 소	이용자의 정보수집내용	매 체
여가계획의 수립	일상권내	○ 목적지를 결정하기 위한 판단자료	여행사, 전화
		○ 스케줄의 결정자료	
예약행동	일상권내	○ 교통수단의 예약자료	여행사, 호텔 등
		○ 숙박시설의 예약자료	
이동행동	노 선 상, 휴 양 지, 전 망 지	○ 교통정보	표지, 지도, 라디오, 안내서, 팸플릿
		○ 목적지 자료	
도착행동	비일상권	○ 목적지의 관심대상	지도, 안내판, 설명서, 전단
		○ 목적지에서의 행동유형	
		○ 목적지내의 교통수단	
숙박행동	비일상권	○ 주변 산책로	여관, 지도, 설명서, 안내서적
		○ 주변 여가자원	

자료 : 日本觀光協會, 「觀光企劃の手法」 (東京 : 日本觀光協會, 1980).

다음으로 접대서비스는 이용자가 여가시설 및 환경을 이용하는 과정에서 여가산업종사자의 서비스를 받는 것을 말한다.

301) 日本觀光協會, 「觀光企劃の手法」(東京 : 日本觀光協會, 1980).

제 4 절 여가자원의 이용프로그램

1. 여가프로그램의 의의

프로그래밍(programming), 즉 프로그램을 만드는 것은 사람들의 다양한 욕구를 충족시키는 일련의 계획과정이다.302) 그리고 여가프로그래밍은 여가조직 및 기업의 중요한 기능으로 점차 자리잡아가고 있다. 그 필요성은 여가시설의 계절성에 있다. 특히 관광시설들은 비수기의 타개책으로 여가프로그램의 개발이 필수적이다.

여가는 이용자와 이용대상인 여가자원 그리고 이들을 연결시켜 주는 서비스로 구성된다. 그러므로 여가자원의 이용을 활성화하기 위하여 자원관리자는 이용자에게 이용프로그램을 제공할 필요가 있으며 충분히 계획된 여가자원의 운영과 유지프로그램은 여가자원의 가치를 창출하게 된다.

관리자가 제공하는 활동프로그램은 여러 가지 요소에 의하여 결정된다. 일차적 요인이라면 조직의 목표이다. 가령, 상업적 기업은 이윤창출을 위하여 프로그램을 제공할 것이며, 종교조직은 그 구성원에게 보다 가치있는 자기실현적인 여가경험을 제공하거나 새로운 구성원의 확보를 유도하기 위하여 여가프로그램을 제공하게 된다.

공공조직에 의한 여가프로그램은 그들이 관리하는 자원의 유형에 따라서 제공목표가 다르며, 그 이용대상자도 전국민이다. 여가자원을 활성화시키는 활동프로그램은 제공주체, 제공목적, 제공내용에 따라 다를 수 있는데, 프로그램의 기본적인 원칙은 다음과 같다.

첫째, 관련자원의 특성을 최대한 활용하여야 한다. 해변에서 제공되는 프로그램은 해안풍경 및 이미지를 최대한 살려야 하고, 유원지나 강변의 경우 수영대회 등 물놀이 게임이 되어야 한다.

둘째, 이용자의 만족도를 향상시켜야 한다. 활동프로그램을 제공하는 목적은 근본적으로 여가자원을 이용하는 이용자의 욕구를 충족시킬 수 있도

---

302) George, Torkildsen, *Leisure and Recreation Management*, 3rd ed.(London : E & FNSpon, 1992), p.293.

록 공적, 사적 이익을 추구하여야 한다.

셋째, 활동상의 쾌적성이 확보되어야 한다. 활동프로그램은 그것이 아무리 볼 것이 있고, 할 것이 많아도 소란스럽거나 복잡하고, 교통이 불편할 경우 이용자는 쾌적감을 느낄 수 없다.

넷째, 이용대상층의 성, 연령, 학력, 직업, 가족주기 등의 인구통계적 특성을 고려해야 한다. 활동프로그램의 내용이 참여자의 특성과 일치하지 않을 경우 그 프로그램은 실효성이 없다.

다섯째, 자원유형별, 이용계층별로 적절한 프로그램을 제공하기 위해서는 이용자원의 조사에서부터 도입활동의 선정에 이르기까지 체계적이고 합리적인 과정을 통하여 계획되어야 한다.

여섯째, 여가활동프로그램은 주로 비수기의 타개대책도 수립해야 한다. 우리나라의 경우 여가자원의 이용이 봄, 가을형 위주이고 여름이나, 특히 겨울에는 많은 시설의 이용률이 낮은 것으로 나타나 비수기 타개대책으로서 이용자의 참여 프로그램 제공이 절실한 상태이다.

일곱째, 여가활동프로그램은 이용수준이 낮은 여가자원을 중심으로 제공할 필요가 있다. 저이용 여가자원은 비수기 요인과도 밀접한 관련이 있으나, 오히려 앞서 설명한 것처럼 자원의 생활주기와 밀접한 관련이 있다. 가령 새로운 여가자원으로 부상하거나 인기가 하락하고 있는 자원에 대한 활동프로그램 제공이 이에 해당된다.

2. 여가프로그램의 유형

여가프로그램은 여러 요소로 구성되어 있으나, 그 핵심은 활동, 시설 그리고 서비스이다. 활동(activities)은 아주 자발적인 것부터 고도로 조직적인 활동에 이르기까지 다양하게 고려될 수 있다. 시설(facilities)은 모든 지역 건물을 다 활용할 수 있어야 한다. 그리고 서비스(services)는 여가와 레크리에이션을 즐기게끔 하기 위한 모든 방법과 수단을 말한다. 예를 들면, 도서관, 교통수단, 커뮤니티서비스, 정보서비스 등이 해당된다.[303)]

303) Torkildsen George, *op. cit.(1992),* p.294.

여가자원을 배경으로 이용자에게 제공되는 여가활동의 프로그램은 제공주체, 배경자원, 제공목적, 제공내용에 따라 상이하나, 여기에서는 프로그램을 제공내용에 의거, 다섯 가지로 논하고자 한다.

1) 신체적 활동프로그램

오늘날 신체적 여가활동의 프로그램에 참여하는 이용자의 수가 증가하고 있다. 그 요인으로는 청년층 인구비율의 증가, 신체건강에 대한 관심의 고조, 언론의 스포츠 조장, 사회지도층의 스포츠적 성격을 들 수 있다. 그리고 대부분의 국가에서 여타 활동보다 스포츠활동에 대하여 많은 관심을 가져왔다. 대표적인 프로그램의 유형으로는 팀 스포츠, 복식 스포츠, 건강활동을 들 수 있다.

2) 지적 활동프로그램

지적 활동프로그램은 그 수나 다양성에서 급속히 증가하였고 그 제공조직도 다양화 추세에 있다. 지적 프로그램에는 두 가지 유형이 있는데, 하나는 지적 자극의 수용에 관련된 것이고, 다른 하나는 프로그램에 대하여 개인에게 제한적이나마 기여를 하게끔 하는 것으로 지적 프로그램의 유형은 다음과 같다.

① 박물관, 동식물원 등에 의해 제공되는 프로그램
② 민간 클럽, 준공공조직에 의한 환경이해 프로그램
③ 공공도서관에 의하여 조직되는 명저(名著)토론 프로그램
④ 대학에 의하여 실시되는 장기 호스텔 프로그램
⑤ 방송기관에 의하여 제공되는 정보프로그램

이러한 활동프로그램에 대한 접근은 지방 소도읍이나 농촌주민보다는 대도시 주민에게 기회가 많다.

3) 예술적 활동프로그램

예술적 활동은 여가활동의 또다른 중요한 활동이다. 모든 여가단체가 예술적 경험을 제공한다고 할지라도 대부분의 예술적 활동프로그램은 공공

및 민간문화기관에 의하여 제공된다. 예술적 활동프로그램은 주로 미술, 댄스, 드라마, 음악이 중심을 이루고 있는데, 그 대표적인 프로그램의 유형은 다음과 같다.

① 지방자치단체 및 대학이 회화, 도자기, 기타 연주 등과 같은 활동에 대하여 강습회 또는 워크숍 개최
② 자발적 민간무용단체 등이 후원하는 공연, 워크숍, 댄스행사
③ 공공기관 및 기업체의 기금을 이용하여 여름철 야외프로그램의 실시
④ 민간기업체의 예술행사 주관 또는 작품판매

이밖에 예술적 프로그램의 주된 제공기관으로서 학교, 클럽, 도서관, 박물관, 종교기관 등을 들 수 있다.

4) 사교적 활동프로그램

사교적 활동은 두 사람 이상으로 이루어지는 커뮤니케이션일 수도 있으며, 또한 연기자와 관객간의 상호작용이 없는 오락형태로 구성될 수 있다.

오늘날 사교적 활동프로그램은 민간단체, 민간기업체, 공공기관, 문화단체 등 폭넓은 기관에서 동 프로그램을 제공하고 있는데, 대표적인 프로그램의 예는 다음과 같다.

① 조직내의 파티, 야유회, 소풍 등
② 기금조성행사(디너파티, 패션쇼, 아이스크림 먹기 등)
③ 청년조직의 파티, 나이트 게임, 기타 사교행사
④ 오락게임
⑤ 연기자의 공연과 프로그램

5) 실습활동프로그램

실습활동프로그램은 실제 수집활동과 변형활동 등이 있다. 이러한 유형의 프로그램은 주로 민간클럽, 준 공공청년조직, 그리고 공공조직 등에서 제공되고 있는데 그 대표적인 예는 다음과 같다.

① 공・사립학교, 대학에 의해 다양한 취미활동 코스를 제공
② 취미클럽이 회원을 위하여 강좌, 전시, 워크숍과 같은 프로그램을 조

직제공
③ 서비스 조직, 지역사회 단체, 그리고 환경보호단체가 프로그램을 제공
④ 자기행동을 수정하고 새로운 여가기술을 개발하도록 유도하는 자기향상 프로그램
⑤ 도서관, 박물관, 동식물원 등이 자료의 수집, 보존 및 전시에 관한 지원
⑥ 자연보호기관이 특정 여가집단에 대하여 자연보호와 안전, 그리고 훈련과정을 제공

이상에서 여가활동프로그램을 신체적·지적·예술적·사교적 및 실습활동 등 다섯 가지로 나누어 보았는데, 이들 프로그램은 기본적으로 여가자원을 배경으로 한 것이나, 어떤 여가프로그램은 이상의 다섯 가지 유형에 속하지 않은 것도 있는데, 이를 특별프로그램(special program)이라고 한다.

특별프로그램은 그 규모가 타 프로그램보다 일반적으로 크며 보통 위의 다섯 가지 프로그램이 복합적으로 결합된 프로그램이다. 이러한 특별프로그램은 올림픽 축제나 대규모 박람회같은 행사에서 찾아 볼 수 있는데, 주로 커뮤니티조직, 대형 민간기업체, 중앙정부 및 지방자치단체에 의해 제공된다.

제8장 여가산업과 경영전략

LEISURE & MODERN SOCIETY

제 1 절 여가산업의 개념과 규모

1. 여가산업의 개념

여가산업(leisure industry)은 여가공급 요소의 일부로서 영리를 목적으로 하는 산업이다. 대개 여가산업이라 함은 사람들이 여가시간에 행하는 여러 가지 활동에 대하여 시설 및 용구의 제공이나 제조, 판매 나아가 여가활동의 지도 등을 행하는 산업을 총칭하고 있다.

여가산업의 개념을 이해하는 방식에는 다음의 네 가지가 있다.

첫째, 여가산업을 복합적 산업의 관점에서 보는 것이다. 다시 말해 인간의 여가활동을 레크리에이션이라 볼 경우 여가산업은 이를 행하는데 필요한 온갖 기구, 용품, 소비품을 공급하는 산업이라고 할 수 있다. 예를 들어 신발 제조업이 단순한 신발만 만들지 않고 등산화나 스케이트를 생산한다면 이것도 여가산업의 범주에 포함시킬 수 있다.

둘째, 여가산업의 개념을 여가구조의 관점에서 살펴볼 수 있다. 이 점에서 여가산업은 인간의 여가행동에 포함되는 모든 재화 및 서비스의 제조, 판매와 그에 필요한 시설을 제공하는 행위로서 여가자원과는 일면 공통성이 있기도 하지만 상이점을 보이고 있다. 전자의 여가자원은 주로 자연적·인공적 유형재(tangibles)를 바탕으로 하여 사업을 경영하는 것이라 한다면, 후자의 여가산업은 주로 인간의 무형적인 서비스를 중심으로 사업을 경영하는 산업이다. 따라서 여가자원은 여가구조상 여가객체로 볼 수 있는 반면, 여가산업은 여가주체와 여가객체를 연결시켜 주는 여가매체로 정의할 수 있다.

셋째, 여가산업의 개념을 인간의 활동유형이라는 관점에서 살펴볼 수 있다. 여가를 자유시간에 행하는 여러 활동으로 정의한다면, 인간의 여가활동은 크게 비경제적 행위를 수반한 여가활동과 경제적 행위를 수반한 여가활동으로 나눌 수 있다.[304] 여기에서 비경제적 행위를 수반한 여가활동은 대가의 지급을 필요로 하지 않는 특성이 있기 때문에 여가산업의 범주에 포함시킬 수 없다. 반면, 경제적 행위를 수반하는 여가활동은 기업의 여가서비스를 제공받으며 대가를 지급하게 된다. 따라서 여가산업은 인간의 여가활동 중 경제적 행위를 수반하는 여가활동의 관점에서 여가서비스를 제공하는 기업의 총칭으로 볼 수 있다.

넷째, 여가산업의 개념을 사회조직의 관점에서 살펴볼 수 있다. 여가산업은 넓게 보아 여가서비스 조직의 일종이다. 여가서비스 조직은 개인이 여가시간 동안 소비하는 서비스의 창출 및 분배를 포함하여 중요기능을 수행하는 단위이며, 사회의 개별적·집합적 여가욕구에 대응하기 위하여 조직된다.

에딘턴(C. Edignton)은 여가서비스 조직을 봉사조직, 경제조직, 종교조직, 정부조직 및 특수조직으로 나누고 있는데, 그 중 여가산업은 영리를 목적으로 하는 경제적 조직이라는 관점으로 이해할 수 있다.[305] 보통 여가서비스업이라 함은 여가서비스를 그 수요자에게 제공하는 것을 주 업무로 하는 활동체이다.[306] 이 활동체를 광의로 볼 때, 가족으로부터 국가에 이르기까지

304) 玉村和彦, 「レジャ産業成長の構造」(東京 : 文鎭堂, 1983), p.3.

305) Christopher R. Edington, et al., *Productive Management of Leisure Service Organization : A Behavioral Approach*(New York, N.Y. : John Wiley & Sons, 1978), p.4.

모든 사회체제가 포함되게 되는데, 대개 영리적 부문과 비영리적 부문으로 대별되며, 여가산업은 이 중에 영리적 여가부문으로 규정할 수 있다.

〈표 8-1〉 여가서비스 조직과 여가산업

구 분	기 능
봉사조직	비이윤적 차원에서 여가서비스를 제공
경제조직	이윤적 차원에서 여가제품 및 서비스를 제공
종교조직	조직원의 영적 요구에 대응하고자 여가서비스를 제공
정부조직	정부차원에서 여가서비스의 전달에 질서와 지속성의 요구를 충족
특수조직	타인과의 접촉을 통한 개인의 특수한 사회적 욕구를 충족

이상에서 여가산업의 개념에 대하여 몇 가지 관점에서 살펴보았는데, 여가산업은 산업구조상으로 보면 복합적 산업이며, 사업의 대상면에서는 여가자원보다는 무형재를 주 대상으로 하는 산업이며, 인간의 경제적 여가행위를 위하여 여가서비스를 제공하는 가운데 영리적 이윤을 추구하는 경제적 행위로 집약할 수 있다.

여가산업의 유형은 우리나라의 현재 실정에 적합한 여가산업을 네 가지로 분류하고, 그 특성 및 구성요소는 다음과 같다.

첫째, 여가활동 그 자체에 서비스를 제공하는 것을 주로 하는 산업으로, 영화, 연극, 음악, 프로 스포츠, 씨름, 경마, 볼링, 골프, 유원지, 카바레 등을 예로 들 수 있다.

둘째, 여가활동을 가능케 하는 용품 및 기구를 제공하는 것을 주로 하는 산업으로, 여기에는 스포츠 용구 및 용품, TV 및 라디오, 악기, 카메라, 문자매체 등을 들 수 있다.

셋째, 여가활동의 경험을 편리하게 하는 시설을 제공하는 산업으로 유원지, 드라이브인, 호텔, 모텔, 여가센터 등이 포함된다.

넷째, 여가주체인 이용자와 여가대상인 이용자원 및 시설을 연결시켜 정보서비스를 제공하는 것을 주로 하는 산업으로 여기에는 여행업, 안내업, 교통수단 등을 들 수 있다. 이와 관련하여 다음 절에서는 앞서 살펴본 玉村

306) 정찬종, 「서비스산업론」(서울 : 백산출판사, 1989), pp.15～16.

和彦의 열 가지 여가산업분류 중 그동안 한국에서 크게 성장해 온 여행관련 여가산업, 숙박관련 여가산업, 교통관련 여가산업, 음식관련 여가산업 등의 특성에 대해서 간단히 서술하고자 한다.

2. 여가산업의 규모

한국레저산업연구소의 통계에 의하면[307], 2000년 약 14조 9천억원에 불과했던 국내 여가시장은 주5일근무제가 확대 시행될 경우 2004년에는 21조 2천억원, 2006년에는 29조 1천억원, 그리고 2010년에는 35조 5천억원으로 계속 급성장할 것으로 분석되고 있다. 2010년의 여가시장 규모는 2000년에 비하여 2.4배 이상 증가될 전망이다. 국내 총생산에서 차지하는 여가비(교양오락비, 외식비 등)의 지출비중은 2000년의 2.88퍼센트에서 2010년에는 4.94퍼센트, 그리고 1인당 지출하는 연간 여가비는 2000년의 31만 7천원에서 2010년에는 81만 5천원으로 크게 높아질 것으로 전망되고 있다.

또 2000년의 여가시장 14조 8,851억원 가운데 경마, 경륜, 내국인 카지노 등 사행산업의 시장규모가 6조 1,571억원으로 전체 여가시장의 41.5퍼센트를 차지하여 부문별 시장규모가 가장 큰 것으로 나타났다. 다음으로 골프산업은 시장규모가 1조 6,924억원으로 전체의 11.4퍼센트를 차지했고, 놀이공원 등 테마파크 시장 3,677억원, 콘도미니엄 1,777억원, 스키 등 레저가 1,344억원으로 나타났다.[308]

가구당 월평균 여가시간 관련 지출액은 1990년의 12만 9,630원에서 2001년에는 45만 7,410원으로 3.5배 증가했으며, 가계소비지출에서 차지하는 여가시간 관련 지출비중도 1990년의 18.9퍼센트에서 2001년에는 26퍼센트로 높아졌다. 여기에서 여가시간 관련 지출액은 가계소비지출 항목 중 일반 외식비와 교양오락비, 개인교통비, 통신비, 회비 및 기타 교제비 등을 모두 합한 금액이다.

일반적으로 소비패턴이란 상호 연관된 소비항목들이 내재적으로 구조화

---

307) 매일경제신문, 2002년 6월 2일자.
308) 한국레저산업연구소, 「주5일근무제 실시에 따른 레저시장 성장전망」(2002).

되는 방식을 의미하며, 이러한 소비패턴은 가계가 주어진 사회경제적 환경 속에서 그들이 설정한 목표와 가치를 바탕으로 하는 생활양식의 표현이다. 일반적으로 가계의 소비는 다른 소비항목들의 단순한 총합이 아니라 상호 관련된 소비항목들로 구성되고 그러한 소비항목들은 결합하여 하나의 패턴을 이룬다.

손상희는 소비패턴이 생활양식을 나타내는 한 측면이며, 생활표준에 의해 영향을 받는 집단적·사회적 현상이라는 개념에 기초하여 소비패턴 구조의 규명을 통해 특정 소비패턴이 갖는 의미와 그 이면의 소비자의 욕구를 파악하고 있다.[309] 그동안의 가계소비지출에 대한 연구결과를 종합해 보면, 사교육비 지출수준은 경제적 위기상황에서도 줄지 않았으며, 소득이 감소했을 때 상대적으로 지출감소 폭이 큰 항목은 피복비, 식료품비, 여가활동비 등이고 소비항목의 속성상 가장 줄이기 어려운 항목이 교육비인 것으로 파악되고 있다.[310]

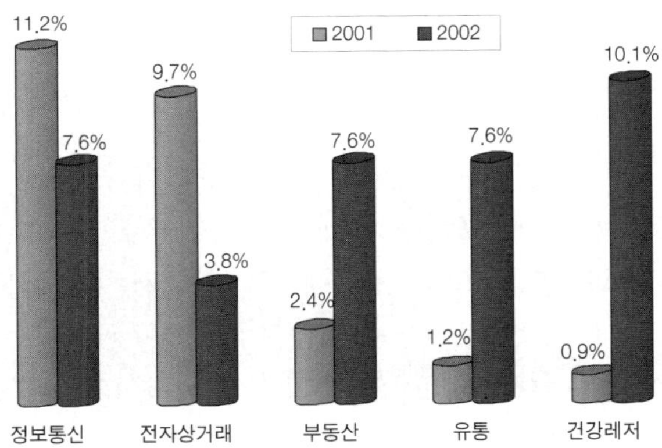

자료 : 국민일보, 2002. 3. 4.

[그림 8-1] 주요 사업별 사업목적추가 공시비중

309) 손상희, 「가계소비패턴의 구조」(1993).

310) 정영숙, "소비지출패턴 : 연구동향과 미래전망", 「소비자학연구」, 제11권 제2호, 2000. 6.

또한 하루에 여가시간이 10분씩 늘어나면 여가시간 관련 지출액은 연간 1조 7천억원씩 증가해 주5일근무제가 실시되면 관광부문에 대한 파급효과가 클 것으로 내다보고 있다. 증권거래소가 2002년 1월 1일부터 3월 2일까지 12월 결산법인의 사업목적 추가관련 공시 79건을 분석한 결과 수년전까지만 해도 기업들은 인터넷, 정보통신, 전자 등 정보통신산업에 사활을 걸었으나, 주5일근무제가 도입되면서 건강·여가사업을 추가한다고 밝힌 공시가 전체의 10.1퍼센트인 8건으로 가장 많았다. 이는 2001년도 건강·여가사업 진출 공시비중이 채 1퍼센트도 되지 않았던 것에 비하면 폭발적인 증가이 다.[311]

제 2 절 주요 여가산업별 특성

1. 관광관련 여가산업

1) 여행산업

여행산업은 주로 여가서비스업을 객체로 하여 소비자인 여행자와 여객운송업이나 숙박업 등의 생산자와의 사이에 존재하면서 유통에도 관여하는 산업을 말한다.

여행업, 여행알선업, 여행대리점업의 총칭인 여행산업(travel agency)이란 "여행자와 교통시설, 숙박시설 등 여행과 관계가 있는 사업과의 중간에서 여행자의 편의를 위하여 예약, 수배, 알선 등의 서비스를 제공하고 일정한 대가를 받아 영업하는 사업을 말한다."[312] 따라서 여행업은 인간이 관광여가행동을 하는데 있어서 가장 먼저 접촉하는 분야이다. 그리고 여행산업은 위의 정의에서 보듯이 독립산업이라기보다는 여행과 관련된 제반산업(principal)과 밀접한 호환관계에 있는 것이다.

311) 국민일보, 2002년 3월 4일자.
312) 김진섭, 「현대관광사업론」(서울 : 형설출판사, 1987), p.111.

우리나라의 경우, 「관광진흥법」 상의 정의를 보면, 여행업이란 "여행자 또는 운송시설·숙박시설 그 밖에 여행에 딸리는 시설의 경영자 등을 위하여 그 시설이용의 알선이나 계약체결의 대리, 여행에 관한 안내 그 밖의 여행의 편의를 제공하는 업"을 말한다.[313] 그러나 광의의 관점에서 보면 여행업은 여행의 안전, 쾌적 그리고 편의를 증진시키기 위하여 여행희망자 또는 여행자에 대한 여행정보의 제공, 여행상품의 기획과 판매, 대리계약 등 대리업무 및 기타 여행에 관한 모든 업무를 행하는 것이다.

여행업은 관광산업의 발전을 위한 동맥과 같은 위치에 있는 것으로서 우리나라 관광진흥법에서 규정하는 여행업의 종류에는 일반여행업과 국외여행업 그리고 국내여행업의 3종으로 구분하고 있다. 2007년 6월말 현재 시·도별 여행업체 등록현황은 일반여행업이 764개 업체, 국외여행업이 5,837개 업체, 국내여행업이 4,547개 업체로 우리나라 총여행업체는 11,148개 업체에 이르고 있다.[314]

이들 여행산업의 주요 기능 및 업무는 판매, 기획, 대리, 대행, 중개, 인수, 접대업무 등으로 다양한데, 그 구체적인 내용은 다음과 같다.[315]

① 승차권 등 교통기관의 표의 판매
② 각종 쿠폰의 판매
③ 여행상품의 기획 및 판매
④ 호텔, 식당, 리조트 시설 등의 예약과 수배
⑤ 여권, 비자 등의 수속대행
⑥ 청부여행의 인수
⑦ 인솔, 가이드, 통역안내
⑧ 여행상담과 여행계획의 작성
⑨ 여행도서의 출판과 안내서 교부 및 판매
⑩ 여행수표의 발행

여행업이란 여행자를 위한 수배 및 알선의 대가로 원사업자로부터 수수료를 받는데, 관광여행자와 관광원매업자(元賣業者) 내지 관광소재(素材) 제공자 사이에서 대리, 매매, 중개자로서 자리잡고 있다.[316] 여행업의 존재는

313) 관광진흥법 제3조 제1항 제1호 참조.
314) 문화관광부, 「관광동향에 관한 연차보고서」, 2007.
315) 末武直義, 「觀光事業論」(東京 : 法律文化社, 1984), p.122.

다음과 같은 편익을 제공해 주고 있기 때문에 의의가 있는 것이다.

첫째, 신용으로 관광여행자가 단독으로 여행할 때 오는 여러 가지의 불안을 해소시켜 여행 중의 안심과 여행 후의 만족을 보장하는 이점을 지니고 있다.

둘째, 정보판단력으로 관광여행에 관련된 다종다양한 정보 가운데 적합한 것을 선택하여야 하는데 이를 여행업에 의존하게 된다.

셋째, 시간절약을 위해서 관광상의 각종 예약을 위탁함으로써 관광여행자들은 시간을 절약할 수 있게 된다.

넷째, 저렴성으로 단체여행을 통하여 할인된 가격을 적용받는 이점을 제공해 주고 있다.[317)]

이상에서 여가산업의 중요한 일부인 여행산업에 대하여 간략하게 살펴보았는데, 여행업은 여가산업 중 여가이용자와 가장 밀접한 관계를 유지하면서 시설 및 자원의 이용을 알선, 중재하는 역할을 한다고 볼 수 있다.

2) 숙박산업

숙박산업(lodging industry)은 여가산업 중에서도 중요한 부분을 차지하고 있는데, 이는 앞서 설명한 여행관련 여가산업에 비하여 그 역사가 훨씬 앞서고 있으며, 인간의 주거기능을 보완하는 역할을 하고 있다.

숙박시설이라 함은 여가이용자에게 주로 수면과 식사의 서비스를 제공함으로써 목적지에서의 체재를 가능케 하는 시설을 말하는데, 여기에는 당연히 호텔, 콘도미니엄, 여관, 여인숙 등이 포함될 수 있지만, 이 모두가 관광객만이 이용의 대상이 되는 것은 아니고, 그밖의 여행객층 및 일반인도 이용의 대상이 되고 있는 것이다. 그러므로 관광진흥법은 숙박업 가운데서 관광객이 주로 이용하는 대상이 되는 영업만을 정하여 관광숙박업으로 정의하고 있는 것이며, 그 위에 이와 같은 관광숙박업을 지도·육성·규제하기 위하여 종류별로 등록기준을 설정하고 있다.

현행 관광진흥법은 관광숙박업을 호텔업과 휴양콘도미니엄업으로 나누고, 호텔업을 다시 세분하고 있다(동법 제3조 제1항 2호).

---

316) 손대현, 「관광론」(서울 : 일신사, 1989), pp.281~282.
317) 김진섭, 「전게서」, p.122.

여기서 호텔업이란 관광객의 숙박에 적합한 시설을 갖추어 이를 관광객에게 제공하거나 숙박에 딸리는 음식·운동·오락·휴양·공연 또는 연수에 적합한 시설 등을 함께 갖추어 이를 이용하게 하는 업을 말한다.

그리고 휴양콘도미니엄업이란 관광객의 숙박과 취사에 적합한 시설을 갖추어 이를 그 시설의 회원이나 공유자, 그 밖의 관광객에게 제공하거나 숙박에 딸리는 음식·운동·오락·휴양·공연 또는 연수에 적합한 시설 등을 함께 갖추어 이를 이용하게 하는 업을 말한다.

한편, 관광진흥법시행령은 호텔업을 관광호텔업, 수상관광호텔업, 한국전통호텔업, 가족호텔업 등으로 세분하고 있다(동법 시행령 제2조 1항 2호).

첫째, 관광호텔업은 관광객의 숙박에 적합한 시설을 갖추어 관광객에게 이용하게 하고 숙박에 딸린 음식·운동·오락·휴양·공연 또는 연수에 적합한 시설 등(이하 "부대시설"이라 한다)을 함께 갖추어 관광객에게 이용하게 하는 업(業)을 말한다. 종전에는 관광호텔업을 종합관광호텔업과 일반관광호텔업으로 세분하였던 것이나, 2003년 8월「관광진흥법시행령」을 개정하면서 이를 통합하였다.

둘째, 수상관광호텔업은 수상에 구조물 또는 선박을 고정하거나 매어 놓고 관광객의 숙박에 적합한 시설을 갖추거나 부대시설을 함께 갖추어 관광객에게 이용하게 하는 업으로서, 수려한 해상경관을 볼 수 있도록 해상에 구조물 또는 선박을 개조하여 설치한 숙박시설을 말한다. 만일 노후 선박을 개조하여 숙박에 적합한 시설을 갖추고 있더라도 동력(動力)을 이용하여 선박이 이동할 경우에는 이는 관광호텔이 아니라 선박으로 인정된다. 우리나라에는 2000년 7월 20일 최초로 부산 해운대구에 객실수 53실의 수상관광호텔이 등록되었으나, 현재 휴업 중에 있다.

셋째, 한국전통호텔업은 한국전통의 건축물에 관광객의 숙박에 적합한 시설을 갖추거나 부대시설을 함께 갖추어 관광객에게 이용하게 하는 업을 말한다. 우리나라에는 1991년 7월 26일 최초로 제주도 중문관광단지 내에 객실수 30실의 한국전통호텔(중문씨빌리지)이 등록된 바 있다.

넷째, 가족호텔업은 가족단위 관광객의 숙박에 적합한 숙박시설 및 취사도구를 갖추어 관광객에게 이용하게 하거나 숙박에 딸린 음식·운동·휴양 또는 연수에 적합한 시설을 함께 갖추어 관광객에게 이용하게 하는 업을 말한다. 경제성장으로 인한 국민소득수준의 향상은 가족단위 관광의 증가를 가져왔는데, 이에 정부는 국민복지 차원에서 저렴한 비용으로 건전한 가족관광을 영위할 수 있게 하기 위하여 가족호텔 내에 취사장, 운동·오락시설 및 위생설비를 겸비토록 하고 있다.

2007년 12월 말 현재 관광숙박업의 등록현황을 살펴보면 관광호텔업의 경우 전국 580개 업체에 60,596실이 등록되었고, 가족호텔업은 전국 19개소에 객실수 2,772실이 등록되었으며, 휴양콘도미니엄업은 전국 130개 콘도에 28,801실이 운영되고 있다.[318)]

3) 교통산업

인간의 여가행동은 장소의 이동과 밀접한 관련이 있으며, 이에 따라 여가산업에서 교통업이 중요한 위치를 차지하고 있다. 특히 대중여가의 등장과 여행의 대중화로 인하여 교통업은 종래의 단순한 이동기능만을 지향하는 데서 벗어나, 인간의 이동본능, 즉 방랑, 구경 등을 위한 행동에도 관심을 갖게 되었다.[319)]

인류역사를 통해 볼 때, 교통의 역사는 크게 세 단계를 거쳐 왔음을 볼 수 있다. 그 첫째 단계는 산업혁명 이전까지의 기간으로 교통은 도보, 가마, 인력거, 말, 마차, 수레, 목조선 등에 의존하였다. 둘째 단계는 산업혁명기부터 제2차 세계대전 이전까지로 이때에는 증기철도, 증기선이 등장하여 여가여행의 태동에 기반을 형성하였다. 마지막의 셋째 단계는 제2차 세계대전 이후로 자동차와 항공기의 발달이 운송량의 확대와 속도의 증가, 안전과 안락의 향상으로 인간의 대량적 여가이동을 촉진시키고 있다. 다시 말해 현대로 들어오면서 자동차와 항공기에 의존도가 높아졌다는 것은 그만큼 여가향유여건이 개선되었다는 것이며, 초기의 안전성과 신속성 지향보다는 쾌적성과 경제성을 지향하는 추세에 있다.

오늘날 교통분야가 여가산업분야에 관심을 기울이게 된 배경은 여러 가지가 있을 수 있겠으나, 소득수준의 증가 및 여가시간의 증가, 해외여행의 자유화, 국민의 여가인식의 변화, 국가간 교류의 확대, 고급화된 교통수단의

318) 문화관광부, 2006년도 관광동향에 관한 연차보고서, pp.207～216
319) 稻垣勉, 「観光産業の知識」(東京： 日本經濟新聞社, 1985), p.59.

개발 등이 크게 작용하였음을 볼 수 있다.

〈표 8-2〉 교통수단별 특성비교

교통수단	장 점	단 점
열 차	안전성, 신뢰성	지루한 여행, 비신축성
자동차	자유로움, 저렴성, 개성적	안전도 낮음
여객선	안락성, 낭만성	지루함, 단조로움, 비싼 요금
여객기	신속성, 안전성, 쾌락성	비교적 고가요금

자료 : 한국관광공사, 「국제관광과 항공부문의 공동협력선전방향」, 서울, 1988, p.25.

현대에 있어서 교통관련 여가산업의 요소가 갖추고 있는 특징을 장·단점으로 나누어 살펴보면 다음 〈표 8-2〉와 같다.[320]

우선 항공사업은 금세기에 들어와 나타난 새로운 교통수단인데, 가장 큰 특징은 신속성, 안정성, 쾌적성, 그리고 경제성을 들 수 있다. 특히 항공기의 신속성은 시대의 요청에 의해 여행시간의 단축과 여행에 따른 피로의 경감을 가져다 주었고, 특히 장거리 여가여행을 가능케 하였다.

항공사업의 발달배경에는 여러 가지 요인들을 들어 설명할 수 있다. 가장 중요한 요인은 항공기술의 발달에 있는데, 육상교통수단에 비하여 빠르고 멀리, 많은 여객을 수송할 수 있는 강력한 추진력을 가진 제트엔진의 개발과 편안하고 안전한 여행을 보장하는 현대식 교통수단이란 점에서 항공사업이 크게 발전할 수 있었던 것이다.

전통적 교통수단에 비하여 요금이 비싸다는 점 이외에 항공기는 현대인의 요구를 만족스럽게 충족시키고 있다. 육상교통수단 가운데 기차는 장거리여행, 일시대량수송, 상대적으로 저렴한 요금, 안전성이 보장된다는 장점이 있으나, 많은 시간이 소요되어 지루한 여행시간과 철도노선이 자동차 노선처럼 신축성을 보이지 못한다는 단점을 지니고 있다. 다행히 한국의 경우에도 철도산업의 마케팅이 도입되어 관광열차의 붐을 이루고 있으며, 고속철도의 개통이후 여가관광산업의 발전을 증대시키고 있다.

자동차는 여가활동에 있어서 항공기 수송에 못지않게 중요한 역할을 하

320) 한국관광공사, 「국제관광과 항공부문의 공동협력선전방향」(서울 : 한국관광공사, 1988), p.25.

며, 앞서 제기한 철도의 불리한 점을 보완해 주는 역할을 한다. 즉, 교통의 경제적 효율이라는 관점에서 지세, 인구, 기타조건과 비교하여 철도가 미칠 수 없는 도로의 사정에 따라 자동차여행이 발전할 수 있을 것이다.[321] 자동차가 특히 여가여행목적에 적합하다는 것은 도로를 이용한다는 것이다. 여가에 있어 자동차 이용의 최대이점은 목적지까지의 여객수송이라는 것도 있지만, 관광대상물이 점재(點在)하는 관광지에서의 유람여행이다. 즉, 자동차는 여가여행의 자유로움과 저렴한 여행, 그리고 마이카시대의 개성적인 여가에 적합하다.

여객선업은 철도사업과 함께 여가여행사업의 선구자로서 중요한 역할을 해왔다. 특히 제2차 세계대전 전의 국제간 교통은 주로 여객선업에 크게 의존해 왔다. 1950년대 이후에는 선박을 교통수단으로 하는 여객이 감소하고 있으며, 이는 항공기의 제트화, 스피드화, 나아가서는 대중화에 의한 대량고속운송의 혁명에 기인하는 것이다. 이에 따라 20세기 후반의 여객선업은 대중교통수단이 아닌 여가여행의 수단으로 변모하고 있으며, 그리하여 관광유람선(cruise)의 등장과 그것의 대형화·장거리화를 추구하게 되었다.

4) 외식산업

우리나라에서 외식산업만큼 급성장하고 있는 분야도 드물 것이다. 일반적으로 외식은 가정이 아닌 밖에서 음식을 만들거나 사먹는 식사를 말하고 있다. 기성세대들에게는 외식이라 함은 대개 식당에서의 음식먹기 정도로 이해하고 있으나, 최근의 젊은이들에게는 외식 그 자체가 매우 중요한 일상생활로 되어 있다. 특히 1980년대 이후 외국 외식브랜드의 대거 상륙은 우리의 여가생활에 있어서 외식산업이 커다란 비중을 차지하게 하고 있다.

전국의 음식점수는 1989년에 16만여개였던 것이 1990년대로 들어와서도 IMF관리체제기간을 제외하고는 급속히 증가하여 2000년 현재 53만개로 크게 늘어났다. 이에 따라 우리나라 외식산업의 시장규모도 1988년에는 5조 7천억원 규모였던 것이 1995년에는 18조원으로 늘어났으며, 2000년에는 30조원에 달하고 있다.[322] 이는 영국과 같은 선진국에 있어서 외식시장이 여가

321) 末武直義, 「前掲書」, p.107.
322) 통계청, 「한국통계연보」, 각 연도.

소비중 가장 많은 비중을 차지하고 있다.

1996년 영국인들의 여가시간 중 소비된 지출액을 보면 총 1,260억 파운드에 달하고 있으며, 이 가운데 가장 많은 비중을 차지한 것은 외식(식사 및 음료)으로 538억 파운드를 차지하고 있다.[323] 다음으로는 휴가 및 관광이 239억 파운드로 나타났으며, 홈 엔터테인먼트(home entertainment)가 132억 파운드로 3위에 랭크되었다.

외식산업의 유형은 천차만별인데, 종래에는 경영규모가 적었으나 최근에는 점포의 체인화·대형화 추세에 있다. 이와 같이 외식산업이 전세계적으로 발전하게 된 배경은 다음의 몇 가지로 나누어 볼 수 있다.

첫째, 노동집약적 산업인 동시에 기술집약적 산업이라는 점이다. 즉, 주된 상품의 요리는 대개 기술집약성을 보이고 있으며, 접객서비스는 완전히 노동집약적인 특성을 지니고 있다.

둘째, 소비가 순간적이기 때문에 고객의 주문에 응하여 그 장소에서 상품을 제공할 수 있는 신속성을 갖추고 있다.

셋째, 다른 산업에 비하여 제품의 생산과 판매 및 평가가 동시성을 보이기 때문에, 고객의 평가가 좋다면 그것은 사업의 좋은 기반이 되는 장점이 있다.

넷째, 음식의 질은 조리사의 기술을 반영하기 때문에 공업제품과 같이 연구개발 등의 사전투자가 요구되는 것과는 달리, 음식의 연구개발이 보다 간단하고 값싼 코스트로 차별화가 가능하다는 특징이 있다.

다섯째, 음식은 식생활 습관이라는 문화적인 기반위에 뿌리를 두기 때문에 쉽사리 기호가 바뀌지 않고 폭발적인 붐이 일어나지도 않는 반면, 안정된 시장이기도 하다.

여섯째, 음식산업은 경기의 호·불황에도 불구하고 크게 영향을 받지 않는 특징을 지니고 있다.

특히 우리나라에서 외식산업이 여가시장에서 커다란 비중을 차지할 정도로 급성장하게 된 배경은 첫째, 1980년대 중반까지 외식시장을 주도하던 관광호텔들이 외식업계로의 진출을 모색하였다. 둘째, 국민들의 부정적인 정

323) W. B. Martin, and S. Mason, *Transforming the Future: Rethinking Free Time and Work* (Sudbury, Leisure Consultants, 1998).

서를 감안하여 외식업계 진출을 삼갔던 대기업의 참여가 본격화되었다. 셋째, 국내 브랜드 체인음식점이 생겨나 영세한 생업형 음식점과 각축을 벌이고 있다. 넷째, 다국적 외식체인점들이 대거 국내로 진출하여 치열한 시장경쟁을 하게 되었다.[324)]

5) 기념품·면세점 산업

(1) 기념품점

일반적으로 기념품이란 관광객이 그 지역에서 구입하는 제품을 말한다. 일반적으로 기념품·토산품·공예품·민예품·특산품 등으로 다양하게 지칭하기도 한다. 여기서 토산품이란 그 지역이나 국가의 사람이 생산주체가 되어 전통적인 기법과 특성을 살려 전통적으로 가내수공업 또는 수공예에 의하여 제작된 공예품을 말한다.[325)]

따라서 기념품은 그 국가나 지역의 특색이 반영된 지역감정이 살아 숨쉬는 듯한 특산품이어야 하며, 비교적 가격이 저렴하고 수송이나 휴대가 용이할 뿐만 아니라 부패성이 없어야 하고, 예술적·산업적·문화적 특성 등 복합적 성격을 지녀야 한다.

최근 세계 각국은 문화적 감수성을 고양하고 문화적 가치에 대한 욕구증대로 독특한 공예상품에 대한 선호도를 증가시키고 있다. 특히 미국, 일본 등 선진국들은 그 나라를 대표하는 기념품이 경제적 고부가가치가 있음을 직시하고, 또한 문화이미지를 높이는 효과를 얻는데 노력하고 있다.

한국의 기념품점은 2002년 7월 현재 전국에 약 4,300여 개소이며 유통업체가 약 3,000개에 달하나, 이는 선진외국에 비하면 태부족이다. 한국을 대표하는 기념품 10선은 거북선·에밀레종·남대문·인삼·한국인형·호통·지공예 사물함·목각·보석함·노리개 매듭 등이다.

한국기념품은 협소한 시장규모와 후진적인 유통구조에다 업계가 영세하고 사회적 인식이 부족하며, 전통과 현대의 공예예술의 단절 등 관련정책에 문제점이 있다. 앞으로의 과제는 우수기념품의 계속적인 개발·보급과 기념

---

324) 윤지환, 「여가의 이해」(서울 : 일신사, 2001), p.143.
325) 장희정·양위주, 「레저」(서울 : 대왕사, 2001), pp. 258~260.

품 공예문화상품의 제작·유통 인프라를 튼튼히 구축하는 것이다.

이를 위하여 1998년 이후 계속된 '전국관광기념품공모전'을 개최하여 우수한 관광기념품을 발굴·육성하고 또한 1999년부터 매년 4월에 실시하여 온 한국관광공사의 '코리아 그랜드 세일'(Korea Grand Sale)행사를 지속적으로 추진함으로써 외래관광객 유치 확대 및 관광수입 증대를 도모해 나가야 할 것이다. 2002년에 이 행사는 월드컵 개최를 계기로 5월 31일~6월 30일 1개월간 개최하여 큰 성과를 거두었다.[326]

(2) 면세점

우리나라에서는 1962년에 처음으로 면세점이 개설되었으나, 주로 주한미군을 상대로 특정지역 내에서 면세로 물건의 매매가 이루어진 것이 면세점의 효시이다. 본격적으로 면세점의 영업이 활발하게 이루어진 것은 1964년 한남체인에서 개설하였으며 1967년 공항면세점, 1980년 롯데·동화면세점이 개점되면서 면세점의 대중화가 이루어졌다.

면세제도는 크게 사전면세제도와 사후면세제도가 있다. 전자는 물품구입시 세금이 이미 면세되어 있는 제도로서 주로 보세판매장과 관광기념품판매장이 있으며, 후자는 물품구입시 세금이 포함된 가격으로 구입하고 해당 세액을 사후에 환급받는 제도로서 사후면세판매장이 이에 해당한다. 우리나라 보세판매장은 2007년 7월 현재 총 30개소이다.

우리의 인천국제공항의 면세점 주요고객은 일본인 82~90%, 내국인 8~10%, 미국과 유럽인 2~8%이며 세계 주요공항의 매출액 기준 순위는 1위 영국의 히드로 공항, 하와이 호놀룰루, 홍콩 카이탁, 싱가포르 창이, 도쿄 나리타공항 순이며, 인천공항은 11위에 속한다.

6) 크루즈(Cruise)산업

크루즈산업이란 "선박의 안전성과 호화로운 시설 그리고 선내에서의 다양한 여가활동을 즐기면서 자연경관 및 문화유적지를 찾아 지상관광을 즐기게 하는 사업"이다. 따라서 해상에서의 레저활동과 육상에서의 관광을 즐

---

326) 문화관광부, 「2002년도 관광동향에 관한 연차보고서」(서울 : 계문사, 2002), pp. 125~126.

기는 것이 '크루즈사업의 백미'라고 할 수 있다.

크루즈의 역사는 1800년대 말에 유럽의 부유층을 대상으로 한 지중해 크루즈에서 시작되었다. 당시에는 항공기가 없었기 때문에 호화 선박에 의존하여 주로 해외여행을 즐기는 부유층이 많아 크루즈산업을 '움직이는 리조트 호텔사업'이라 했다. 오늘날 크루즈사업은 과거 1960년대의 18,000~20,000 총톤(G/T)급 유람선 형태에서 벗어나 점차 대형화가 추진되어 3만톤→5만톤→8만톤이 출현하는가 했더니 노르웨이의 클로스터(Kloster)사는 25만톤의 신조선계획을 추진하고 있다 한다.

지역별로는 미국 플로리다 반도의 마이애미(Miami), 포트 로더데일(Port Lauderdale) 등을 기점으로 하여 푸에르토리코, 바하마, 쿠바 등의 카리브해의 섬들을 관광하는 카리브 해(海) 크루즈가 세계적으로 가장 유명하다. 뉴욕기점 카리브해 크루즈도 있으나 별 인기가 없다. 다음으로 유명한 것은 북미 서해안을 기점으로 한 알래스카·멕시코 크루즈이다. 관광자원이 풍부하고 섬으로 둘러싸인 내해(內海)를 항해하는 것이 안전성에도 유리하나, 여름 한철에만 한정되는 것이 결점이다.

한편, 지중해는 1890년대 범선(帆船)에 의한 크루즈가 시작되어 오늘날에 와서는 서지중해와 동지중해로 나누어 운항에서 약 1주일간 나폴리~몰타섬~북 아프리카 마조르카(Majorca)섬을 경유하여 스페인·프랑스 등에도 기항하는 15,000~30,000 총톤급 유람선 규모이다.[327] 동지중해의 다도해로서 아름다운 자연과 많은 유적을 지닌 에게해의 크루즈도 유명하다. 또한 북유럽지역의 노르웨이·북극권·발틱해의 연안크루즈, 세계일주 크루즈, 하천 크루즈, 호주의 남태평양 크루즈도 각기 특색을 가진 크루즈이다. 세계일주 크루즈 중에는 우리의 부산항에 기항하여 1박 2일로 경주와 울산공업단지를 관광하는 크루즈도 있다.

327) 장희정·양위주, 「레저」(서울 : 대왕사, 2001) pp. 214~221.

2. 휴양관련 여가산업

1) 리조트(resort)

리조트는 일정규모의 지역에 레크리에이션, 스포츠, 상업, 문화, 교양, 숙박 등의 현대적 복합시설을 갖추고 스키장, 골프장, 온천, 수영장, 놀이시설 4계절형 종합휴양지인 레저공간이다. 또한 자연친화적 · 가족중심적 · 체험적 미래형 레저목적지이다.

리조트는 "휴가 · 휴양 및 건강회복 그리고 레크리에이션을 위해 사람들이 많이 방문하는 곳" 또는 "일상의 생활권을 벗어난 곳으로 자기의 재량에 의해 풍부한 시간을 만끽하기 위한 행동 혹은 그것이 가능한 장소"라고 정의하고 있다. 리조트 라이프에 대한 국민수요는 ① 자유시간 증가, ② 가처분소득의 증가, ③ 높은 교육수준, ④ 중 · 노년층의 비율증가, ⑤ 자동차 보유율 증가, ⑥ 핵가족화 등에 의해 영향을 받아왔다. 더욱이 주5일근무제 · 수업제로 인하여 여가시간이 늘어날 것이나, 소득수준은 급격한 증가는 기대하기 어려울지 몰라도 장래적으로는 조금씩 나아질 것으로 추정된다.

이러한 추세에 따라 다양한 휴양시설을 갖춘 대형 리조트의 필요성이 대두되고 있는 이때에 레저수요의 확대경향을 대기업들의 참여에 의한 수량적 리조트시설의 건설로 이어질 것이다.

한편, 21세기에는 고령화사회, 정보화사회, 국제화사회가 전개될 것인 바, 기존의 스키, 골프 등의 스포츠를 중심형 리조트보다 건강 또는 문화를 강조하는 신개념의 리조트가 각광받을 것이다. 특히 소득증대, 주5일근무제 확산, 레저욕구 증대, 전국적 도로망의 확충, 자가용 승용차의 보급 증가, 여행관련 업체의 발전에 힘입어 리조트 시장의 규모는 2000년은 1조 700억원으로 이는 1990년 4,312억원 대비 2.5배가 증가한 것이다.

우리나라의 복합리조트 업체는 11개 정도이다. 우리나라 복합 대형리조트들은 ① 단지면적이 최소 100만평 이상이고, ② 골프장, 스키장, 콘도미니엄 등의 시설이 필수적이며, ③ 고객들이 단지내에서 남녀노소가 즐길 수 있는

PC방, 노래방, 수영장, 사우나, 볼링장, 회의실 등 부대시설을 골고루 갖추어 놓았고, ④ 투자규모가 2,000억원 이상이며, ⑤ 숙박시설이 1,000실 정도이고, ⑥ 리조트들이 대부분 강원도 영동고속도로 주변에 위치하고 있는 것이 특징이다.

그리고 복합리조트는 스키+골프, 골프+관광+비치, 골프+관광+테마파크의 결합형태로 구분된다. 첫째, '스키+골프'형은 대명 비발디, 무주리조트, 베어스타운, 알프스, 양지파인, 용평리조트, 포레스트, 휘닉스파크가 해당된다. 둘째, '골프+관광+비치'형은 제주중문단지가 해당된다. 셋째, '골프+관광+테마파크'형은 경주보문단지, 설악 한화가 해당된다. 국내 리조트업체의 평균 매출액을 보면 2003년에는 446억원으로 전년대비 5.7% 증가하였는데, 이러한 매출 증가에 따른 스키요금 및 골프장 그린피의 인상 등이 작용하고 있다.[328]

2) 콘도미니엄(condominium)

콘도미니엄이란 하나의 공동건물에 개별적으로 소유권을 인정하면서 저당권 설정과 양도가 가능한 숙박시설이다. 그러나 그 관리와 시설정비, 서비스는 별도의 운영회사에 의하여 이루어지며 1실에 여러 명의 회원이 소유권 또는 사용권을 공유한다.

관광진흥법은 관광숙박업을 호텔업과 휴양콘도미니엄업으로 구분하고 있다(동법 제3조 1항 2호). 여기서 휴양콘도미니엄업이란 "관광객의 숙박과 취사에 적합한 시설을 갖추어 이를 그 시설의 회원이나 공유자, 그 밖의 관광객에게 제공하거나 숙박에 딸리는 음식·운동·오락·휴양·공연 또는 연수에 적합한 시설 등을 함께 갖추어 이를 이용하게 하는 업"을 말한다.

휴양콘도미니엄업은 1957년 스페인에서 기존호텔에 개인의 소유권 개념을 도입하여 개발한 것이 그 시초이다. 우리나라는 1982년 12월 31일자로 휴양콘도미니엄업을 관광진흥법상의 관광숙박업종으로 신설하였는데, 우리나라 콘도의 역사를 보면, 1981년 4월 경주 보문단지 내에 건설된 103실 규모의 한국콘도가 그 효시로 20여년의 짧은 역사를 지니고 있다.

328) 서천범, 「2004 레저백서」, 한국레저산업연구소, 2004.

콘도사업의 특성으로는 먼저 사업자 측면에서 보면, ① 건물과 시설에 대한 의존성이 높아 건설과 동시에 분양이 가능하므로 투자비 회수기간이 짧다. ② 관광지, 국·도립공원지역, 유원지, 기타 경관이 수려한 지역 등에 건립되므로 이용자를 쉽게 구할 수 있다. ③ 이용자에게 이용일수를 제한하여 판매하므로 이용기간 이외에는 비회원에게 이용수익을 올릴 수 있다. 한편, 이용자측면에서 보면 ① 콘도가 체인화되어 있는 경우, 회원권 1계좌로 국내외 체인을 이용할 수 있다. ② 회원권의 매매·상속이 가능하고 부대시설을 저렴하게 이용할 수 있다. ③ 성수기 사용에 우선권이 있고 관광숙박시설로 인정되어 있어 양도소득세의 부과대상이 아니다.

콘도는 소유형태에 따라 공유제와 회원제로 분류되는데, 전자는 회원이 콘도 사용권과 지분소유권을 모두 갖는 경우이고, 후자는 소유권은 없지만 시설이용권을 가진다. 회원탈퇴시는 입회금을 반환받는다. 2007년 6월 현재 휴양콘도미니엄업의 등록현황을 보면 130개 콘도에 28,801실이 운영되고 있다.

3) **테마파크**(Theme Park)

테마파크란 일정한 테마, 즉 주제를 설정하고 이에 각종 소재와 첨단과학기술이 접목되어 방문객들에게 새로운 환상과 공상 또는 감동을 주는 레저공간이다. 이와 관련하여 맥프니프(McFniff, 1993)는 테마파크를 '다양한 놀이시설과 매력물을 제공하여 오락과 즐거운 경험을 체험하게 하는 장소로서 모든 매력물이 계획된 특정테마를 주제로 하여 계획되고 운영되는 곳'으로 규정하고 있다.[329)]

따라서 테마파크는 각종 테마시설·구경거리·음식·쇼핑 등 종합적인 위락공간을 구성하여 놀이에서 휴식까지 하나의 코스로 즐기도록 하는 휴양시설이다. 테마파크는 색다른 장소와 시간의 분위기를 창조하는데 그 목적이 있고 '꿈을 고객에게 파는 사업'이라고도 한다. 테마파크의 역사는 중세유럽에서 발달된 박람회·축제·서커스 등과 같은 오락프로에서 진화되어 17세기 유럽 각국에서 유행된 '기쁨정원'(pleasure garden)에는 풍선타

329) John McFniff, Leisure Industries, EIU Travel & Tourism Analyst, 5, pp.52~73.

기 · 불꽃놀이 · 낙하산타기 등이 행해졌다. 특히 1893년 미국 시카고에서 개최된 세계박람회는 테마파크역사에 획기적인 사건이라고 볼 수 있다. 그러나 현대적인 테마파크는 1955년에 개장된 미국 캘리포니아주의 디즈니랜드와 그 후 플로리다주의 디즈니월드가 개장되면서 본격적인 테마파크의 시대가 열렸다. 그리고 이어서 일본 도쿄디즈니랜드와 프랑스 유로디즈니랜드가 건설된 후 세계각국은 자국의 특성과 구미에 맞는 독특한 주제의 크고 작은 테마파크를 앞 다투어 조성하고 있는 현실이다.[330]

한편, 국내 테마파크의 역사는 1960년대 동식물을 주제로 한 창경궁이 효시이다. 1974년에 민속촌이, 1976년에 용인자연농원(현재는 에버랜드)이 잇달아 개장되었고, 1987년에 놀이시설 중심의 드림랜드, 1989년에 도심형 테마파크인 롯데월드가 또한 문을 열었다. 1994년에 대전 엑스포 박람회가 끝난 후 대전엑스포 과학공원이 조성되었고, 1995년에 우방타워랜드가 대구에서 도심형 테마파크로 개장되었다. 일반적으로 테마파크의 8가지 구성요소는 ① 탑승시설(rides), ② 관람시설, ③ 공연시설, ④ 식음시설, ⑤ 상품 및 게임시설, ⑥ 고객편의시설, ⑦ 휴식광장, ⑧ 지원관리시설 등이다.

2001년말 현재 국내 주요 테마파크는 에버랜드 · 롯데월드 · 서울랜드 · 서울대공원 · 어린이대공원 · 드림랜드 등 6개가 수도권에 위치하고 있고, 우방타워랜드 · 광주패밀리랜드 · 꿈돌이랜드 · 통도 환타지아랜드 · 경주월드 등 5개가 지방에 위치하고 있다. 전국 11개 테마파크의 2001년도 입장객은 29,917천명으로 전년대비 1.8% 증가하였다.

최근 들어 테마파크의 특성으로 지역특구, 지역산업과의 연계화가 활발히 모색되고 있고, 자본집약적 산업으로 대형화가 추구하며, 테마파크의 주제가 다양화되고, 인구구조의 변화에 따라 가족단위 테마파크가 증가하고 있다. 또한 2007년 유니버설 스튜디오(Universal Studio)나 파라마운드 영화사의 무비테마파크 등 대형 글로벌 테마파크의 한국진출로 테마파크 업체간 치열한 경쟁을 예고하고 있다.

330) 장희정 · 양위주, 「레저」(서울 : 대왕서, 2001) pp. 179～181.

4) 워터파크(Water Park)

워터파크는 물을 매개체로 하여 각종 놀이시설과 건강시설 그리고 휴식 공간이 모두 갖추어진 물놀이 공간을 말한다. 즉, 물을 이용하여 휴식을 즐기고 스릴이 추가된 복합적이고 동태적인 사계절을 물놀이 기능을 가진 물 중심 공원이 워터파크이다. 성수기는 여름방학이 낀 7~8월이고 비수기는 나들이 철인 봄이다.

워터파크의 역사도 역시 미국이 그 효시이다. 올랜도에 위치한 웨튼 와일드(Wet'n Wild)가 월드파크의 원 기원지로 알려져 있다. 동양에서는 1926년 일본 도쿄 도시마엔 풀이 최초로 개장되어 워터파크의 기능을 수행하였으나, 본격적으로 발전된 워터파크는 1986년 나가시마 스파랜드(Spa Land)이다. 대규모의 바닷물을 끌어들여 해수 풀을 만들고 워터슬라이드를 도입한 것이다. 워터파크의 주요시설로는 유수 풀(lazy river), 파도 풀(wave pool), 워터 슬라이드(water slide) 등이 있다. 유수 풀은 '게으른 강'이라는 뜻으로 느릿느릿 게으르다 싶을 만큼 쉬엄쉬엄 물을 따라 몸도 함께 흘러 이동한다는 것이다. 파도 풀은 인공적으로 만든 파도를 타는 놀이이며 워터 슬라이드는 물이 흐르는 미끄럼을 타는 놀이다.

워터파크는 실내형, 실외형 및 실내외형 세 가지가 있는데, 국내에서는 주로 실내외 복합형이다. 우리나라에 워터파크가 도입된 것은 1996년 7월 국내 최초로 실내외 워터파크인 에버랜드의 '캐리비안 베이'(Caribbean Bay)가 개장되었다. 1997년 7월 한화국토개발의 '설악워터피아'(Seolack Waterpia)가, 1998년 7월 공무원연금관리공단에서 운영하는 천안상록리조트의 '아쿠아피아'(Aquapia)가 오픈됨으로써 국내 3대 워터파크가 완공되어 워터파크 물놀이를 즐기려는 관광객들에게 갈증을 풀어주었다. 온천지역에 건설한 온천워터파크는 가온(加溫)비와 공기조절 공사비가 거의 들지 않아 주로 이 지역에 많이 산재해 있다.[331]

---

331) 엄서호 · 서천범, 「전개서」, pp. 272~277.

5) 축제와 이벤트(event)

축제는 "원래 신에게 제사를 올리는 하나의 의식으로서 신에 대한 감사의 마음과 미래의 활력을 얻기 위한 행사로서 지역구성원들의 비일상적 행사"이다. 반면에 이벤트는 "주체자가 뚜렷한 목적의식을 가지고 시간과 공간을 한정하여 사전계획하에 다수의 대상을 현장에 참여시켜 직접적인 체험을 이끌어내기 위해 의도된 쌍방향 의사소통활동을 총칭하는 비일상적이며 특별한 행사"로 정의할 수 있다.

이벤트는 국가 및 지방자치단체의 행사나 기업체의 판촉행사, 각종 공연 및 문화행사가 여기에 포함된다. 그러나 현대에 와서 축제의 이벤트화, 이벤트의 축제화가 이루어져 두 가지가 서로 융합되어가고 있는 과정에 있다.[332]

축제와 이벤트의 개최목적에 의한 분류는 ① 전시형 이벤트(국제박람회, 신제품발표회, 업계전시회), ② 컨벤션(세미나, 심포지엄, 포럼, 국제회의), ③ 문화이벤트(음악, 예술, 영화제, 과학전 등), ④ 판촉이벤트(기업판촉활동, 상품설명회 등), ⑤ 축제형 이벤트(전통 민속축제, 창작축제, 거리축제) 등이 있다.

여기에는 스포츠이벤트는 제외시켜 스포츠산업에서 설명하려 한다. 각종 축제 및 이벤트 행사가 레저산업에 기여하는 역할은 겨울철에도 행사를 배분하여 비수기를 극복하고, 이미지의 조성, 목적지의 매력제고, 관광수입 증대, 관광시설의 활성화를 도모할 수 있다.

국내의 축제 및 이벤트산업의 발달은 1979년 한국종합전시장(COEX)이 개장되었으며, 동년 아시아·태평양여행협회(PATA)총회가 개최되었고 1986년 아시안게임, 1988년 서울올림픽이 열리면서 국제규모의 경제·스포츠·사회적 이벤트가 기반을 다지게 되었다.

그리고 1990년대에 대전 엑스포, 2002년의 월드컵대회 때에 다양하고 독창적인 축제와 이벤트가 개최되어 이벤트에 관한 관심이 더욱 높아지게 되었다. 따라서 한국은 그간의 급속한 경제성장, 국력의 신장, 올림픽 및 월드

---

332) 장희정 외, 「전개서」 p. 270.

컵 개최국, 항공망의 꾸준한 확충, 숙박 및 회의장 시설 등 국제회의 기간산업의 발전 등으로 국제회의와 각종 전시회 그리고 국제적 이벤트 등 국제행사를 적극 유치하는데 노력하여야 할 것이다.[333]

6) 펜션업

펜션은 유럽에서 유래된 것으로 고급 민박시설을 의미한다. 펜션의 사전적 의미는 '호텔정도의 시설을 갖추고 가족적인 분위기를 살린 소규모 숙박시설'로 정의되며, 일반적으로 '연금', '생활보조금', 또는 '연금을 주어 퇴직시키다', '하숙집'의 의미를 지니고 있다.[334]

주로 관광지나 휴양지 주변에 위치해 있으며, 보통 정년퇴직을 한 연금생활자들이 개인적인 별장과 같이 아늑하고 가족적인 분위기에서 휴식을 취하는 곳이다. 독일이나 프랑스 등 유럽의 경우 관광레저단지 인근이나 농어촌 지역에 입지하여 국내 관광숙박수요의 3분의 1 정도를 담당하고 있으며, 일본의 경우 1970년에 펜션이 처음 도입된 이래 전국적으로 약 3,000여 개소에 이르고 있다.

우리나라의 경우 펜션은 2000년 1월 28일 '제주도개발특별법'에 농어촌휴양펜션업의 등록 및 사업계획에 관한 사항이 포함되면서 처음 도입되었다. 이후 강원도 평창, 경기도 가평 및 청평 일대, 충남 태안반도 등을 중심으로 전국적으로 펜션이란 이름의 숙박업소들이 등장하였다. 그러나 제주도의 경우 펜션이 법적 기반을 가지고 있으나 나머지 지역은 제도적인 기반없이 생성된 것들이다.

펜션이 증가하게 된 것은 주5일 근무제의 확산에 따른 숙박관광 여가시간의 증가, 소득수준의 향상에 따른 가치관의 변화, 가족중심적 사회분위기 정착, 자가용 승용차 이용의 확산, 저금리 문화의 새로운 투자처 확산이라는 사회적 여건과 밀접한 관련이 있다.

현행 관광진흥법시행령은 제2조 제1항 6호에서 '관광편의시설업'의 일종으로 '관광펜션업'을 규정하고 있다. 이는 숙박시설을 운영하고 있는 자가 자연·문화 체험관광에 적합한 시설을 갖추어 관광객에게 이용하게 하는

333) 안경모 · 김영준, 「국제회의 실무기획」(서울 : 백산출판사, 1999) pp. 14~96.
334) 유지윤, 「관광펜션업 육성방안」, 한국문화관광정책연구원, 2004.

업을 말하는데, 2003년 8월 관광진흥법시행령 개정시 새로 추가된 업종으로 새로운 숙박형태의 소규모 고급 민박시설이지만, 관광숙박업의 세부업종이 아님을 유의하여야 한다.

그리고 관광펜션업은「제주특별자치도 설치 및 국제자유도시 조성을 위한 특별법」을 적용받는 지역에 대하여는 적용하지 아니한다(관광진흥법 시행령 제2조 제2항). 이「제주특별자치도법」에서는 관광펜션업 대신에 '휴양펜션업'을 규정하고 있다.

관광펜션업의 활성화를 위해서는 우수한 일반 펜션업체 및 농어촌 민박형 소규모 펜션업체들의 자발적인 등록을 유도할 만한 효과적이고 강력한 지원책이 요구되고 있다. 또한 관광펜션업으로 전환시 각종 세금부담을 경감시키는 조치가 취해져야 할 것이며, 사업의 지속적 성장을 위해 등급제 도입, 인증제 도입 등 소비자보호조치도 강구되어야 한다.[335]

7) 오토 캠프장

오토캠핑(auto-caping)이란 본래 야외에서도 의·식·주 생활이 가능하도록 차량 안에 부대시설을 탑재하여 특별히 제작된 캠핑전용차량과 텐트를 이용하여 야영을 하는 여가활동을 말한다. 그러나 우리나라의 경우 아직 캠핑전용차량의 보급이 쉽지 않아 해당 정의를 내리는데 어려움이 있다.[336]

또한 국내 오토캠퍼들의 경우 이러한 점들을 고려하여 꼭 캠핑전용차량이 아니더라도 레저차량과 텐트를 이용하여 오토캠핑을 즐기고 있는 실정이다. 따라서 우리나라의 오토캠핑은 자동차를 이용하여 텐트 설치장소와 주차공간이 확보되고 전기, 가스 등 부대시설이 구비되어 있는 야영장에서 여가를 즐기는 활동이라고 정의할 수 있다.

오토캠핑장이란 오토캠핑에 있어서 자동차(Camping Car)의 주차 및 야영객의 야영활동 공간을 제공하는 장소로써 차량 중심의 동선, 주차공간 및 텐트장소를 포함한 곳을 말한다.[337]

---

335) 유지윤,「관광펜션업 육성방안」, 한국문화관광정책연구원, 2004.
336) 경기개발연구원,「경기도 오토캠핑장의 타당성 및 조성방안」, 2005.
337) Devon M. Schneider, Zoning for Recreation Vehicle Parks, ASPO, No. 326, 1983, p.3

국내 최초의 오토캠핑장은 1999년 8월 제64회 세계캠핑캐라바닝 대회(2002년)를 강원도 동해시에서 유치하기로 결정하면서 2001년에 착공하여 2002년 4월에 준공된 망상오토캠프장을 들 수 있다. 주요시설로는 캐빈하우스 11평, 15평(20동), 아메리칸 코테지 17평, 35평(3동), 캐라반(캠핑카), 자동차 캠프장 93사이트, 소회의실, 대회의실, 몽골텐트촌 230여동이 있으며, 부대시설로 클럽하우스(관리동), 공동화장실, 샤워장, 공동취사장, 매점, 식당, 카페테리아, 어린이 놀이터, 팔각정자, 산책로, 세미나실, 도서대여, 체육시설(농구·족구·비치발리볼·탁구·배드민턴·자전거대여) 등이 있다.

8) 실버타운(silver town)

노인인구의 수와 전체인구 대비 비중의 증가로 이제 노인들의 여가문제도 더 이상 가족의 문제가 아닌 우리 사회가 함께 해결해야 할 문제이다. 선진국에서는 이미 오래 전부터 노인 주거와 여가복지 정책적인 측면에서 의료서비스가 겸비된 노인아파트, 은퇴촌, 너싱홈(nursing home) 등 다양한 시설이 개발되어 보급되고 있다.

지금까지 우리나라의 노인주거정책이 선별적으로 저소득층 노인을 대상으로 하는 무료 노인시설 위주로 이루어졌으나, 1990년대 이후 노인의 소득수준 향상, 주택욕구의 다양화, 건강보호의 어려움 등으로 중산층 이상의 노인을 대상으로 하는 주거복지시설의 욕구가 계속 증대하고 있다. 정부에서는 1995년부터 노인부양에 대한 가치관의 변화, 가족구조 및 사회경제적 변화에 따른 노인전용주택 보급의 필요성을 인식하고 유료노인복지시설의 확충을 위한 융자사업을 실시하였다

이와 관련 실버타운(silver town)은 1960년대 미국 남부지역에 형성되기 시작한 노인들의 밀집 주거지역에서부터 유래되었다고 추정하고 있으며,[338] 현재에는 노후에 안정된 생활보장, 편리한 시설, 생활서비스를 제공하는 주거와 의료, 휴양의 복합적인 주거단지를 의미한다. 노인촌 또는 노인주거단지라고 하며 고령자들에게 필요한 시설 및 서비스 기능을 갖춘 복합시설로서 유료양로원과 유료요양원보다 규모가 큰 것으로 규정하고 있다.

---

338) 박병규(1994), "국내 실버타운 현황과 전망", 「환경과 조경」, 통권 제75호. 서울: 환경과 조경사.

따라서 이 정의에 따라 우리나라에서의 실버타운(silver town)의 개념을 규정해보면 쾌적한 주거환경지역을 선정하여 노인의 신체적 상황과 특성을 배려한 건축방식에 따라 설계된 유료 노인주거시설로, 레크리에이션, 스포츠, 문화, 교양프로그램 등 여가선용을 위한 각종 편의시설을 복합적으로 설치하고, 필요에 따라 각종 생활서비스를 제공하며 고령으로 인한 질병 발생시 의료서비스에 이르기까지 다양한 서비스제공이 수반되는 유료양로시설, 유료 요양시설시설, 노인복지주택 등을 의미한다고 할 수 있다.[339]

3. 스포츠관련 산업

1) 스포츠이벤트 사업

(1) 올림픽게임(하계·동계대회)

IOC(International Olympic Committee : 국제올림픽위원회)가 4년마다 개최하는 국제스포츠대회이다. 본래 올림픽경기는 고대 그리스인들이 제우스신에게 바치는 제전경기(祭典競技)의 하나로, 종교·예술·군사훈련 등이 삼위일체를 이룬 헬레니즘 문화의 화려하고도 찬란한 결정체였다. 매 4년마다 한 번씩 열리면 올림피아로 몰려들어 신전에 참배하며 제례를 지냈는데, 무엇보다 중요한 것은 올림픽경기가 훈련의 성격을 띠었다는 데 있다.

고대올림픽은 B.C. 776년 앨리스 출신의 코로 에부스가 스타디온 달리기에서 우승했다는 문헌상의 기록을 근거로 통상 이때를 올림피아의 원년으로 본다. 이후 1,200여년 동안 계속되다가 그리스가 로마인의 지배를 받으면서 A.D. 394년 테오도시우스 황제는 올림픽 제전을 이교도들의 종교행사로 규정, 폐지를 명령하는 칙령을 선포함으로써 바로 A.D. 393년에 열린 제293회를 마지막으로 고대올림픽의 역사는 막을 내렸다.

그 후 약 1,500년 동안 중단되었던 고대 올림픽경기는 프랑스의 피에르 쿠베르탱(Pierre de Couberton)의 노력으로, 1894년 6월 23일 파리의 소르본 대학(파리대학교)에서 열린 국제스포츠대회에서 유럽 각국의 대표들로부

339) 장창수·김용동·구미현, 「실버타운 육성방안」, 대전발전연구원, 2002.

터 만장일치로 찬성을 얻어 근대올림픽이 시작되었다.

1896년 유서깊은 그리스의 아테네에서 개최된 근대올림픽 제1회 대회(또는 제1회 올림피아드)에 참가한 선수는 13개국 311명으로 '인류평화의 제전'이라는 거창한 구호에 걸맞지 않은 작은 규모였다. 올림픽이 국제대회로서 면모를 갖춘 것은 1908년 제4회 런던대회 때부터였다. 이 대회에는 22개국 1,999명이 20개 종목에 참가함으로써 대회규모가 획기적으로 확대되었다.

근대올림픽의 창시자인 쿠베르탱은 올림픽경기의 이상을 "인간의 완성은 물론 세계의 평화에 두었다. 스포츠에 의한 인간의 완성과 교류를 통한 국제평화의 증진이라는 올림픽 이상하에서 ① 육체의 기쁨, ② 미와 교양, ③ 가정과 사회에 봉사하기 위한 근로에 둔다"라고 주장하였다.

그동안 제1·2차 세계대전으로 말미암아 3번이나 중단되었다. 1988년 서울특별시에서 개최된 제24회 올림픽은 여러 가지 면에서 중요한 의미를 지닌다. 제22회 모스크바대회 때는 소련의 아프가니스탄 침공에 항의하여 자유진영국가들이 불참하는 사태를 빚었으며, 제23회 로스앤젤레스대회 때는 그 반작용으로 소련을 비롯한 동구권의 불참사태를 가져왔다. 그러나 동·서 냉전으로 인한 분단의 현장인 서울올림픽 때에는 아이러니컬하게도 북한과 쿠바 등 몇 나라를 제외한 동·서가 한자리에 모이는 대축전이 되었으며, 한국을 세계에 알리는 계기가 되었다. 오늘날 세계 각국의 스포츠인들은 근대올림픽이 창설된 6월 23일을 '올림픽의 날'로 정하여 기념하고 있다.

동계대회는 하계대회와 별도로 4년에 한번씩 겨울기간에 열린다. 제1회 대회는 1924년 프랑스의 사모니에서 개최되었으며, 16개국 258명의 선수들이 빙상·스키·아이스하키·봅슬레이·군대정찰경기 등 5개 종목에 참가하였다. 한국은 제1·2·3·4·6회를 제외하고는 모두 참여하였다. 1994년 제17회 노르웨이 릴레함메르대회, 1998년 제18회 일본 나가노대회에 이어 2002년 제19회 대회는 미국 솔트레이크시티에서 열렸다.[340)]

(2) 월드컵(World Cup)

'월드컵'이란 세계선수권을 겨루는 국제적인 운동경기이며 국제축구연맹(FIFA)이 매 4년마다 주최하는 축구경기를 가리키는 말이다. 제1회 대회는

---

340) 대한체육협회 자료.

1930년 우루과이에서 열렸다. 당시 연맹회장인 J. 줄리메가 제공한 줄리메컵이 이 대회에서 3번 우승한 브라질에게 영구히 넘어갈 때까지는 '줄리메컵 세계선수권대회'라고도 하였다. 그 뒤 FIFA에서 우승컵을 제공하여 'FIFA월드컵'이라고도 한다.

참가자격은 아마추어와 프로를 가리지 않으며, 선수는 소속클럽이나 팀의 국적이 아니라 선수 개인의 국적에 속해 출전한다. 본선은 지역예선을 거친 32개국이 토너먼트로 경기를 치른다.

한국은 1954년 제5회 스위스대회와 1986년 제13회 멕시코 대회, 1990년 제14회 이탈리아 대회, 1994년 제15회 미국 대회, 1998년 제16회 프랑스 대회의 본선경기에 진출함으로써 아시아 국가로는 처음으로 4회 연속 본선진출국이 되었다. 2002년 제17회 월드컵축구대회는 한국과 일본에서 공동개최되었으며, 한국은 아시아에서는 최초로 4강에 진출하여 3·4위전에서 아깝게 터키에 져 4위에 그치는 신화를 이루었다.

1991년 출발한 여자월드컵축구대회도 급속히 발전하여 제3회 1999년 미국여자월드컵대회는 남자월드컵에 못지않은 인기를 끌었다. 제4회 여자월드컵축구대회는 여자축구 활성화를 위해 1년 앞당긴 2002년 9월에 미국에서 열렸다.

국제축구연맹(FIFA)은 1904년 5월 21일 파리에서 프랑스, 스페인, 벨기에, 덴마크, 네덜란드, 스웨덴, 스위스 등 7개국 축구협회의 대표들이 모여 설립하였다. 그러나 실제경기는 1930년 7월 18일 우루과이 몬테비데오의 독립 백주년 기념 경기장에서 제1회 월드컵의 막이 올랐다. 세계 축구의 새로운 시대가 열리는 순간이었다. 현재 회원국 수는 204개국이다.[341)]

(3) 자동차 경주(car racing)

인간은 자신이 죽지 않는다는 가정만 있으면 전쟁을 가장 좋아하는 동물이다. 전쟁 이외에 평시에 그와 같은 스릴과 즐거움을 즐길 수 있는 놀이가 자동차 경주인 것이다. 강력한 엔진 굉음, 아슬아슬한 스피드 경쟁, 박진감과 가슴 조이는 순위 다툼, 그리고 가슴이 서늘할 정도의 차량 사고 등 자동차 경주는 그 어느 스포츠보다도 많은 팽팽한 긴장감과 쾌감을 주는 스포

341) 인터넷 월드컵 자료.

츠이다.

자동차는 인간이 생산한 물품 중에서 가장 훌륭한 작품 중의 하나로 꼽고 있으며, 이 자동차의 생산대수는 그 나라 경제력의 척도로 가늠하고 있다. 선진자동차 주요 생산국은 인간의 본성과 심리를 잘 이용하여 자동차를 이용한 카레이스를 활성화하고, 이를 통하여 자신들의 자동차 성능을 세계에 과시하고 판촉을 적극적으로 전개하는 것이 오늘의 현실이다.

자동차경주대회는 올림픽과 월드컵의 대형 국제대회 다음으로 큰 세계적 스포츠 행사이다. 앞의 양 대회는 4년마다 개최되나, 자동차경주대회는 F1 경주의 경우에 매년 약 17회가 개최되고, 기타 대회는 헤아릴 수 없을 정도로 많이 개최되어 더욱 관중들의 시선을 끈다.

자동차경주라는 것이 문명의 이기(利器)인 자동차를 이용하여 차량의 속도, 내구성, 드라이버의 경기력을 겨루는 첨단 스포츠라고 할 수 있다. 따라서 레이스(Race), 테스트, 기록 도전, 내구성 실현, 랠리 또는 자동차가 참가해서 행하여지는 경기적인 성격을 가진 모든 행사를 말한다. 여기서 레이스란 “2대 이상의 자동차가 동일한 코스를 같은 스타트 라인에서 동시에 출발하여 소정의 거리를 최초로 완주하던가 또는 소정의 시간 안에 가장 긴 거리를 달린 경기자가 우승하게 되는 경기”를 말한다.

랠리(Rally)는 출발지점과 도착지점이 다른 긴 거리의 공도(公道), 사막, 산길, 계곡, 비포장도로 등의 험로를 달리며 자동차의 성능과 인간의 체력과 끈기의 한계를 가장 극한의 상황에서 시험하는 경주이다.

세계 최초의 자동차경주대회는 1887년 파리에서 베르사이유 궁전 사이의 30km에서 행하여져서 증기 3륜차가 우승하였다. 1895년에는 미국의 시카고 부근에서 6대가 참가한 가운데 미국 최초의 경주가 개최되었고, 세계 최초의 그랑프리(Grand Prix)대회는 1906년에 프랑스 르망에서 열렸다.

우리나라에서는 1987년 3월 19일 한국모터스포츠클럽이 주최한 ‘제1회 한국자동차경주대회’가 강원도 진부령~용평간 산길에서 열려 18대의 경주차가 출전한 것이 한국 카레이스의 시발이다.

자동차경주를 오토스포츠 또는 카레이스라고도 하는데, 그 종류는 다양하다. 크게 5가지로 나눌 수 있는데, 레이스, 랠리, 스피드 행사, 미국의 카레이스, 카트 등이다. 이를 표로 나타내면 〈표 8-3〉과 같다.

F1(Foumula One : 규격1)레이스는 정식으로 영국에 본부를 둔 포뮬러 원 협회(FOA : Formula One Administration)가 세계 최초로 공인 F1 GP(Formula One Grand Prix) 세계선수권대회가 열린 것은 1950년 영국의 실버스톤 서키트(일명 브리티시(British GP)였다. F1 GP 모터스포츠는 하계 올림픽, 월드컵과 함께 세계 3대 빅 스포츠의 하나이며, 이 대회는 최첨단의 3000CC급 스포츠 전용차(4개 타이어가 차체 외부 돌출)인 Formula One(규격1) 경기차로 행하여지기 때문에 모든 모터스포츠의 꽃이라고 할 수 있다.

〈표 8-3〉 자동차경주의 종류

<table>
<tr><th>구 분</th><th colspan="2">종 류</th></tr>
<tr><td rowspan="7">레이스</td><td rowspan="4">그룹D(포뮬러)</td><td>F1(Formula One : 규격1)</td></tr>
<tr><td>F3000(Formula 3000)</td></tr>
<tr><td>F3(Formula Three : 규격3)</td></tr>
<tr><td>FJ(Formula Junior) 등</td></tr>
<tr><td colspan="2">그룹C(스포츠프로토타입카 : Sport Prototypecar)</td></tr>
<tr><td rowspan="2">양산차 또는 시판차 레이스</td><td>투어링카(Touring Car : 그룹 A)</td></tr>
<tr><td>프로덕션카(Production Car : 그룹 N)</td></tr>
<tr><td>랠리</td><td colspan="2">세계랠리선수권대회(WRC : World Rally Championship)
아시아 · 태평양 랠리선수권대회
파리~타카르 랠리, 파이크스 피크 랠리, 파라오 랠리,
카멜 트로피, 트렌스펜 말레이시아 등</td></tr>
<tr><td>스피드행사</td><td colspan="2">슬라롬, 힐 클라임, 드래그 레이스, 타임 트라이언, 기록 도전</td></tr>
<tr><td>미국의 카레이스</td><td colspan="2">인디(INDY), IMAS(International Moter Sports Association)
NASCAR(National Association for Stock Car Auto Racing)</td></tr>
<tr><td>카트(Kart)</td><td colspan="2"></td></tr>
</table>

F1대회는 영국에 본부를 둔 포뮬러 원 협회(FOA)가 공인해 주며, 영국, 프랑스, 이탈리아, 독일, 일본 등 16개국에서 시리즈로 열리고 있으며, 매년

보통 16전 정도가 열린다. 포뮬러 레이스는 사용되는 머신과 수준에 따라 F1, F3000, F3, FJ 등으로 분류되는데, 그 중에서도 최고의 지위를 차지하고 있는 것이 바로 포뮬러 원이다.

F1그랑프리에는 경주자와 컨스트럭터(Constructor : 머신 제조업자)의 명예가 같이 걸려 있으며, 한 팀당 2명의 선수가 소속되어 있으며 엔진을 제공한 엔진메이커의 명예도 중요시된다. 레이스 거리는 305km를 넘는 최소 바퀴수 또는 2시간을 넘었을 때에는 넘은 시점에서 선두가 스타트/피니시 라인을 가로지르면 체커기를 흔들어 종료한다. 세계선수권의 개최 레이스 횟수는 연간 최대 17전, 최소 8전으로 되어 있다.

F3000은 F1 다음가는 포뮬러 카레이스이다. 경기방식과 점수 계산 등은 F1과 거의 같지만, 머신 규격은 크게 다르다. 현재 F1의 배기량은 3000CC 이상 12기통이나, F3000은 배기량이 3000CC까지이고 8기통 이하이다. 보통 F3000에서 좋은 성적을 거두어 실력을 인정받아 수퍼라이센스를 취득하여 F1에 진출한다.

F3(Formula 3)레이스는 국제적으로 공인되는 포뮬러 레이스에서 가장 규격이 작다. 포뮬러 레이스 중에서 비록 수준이 가장 낮지만 국제적으로 공인되는 레이스라는 점에서 그 중요성을 무시할 수 없다.

일반적으로 F3에서 실력을 쌓아 F3000을 거쳐 F1에 진출하는 것이 정통 코스이다. 우리나라에서도 역사상 처음으로 '99년 11월 28일부터 3일간 경남 창원에서 시내 공도(公道)상에서 국제 F3 한국그랑프리 챔피언대회(International F3 Korea Grand Prix)가 개최되어 그후 계속 실시되고 있다.

그룹 C(스포츠 프로토타입카 : Sport Prototypecar)레이스는 스포츠 프로토타입카로서 시판용이 아니고 서키트에서 스피드 레이스를 벌이기 위하여 특별히 만들어진 2좌석 레이싱 머신으로 벌이는 레이스를 말한다. 투어링카(Touring Car : 그룹A)는 연간 2,500대 이상 생산되는 4좌석 이상의 자동차를 기본으로 하여 레이스용으로 개조한 경주차를 말한다.

세계 각국에서 활발히 개최되는 그룹 A의 경주 중에 가장 유명한 것은 스파(SPA) 24시간 레이스다. 스파 24시간 레이스는 F1벨기에 그랑프리가 열리고 있고, 그룹A와 그룹N이 함께 경주를 벌이는 투어링카 레이스이다.

프로덕션카(Production Car : 그룹N)는 프로덕션 카, 즉 시판용인 양산차

(量産車) 거의 그대로 경기를 치르기 때문에 비용이 적게 드나, 드라이버의 운전 테크닉이 우승의 향배를 좌우한다.

다음으로 랠리대회는 다음과 같은 대회가 있다.

① 세계랠리선수권대회(WRC : World Rally Championship)는 연간 2,500대 이상 생산되는 차량이 출전할 수 있는 이 대회는 유럽을 중심으로 아프리카, 남미, 아시아, 호주, 뉴질랜드 등을 순회하면서 연간 14회 정도 열리며 세계적으로 그 권위를 인정받는 최고의 랠리대회이다.

② 아시아·태평양랠리선수권대회(APRC : Asia Pacific Rally Champion-ship)는 태국, 인도네시아, 말레이시아, 뉴질랜드, 호주, 북경 등을 순회하며 1년에 6번 정도의 경기가 시리즈 형태로 진행되고 있다.

③ 파리~다카르 랠리는 매년 1월 1일 파리를 출발하여 15일에서 20일간 지중해와 사하라 사막을 지나 다카르에 이르는 1만km를 달리는 일명 '지옥의 랠리'이다.

④ 파이크스 피크 랠리(Pikes Peak Rally)는 1950년대부터 시작하여 미국 콜로라도주에서 열리는 매우 독특한 산악도로 경주로서 지난 96년 제70회 대회에 현대 스쿠프가 출전해 우승을 차지했다.

기타 랠리의 종류로는 파라오 랠리, 카멜 트로피, 트랜스 펜 말레이시아 파리~모스크바~북경 랠리 등이 있다. 그리고 스피드 행사(Speed Event)란 경기 차량이 개별적으로 주행하면서 소정의 거리에 소요시간을 계시, 비교하여 순위를 정하는 것이다.

한편, 미국의 인디(INDY)자동차경주는 미국의 독자적인 자동차경주 중의 하나로서 미국판 F1이라 할 수 있다. 정식 명칭은 'PPG 인디카 월드 시리즈'이다. 이 시리즈는 해마다 미국과 캐나다, 호주의 16개 도시를 돌며 16전으로 치러진다. 그중 가장 유명한 라운드가 바로 제4전인 인디애나 폴리스 500마일 레이스(약칭 인디 500)이다. 기타 레이스의 설명은 생략한다.[342)]

또한 오토스포츠의 가장 기본이라 할 수 있는 카트(Kart)는 1955년에 탄생하여 크기가 작고 메커니즘이 간편하면서 값도 싸고 누구나 탈 수 있어

---

342) 자동차경주에 관한 구체적 설명은 필자가 집필한 "우리도 자동차경주에 관심을 가져야 한다", 월간잡지 「건설교통저널」, '99년 9월호 및 10월호 참조.

레이싱 입문용으로 널리 이용되고 있다. 미국, 유럽, 일본에서 많은 사람들이 즐기면서 대중적인 레포츠에서 카트 레이스까지 폭넓게 보급되어 왔다.

카트는 레이스용과 일반 레저용으로 구분되는데, '미니 포뮬러'라는 애칭에서도 알 수 있듯이 축소판 자동차경기로 레이스가 발달한 외국에서는 자동차경주에 입문하고자 하는 사람의 정규 포뮬러로 가는 입문 코스로 알려져 있다. 세계의 유명한 챔피언들이 어릴 때부터 카트를 통해 레이싱의 기본기를 쌓은 것으로 알려져 있다.

국제자동차경주대회 기구로는 국제자동차연맹(FIA : Federation International of Automobile)이 있다. 이 기구는 국제자동차경주업무를 관장하는 본부로 파리에 있고, 각국은 1개 기관만이 대표성을 가지고 있다. 우리나라는 한국자동차협회(KARA : Korea Automobile Racing Association)가 국제자동차연맹(FIA)에 대하여 대표성을 갖는다.

포뮬러 원 협회(FOA : Formula One Administration)는 FIA에서 관장하는 최고의 자동차경주대회인 F1 GP를 관장하는 기구이며, 본부는 영국 런던에 있다. F1 GP의 흥행권, TV 방영권 및 상금의 분배를 관장하며 세계 각국에서 행하는 F1 GP는 주최자(프로모터)가 FOA로부터 흥행권과 TV 방영권을 구입하여 개최한다.

(4) 아시아 경기대회(Asian Games)

제2차 세계대전이 끝난 직후 1948년의 제14회 런던 올림픽경기대회가 열리던 기간 중에 아시아의 13개국 단장들은 세계올림픽위원회로부터 아시아 지역대회 개최를 위한 사전 협의를 요청받고, 한국 · 필리핀 · 미얀마 · 인도 · 타이완 · 스리랑카 등 6개국이 모여 아시아경기대회를 개최할 것을 결정하였다. 그 결과 1949년 2월에 인도의 뉴델리에서 9개국 대표 11명이 다시 모여 아시아경기연맹(AGF : Asian Games Federation)을 창설하였다.

대회는 4년에 한번씩 올림픽경기대회가 열리지 않는 중간 해에 회원국 내에서 개최된다. 제1회 대회는 1950년에 개최할 예정이었으나, 제2차 세계대전 후의 악조건 때문에 1년 연기되어 1951년 뉴델리에서 11개국 500명이 참가하였으며, 제2회 대회는 1954년 필리핀 마닐라(18개국), 제3회 대회는 1958년 일본 도쿄(20개국), 제4회 대회는 1962년 인도네시아 자카르타(16개국), 제5회 대회는 1966년 태국 방콕(18개국), 제6회 대회는 1970년 태국 방콕(18개국), 제7회 대회는 1974년 이란 테헤란(25개국), 제8회 대회는 1978년 태국 방콕(27개국), 제9회 대회는 1982년 인도 뉴델리(33개국), 제10회 대회는 1986년 한국 서울(27개국), 제11회 대회는 1990년 중국 베이징(37개국), 제12회 대회는 1994년 일본 히로시마(42개국), 제13회 대회는 1998년 태국 방콕(41개국), 제14회 대회는 2002년 한국 부산(44개국), 제15회 2006년 카타르 도하에서 개최되었다.

제6회 대회는 한국의 서울에서 개최하기로 결정을 보았으나 1968년에 대회 개최권을 반납하였으므로 방콕으로 변경되었던 것이다. 제7회 대회부터는 북한과 중국이 참가하였다.

1982년 9월 16일 AGF가 비상설기구이므로 이 대회의 발전을 위해서는 상설기구가 필요하다는 데 뜻을 같이하여 아시아 올림픽평의회(OCA : Olympic Council of Asia)를 창설하게 되었다. 같은 해 12월 5일 OCA는 창립총회를 갖고 아시아의 평화와 화합을 위해 더욱더 많은 노력을 기울이기로 합의하였다.

한국은 전쟁중이어서 제1회 대회에는 불참하였지만 그 이후에는 모두 참가하였고, 1986년 제10회 서울대회를 개최하여 중국에 이어 종합 2위를 하였으며, 또한 2002년 제14회대회도 9월 29일부터 10월 14일까지 부산에서 개최되었다. 이 대회에는 44개국 1만 1000여명이 38개 종목에 참가하였다.[343)]

2) 스포츠 시설산업

(1) 골프장

현대적 의미로서의 골프는 국민 여가활동의 하나로서 국민건강을 위하고 지역경제에 기여하면서 골프장을 시민공원으로 활용한다. 골프의 역사는 여러 가지 설이 있으나 다음 세 가지로 정리한다.[344)]

① 로마시대 시저(B.C. 100～44) 때 필라 피카니카(Pila Piqanica) 스코틀

---

343) 네이버(Naver)백과사전.
344) 허남양, 「골프학개론」(서울 : 무지개사, 2003), pp. 3～40.

랜드 섬을 정복한 병사들이 야영지에서 쉬던 중 한쪽 끝이 구부러진 막대기로 새털로 된 공을 치며 즐겼던 놀이가 오늘날 스코틀랜드 세인트 앤드루즈에 남아 골프가 됐다는 설이다.

② 기원전 네덜란드 지방의 어린아이들이 실내에서 즐겨하던 코르프(Kolf)라는 경기에서 비롯됐다는 설이다. 15세기 무렵 네덜란드에서 즐기고 있던 코르(Chole)라는 빙상경기가 당시 양모중심으로 교역이 활발했던 스코틀랜드에 건너가서 그것이 골프로 발생되었다는 설이다.

③ 스코틀랜드의 양치기 소년들이 양떼를 돌보면서 스틱으로 돌을 치며 승부를 겨루던 경기가 골프의 시조가 되었다는 설이다.

한편, 한국의 골프역사는 영국 스코틀랜드보다 1세기 앞서 조선시대 초기에 이미 격구(擊毬)라는 이름의 골프와 유사한 경기가 행해졌다. 현재 우리가 행하는 골프가 처음으로 소개된 것은 1900년 구한말에 원산 세관구내인 유목산 중턱에 영국인 고문들이 골프코스를 만들고 이상한 골 놀이를 하였다는 기록이 시작이다. 그후 20년이 지난 1921년 조선철도국이 직영하던 조선호텔이 손님 유치수단으로 골프장 설치를 계획하고 서울 효창공원에 미국인 댄디의 설계로 경성골프구락부를 개장하면서 골프가 이 땅에 뿌리를 내렸으나, 이 코스는 1923년에 공원으로 되고 말았다.

실질적 한국골프의 시작은 1929년 군자리 골프장(현재의 어린이공원)이 개장되면서부터이다. 군자리 골프장은 원래 왕실의 능자리였던 곳을 영친왕인 이은(李垠) 공이 무상으로 임대해주고, 공사비까지도 하사하여 만들게 된 것이다. 따라서 우리나라 최초의 골퍼는 영친왕이었으며, 일제치하에서의 한국골프는 별 의미가 없었고, 국민들 대부분이 골프가 어떻게 하는 경기인지조차 모르는 상태였다.

2003년 골프장 수는 181개였으나 2006년에는 250개로 늘어났으며, 내장객수도 1,500만명에서 2,000만명으로 늘어났다. 그러나 골프인구의 증가에 비하여 골프장수는 부족한 상황으로, 특히 수요가 집중되는 주말 및 공휴일의 경우에는 회원이라 할지라도 예약이 어려운 공급자 중심의 시장구조를 유지하고 있다. 인구 1만명당 골프장수는 한국 0.03개소, 대만 0.14개소, 일본 0.17개소, 미국 0.50개소이다.

(2) 스키장

스키의 유래는 수렵과 교통수단으로 사용한 것이 시초이다. 노르웨이의 레디 바위에 새겨진 스키 타는 사람의 모습은 4,500년 전의 것이라고 알려졌으며, 스웨덴의 중부 호팅지방에서 발견된 4,500년 전의 스키가 가장 오래된 것이다.

스키의 바인딩 역할을 한 모양의 스키가 스웨덴의 가르프트 레스구에서 4,000년 전의 것으로 추정되는 것이 출토되었다. 이 스키의 특징은 발을 가죽과 스키 판에 4구멍을 이용하여 묶은 것이 최초로 알려지면서 고고학적으로 가치가 있다.

스키 모양을 잘 갖춘 것은 스웨덴에서 발견된 오브레보 스키가 2,500년 전의 것으로 현재 스웨덴의 수도 스톡홀름에 있는 듀가렌 박물관에 보존되어 있다. 이외의 스키는 교통수단으로 많이 사용되지 않았나 하는 추측을 갖게 한다.

국제 스키경기는 1924년 국제스키연맹(Federation Internationale de Ski : FIS)이 창설된 후 시작되었으며, 같은 해 프랑스 샤모니에서 열린 제1회 동계올림픽경기에 크로스컨트리 스키경기와 점프스키경기가 실시되었다. 1936년 독일에서 개최된 동계올림픽대회에서는 활강경기와 회전경기가 정식종목으로 채택되어 오늘날까지 실시되고 있다.

한국스키의 역사는 썰매의 유래에서 시작된다. 한국 썰매에 관한 기록은 이익(李翼 : 1681~1763)의 성호사설(星湖僿說)에 "함경도 삼갑(삼수갑산)에서 겨울에는 썰매를 타고 곰과 호랑이를 찔러 잡는다는 기록과 작전지역에서 썰매를 타고 노량에 이르렀다…. 썰매는 나무로 만들었고, 평상과 같으며 아래는 배와 같다. 사람이 그 위에 타고 이를 끌면서 얼음 위를 가는데 매우 빠르다. 은성풍속에서는 이것을 썰매라고 부른다"는 기록으로 볼 때, 이 시대에 벌써 오늘날의 스키와 같은 것을 썰매라고 불렀으며 많은 어린아이들이 썰매놀이를 하였다고 한다.

그리고 스키의 유래는 조선철도직원으로 와 있던 일본인들은 대부분 나가노겐 지방출신들로 일본에서 스키를 타던 경험이 있는 사람이 상당히 많았다. 그들은 한국에서도 스키를 탈 수 있다고 생각하여 1923년 외금강 온

정리에서 스키를 처음 탔다는 기록이 있다.[345] 오늘날 스키는 동계올림픽 종목에서 주종을 이루고 있으며, 우리 국민들에게도 거의 대중화되어 겨울철 스포츠로서 큰 각광을 받고 있다. 겨울은 물론 여름철에도 잔디스키가 개발되어 여가시간 선용에 많이 이용되고 있다.

3) 스포츠용품 산업

2002년 우리나라 스포츠 용품 제조산업의 생산규모는 1조 9,593억원이었다. 그러나 국내 스포츠 용품업은 영세성, 낮은 브랜드 파워, 고급기술력 보유 부족 등으로 외국산 스포츠용품(예: 요트, 조정, 유도매트, 조정장비, 볼링핀 등)의 수입이 증가하고 있다.[346]

스포츠 용품업체중 스포츠의류 제조업과 스포츠 신발제조업 부문의 업체는 2002년 현재 570개이며 종 출하규모는 연간 1조 2,559억원이다. 이외에 스포츠용구와 장비부문 생산업체는 479개(이중 낚시업체가 221개)이고, 출하규모는 8,033억원 규모이다.

골프용품은 비교적 출하규모가 큰 부문으로 2002년 기준 연간 출하규모는 641억원이다. 2002년 광업제조업통계조사보고서에 의거할 때 국내 골프채 업체는 14개로 227억원의 생산규모를 갖추고 있으며, 골프공 제조업체는 9개로 연간 425억원의 생산규모를 갖고 있다. 골프용품의 시장점유률 확대와 브랜드·인지도를 향상시키기 위해서는 경쟁력있는 기술을 확보하는 것이 필요하며, 이를 위해서는 단일 품목으로 생산을 집중해 나갈 필요가 있다.

헬스기구(체조육상 및 체력단련 장비)는 63개 생산업체가 있으며, 이들 업체의 연간 출하규모가 2002년 기준 745억원이고 업체당 평균 출하규모는 12억원 정도이다. 스케이트는 최근 인라인 스케이트 붐을 타고 생산이 활성화되어 있을 것이라는 기대와는 달리 6개 업체가 연간 29억원 정도를 생산하고 있을 뿐이다. 헬스기구는 제품의 견고성과 우수성으로 제품의 경쟁력을 향상시키고 철저한 사후관리(A/S)를 제공함으로써 브랜드나 업체에 대한 시장의 신뢰를 얻는 것이 성장의 핵심요소가 되고 있다. 제품의 경쟁력

345) 강찬금 외, 「스키교본」(서울 : 태근문화사, 1999), pp.1～5.
346) 국민체육진흥공단 체육과학연구원, 「스포츠산업 진흥 중장기 계획」, 2004.

을 구성하는 것은 안전성과 기능성 외에도 디자인과 다양한 용도로 제품을 활용할 수 있다는 효용성을 보여주는 제품을 만들어내야 한다.

텐트, 체육복, 배낭 등 스포츠 의류, 가장과 운동화의 생산규모는 연간 1조 1,560억원 정도이다. 그중에서 체육복 업체수와 출하규모는 309개 업체에 4,613억원이다. 운동화의 경우 제조업체수는 180개 업체이고 연간 출하규모는 5,217억원이다. 스포츠 의류, 스포츠화 부문 제조업체의 경우 570개 업체중에 소기업, 중기업, 대기업이 함께 있기 때문에 평균 출하규모는 중요하지 않다.

4. 도박(Gamble)관련 산업

1) 복권사업

복권의 역사는 약 2000년전 고대 로마의 아우구스투스 황제(재위 B.C. 27~A.D. 14년)는 로마의 복구자금을 마련하기 위해 연회에서 복권을 팔고 복금으로 노예 · 집 · 선박 등을 주었다. 폭군 네로(Nero) 황제가 로마를 건설할 때도 자금조달 목적으로 복권을 발행하였다 한다.

근대적 복권은 주로 유럽을 중심으로 각종 공공기금 조성과 재정지원을 목적으로 발행되었다.[347] 우리나라 복권의 기원은 조선후기에 통이나 상자 속에 민간협동체인 계(契)의 이름을 적은 알을 넣은 후 그 상자 속에서 추첨을 통하여 당첨자를 결정하는 '작백계'가 있어 총 매출액의 80%를 복재금으로 돌려주었다.[348] 그 후 근대적 복권은 일본의 태평양 전쟁자금모금을 위한 '승찰(勝札 : 1945년)', 런던올림픽 후원권(1947년), 이재민구호자금 마련을 위한 '후생복표(1949년)', '산업박람회복표(1962년)', 정기발행복권의 효시라 할 수 있는 '주택복권(1969년)', '엑스포복권(1990년)', '체육복권(1990년)', '기술복권(1993년)', '복지복권(1994년)', '자치복권(1995년)', '관광복권(1995년)' 등이 발행되어 1990년대를 '복권춘추전국시대'라 할 정도로 많은

347) 장희정 · 양위주, 「전게서」, p.160.
348) 엄서호 · 서천범, 「레저산업론」, p.289.

복권이 발행되었다. 복권시장의 점유율은 2001년말 현재 주택복권 30.6%, 기술복권 18.1%, 체육복권 12.2% 수준이다.[349]

다음으로 2002년 12월부터 도입된 로또(Lotto)복권 당첨자가 과연 행복한가 불행한가를 알아보자. 전직 경찰관 박운성(가명 40세)씨는 '03년 4월 12일 제19회 로또에서 1등에 당첨되어 당첨금 407억원(실수령액 317억원)을 받아 단군역사 이래 최고의 돈을 쥔 행운의 주인공이 되었다.

갑자기 '400억원의 사나이'가 된 박씨는 경찰과 고향 강원도를 떠나 그동안 뉴질랜드를 전 가족과 함께 1개월간 다녀왔고, 서울 강남의 어느 고급아파트에서 조용히 살고 있다. 서울로 전학 온 아이들은 주위 학생들로부터 '너희 로또지'라고 아는 체한단다. 박씨는 아이들 교육문제가 심각하다고 고민하고 있다. 역시 돈이 전부는 아니라고 심정을 털어놓는다. 박씨는 "로또가 우리 가족들에게 엄청난 부(富)를 선물하였지만, 대신 평범한 삶과 조촐한 행복, 그리고 주변 친구들과 지인들을 대가로 빼앗겼다"라고 말한다. 국민은행 복권사업팀 관계자는 "10억 안팎의 당첨금을 타갈 때 가장 행복해한다"고 입을 모은다. "로또 1등에 당첨되면 외국에서는 온 동네가 축제분위기인데, 한국은 남이 잘 되는 것을 못 봐주는 통에 음지로 숨어야 한다"고 덧붙였다. 따라서 박씨는 외국으로 이민을 생각하기도 한다는 소문이다. 거액의 로또 당첨금이 행운일까? 불행일까?[350]

2) 카지노(Casino)사업

카지노(Casino)는 어원적으로 르네상스(Renaissance) 시대의 이탈리아 도시귀족의 별장을 의미하는 이탈리아 말이다. 이들 별장은 도박·춤 등의 사교장으로 사용되었는데, 18세기 도시나 해변 등지의 특급호텔 또는 별장에서 그와 비슷한 오락시설을 갖춘 도박장이 개설되었다.

오늘날 카지노는 레저활동의 중요한 공간으로 다양한 볼거리와 놀거리를 제공하고 있다. 카지노사업은 1980년대 이후부터 세계적인 추세로 확산되고 있으며, 주로 외국인을 상대로 외화획득, 내국인의 외화유출방지, 카지노 사업 자체의 세수확보, 경제활성화 등을 주목적으로 관광사업 중 가장 고부가

349) 엄서호 · 서천범, 「전게서」, pp.289～290.
350) 중앙일보, 2003년 7월 4일자, pp.2～3.

가치사업의 하나로 손꼽히고 있다.

카지노사업의 역사는 서양에서는 프랑스 루이 15세때 시작되었고, 나폴레옹 때에는 '갬블금지칙령'을 발표하여 일체의 사행행위를 금지시켰다. 그러나 구주 각국은 세수확대의 방안으로 갬블사업을 허용해주기 시작하였다. 우리나라 카지노사업은 1967년 인천 오림포스호텔과 이듬해 워커힐호텔 카지노가 오픈된 것이 효시이다.

우리나라 관광진흥법은 제3조 제1항 제5호에서 카지노업이란 "전문영업장을 갖추고 주사위·트럼프·슬롯머신 등 특정한 기구(機具) 등을 이용하여 우연의 결과에 따라 특정인에게 재산상의 이익을 주고 다른 참가자에게 손실을 주는 행위 등을 하는 업"으로 규정하고 있다.

카지노업은 종래「사행행위등 규제 및 처벌특례법」에서 '사행행위영업(射倖行爲營業)'으로 규정되어 있었던 것이나, 현실적으로 카지노업이 관광외화 획득뿐만 아니라 외국인관광객 유치에도 기여하는 바가 크기 때문에 이를 관광사업으로 육성하기 위하여 1994년 8월 3일「관광진흥법」을 개정하여 관광사업의 일종으로 규정하고, 문화관광부에서 허가권과 지도·감독권을 갖게 되었다(동법 제21조). 다만, 제주도에는 2006년 7월부터「제주특별자치도 설치 및 국제자유도시 조성에 관한 특별법」이 제정·시행됨에 따라 제주지역카지노에 대하여는 제주특별자치도지사가 카지노업 허가권 및 지도·감독기능을 가지고 있다.

현행「관광진흥법」에 의거한 카지노업은 내국인 출입을 허용하지 않는 것을 기본으로 하고 있으며, 예외적으로「폐광지역개발지원에 관한 특별법」에 의거 폐광지역의 경기활성화를 위하여 2000년 10월 강원도 정선군에 개장한 강원랜드카지노만은 내국인의 출입을 허용하고 있고, 2015년까지 한시적으로 운영될 예정이다.

한편, 문화관광부는 2005년 1월 28일자로 한국관광공사에 3개소(서울 2개소, 부산 1개소)의 카지노를 신규 허가하였다. 이로써 우리나라의 외국인전용 카지노는 2007년 7월을 기준으로 16개 업체가 운영 중에 있으며, 지역별로는 서울 3개소, 부산 2개소, 인천 1개소, 강원 1개소, 경북 1개소, 제주 8개소이다. 내국인 출입 카지노는 강원랜드카지노 1개소가 운영 중에 있다(문화관광부, 2006년도 관광동향에 관한 연차보고서, pp.228~229).

카지노업의 영업종류는 문화관광부령으로 정한다(관광진흥법 제26조 1항 및 동법 시행규칙 제35조 1항관련 별표 8). 관광진흥법에서 인정하고 있는 카지노업의 영업종류는 다음과 같다.

1. 룰렛(Roulette), 2. 블랙잭(Blackjack), 3. 다이스(Dice, Craps), 4. 포커(Poker), 5. 바카라(Baccarat), 6. 다이사이(Tai Sai), 7. 키노(Keno), 8. 빅휠(Big Wheel), 9. 빠이 까우(Pai Cow), 10. 판탄(Fan Tan), 11. 죠커 세븐(Joker Seven), 12. 라운드 크랩스(Round Craps), 13. 트란타 콰란타(Trent Et Quarante), 14. 프렌치 볼(French Boule), 15. 챠카락(Chuck-A-Luck), 16. 슬롯머신(Slot Machine), 17. 비디오게임(Video Game), 18. 빙고(Bingo), 19. 마작(Majang), 20. 카지노워(Casino War) 등 20가지이다.

3) 경마(Horse Racing)사업

경마란 경주거리, 상금, 출주(出走) 기준 등 정해진 조건에서 두 마리 이상의 말을 뛰게 하여 승부를 겨루는 경기에 고객이 승마투표권을 구입하여 적중시 환급금인 배당을 받고 즐기는 성인 레저스포츠이다. 말과 사람이 호흡을 맞추어 연출하는 스포츠인 경마는 레이스(race)라는 스포츠와 배당(betting)이라는 오락이 유기적으로 결합된 것으로 과학적으로 예측한 결과와 우연이라는 이변간의 조화가 매력적이고 인간의 호기심을 끈다.[351)]

경마는 사람의 능력보다 경주마의 능력이 더 중요시되고 투기성이 강한 특성을 갖고 있어 선진국에서는 '레저스포츠의 왕'으로 대접받으며 세계 86개국에 1,420여개의 경마장과 5억 명의 팬이 있는 엄청나게 큰 레저사업이다. 따라서 경마가 가지는 순기능적인 측면이 역기능적인 측면보다 강하다는 점을 알 수 있다.

한국의 경마시장 규모는 2001년 말 현재 연인원 1,200만 명에 매출액 6조 163억원으로 일본, 홍콩, 미국, 호주, 프랑스, 이탈리아에 이어 세계 7위 수준이다. 2003년 7월 현재 우리나라 경마장은 서울과 제주 두 곳에 있다. 부산 아시안게임 승마장을 2004년 12월까지 경마장으로 개조하여 2005년 6월 개장할 계획이며 경주경마장도 건설 중에 있다.

---

351) 엄서호 · 서천범, 「전게서」, p.316.

경마의 역사는 영국왕족들이 직접 자기 말을 타고 경주를 하여 성적이 우수한 마필을 번식용으로 활용하는 말 개량의 수단으로 시작되었다. 우리 한국의 경마는 1922년 일제 강점하에서 일본인에 의해 경마구락부가 발족되면서 일본이 한국인의 민심무마를 위한 우민(愚民)정책의 일환으로 시작되었다. 한국전쟁후인 1954년에 뚝섬경마장이 개장되면서 순수한 한국경마가 태동되었다. 1988년 7월 경기도 과천에 있는 서울경마공원으로 이전함에 따라 서울경마장은 뚝섬시대를 마감하고 과천시대로 전환되었다.

4) 경륜(Cycle Racing)사업

경륜이란 벨로드롬 사이클트랙에서 7명의 선수가 일정거리를 경주하며 순위를 다투는 경주로서 경기를 관람하는 사람들은 경기시작 전에 투표방식에 따라 승자를 그날 선수의 컨디션, 과거의 경주기록, 직관적 판단 등의 방법으로 승부를 예상하여 경주권을 구매하는 것이다. 경주후 승자를 적중한 구매자에게는 발매액에 따른 배당액을 지급해 줌으로써 관람객들에게 박진감 넘치는 스릴과 호기심 그리고 쾌감을 느낄 수 있는 복합 레저스포츠다. 이 경기는 한국과 일본 두 나라에서만 개최되고 있는데, 일본은 40년의 역사를 가지고 제2차 세계대전 이후 일본 재건의 밑거름이 되었다 한다.[352)]

일반적으로 경마는 말의 역량이 경기결과의 70%를 좌우하는 마칠인삼(馬七人三)의 경기라면 경륜은 선수의 능력반, 작전반, 인오술오(人五術五)의 경기라고 할 수 있다. 능력이 비슷한 처지라면 자리 좋고 작전만 통하면 누구든지 우승할 수 있다는 뜻이다.

경륜의 기원은 사이클을 경륜의 형태로 발전시킨 최초의 나라는 덴마크로 1888년 코펜하겐 근교의 오드랍 경기장에서 경륜을 처음 시작한 것을 일본이 뒤늦게 1948년 고구라 경기장에서 처음 실시한 바 있다. 한국은 1991년 12월 '경륜 · 경정법'이 국회에서 제정된 후 3년간 준비 끝에 1994년 10월 15일 올림픽공원 내 잠실 경륜장에서 국내 최초로 경륜경기가 시작되었다.

2003년 7월 현재 잠실경륜장과 2000년 12월 8일 전천후 돔형으로 개장된

---

352) 김홍백, 「레저스포츠총론」(서울 : 형설출판사, 2002), pp.144~145.

창원경륜장이 있다. 2003년 10월에는 부산의 금정경륜장이 개장되었다.

5) 경정(Motor Boat Racing)사업

경정이란 한 경주에 두 명 이상의 선수가 출전하여 순위를 겨루는 보트경주로서 관객은 경마나 경륜과 같이 우승예상선수의 경주권을 구입하여 승자를 적중시키는 경우, 배당금을 받게 되는 레저활동이다.

경정사업은 일본이 발달되어 있으며 주요 항구마다 경정사업이 전개되고 있다. 우리나라는 2002년 6월 18일 경기도 하남시 마사동 미사리 조정장에서 경정경기를 처음으로 개시하였다. 2002년도의 실적은 79일간 40회 경기를 매주 수요일과 목요일에 하루 12경주를 치렀는데, 매출액은 약 1,230억원으로 수지상으로는 약간의 적자를 내었다 한다.

5. 레저스포츠

1) 지상 레저스포츠

① 활쏘기 : 전통무예인 국궁이 있고, 올림픽 종목인 양궁이 있다. 심신단련과 인격도야의 수단으로 사용한다.
② 골 프 : 잔디 위의 페어웨이(fairway)에서 골프공을 쳐 그린(green)의 홀에 공을 넣는 운동으로 많은 돈과 시간이 소요된다.
③ 게이트 볼(gate ball) : 25×20m 정방형의 운동장에서 20×24cm의 게이트에 스틱을 이용하여 공을 쳐넣는 게임
④ 라크로스(lacrosse) : 하키, 축구 및 농구를 합친 경기
⑤ 모터사이클 : 두 개의 바퀴 사이에 엔진을 장착하여 편리한 교통수단으로 이용하기도 하고, 스피드와 묘기를 즐길 수 있는 이륜차
⑥ 묘기자전거 : 오토바이형 자전거인 BMX(Bicycle Motor Cross)는 산악자전거인 MTB와 함께 모험을 즐기려는 젊은층에게 인기 있다.
⑦ 부메랑(boomerang) : 부메랑을 멀리 날아가게 하는 레저스포츠
⑧ 서바이벌 : 야산에서 모형총기를 이용해 모의전투를 벌이는 전쟁놀이

이며 자연 속에서 무방비상태로 적응 · 생존하는 훈련

⑨ 스노보드(snow board) : 바다에서의 서핑, 땅에서의 스케이트보드와 같이 스키보다 넓은 외판에 두 발을 올려놓고 온몸의 균형을 이용하여 달리는 겨울철 레저스포츠

⑩ 스케이트보드(skate board) · 스네이크보드(snake board) : 전자는 1950년경 미국에서 파도를 타던 서핑보드가 육지로 올라오면서 탄생된 레저스포츠 종목이며, 후자는 발판이 두 개로 분리되어 있어서 한 발로 구르지 않아도 추진력을 얻을 수 있는 놀이 겸 운동

⑪ 스 키 : 산악지대에서 고르지 않은 눈길을 헤치고 내려오는 동계스포츠의 꽃이다.

⑫ 인라인 스케이트(inline skate) : 일명 롤러 스케이트 또는 롤러 블레이드라 부른다.

⑬ 승마(horse riding) : 말타기

⑭ 윈드 크루저(wind cruiser) : 바다의 윈드서핑과 같으나 밑바닥에 롤러 장치를 하여 사계절 땅 위에서도 즐길 수 있는 레저스포츠

⑮ 자동차 경주(motor racing) : 운전자의 운전기술과 자동차의 성능을 최대한 이용한 스피드 경주

⑯ 클레이 사격(clay-pigeon shooting) : 시속 60~90km로 공중을 날아가는 피전(진흙으로 만든 흰색접시)을 총으로 맞추는 레저스포츠

⑰ 잔디스키 : 스키 슬로프 위에 인조잔디를 심어 눈이 없는 상태에서 사계절 즐기는 스키

⑱ 트레킹(trekking) · 백패킹(back packing) : 전자는 가볍게 배낭을 메고 여유롭게 산이나 들판 등을 걸으면서 체력 연마와 자연 · 역사에 관한 현장학습하는 것이며, 후자는 등에 무거운 짐을 짊어지고 1박 이상의 야영생활을 하는 배낭여행이다.

다음은 지상 레저스포츠에 해당하나 실내 레저스포츠로는,

⑲ 검도(Japanese fencing) : 정신단련 · 신체연마 · 기술숙달 세 가지 목적을 가진 실내 레저스포츠

⑳ 라켓볼(racket ball) : 직육면체(直六面體)의 실내코트에 들어가 전방, 측면, 벽, 천장 등의 6면을 이용하여 라켓으로 볼을 치는 운동

㉑ 스쿼시(squash) : 사방이 벽으로 둘러싸인 직육면체 코트에서 벽에 볼을 튀기고 이를 다시 받아 쳐내는 스포츠
㉒ 헬스(health) : 도시민의 운동부족 해소를 위해 실내에 각종 운동기구를 이용한 건강운동

2) 해양·수상 레저스포츠

① 래프팅(rafting) : 무동력 고무보트에 3~4명에서 많게는 20명 이상이 한 조가 되어 노를 저으며 계곡을 타는 스포츠
② 수상스키(water ski) : 두 발에 스키를 신은 다음 모터보트에 맨 줄을 잡고 보트에 이끌리면서 물 위를 질주하는 스포츠
③ 스쿠버 다이빙(scuba diving : Self Contained Under Water Breathing Apparatus Diving) : 몸에 지니고 다닐 수 있는 수중호흡장비를 갖추고 해저 15~30m까지 잠수를 즐기는 스포츠
④ 윈드서핑 : 보드(판자)만으로 파도를 타던 서핑에 마스트(돛대)를 달고 세일(돛)로 바람이 힘을 이용해 물살을 헤치며 나가는 수상스포츠
⑤ 요트(yacht) : 배 안에 돛대와 배 뒤에 달린 키를 조정하면서 바람을 타고 물살을 가르며 나아가는 수상 스포츠
⑥ 제트스키(jet ski) : 물 위를 모터의 힘으로 달릴 수 있는 '물 위의 모터 사이클'
⑦ 카누(canoe)·카약(kayak) : 전자는 한쪽에만 날이 달린 노를 이용하고 후자는 양쪽 모두 날이 달린 노를 사용하여 계곡을 타는 보트스포츠

3) 항공레저스포츠

① 번지점프(bungee jump) : 탄력이 좋은 로프인 번지를 이용하여 발목에 로프를 묶고 지상을 향하여 뛰어내리는 레저스포츠
② 열기구 : 특별한 조정장치 없이 기구(氣球)만을 이용하여 나침반과 지도를 가지고 바람을 이용하여 목적지까지 비행하는 레저스포츠
③ 초경량항공기(ULM : Ultra Light Machine) : 1인승의 경우 150kg, 2인승의 경우 225kg 이하의 기체중량으로 고도 500 피트 미만으로 비행

하는 아주 가벼운 항공기

④ 패러글라이딩(para-gliding) : 패러슈트(낙하산)와 행글라이더의 특성을 결합한 것으로 가장 가볍고, 가장 쉽게 하늘을 날 수 있는 가장 늦게 탄생된 비행체

⑤ 행글라이딩(hang gliding) : 동력 사용 없이 두 발의 힘만으로 이륙하여 체중으로 조종하며 두 발로 착륙하는 활공기구

4) 탐험 레저스포츠

① 빙벽 타기(ice climbing) : 얼음으로 뒤덮인 계곡이나 겨울폭포를 등산장비를 이용하여 오르는 동계 스포츠

② 산악자전거(MTB : Mountain Bike) : 산을 달리기 위해 제작한 특수자전거

③ 암벽타기(rock climbing) : 암벽 지형을 모든 등반기술을 사용하여 안전하게 올라가는 일종의 모험스포츠

④ 오리엔티어링(orienteering) : 지도상에 나타난 각 지점을 지도와 나침반만으로 혼자 힘으로 지정된 지점을 차례로 돌아 빠른 시간 내에 돌아오는 경기

⑤ 인공암벽(sports climbing) : 건물 내부와 외벽 또는 별도 구조물에 바위벽을 만들어놓고 보조장비의 지원을 받아 맨손으로 바위를 오르는 운동

5) 신종 레저스포츠

① 다트(dart) : 18~30kg의 작은 화살을 이용하여 237cm 떨어진 지점에서 지상 173cm 높이에 있는 다트판에 작은 화살을 과녁에 맞추는 경기

② 드레곤 보트(dragon boat) : 20여명의 패들러(paddler)가 고수의 북소리에 맞추어 노를 저어 수면 위를 질주하는 수상경기

③ 드래그 레이스(drag race) : 자동차로 4분의 1마일(약 402.3m)의 직선도로를 빨리 달리는 스피드경쟁이며 보통 시속 400km 이상 무한 스피드경주

④ 랜드 요트(land yacht) : 육지에서 타는 요트경기

⑤ 모굴스키(mogul ski) : 울룩불룩한 눈 둔덕으로 이루어진 슬로프에서

스키 타는 운동
⑥ 스포츠 카이트(sport kite) : 연날리기 운동
⑦ 우드 볼(wood ball) : 클럽과 볼 등의 장비는 거의 게이트 볼과 비슷하고 경기규칙은 골프와 비슷한 경기
⑧ 익스트림 아이러닝(extreme ironing) : 극한의 자연 속에서 다림질로 스트레스를 푸는 '극한 다림질'을 하는 운동
⑨ 웨이크 보드(wake board) : 모터보트의 항적을 이용하여 파도타기 운동
⑩ 킥슬레드(kicksled) : 서서 타는 썰매
⑪ 파크 오리엔티어링(park orienteering) : 공원에서 하는 오리엔티어링 경기
⑫ 펀 보드(fun board) : 요트와 서핑이 절묘하게 어우러진 새로운 수상레저 스포츠
⑬ 필드 캐스팅(field casting) : 지상에서 낚싯줄 멀리 던지기 경기
⑭ 플라잉 디스크(flying disc) : 작은 플라스틱 원반을 규칙에 맞추어 던지는 운동이다.[353)]

제 3 절 여가산업의 마케팅전략

1. 여가서비스의 개념

여가산업은 한 마디로 서비스산업의 일종이다. 다시 말해, 여가산업의 본질은 사업체와 이용자간 서비스의 수수행위에 있으며, 부수적으로는 유형재가 거래되기도 하지만, 광의의 관점에서 보면 무형의 순수한 서비스산업이다. 따라서 여기에서는 여가산업의 경영전략을 서비스 마케팅의 관점에서 개괄적으로 알아보고자 한다.

한 마디로 서비스란 인간의 노동에 의하여 생산되어 인간의 행위 그 자체에 의존하는 비물질적 실체이다.[354)] 이런 의미에서 여가서비스도 유형재와

353) 상게서, pp.195~336.

다른 의미가 있음을 볼 수 있다. 현재까지의 여가서비스에 대한 개념연구의 주요 동향을 살펴보면 서비스는 ① 무형재의 개념, ② 활동과 편익의 개념, ③ 소유권 이전불가의 개념, ④ 비재화생산의 개념으로 집약되고 있다.[355)]

첫째, 여가서비스는 한 마디로 무형의 재화이다. 즉 서비스는 유형의 재화(goods)와는 달리 무형의 재화(services)로서, 무형의 가치를 지닌 제품이다.

둘째, 여가서비스는 활동과 편익을 통한 만족을 말한다. 다시 말해 서비스란 편익(benefits)의 제공인 것이다.

셋째, 여가서비스는 소유권의 이전이 불가능한 대상이다. 여가서비스는 서비스의 본질상 장소의 이전행위가 불가능하며 재고가 없이 생산과 동시에 현장에서 소비되는 특성을 지니고 있다.

넷째, 여가서비스는 비재화의 생산활동이다. 특히 이러한 점은 여행사의 상품개발에서 잘 나타나고 있다.

여가서비스를 좀 더 자세히 알기 위해서는 다음과 같은 서비스의 정의를 살펴볼 필요가 있다.

① 이선희의 정의 : 서비스란 고객의 명시적 요청에 의하여 제공되는 욕구만족의 핵심적 주체로서 독립적으로 확인가능하고 소유에 의해 소비자 효용이 일어나기보다는 행위나 성과에 의해 효용이 나타나는 본질적으로 무형적인 행위에 의해 발생되는 가치 및 용역을 총칭한다.[356)]

② 코틀러(P. Kotler)의 정의 : 서비스란 행위 또는 편익으로서 무형적인 것이며 소유권의 이전이 수반되지 않을 뿐만 아니라 서비스의 생산은 물리적 제품과 관련이 있을 수도 있고 없을 수도 있다.[357)]

③ 미국마케팅협회(AMA)의 정의 : 서비스란 판매를 위해 제공되거나 제품의 판매에 부수되는 행위, 편익, 만족이다.[358)]

---

354) 정찬종, 「전게서」, p.36.

355) 野村淸, 「サ-ビス産業の發想と戰略」(東京 : 電通, 1983), p.26.

356) 이선희, "한국호텔기업의 서비스마케팅 전략전개에 관한 연구"(박사학위논문 : 경기대학교 대학원, 1096), p.7.

357) P. Kotler, *Marketing for Non-profit Organizations*(New Hersey: Prentice-Hall, 1982), p.477.

358) American Marketing Association, Committee of Definition, *Marketing Definitions* (Chicago: AMA, 1960), p.21.

이들 세 가지 정의에서 보듯이 여가서비스는 고객의 명시적 요청에 의하여 판매를 대상으로 한 활동 또는 편익이며, 소유권의 이전보다는 교환의 대상이 되는 무형적인 실체(intangible entity)인 것이다.

2. 여가서비스의 마케팅적 특성

서비스를 생산, 판매하는 여가산업의 마케팅은 앞의 여가서비스의 특성에서도 볼 수 있듯이 아주 색다른 특성을 지니고 있다. 그러나 여가서비스업의 경우 다른 산업에 비하여 마케팅 개념의 도입이 늦은 것으로 평가된다. 그러한 점에서 여가서비스의 마케팅은 종래의 유형재 마케팅의 영역에서 벗어나지 못했으며, 최근에 들어와서야 서비스의 독자적인 마케팅이 모색되고 있다.

여가서비스의 마케팅은 서비스의 생산과정인 동시에 서비스의 소비과정이며, 서비스의 저장과 재고가 불가능하기 때문에 장소적·시간적 제약을 많이 받는다. 오늘날 여가서비스의 마케팅이 직면한 주요 현안은 다음과 같다.

첫째, 여가서비스의 마케팅은 서비스의 효과적인 품질관리(quality control)를 모색하여야 한다. 여가서비스는 쉽게 표준화될 수 없기 때문에 서비스마케터들은 여가서비스가 본래의 계획대로 촉진되고 고객에게 전달되는지를 확실히 알 수 없다. 그러므로 여가산업의 경영자들은 소비자의 기대가 서비스의 설계, 실제에 반영되고 있는지와 가격이 실제의 서비스경험과 부합하는지를 수시로 점검하여야 한다. 여가서비스의 품질관리란 쉬운 문제가 아니나, 종업원의 효율적인 관리와 정기적인 회의를 가짐으로 해서 어느 정도 성취될 수 있을 것이다.

둘째, 여가서비스의 마케팅은 고객과의 접촉영역을 확대하여야 한다. 고객과 종업원 간의 상호작용은 여가서비스의 제공자들도 넓게 보면 서비스의 한 요소이기 때문에 중요하다. 이러한 의미에서 여가업체의 모든 인력은 가능한 한 모든 방법으로 고객에게 자기들의 여가서비스를 제공하고 촉진하는 역할을 수행하여야 한다.

셋째, 여가서비스의 마케팅은 그 기반을 세분화해야 한다. 여가서비스업에 있어서 마케팅은 아직 생소한 것일 수 있기 때문에, 여가산업의 경영자들은 마케팅의 철학적 의미를 인식하고 조직간, 부서간, 인력간의 역할을 분담하는 조직체제를 갖추어야 한다. 이 점이 여태까지는 중요시되지 않았으나, 현대의 여가서비스업이 체인점, 프랜차이즈점을 갖추며 대형화 추세에 있다는 점에서 각별한 관심을 기울여야 할 것이다.

넷째, 여가서비스의 마케팅은 종래의 유형재 마케팅의 개념에서 벗어나 서비스에 적합한 보다 폭넓은 마케팅의 개념을 확립하여야 할 것이다. 서비스는 재화와 상당한 성격차를 보이고 있기 때문에 여가산업 관리자들은 서비스 마케팅의 과정을 효율적으로 수행할 수 있는 어떤 새로운 도구, 전략과 조직구조를 필요로 한다. 즉, 전통적 마케팅의 믹스요소의 수정과 새로운 마케팅믹스의 추가를 통하여 여가서비스 마케팅믹스에 변화를 가하여야 한다. 또한 새로운 마케팅믹스에서 반영한 여가서비스 기업의 확대된 역할을 충분히 인식하여야 한다.

다섯째, 여가서비스의 마케팅에서는 물리적 환경에 대한 세심한 고려가 필요하다. 즉, 물리적 시설의 외관상의 특징과 건물내의 수입중심요소의 위치가 중요하다. 물리적 시설이 성공적으로 설계, 배치된다면 고객은 단순히 건물 외관상의 특징을 통해서 내부에서 제공되는 서비스를 인지할 수 있기 때문이다. 또한 여가서비스는 소비시점과 접하여 생산되므로 소비자에 대한 서비스 제공장소의 접근성이 중요하다. 예를 들어, 호텔 고객이 현관으로부터 엘리베이터까지 지나갈 때 칵테일 라운지, 영업장, 오락실, 실내수영장, 커피숍 등이 부분적으로나마 고객에게 투명하게 보이도록 설계, 배치되어야 한다는 것이다.

여섯째, 여가의 마케팅 서비스의 무형성을 유형화(making tangible)시켜야 한다. 모든 제품은 유형성과 무형성의 요소를 다 지니고 있다. 유형제품을 판매하는 제조업은 유형제품 그 자체 이상의 것을 얻고자 한다. 제품의 특징을 제공하는 것보다는 편익을 강조함을 말한다. 여가서비스와 같은 무형제품이 고객을 유지하려면 지속적인 재판매가 필요하며 재판매란 서비스의 생산이 산업화되어야 한다는 것을 의미한다. 따라서 여가서비스 기업이 고객을 확보하기 위해서는 서비스의 유형화를 위한 대리물(surrogate) 및 암시

사항(metaphors)을 창조하는 것이 중요하다. 그러한 점에서 여가서비스업의 고객관계는 유형제품의 경우보다 더욱더 조심스럽고 지속적으로 다루어져야 한다.

3. 여가서비스업의 경영관리기법

여가서비스산업의 경영은 서비스의 특성상 일반제조업과는 다른 독특한 경영관리분야가 존재한다. 그리하여 여가서비스산업의 고유한 경영관리상의 기법은 고객관리, 수급균형의 조정, 서비스수준의 경영, 생산시스템, 인재교육으로 나누어 살펴볼 수 있다.[359)]

1) 고객관리

여가서비스의 생산관리에는 고객이 직접 참여하고 이들과 종사원간에 상호작용이 일어난다. 이러한 경영상의 특성으로 인하여 생산과정에 있어서 고객의 행동을 효과적으로 관리하여야 한다. 첫째는 고객의 의지이다. 고객은 구매의 의사결정에서 선택조건과 특별주문이 허용된다면 주체적인 가격판단에서 자유롭게 의지를 표현하게 된다. 둘째는 고객과 생산자의 협동이다. 따라서 고객의 행동을 잘 유도하여 계획적으로 관리할 수 있는 기법에는 다음의 두 가지가 있다.

하나는 고정적인 고객을 확보하여 경영의 안정을 도모하는 것이다. 고객의 고정화를 통하여 생산자는 고객의 욕망과 행동특성을 충분히 이해하고 적절한 대처가 가능하며, 고객도 서비스의 내용이나 질적 수준을 보다 잘 이해할 수 있다. 또 하나의 기법은 고객의 역할을 확대하려는 고객이용(self service)에 관한 것이다. 여가서비스 기업에서는 그들이 제공하는 서비스를 표준화하고 서비스의 효율적인 범위를 한정시켜 남은 업무를 고객에게 부담시키는 셀프서비스방식을 도입할 필요가 있다.

359) 野村清, 「前揭書」, pp.202~234에서 요약.

2) 수급균형의 조정

여가서비스는 완성품이라는 재고를 가지고 있지 않기 때문에 서비스의 생산은 수요의 발생과 동시에 이루어진다. 따라서 여가수요의 부침(peak and bottom) 현상에 대처하기 위하여 수급상의 평형유지방법을 모색하여야 한다. 이러한 상황에서 여가서비스산업은 어느 정도의 수요의 시간적 변동을 조정하고 혹은 공급능력의 융통성으로 경영효율을 꾀하는 방책을 강구해야 한다. 우선 수요를 조절하고 성수기 때와 비수기 때의 격차를 줄여야 하고, 다음으로는 이와 반대로 공급능력의 방법을 조절해서 변동하는 수요에 대응해야 한다.

우선 여가서비스 수요를 평준화시키는 방법에는 차별요금, 시간제한, 비수기시의 수요개척, 보충적 서비스, 예약시스템의 구축이 중요하다.

① 차별요금이란 수요가 적을 경우에 싼 요금을 설정하는 방법이다.
② 시간제한이란 업계가 공동의 협의를 거쳐 영업시간을 같은 시간으로 정하여 수요의 시간적 분산을 도모하는 것이다.
③ 비수기시의 수요개척은 공급능력이 남아도는 시간에 새로운 수요를 적극적으로 개발함을 말한다.
④ 보충적 서비스란 서비스제공의 대기시간을 효과적으로 관리하는 방법으로 기다리는 고통과 불만을 감소시켜야 한다.
⑤ 예약시스템의 구축은 서비스생산의 계획성을 부여해주고 재고를 방지시키며, 고객에게는 대기시간의 감소와 확실한 서비스의 이용이라는 효과를 가져온다.

다음으로 여가서비스 공급능력을 조정하는 방법에는 파트타임제의 도입, 효율의 극대화, 공동이용, 예상확장에의 투자 등이 모색되어야 한다.

① 파트타임(part time)제의 도입은 성수기에 가능한 한 많은 공급능력을 갖추기 위해서 필요하다.
② 효율의 극대화란 여가수요가 최대의 성수기를 보일 때 생산시스템을 평상시와는 다른 매출극대화 체제로 전환하여 공급능력을 향상시키는 방법이다.

③ 공동이용은 여가서비스 업체간 공급능력의 한정시 다른 업체와 공급능력을 분담하는 체제를 말한다.
④ 예상확장에의 투자란 여가서비스산업에 있어서도 시설이나 건물의 증설, 확장을 고려한 투자준비를 하는 것이 효과적임을 뜻한다.

3) 서비스수준의 관리

여가서비스산업의 서비스수준이란 내용과 질을 말하며 구체적으로는 가격의 형태로 나타나게 된다. 즉, 서비스의 가격은 서비스의 수준에 따라 통제를 받아야 한다. 이와 더불어 비슷한 가격수준일 경우에는 선택 폭을 넓히는 것이 필요하다.

또한 서비스산업의 품질관리방법에는 생산시스템에 의한 품질관리, 모니터 조사에 의한 이면조사의 기법이 있다. 먼저 생산시스템에 의한 품질관리란 서비스를 창출하는 생산과정을 관리하여 품질의 안정을 꾀하는 방법이다. 품질관리시스템은 품질고안, 서비스업무의 기준설정, 합격여부의 검사, 기준미달품의 처리로 구성될 수 있다.

① 품질고안 : 바람직한 품질특성의 확인, 바람직한 이미지의 정립
② 서비스업무의 기준설정 : 절차의 문서화, 효율의 측정, 대체계획의 예비, 공간사용의 계획, 장비의 선택
③ 합격여부의 검사 : 고객불만의 분석, 고객의 피드백 유도, 거래업의 관찰, 쇼핑서비스 채택
④ 기준미달품의 처리 : 고객의 취향에 맞도록 시정, 원인포착, 시정작업의 착수

여가서비스와 같은 주로 인적 서비스에 의하여 행하여지는 품질관리방법에는 매뉴얼 등의 표준화된 교재에 의한 교육훈련, 표창제도에 의한 서비스 제공자의 모럴(moral)향상, 매니저의 현장지도 등이 있다. 모니터 조사에 의한 이면조사란 서비스의 측정 불가능성으로 인하여 대신 고객의 반응을 파악하여 품질을 측정하는 방법으로 고객 앙케이트, 모니터 조사가 여기에 해당된다.

4) 생산시스템의 적정화

서비스의 생산은 고객과 인접한 자리에서 이루어지기 때문에 생산시스템의 구축시 수요자의 공간적 위치에 대한 특성에 따라 설비나 서비스맨의 배치가 중요하다. 특히 여가서비스산업의 생산시스템은 나누어질 수 있다. 그리하여 고객과의 접촉정도가 높은 시스템은 낮은 시스템보다 관리하기가 어렵고 또한 합리화도 용이하지 않다. 그러므로 고객과 접촉이 많은 영업부문과 고객과 접촉이 적은 관리부문과의 균형있는 조화가 생산성을 더 향상시킬 수 있다.

다시 말해, 고객과의 직접 접촉이 적으면 적을수록 생산시스템의 효율을 높일 수 있다. 헬스센터, 호텔, 대중교통기관, 레스토랑 등과 같은 여가서비스는 고객과의 접촉정도가 높은 업체로, 이들 업체는 고객의 수요에 밀착된 서비스를 생산하고 고객을 가능한 한 분산시켜 개별적인 욕구의 충족을 추구하여야 한다.

그리고 여가서비스업에서는 분산된 서비스제공 거점을 체인화시켜 수요를 집적시키고, 고객과의 접촉이 적은 공정과정을 독립·분화시켜 물적 생산과정과 같은 기법으로 생산의 합리화를 도모해야 한다.

5) 인재교육

여가서비스산업의 경영에 있어서 무엇보다 중요한 것은 서비스 인력의 양성 및 교육이다. 여가서비스를 창출하는 근원은 인간미이며, 그 인간에 대하여 보다 양질의 서비스를 발휘할 수 있도록 기술적인 훈련을 실시하는 것이 교육의 가장 기초적인 의의이다.

우선 첫째, 인적 서비스를 낳게 하는 원천은 인간이다. 따라서 서비스의 생산과 전달에 필요한 전문적인 기술을 교육시키는 것이 필요하다. 따라서 서비스요원에게 최량의 기술과 기능을 체득케 하여 교육투자의 목적을 달성하여야한다.

둘째, 서비스요원 자체가 서비스의 중요한 일부가 된다는 점을 간과해서는 안된다. 서비스는 일정한 장소와 시점에서 즉각적인 만족 또는 불만족이

형성되는 것이기 때문에 서비스요원의 자질과 환대정신이 필요한 것이다.

셋째, 서비스요원은 여가서비스기업의 주축이며, 중요한 일부로 고려해야 한다. 서비스요원은 기업을 대표해서 고객과 접촉하는 것이기 때문에 기업 활동 그 자체이며, 기업에 대한 고객의 이미지를 좌우하게 된다.

끝으로 여가서비스기업은 서비스요원의 전인격적인 완성을 도모하여야 한다. 서비스요원에게는 서비스의 제공을 위해 기술 및 기능의 능력 뿐만 아니라 고객과 접촉할 수 있는 대인관계기술(human relation skill)이 요구된다. 따라서 서비스기업은 직업의식이 투철하고 신뢰감을 줄 수 있는 서비스요원이 될 수 있도록 인격적인 훈련을 실시하여야 한다.

제9장 여가조직과 여가행정

제 1 절 여가조직의 특징

1. 여가조직의 정의

조직(organization)은 사회적으로 볼 때 다양화·다원화의 특징을 보이고 있으며, 또한 조직은 기계나 인간유기체와도 구분된다. 따라서 조직에 대한 연구는 여가주체인 인간의 행동과 여가의 객체인 여가자원에 대한 연구와는 달리 행위의 집합성, 즉 개체의 결합체에 대하여 설명하는 것이 더욱 유용하다고 본다.

니그로(Felix A. Nigro)는 '조직은 개방체계(open system)'라고 하였다.[360] 전통적인 조직이론은 조직에 대한 개인의 적응에 초점을 두었기 때문에 조직구조의 구성(design)에 일차적인 관심을 두어온 것이다. 그러므로 전통적 조직이론의 원리는 20세기 초 미국의 테일러(Frederick W. Taylor)가 노동

---

360) Felix A. Nigro, *Modern Public Administration*, 2nd ed.(New York : Harper and Row, Publishers, 1970), p.100.

자를 생산의 도구, 즉 목적이 아닌 수단으로 인식했던 것으로 시작되고 있다. 그러나 오늘날의 조직이론은 그 구성원을 수단으로 보지 않고 원만한 인격체로 존중하는 등 총체적 분석의 형태를 지향하고 있다.

이러한 추세에서 오늘날 여가조직은 그 구성원의 여가참여를 일정수준 이상으로 향상시키려고 노력할 뿐 아니라 공동체의식을 배양하는 데 주력하고 있다. 그리하여 전통적 조직의 특성이 독재성과 개별성이라면 현대적 조직은 민주성과 복합성을 지니고 있다. 특히 여가를 사회복지적 관점에서 볼 때, 역사적으로 여가조직의 주류는 우선 전통적 사회의 가족 및 친족집단에서, 그리고 근대 이후에는 종교제도의 품에 있다가 현대에 들어오면서 정부로 이양되고 있는 점은 현대 여가조직의 특징을 단적으로 예시하여 주고 있다.

이와 관련하여 여가조직(leisure organization)이라는 용어보다도 여가서비스조직(leisure service organization)이라는 표현이 자주 쓰여지고 있는 오늘날에 있어서는 현대 여가조직의 지향하는 바가 그 구성원에 대한 봉사, 즉 서비스에 있음을 나타내어 주는 것이다. 여가서비스 조직은 개인의 여가시간에 발생하는 개별적 또는 집합적 여가욕구(leisure needs)를 충족시키고자 서비스를 창출하고 분배하는 단위이다.[361)]

여가조직의 목표는 여가경험을 가장 완벽하게 제공하여 개인의 자신의 욕구를 충족할 기회를 얻는 데 있다. 즉, 현대 여가조직의 생성은 사회적 병폐를 치유하기 위한 목적보다도 인간계발(human development)의 사회적 목적을 실현하고자 하는데 그 동기가 있는 것이다.[362)]

2. 여가조직의 생성배경

오늘날 여가조직은 사회적 변화에 따라 인간의 여가욕구가 증대하고 있는 현실에 효과적인 대응을 모색하고자 생성된 것이다. 여가조직이 생겨나

---

361) Christopher R. Edginton, John G. Williams, *Productive Management of Leisure Service Organization*(New York : John Wiley & Sons, 1978), pp.3~4.

362) John A. Neisbit, Paul D. Brown, and James F. Murphy, *Recreation Leisure Service for the Disadvantaged*(Philadelphia : Lea & Febiger, 1970), p.9.

는 배경과 그 규모가 비대해져 가는 이유는 크게 정치적 요인, 경제적 요인, 사회·문화적 요인, 기술적 요인, 생태적 요인으로 분리할 수 있다.

먼저 정치적 요인에는 복지국가로의 지향, 경제적 요인으로는 GDP 및 개인소득의 증가, 사회·문화적 요인으로는 인구의 증가와 가치관의 변화 등을 들 수 있다. 그리고 기술적 요인으로는 노동시간의 감소, 교통통신의 발달 등을 들 수 있고, 생태적 요인으로는 도시화 및 환경의 파괴 등이 있다. 이들 요인들은 개인 및 사회의 여가욕구를 증대시키는 요인이 되는 동시에 여가조직 생성의 기초가 되고 있다.

에딘턴(C. R. Edginton)과 윌리암스(J. F. Williams)는 여가조직의 생성요인으로 사회적 환경요인, 정치적 환경요인, 물리적 환경요인, 경제적 환경요인을 들고 있다.[363] 또한 머피(J. F Murphy) 등은 여가조직의 생성요인으로 사회적 환경요인과 물리적 환경요인을 제시하고 있다.[364]

좀 더 구체적인 면에서 여가조직의 생성배경을 설명한 마이어(H. K. Meyer)와 브라이트빌(C. K. Brightbill)은 현대의 여가조직이 양적 증가와 규모의 거대화를 보이는 이유로서 ① 인구의 증가, ② 대도시권화, ③ 교육기회의 확대, ④ 인간욕구의 변화, ⑤ 환경에 대한 관심의 고조, ⑥ 여가시간의 증대, ⑦ 생애교육, ⑧ 인구의 이동증가, ⑨ 생활수준의 향상, ⑩ 에너지의 문제 등을 꼽고 있다.[365]

이처럼 현대의 여가조직은 산업화의 결과로 나타나는 거시적 여가환경의 변화추세에 따라 조직원의 여가욕구를 효과적으로 충족시켜 주기 위하여 끊임없이 생겨나고 있다.

3. 여가조직의 구분

현대의 여가조직은 다양성과 다원성을 지니고 있으며 그 유형도 분류기

363) Christopher R. Edginton, and John G. Williams, *op. cit.*, pp.19～26.
364) James F. Murphy, et al., *Leisure Service Delivery System : A Modern Perspective*(Philadelphia : Lea & Febiger, 1973), pp.30～55.
365) Harold D. Meyer, and Charles K. Brightbill, *Recreation Administration*(Englewood Cliffs, New Jersey: Prentice-Hall, 1956), p.1.

준에 따라 다양하다.

첫째, 여가조직의 유형은 공적 여가조직과 사적 여가조직인데, 이들 조직은 상호 중첩되기도 하며 엄밀한 구분이 불가능하기도 하다. 공적 여가조직은 전국민을 대상으로 하는데 비하여 사적 여가조직은 회원을 주로 대상으로 한다.

크라우스(Richard Kraus)는 이를 정부, 자원봉사단체, 민간조직 및 상업조직으로 세분하고 있으며,[366] 영국의 여가조직에 대하여 연구한 토킬드슨(G. Torkildsen)은 공적 부문, 자발적 부문, 상업적 부문, 정부부문으로 나누고 있다.[367]

둘째, 여가조직은 서비스의 제공주체와 수혜자층의 특징에 따라 봉사조직(service organization), 경제적 조직(economic organization), 종교적 조직(religious organization), 정부조직(government organization), 사회적 조직(social organization)으로 나눌 수 있다.[368] 봉사조직은 비수혜자층에게 여가서비스를 제공함으로써 자원의 성향이 짙은 조직이며, 경제적 조직은 이윤을 목적으로 여가상품과 서비스를 제공하며, 정부조직은 여가서비스 전달의 질서를 지속적으로 충족시켜 주고 있으며, 끝으로 사회적 조직은 타인과의 접촉, 상호부조 등의 사회적 욕구를 충족시켜 주는 조직이다.

셋째, 여가조직은 그 지역성에 따라 국제적 조직, 국내적 조직으로 대별할 수 있으며, 국내적 여가조직은 전국단위 조직과 지역단위 조직, 그리고 기본단위 조직으로 세분할 수 있다. 이 가운데, 특히 국제적 여가조직으로는 UN산하의 국제노동기구(ILO), 세계관광기구(UNWTO), 세계여가레크리에이션협회(WLRA) 등을 들 수 있다.

이 중 국제노동기구는 노동시간의 단축과 휴식 및 유급휴가기회의 확대에 커다란 역할을 하고 있으며, 세계관광기구는 인간의 자유로운 여행을 발전시키며 국가간 상호이해를 도모하는데 커다란 역할을 하고 있다. 그리고

---

366) Richard Kraus, *Recreation and Leisure in Modern Society*(Englewood Cliffs, New Jersey : Prentice-Hall, Inc., 1971), p.3.

367) George Torkildsen, *Leisure and Recreation Management*(London : E. & F. N. Spon, 1983), pp.5~6.

368) Herbert G. Hicks, *The Management of Organization*(New York, N.Y. : McGraw-Hill Book Co., 1967), p.12.

국제여가 레크리에이션협회는 여가헌장(Charter for Leisure)을 발표하는 등 여가의 권리를 옹호하는데 주력하고 있다.

넷째, 여가조직은 크게 공식적 조직(formal organization)과 비공식적 조직(informal organization)으로 구분된다.[369] 어느 조직이나 마찬가지로 여가조직에도 권위, 책무, 책임을 중시하는 공식적 조직의 형태와 친화력, 관심, 동정을 중시하는 비공식적 조직의 형태가 혼합된 특징을 보이고 있다.

다섯째, 여가조직은 서비스 전달의 방식에 따라 기계적 조직(mechanistic organization)과 유기체적 조직(organic organization)으로 구분된다.[370] 기계적 조직은 관료적이며 체계성을 지닌 경직된 조직구조로서 비탄력성을 지니고 있으며, 각종 협회조직이 여기에 해당되고 유기체적 조직은 이와 반대되는 개념으로 주로 자생적 조직이 이에 해당된다. 그러나 모든 조직이 기계적 모델이나 유기체적 모델의 양극단으로 구분되지는 않으며 양자간에는 정도의 차이에 따라 조직의 연속성(continuum)을 보이고 있다.

이상에서 여가조직을 크게 다섯 가지의 기준에 의거하여 분류하여 보았으나, 이 가운데 한국의 여가조직을 가장 잘, 그리고 효과적으로 이해할 수 있는 것은 여가조직을 공적·사적·상업적 조직으로 나눈 첫번째의 기준이다. 다음의 제 2 절에서 각 여가조직별 특성과 역할을 자세히 검토하여 보고자 한다.

제 2 절 여가조직의 역할

1. 공공 여가조직의 역할

1) 중앙정부

여가나 레크리에이션을 포함하여 정부기능의 확대는 오늘날 전 세계의

369) James F. Murphy, et al., *op. cit.*, pp.127~130.
370) Christopher R. Edginton and John G. Williams, *op. cit.*, pp.130~131.

공통적 현상이다. 그 중에서도 산업화와 도시화가 진행된 국가일수록 더욱 그러하다. 오늘날 정부기관이 여가에 관여하는 수준과 정도가 점차 커지고 있는데 그 이유는 다음과 같다.

첫째, 증대하는 국민의 여가시간을 건전하게 이용하게 하는 것은 국민들에게 건강, 문화, 복지의 향상에 기여하는 것이므로 정부가 국민의 여가생활을 위하여 시설 및 서비스를 직접 제공하는 것이 보편화되고 있다.

둘째, 국가는 이용수준이 많은 야외 여가자원의 파손을 방지하고 자원의 재생을 위한 사업에 필요한 충분한 재정적 지원을 할 수 있으므로 민간 및 상업조직이 수행하는 여가활동의 역할을 보완할 수 있다.

셋째, 국가는 여가활동에 참여수준이 낮은 저소득층 및 신체장애자층을 위하여 국민복지의 차원에서 저렴하게 여가선용의 기회를 확대할 수 있다.

넷째, 정부는 장기적인 국민의 여가수요를 예측, 평가함으로써 포괄적인 여가계획을 수립, 조정하며 여가산업을 적정하게 유도할 수 있다.

다섯째, 정부는 여가프로그램을 개발하고 여가전문가를 양성하여 국민의 여가생활을 질적으로 향상시킬 수 있다.

미국의 경우, 여가에 대한 연방정부의 관심은 1958년 야외 레크리에이션 자원조사위원회(ORRRC)가 설치되면서 가속화되었는데, 동 위원회의 권고에 따라 1965년에 내무부에 야외 레크리에이션국(BOR)이 설치되어 국민의 여가욕구 및 국가의 여가자원을 조사·분석하며, 전국규모의 종합적인 여가계획을 수립하고 있다. 이밖에도 미국의 연방정부 내에는 여가관련조직으로서 국립산림국, 국립공원국, 국토관리국, 어족동물보호국, 공유수면매립국 등이 있다.[371)]

특히 내무성 야외 레크리에이션국의 여가에 대한 역할은 다음과 같다. 첫째, 국민의 야외 여가욕구 및 국가의 제반 여가자원의 조사·분석을 실시하고 이에 대비한다. 둘째, 전국적인 규모의 종합적인 여가계획을 수립하고 시행한다. 셋째, 주정부 이하의 행정기관에 대하여 전문적인 지도와 조언을 하며 이에 협동한다. 넷째, 야외 레크리에이션에 대한 조사 및 연구를 실시한다. 다섯째, 연방정부내 각 기관의 여가계획과 시책의 연결 및 협조를 도

371) Douglas M. Knudson, *Outdoor Recreation*, revised ed.(New York : MacMillan Publishing Co., 1984), p.327.

모한다. 여섯째, 공공 여가자원에 대하여 조사·계획하고 그것의 확보 및 개발을 위하여 주정부를 지원한다. 일곱째, 국립산림국, 국립공원국 등에서 수행하는 여가사업에 필요한 토지확보에 협력한다.372)

영국의 정부여가조직은 예술평의회(Arts Council), 스포츠평의회(Sport Council), 신체 레크리에이션 중앙평의회(The Central Council of Physical Recreation)와 지방위원회(The Countryside Commission), 산림위원회(The Forestry Commission), 영국관광청(ETB) 등이 있다.373) 이 가운데 예술평의회는 대중에게 예술활동에 대한 이해와 접근을 향상시키며, 스포츠평의회는 신체적 레크리에이션의 사회적 중요성을 부각시키며 스포츠시설을 개발하고, 이용을 촉진하며 기존시설을 효율적으로 이용하고 있다.

일본에서 국가적 차원의 여가행정이 본격적으로 시작된 것은 1972년 경제기획청에 여가개발실이 개설되면서이다. 당시 경제기획청 내에는「여가행정에 관한 각성청(各省廳)연락회」,「도도부현(都道府縣) 여가행정담당과장회의」를 설치하여 중앙정부내 여가행정의 통합조정은 물론 중앙-지방자치단체간 여가행정의 협력창구로 활용되기도 하였다. 경제기획청 여가개발실은 1989년에 '여가·생활문화실'로 개편되었다374)

한국의 경우, 정부의 여가조직은 분산되어 있다. 2007년 말 현재 정부내 여가관련조직은 문화관광부, 교육인적자원부, 행정자치부, 보건복지부, 노동부, 농림부, 해양수산부 등으로 폭넓게 분산되어 있다. 주요 부처별 여가행정사무를 살펴보면 다음과 같다.

① 문화관광부는 관광산업본부에서 관광단지의 조성과 관리, 관광지개발, 관광자원 및 관광시설의 개발을 위한 선도업무를 취급하고 있으며, 한국관광공사가 그 지원사무를 수행하고 있다. 또한 체육진흥국에서 사회체육, 학교체육, 체육시설의 확보 및 지도감독을 하고 있으며, 청소년문제도 취급하고 있다. 그리고 문화재관리국이 문화재의 지정 및 관리, 박물관건립 사무를 관장하고 있다.

② 교육인적자원부에서는 여가시설의 개발사무를 주로 사회국제교육국에

---

372) 熨斗隆文,「現代の餘暇」(東京： 日本經濟新聞社, 1976), pp.162～163.
373) Goerge Torkildsen, *op. cit.*, p.5.
374) 瀨沼克彰,「餘暇と地域文化創造」, 東京 : 學文社, 1995, p.216.

서 관장하고 있는 바, 학생수학여행, 사회교육시설, 사설강습소, 도서관 등에 대한 육성사무를 담당하고 있다.

③ 행정자치부에서는 지방행정국에서 지방자치단체의 관광지 및 유원지의 조성, 관리에 대한 감독업무를 취급하고 있으며, 경찰청 중심으로 관광지의 정화 및 관광객보호, 사설오락시설의 감독업무를 취급하고 있다.

④ 건설교통부는 국토계획국을 중심으로 국토공간의 효율적 관리, 배치, 개발을 위한 국토계획, 지역계획, 토지이용계획, 자연공원의 개발과 조성업무를 담당하고 있다.

⑤ 보건복지부는 위생국과 가정복지국에서 공중이용시설의 후생관리, 경로효친사상의 보급에 대한 사무를 담당하고 있다.

⑥ 노동부는 노정국에서 근로청소년복지회관을 건립하여 노동 청소년에게 여가기회를 제공하고 있다.

⑦ 농림부는 특작국에서 관광농원을 조성하고 있고 자연휴양지를 지정, 조성하고 있다.

⑧ 해양수산부에서는 해양관광개발 종합계획을 수립하고 있으며, 어촌관광단지, 해양스포츠시설, 크루즈 등의 업무를 담당하고 있다.

⑨ 이밖에 산림청은 조수보호구(sanctuary)를 제정, 관리하고 있다. 그리고 재정경제부는 관광 및 여가시설개발에 따른 세관업무, 외국환관리, 금융업무를 담당하고 있으며, 법무부는 관광객의 여권 비자발급, 출입국 관리제도의 조사연구 등을 담당하고 있다.

이상에서 주요국의 정부여가조직에 대하여 살펴보았는데, 어떤 국가는 여가서비스와 시설의 제공을 위한 효율적인 정부조직형태를 지니고 있는 반면, 어떤 국가에서는 효율적 여가서비스를 제공하지 못하는 조직체제를 지니고 있다. 특히 한국의 경우에는 여가행정을 전담할 수 있는 독립 부처가 없어 여가행정의 유기적 협력에 많은 어려움이 있어 보인다.

크라우스(Richard Kraus)는 전 세계의 중앙정부의 여가서비스제공과 관련된 일반적 기능을 다음의 여덟 가지로 종합하고 있다.[375)]

첫째는 야외 레크리에이션자원의 직접 관리이다. 국립공원이나 산림, 캠

375) Richard Kraus, *Recreation and Leisure in Modern Society*, 3rd ed.(Glenview, IL : Scott, Foresman and Company, 1984).

프장, 호수 등 중요 여가자원은 중앙정부가 효율적으로 관리할 수 있어야 한다.

둘째는 환경보전과 자원교정(resource reclamation)이다. 중앙정부는 손상·파괴된 자연자원을 복원하고 야외보호자원의 관리를 담당해야 한다.

셋째는 오픈스페이스와 공원개발프로그램의 지원이다. 수자원 개발을 위한 법령을 제정한다든가, 자연환경의 감상을 위한 접근로의 개선이 요구된다.

넷째는 레크리에이션 참가의 직접운영이다. 중앙정부는 레크리에이션참가자에게 직접적으로 프로그램을 제공할 수 있다.

다섯째는 자문 및 재정적 지원이다. 중앙정부는 지방자치단체에 기술적 자문을 제공할 수 있으며, 국가여가정책의 조정시 지방자치단체에 대한 리더십을 발휘하게 된다.

여섯째는 경제적 기능으로서 레크리에이션의 진흥이다. 정부가 여가에 개입하는 이유는 여러 가지가 있으며, 이를 위해 외래관광객을 적극 유치한다든가, 야외 레크리에이션기회를 제공하여 기업 및 지역사회에 이익을 제공할 수 있다.

일곱째는 조사연구 및 기술적 지원이다. 정부는 다양한 조사연구 사업을 전개하여 민간부문과 하위정부기관을 지원할 수 있다.

여덟째는 규제 및 표준화이다. 정부의 규제활동은 오염통제, 하수배출, 환경의 질 등에 영향을 줄 수 있으며, 여가소외계층에 대해 똑같은 기회와 접근을 지원할 수 있도록 여가기업에 대해 영향력을 행사할 수 있다.

2) 지방자치단체

중앙정부의 여가조직 못지않게 지방자치단체가 제공하는 여가서비스의 영역도 다양하다. 지방자치단체는 여가자원을 보호·육성하고 정비하여 여가이용을 촉진시키는 중요한 여가조직으로서, 지방자치단체의 일반적 서비스영역은 [그림 9-1]과 같다.[376]

즉, 지방자치단체는 야외스포츠와 레크리에이션, 실내스포츠 레크리에이

376) *Ibid.*, p.5.

션, 실외 비형식적 레크리에이션, 교외레크리에이션, 문화적 레크리에이션, 교육관련 레크리에이션, 도서관 서비스, 관광안내 및 유적보존, 오락·음식·회관운영, 여가센터 운영과 지역사회 서비스 등의 영역에서 행정기능을 담당할 수 있다. 이처럼 지방자치단체는 여가서비스를 직접 또는 간접적으로 제공하고 있다.

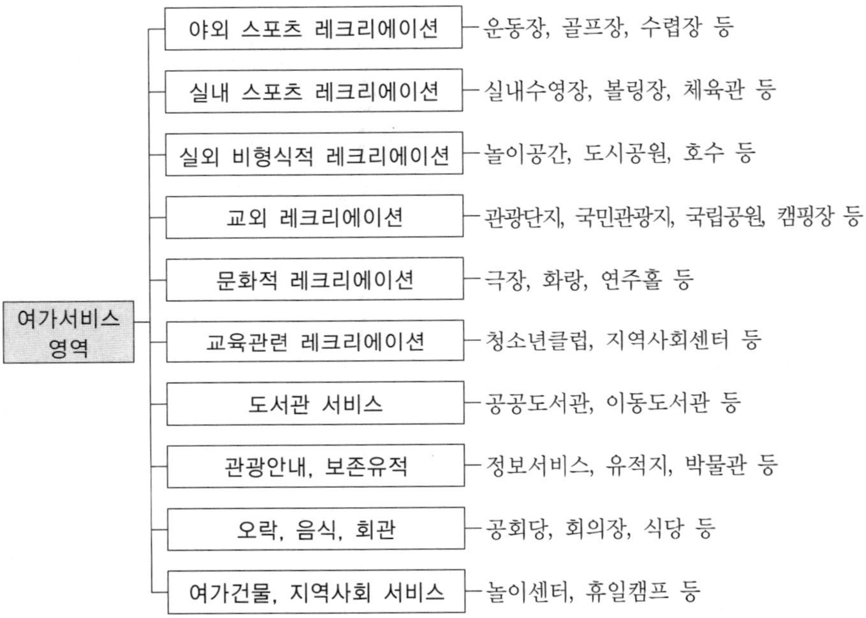

[그림 9-1] 지방자치단체의 여가서비스 영역

미국의 여가행정은 지방분권을 위주로 하여 발전하여 왔기 때문에 오늘날에도 주정부의 여가행정에 대한 기능이 크다. 크라우스(Richard Kraus)는 미국 주정부의 여가에 대한 역할을 다음의 여덟 가지로 분류하고 있다.

① 법령의 제정, 정비
② 야외 레크리에이션 자원 및 프로그램의 발달
③ 공휴지의 보존
④ 지방정부(local government)의 지원
⑤ 기타 여가조직에 대한 지원

⑥ 인적자원의 육성
⑦ 여가시설 및 자원의 기준설정
⑧ 여가산업의 장려[377)]

일본의 경우 지방자치단체에서도 여가행정을 본격적으로 다루고 있는데 지자체 여가행정의 중점 추진과제는 다음과 같다.

① 주민의 여가행동을 파악하는 시책과 사업 및 그것의 반영
② 여가에 관한 정보제공과 상담사업의 실시
③ 여가전담과의 설치, 여가행정추진체제의 확립
④ 스포츠, 문화시설의 정비 충실
⑤ 여가·문화의식의 계발
⑥ 지도자의 육성과 파견[378)]

2. 민간 여가조직의 역할

앞에서는 여가조직을 정부기관을 중심으로 검토하여 보았는데, 여기에서는 회원 등 관련자들에게 여가기회를 제공하는 자발적 단체(voluntary agencies)에 대하여 알아보고자 한다. 자발적 민간여가조직에 의하여 제공되는 여가자원과 시설 및 기회는 아주 다양하며 우리의 여가생활에 중요한 기여를 한다.

자발적 단체는 주로 비영리적이고 비공식적 기관의 성격을 지니고 있어서 기부금, 입장료, 회비 또는 운영자금의 지원으로 운영된다. 또한 이들 여가조직은 정부조직에 비하여 정치적 영향을 덜 받고 서비스 제공 및 운영에 있어서도 전문성을 보이고 있어 많은 탄력성을 지니고 있다.

크라우스(R. Kraus)는 미국에 있어서 자발적 민간여가단체를 크게 청년단체, 종교사회적 단체, 커뮤니티 센터, 빈곤퇴치조직, 특수이익집단, 특수계층봉사단체, 전문가집단으로 대별하고 있다.[379)] 한편, 토길드센(George

377) Richard Kraus, *op. cit.*, pp.76～95.
378) 瀬沼克彰, 「餘暇と地域文化創造」, 東京 : 學文社, 1995, p.216.
379) Richard Kraus, *op. cit.*, pp.79～95.

Torkildsen)은 영국의 비영리적 민간여가단체 조직의 유형을 23개로 세분하고 있다.

〈표 9-2〉에서 보는 바와 같이 민간의 자발적 여가조직은 매우 광범위하게 분포되어 있으며, 특히 국민의 여가생활과 직접 관련이 있는 조직이 청소년조직, 여성조직, 탐험조직, 야외여행조직, 문화 · 오락조직, 환경보존집단 등을 들 수 있다.380)

〈표 9–2〉 영국의 민간여가단체 현황

조 직 유 형	예
1. 지역사회조직	지역협회, 지역협의회 등
2. 지역사회활동집단	전국 자발적 조직협의회 등
3. 아동집단	유치원협회, 장난감협회, 도서관협회 등
4. 청소년조직	스카웃, YMCA, YWCA 등
5. 여성조직	여성연합회, 주부연맹 등
6. 남성조직	근로자 클럽, 서비스맨 클럽 등
7. 노인집단	성인 시민 클럽, 노인회 등
8. 장애자집단	장애운전자 모터 클럽, 맹인협회, 농아협회 등
9. 탐험조직	전국암반협회 등
10. 야외여행조직	캠핑 클럽, 유스호스텔협회, 캐러반 클럽 등
11. 스포츠 레크리에이션조직	사이클협회, 스케이트협회 등
12. 문화 · 오락조직	극장협회, 박물관협회, 음악페스티벌 연맹 등
13. 교육	성인교육기관, 근로자교육협회 등
14. 취미집단	화훼협회, 시민밴드협회, 고미술수집협회 등
15. 애완동물집단	얼룩말클럽, 고양이 보호연맹 등
16. 환경보존집단	조류보호협회 등
17. 소비자집단	소비자협회 등
18. 카운셀링조직	시민자문기관, 결혼상담소, 직업상담소 등
19. 자선집단	로타리클럽, 라이온스클럽 등
20. 준의협조직	적십자사 등
21. 비형식집단	공중훈련기관 등
22. 종교조직	구세군, 교회아동협회 등
23. 정치조직	정당, 노동조합 등

380) George Torkildsem, *op. cit.*, pp.45～46.

한국의 여가관련 민간단체조직은 사회복지단체, 예술문화단체, 무형문화재, 사교·취미집단, 체육단체 등이 있다. 이 가운데 여가와 직접적으로 관련된 민간 여가단체 조직은 한국수학여행협회, 한국박물관협회, 한국문화재보호협회, 한국국립공원협회, 한국유스호스텔연맹, 한국관광협회 등을 들 수 있다.

3. 상업적 여가조직의 역할

앞서 공적 여가조직과 민간 비영리 여가단체 조직에 대하여 알아보았는데, 그들 간에는 어느 정도 역할에 있어서 유사성을 지니고 있음을 알 수 있다. 이들 두 가지 여가조직과 상업적 여가조직의 성격을 분석하여 보면 〈표 9-3〉과 같다.381)

〈표 9-3〉 여가조직의 유형별 성격

구 분	공적 여가조직	민간 여가단체조직	상업적 여가조직
조직의 원리	전국민에게 여가기회 제공, 비영리적 목적	회원 및 관련자에게 여가기회 부여, 비영리적 목적	대중의 욕구를 만족시킴, 영리적 목적
여가 제공의 목적	전국민에게 복지제공	주로 회원들에게 복지증대	일반 대중을 대상으로 이윤추구
조직유형	정부조직, 정부공공기업, 지방자치단체	보이스카웃, 걸스카웃, 각종협회 등	법인조직, 기업조직
제공시설	공공건물 및 시설, 운동장 등	교회, 캠프, 구락부 등	극장, 볼링장, 댄스 홀 술집 등
재정	예산, 공금, 소액의 입장료	회비, 기부, 증여, 기금, 재정융자, 모금	입장료
프로그램	광범위, 많은 종류의 프로그램	조직 고유의 프로그램	최대의 경제적 이익을 확보할 수 있는 프로그램

상업적 여가조직은 대중의 욕구를 만족시켜 줌으로써 이윤을 추구하는 영리적 조직으로서 최대의 경제적 이익을 확보할 수 있는 프로그램을 개발

381) 西田泰介 外 共編, 「リクリエーシン概論」(東京 : 鈴木整版, 1974), pp.202~203.

하여 입장료나 사용료 등으로 운영된다.

오늘날 대부분의 여가서비스는 이들 상업적 조직에 의하여 제공되고 있는데, 크라우스(R. Kraus)는 상업적 여가조직을 네 가지로 분류하고 있다.[382)]

첫째, 여가활동에 필요한 시설 및 공간을 제공하는 조직은 골프장, 수영장, 스키장, 아이스링크, 술집 등을 경영하는 기업을 말한다.

둘째, 오락의 기회를 제공하는 시설로는 극장, 콘서트홀, 나이트클럽, 경기장, 오락공원 등이 있다.

셋째, 도구적 서비스(instrumental services)를 제공하는 상업조직으로는 스튜디오, 헬스센터, 사설 강습소 등이 있다.

넷째, 여가장비를 제조하는 상업적 조직으로는 음반업체, 장난감, 출판업, TV, 라디오 등의 제작기업이 있다.

이밖에 클로스레이(J. C. Crossley)와 재미슨(L. M. Jamieson)은 산업적 여가서비스조직을 여행/교통산업, 환대산업, 지역의 상업적 레크리에이션산업, 여가시설 등으로 나누고 있으며,[383)] 켈리(John R. Kelly)는 여행, 스포츠, 대중문화, 예술 등으로 나누고 있다.[384)] 에딘턴(Edginton)은 상업적 여가조직을 여행과 관광, 소매업(retail outlet), 환대 및 음식서비스, 서비스계약업(contracting for services), 자연환경에서의 여가서비스, 여가제조품, 오락서비스 등으로 나누고 있다.[385)]

① 여행과 관광(travel and tourism) : 여행업체, 교통업 등
② 소매업(retail outlet) : 전문상점, 복합상점, 백화점, 할인매장, 공장판매장, 비디오 대여점 등
③ 환대 및 음식서비스(hospitality and food services) : 리조트, 호텔 및 레스토랑, 유스호스텔, 모텔, 컨벤션센터 등
④ 서비스계약업(contracting for services) : 여가서비스의 소개, 예약대행업체

---

382) Richard Kraus, *op. cit.*, p.96.

383) J. C. Crossley, and L. M. Jamieson, *Introduction to Commercial and Entrepreneurial Recreation,* 2nd ed.(Sagamore, IL : Champaign, 1993).

384) John R. Kelly, *Leisure*, 2nd ed.(Englewood Cliffs, New Jersey : Pentice-Hall, 1990).

385) Christopher R. Edginton, et al., *Leisure and Life Satisfaction*(Dubque, IA : Wm. C. Brown Communications, Inc., 1995), pp.277～285.

⑤ 자연환경에서의 여가서비스(leisure services in the natural environment) : 육 · 해 · 공간에서의 여가활동시설, 역사문화자원 등
⑥ 여가제조업(leisure products, manufacturing) : 셔츠, 테니스화, 육상화, 악기류, 취미용품 등
⑦ 오락서비스(entertainment services) : 페스티벌, 프로스포츠, 게임시설, 경마, 자동차경주장, 오락공원, 방송, 영화, 연극 등

한국에 있어서 상업적 여가조직은 아주 다양하게 분포되고 있는데 크게 여섯 가지로 나눌 수 있다.

첫째, 국민의 관광여행에 관련된 상업적 조직으로 관광숙박업, 여행업, 종합휴양업, 관광안내업, 유원지시설업 등이 있다.

둘째, 식품관련 상업적 조직으로서 전문음식점업, 대중음식점업, 유흥음식점업, 다방업, 제과점업 등이 있다.

셋째, 대중위생관련 상업적 조직으로서 숙박업, 목욕탕업, 이 · 미용업, 온천장업 등이 있다.

넷째, 사교 · 오락관련 상업적 조직으로서 탁구장업, 당구장업, 경마장업, 유기장업 등이 있다.

다섯째, 스포츠관련 상업적 조직으로서 테니스장업, 수영장업, 골프장업 등이 있다.

여섯째, 취미 · 감상관련 상업적 조직으로서 극장업, 미술관업, 사설강습소업 등이 있다. 이들 상업적 여가조직은 동업종간 상호친목 또는 권익확대를 목적으로 결성되어 있다.

제3절 여가행정의 의의와 기능

1. 여가행정의 정의

여가라는 것은 개인이 생활의 의무에서 벗어나 자유로운 상태하에서 휴식, 기분전환, 자기계발 및 사회적 성취를 목적으로 하는 시간이라면, 여가행정의 역할은 궁극적으로 국민 각자의 자기실현을 달성시키는 일에 지원하여 주는 것이다.

행정(administration)이라는 것은 국가목적을 달성하기 위하여 인적 자원과 물적 자원을 관리하는 기술로 인식되고 있다. 로드니(Lynn S. Rodney)는 "행정이란 조직이 사전에 결정된 목적을 달성하기 위하여 인적·물적 자원을 동원하는 과정"으로 정의하고 있다.[386] 여가행정의 주체인 조직은 정부 및 지방자치단체 등으로 규정한다.

여가행정은 대개 다음과 같은 개념적 특성을 갖는다. 첫째, 여가행정의 주체는 국가기관이다. 앞장에서 설명한 바와 같이 여가조직 가운데 중앙정부와 지방자치단체를 포함하는 공적 여가조직이다. 둘째, 여가행정의 목표는 사전에 결정되어진다. 피프너(John M. Pfiffner) 등은 행정을 "사전에 명문화된 목적을 달성하기 위한 활동"으로 정의하고 있다.[387] 셋째, 여가행정은 하나의 과정(a process)이다. 여가행정은 기획, 조직, 인사, 명령, 조정, 통제, 평가의 연속적 과정이다. 따라서 여가행정은 국가 및 지방자치단체가 미리 결정된 목적을 실현하기 위하여 행하여지는 구체적인 방법 및 과정으로 정의할 수 있다.

---

386) Lynn S. Rodney, Robert F. Toalson, *Administrative of Recreation, Parks and Leisure Services*, 2nd ed.(New York : John Wiley & Sons, Inc., 1981), p.12.

387) John M. Pfiffner, and Robert V. Presthus, *Public Administration*, 4th ed.(New York : Ronald, 1960), p.3.

2. 여가행정의 기본이념

국가 및 지방자치단체의 여가행정은 궁극적으로 국민생활의 질을 향상시키고 복지국가의 건설에 이바지하는 것으로서, 그 기본이념은 다음의 몇 가지로 요약할 수 있다.

첫째, 인간의 존엄성이다. 인간의 존엄성문제는 민주주의의 이념체계가 존립하는 한, 국민의 기본적인 권리로서 보장되어야 한다. 오늘날 여가는 사회구성원의 존엄성을 구현하는 가장 기초적인 행정대상이 되고 있다. 행정이 지향하는 궁극적인 목적이 복지사회의 건설이라고 할 때, 여가생활은 전체사회의 복지수준을 가늠하는 기초가 된다.

둘째, 여가행정은 국민의 자기결정권을 보호하는 것이어야 한다. 인간은 여가에 관한 한, 항시 자기의 능력과 판단에 따라 태도를 정하고, 이것을 행동으로 표출하게 되며 이러한 여가행동의 결정은 타인이나 기타 조직으로부터 일방적인 명령이나 금지, 혹은 위협같은 행위로부터 침해받아서는 안되며, 어디까지나 자발적인 여가결정권이 보장되어야 하고, 자신의 의견을 존중하고 스스로 의사결정을 할 수 있도록 분위기가 조성되어야 한다.

셋째, 여가행정은 인간의 평등성을 실현하여야 한다. 즉, 모든 국민이 아무런 차별없이 여가기회를 얻고 향유할 수 있도록 정부는 지원하여 주어야 하며, 여가참여가 원활히 이루어지도록 해야 한다. 따라서 각 개인에게 여가기회가 평등하게 제공됨으로써 구성원으로의 의무를 행하게 된다. 만일 여가기회가 균등하게 부여받지 못하면, 개인은 그 조직으로부터 이탈할 것이고 나아가 이는 사회문제를 야기시킬 수도 있다.

넷째, 여가행정은 인간의 자기실현성을 성취시켜 주어야 한다. 인간은 항상 자기발전, 자기계발을 추구하는 존재인 바, 여가는 인간의 자기실현의 꿈을 달성시켜 주는 유효적절한 방편이다. 그러므로 여가행정은 국민 각자가 여가활동 속에서 자신의 발전가능성을 발휘하며 삶의 의의를 체험할 수 있도록 모든 수단과 방법을 강구하여 주어야 한다.

3. 여가행정의 기능

여가행정의 기능은 앞서 논술한 여가행정의 과정과 밀접한 관련이 있으며 계획, 조정 등은 여가행정의 중요한 기능이다. 여기에서는 여가행정의 기능을 계획기능, 입법기능, 조정기능, 재정기능 그리고 기타기능으로 나누어 살펴보고자 한다.

1) 계획기능

대부분의 국가에서는 국가기획업무 중 여가계획의 수립을 중요한 기능으로 삼고 있다. 국가별로 여가계획을 수립하는 이유로는 크게 정치적 이유, 경제적 이유, 그리고 환경적 이유가 있다.

우선 정치적 이유는 여가계획은 국민복지의 유효적절한 수단이 되기 때문이며, 경제적 이유는 여가산업의 발전과 지역개발을 도모하는데 있다. 그리고 환경적 이유는 국토환경의 개발 및 이용과 동시에 이를 보전하는데 밀접한 관계가 있기 때문이다.

여가계획은 수요자와 공급자 모두에 대하여 신뢰분위기인 확신과 안정감을 조성하여 주는 것이므로 여가나 레크리에이션과 같은 동태적 부문을 육성・발전시키는 유효적절한 수단이 되기도 한다. 한편, 여가계획은 전국단위의 계획과 지역단위의 계획간에 차이가 있다.

중앙정부가 수립하는 전국수준(national level)의 여가계획은 거의 완벽한 여가수요의 조사에 입각하고 있기 때문에 장기종합개발의 지침을 설정하는데 기여하며, 지역수준(regional level)의 여가계획은 전국단위의 여가계획에 포함된 지역여건, 여가자원, 지역주민의 요구 등을 고려하게 된다.

2) 입법기능

산업사회 이전에는 국민이 여가생활에 별다른 관심을 갖지 않았으므로 정부의 여가행정에 대한 정책적 관심도 낮은 수준에 머물게 되어 여가진흥을 위한 법령의 정비가 행정의 주요기능이 되지 못하였다. 그러나 산업사회로의 진전은 국민의 여가생활에 부단한 변화를 가져다주어 전과는 상이한 여가수요, 여가활동, 여가시설이 등장하면서 기존의 법규만으로는 이에 대처하는데 한계를 지니게 되면서 여가관련 법규의 제정·개정이 행정집행의 중요한 기능이 되고 말았다.

여가의 사회적 및 문화적 역할을 뒷받침하여 줄 수 있는 법규가 존재하는 것은 모든 국민의 생활영역에 여가의 중요성을 향상시키는 계기가 되고 있는데, 오늘날 전세계적으로 여가에 관한 입법에 관심을 집중시키고 있는 사항은 다음과 같다.

① 노동시간과 유급휴가, 그리고 휴식의 권리와 관련된 규정
② 여가의 개발을 위하여 자연자원과 문화적 유산(heritage)의 활용에 대한 규정
③ 정부내 여가관련 기관의 기능 및 역할에 관한 규정
④ 기존 여가산업의 육성 및 신규 여가산업의 등장에 따른 대응에 관한 규정
⑤ 여가산업의 육성을 위한 재정 및 조세제도에 관한 규정
⑥ 공중보건위생, 교통통신기관 등 여가와 직·간접적으로 관련된 서비스업에 영향을 주는 규정

이밖에도 여러 가지 관심사항이 있는 바, 한국에 있어서 주요 여가관련 법규는 정도의 차이가 있을 수 있으나, 여가와 직접적으로 관련이 있는 법규에는 관광기본법, 관광진흥법, 국토의 계획 및 이용에 관한 법률, 자연공원법, 문화재관리법, 식품위생법, 공중위생관리법 등이 있으며, 간접적으로 관련이 있는 법규에는 도시계획법, 공유수면매립법, 도서관법, 여권법, 출입국관리법, 산림법, 건축법 등이 있다.

3) 조정기능

정부가 여가행정에 관한 조정기능을 갖는다는 것은 여가에 대한 정책이 얼마나 중요한가를 단적으로 나타내어 준다. 여가는 그 내용이나 범위가 명확하게 규정되는 단순개념이 아니라 다양한 서비스와 국민생활의 질의 영역을 포함하는 복합개념이기 때문에 여가에 대한 조정기능은 그 성질상 주

로 국가에 부여되고 있다.

여가부문에 대한 조정기능에는 정책의 효율적 수립 및 집행이 요구되며, 이러한 기능은 정부조직 뿐만 아니라 민간여가조직과도 면밀히 관련되어 있다. 그리고 여가는 여가행정 주무조직과 직·간접적으로 여가에 관련된 기타 조직들 간에 상호 협력관계가 다른 행정집행의 경우보다 특히 필요한 것이다.

〈표 9-4〉 여가관련 행정의 조정사항

행정구분	조 정 사 항
1. 도로	도로환경의 정비, 도로변 휴게소 설치
2. 철도	지방선의 매력 향상, 철도의 관광사업 추진
3. 항만	유람선, 요트·보트장의 보수 및 확충
4. 공항	공항주변의 레크리에이션 시설의 정비 및 확충
5. 사회복지	노인에 대한 휴식공간의 제공
6. 보건·의료	보양적 여가 대응
7. 생활환경	생활의 보충역할 시행
8. 교육	야외교육장의 정비
9. 문화	문화재의 이용촉진
10. 체육	레크리에이션 시설의 정비
11. 화재방지	안전의 확보 및 예방대책
12. 자연보호	자연환경의 보전·이용
13. 도시계획	도시의 매력증대, 도시화된 생활에 여가의 도입
14. 농림어업	산업의 여가화 추진, 관광농업의 육성
15. 노동	고용기회, 노동시간의 개선
16. 관광	관광지 조성, 관광문화의 정착 및 행락질서 확립

특히 여가에 대한 행정적 기능이 정부의 여러 부처에 분산되어 있는 경우에는 정부조직 내에서의 정책조정이 중요한 과제이다. 〈표 9-4〉는 정부조직내의 행정부서별 여가행정에 대한 조정사항을 나타낸 것이다.[388] 특히 한

국의 경우에는 여가행정이 각 부처에 분산되어 있어 여가행정의 조정이 절실히 요구된다. 여가에 관련된 행정은 교통, 사회복지, 보건, 의료, 교육, 문화, 체육 등 수없이 많으며, 이들 부문간 조정의 충실도가 결국 여가행정의 수준을 평가받게 되는 것이다.

정부 부처간 여가행정의 조정뿐만 아니라 정부와 민간조직 및 국민간의 조정도 중요하다. 따라서 정부기관의 조정노력에는 여가정책의 수립과 관련된 모든 기관 및 단체가 그들의 역할을 제대로 수행할 수 있도록 참여의 폭을 넓혀야 한다. 즉, 여가행정은 정부기관과 민간부문 간의 역할분담을 잘 수행하는 것도 중요한 기능이다.

4) 재정기능

여가개발과 행정수행에는 많은 재원투자가 필요하지만 민간조직이 개입하기에는 부적당한 경우가 있다. 경우에 따라서 정부는 대규모 사업, 예를 들면 경주종합개발사업 등에 대하여 여가생활에 필요한 기반시설을 조성하는데 자금의 전부를 지원하였는데, 이것은 곧 정부의 투자가 민간투자활동을 선도하는 의미를 갖는 것이다.

정부는 민간에게 세제 및 금융상의 특혜를 부여함으로써 민간자본을 여가시설개발로 유도하게 되며, 이를 통하여 국내 특정지역 개발에 필요한 재원을 확보할 수 있다.

정부가 여가행정을 수행하는데 있어서 필요한 재정적 원천에는 예산, 직접세, 입장료 및 요금, 기부금, 재정융자, 은행차입금, 외국의 차관 등이 있다. 다른 한편, 정부가 여가부문에 민간의 투자 및 준 공공적 투자를 유치하기 위한 재정적 지원의 방법에는 다음과 같은 것이 있다.

① 보조금지급 : 이것은 여가개발 사업에 필요한 기업체의 초기 투자비용 부담을 경감시켜 준다.

② 장기저리융자(long-term low-interest loans) : 이것은 기업체가 자본을 조달할 수 없는 경우에 정부가 자금을 장기 저리조건으로 지원하는 것이다. 이때에 정부가 재정자금을 직접 융자하여 주는 경우도 있고 관

388) 日本觀光協會, 「觀光地づくりの道標」(東京 : 日本觀光協會, 1984), p.56.

광진흥개발기금과 같이 여가자금을 특별기금으로 설치・운영하여 지원하는 방법도 있다.

③ 채무보증 : 이것은 채무불이행이 있는 개인이나 법인의 채무를 채권자에게 변제할 것을 약속하는 계약을 말한다.

④ 정부의 자본참여 : 이것은 정부가 주주의 자격으로 기업에 참여하여 대규모 개발사업, 모험산업에 참여하는 것을 말한다.

⑤ 조세감면 : 정부는 직접세의 일부 또는 전부를 감면시켜 초창기 여가산업의 발전을 지원하는 것을 말한다.

⑥ 이자환급(interest rebates) : 정부는 기업의 차입융자금에 대하여 기업이 지급해야 할 이자의 일부를 대납하는 것을 말한다.

⑦ 관세감면 : 정부는 여가시설의 건축 및 사업운영에 필요한 물품을 수입할 경우, 부과되는 수입관세를 감면시켜 줄 수 있다.

이처럼 정부는 여가행정을 수행함으로써 성과가 큰 사업에 경제정책의 도구인 투자와 조세제도를 적절히 펴나감으로써 재정지원을 하게 되는 것인 바, 이러한 재정지원의 목표는 다음과 같다.

첫째, 여가투자의 수익전망을 개선하여 투자를 확대한다. 둘째, 특정지역, 특정 여가사업에 대한 선별적 투자의 촉진이다. 셋째, 여가산업의 현대화 및 구조의 재편성이다. 넷째, 특정한 사회적 욕구의 충족을 위한 공익사업의 개발이다.

5) 기업가 및 조성자의 기능

여가행정의 또다른 기능은 기업가의 기능과 조성자의 기능이다.[389] 우선 기업가(enterpriser)의 기능이란 정부가 여가산업에 직접 참여하여 통칭 기업가의 역할까지 수행하는 것이다. 정부는 특정지역의 여가개발을 위하여 여가시설을 운영하고 서비스를 직접 제공하는 역할을 할 의무가 있다. 가령, 많은 국가가 항공사를 국영의 형태로 운영하고 있으며, 그리스, 스페인, 포르투갈 같은 국가는 호텔을 소유・운영하고 있으며, 한국의 경우 정부가 여가여행의 중요한 수단인 철도를 직영하고 있으며, 국영기업체인 한국관광공

389) Robert C. Mill, and A. M. Morrison, *op. cit.*, pp.243～244.

사가 제주 중문골프장을 직접 운영하고 있는 것은 여가행정기관이 기업가의 기능도 겸하고 있음을 잘 나타내어 주는 것이다.

한편, 정부의 여가행정의 중요한 기능 중의 하나는 조성자의 기능이다. 이것은 앞서 언급한 계획기능, 재정기능, 조정기능 등과 밀접한 관련이 있다. 조성자(stimulator)의 기능이란 정부가 여가사업을 직접 경영하는 것이 아니라 여가산업 발전을 위하여 재정적으로 여가산업을 지원하는 것을 말한다. 조성자의 기능에 있어서 또다른 방법은 정부 및 공공기관이 여가산업 발전을 도모할 수 있는 조사 및 연구의 사업을 후원하는 것이다.

이상에서 여가행정의 기능을 계획기능, 입법기능, 조정기능, 재정기능, 기업가의 기능, 조성자로서의 기능에 대하여 살펴보았는데, 이들은 상호 배타적인 것이 아니라 밀접한 상관관계를 맺고 있다.

제 4 절 여가행정의 과제[390)]

1. 여가환경의 정비

여가문제에 대한 행정의 역할 중에서 가장 큰 기대가 쏠리고 있는 것은 여가환경의 정비이다. 여가에는 활동의 측면이 있으므로 여가활동의 장이 정비되지 않은 상태에서는 여가시간의 증대가 실현되어도 그것은 단지 자유라고 하는 이름의 빈곤을 만연시키는 것에 지나지 않는다. 문화, 스포츠 활동이라는 창조적 혹은 자기실현형의 적극적 여가활동을 실현하기 위해서

390) 일본의 瀨沼克彰은 국제전문가를 대상으로 한 조사결과, 금후의 여가행정이 중점적으로 추진해야 될 과제로는 ① 여가활동시설의 개방(16.3%), ② 사회적 약자의 여가활동지원(15.7%), ③ 정보시스템의 네트워크의 정비(12.8%), ④ 여가활동의 지도자 양성시스템 구축(10.3%), ⑤ 문화시설의 정비(8.7%), ⑥ 장애자의 여가활동 지원(7.4%), ⑦ 여가전문직의 확립(5.8%), ⑧ 도로 등의 기반시설정비(5.0%), ⑨ 스포츠시설의 정비(4.5%), ⑩ 여가활동프로그램의 제공(4.5%), ⑪ 노동시간의 단축(3.7%), ⑫ 여가활동에 대한 감세조치(1.7%), ⑬ 민간단체의 재정적 지원(1.2%), ⑭ 장기휴가제도의 확대(1.2%), ⑮ 리조트 시설의 정비(0.4%)의 순이었다. 瀨沼克彰, 「餘暇社會おデザソする」(東京 : 學文社, 1993), p.266.

는 단지 여가시간을 늘리는 것만으로는 충분하지 않고 거기에 필요할 여가환경을 정비할 필요가 있는 것이다.

이러한 여가환경의 정비는 본래의 그 성격상 공동소비적인 측면이 강하고, 소위 공공재적인 성격을 지니고 반드시 영리기업의 대상이 되기 어려운 면을 가지고 있다. 이 의미에서 여가환경의 정비는 행정이 다해야 할 기본적인 임무라고 생각할 수 있다.

이렇게 보면, 여가환경의 정비라고 하는 과제는 그 과제를 달성하기 위해서는 상당히 긴 시간을 요하는 것과 동시에 사람들이 이 과제에 요하는 요구도 복잡하다는 것이 현실이다. 따라서 여가환경을 정비해 사람들의 욕구에 정확하게 응하기 위해서는 각각의 행정주체가 미래에까지 이르는 사람들의 욕구를 적절히 예측하고, 거기에 근간이 된 여가환경 정비를 위한 장기계획을 책정하는 것과 함께 각종 시책의 우선순위를 결정하는 일이 필요해진다.

2. 여가지도자의 육성

사람들이 늘어난 여가시간을 자유롭게 주체적으로 유효하게 활용하는 능력을 용이하게 배양하도록 하기 위해서는 여가활동을 위한 전문적인 지도자의 역할을 빼놓을 수 없다. 예를 들면, 여가시설이 건설되고, 그것이 주민의 이용에 제공되는 것만으로는 반드시 사람들에게 충실한 여가활동을 보장하는 것은 아니고, 많은 사람들의 참가를 용이하게 하지도 않을 것이다. 많은 사람들이 자주적으로 여가활동에 참가할 수 있도록 여가프로그램을 제공한다든지, 다양한 그룹활동을 육성하고 그에 대해 조언을 주고, 지도하는 것에 의해 거기에 참가했던 사람들의 여가활동을 보다 의의있게 하는 것이 지도자의 커다란 역할이다.

향후 여가시설의 증가에 수반되어 그 운영을 위한 전문적 지식을 소유한 지도자에 대한 사회적 요청도 강해지게 되는데, 그에 대응해서 지도자의 육성, 확보를 위한 지도자 양성기관 등의 정비 및 설치 그리고 지도자의 등록제 등 각종 체제정비를 도모하는 것은 여가행정에 맡겨진 커다란 역할이다.

3. 소비자보호의 충실

여가부문에 있어서 다른 소비부문도 증가하고 소비자보호의 필요성이 높은 것에 대해서는 몇 개의 이유를 생각할 수 있다. 첫째는 가격구조가 반드시 충분한 기능을 다하지 못한다는 것이다. 주지하는 바와 같이 가격구조에 의한 최적상태의 실현을 위해서는 시장의 안정성과 소비자의 합리적인 판단을 전제로 하는데, 여가시장에 있어서는 이 전제가 충분히 갖춰져 있지 않은 면이 있기 때문이다.

여가시장과 같이 현재 급속히 팽창되고 있고, 또 소비자 욕구와 관련된 사회제도와 노동시간이 급속히 변화하고 있는 상황하에서는 소비자의 태도 형성이 충분히 이루어지지 않고, 욕구 그 자체가 극히 근시안적인 것인 경우가 많고, 산업측에서의 선전 등에 의해 소비자의 선호가 오도될 위험성이 많다. 또 정보의 불완전성 등에 의해 소비자의 합리적인 판단이 곤란한 경우도 적지 않다. 여가시장의 이러한 현상에 대해서는 공적인 유도에 의해 여가산업의 건전 육성을 도모하는 것과 함께 비교정보의 제공 등에 의해 소비자의 선택능력을 공적시책에 의해 적극적으로 보완해 가는 것이 필요하다.

4. 여가정보의 제공과 여가의식의 계발

여가시간의 증대에 의한 사람들의 다종다양한 여가활동에 대한 욕구와 그 욕구를 충족하는 여가시설과 여가기회를 연결하는 매개체가 여가정보이다. 이러한 여가정보는 사람들의 여가활동의 선택의욕을 넓히고, 사람들에게 주체적인 여가생활을 보장하는 것으로써 빼놓을 수 없다.

여가정보에는 프로그램에 관한 정보, 장소·시설에 대한 정보, 여가활동의 기술에 관한 정보, 클럽 및 단체에 관한 정보, 지도자·강사에 대한 정보, 비용에 대한 정보 등 다종 다양한 정보가 있다.[391]

그러나 정보화시대라 불리는 오늘날 사람들이 여가활동의 선택에 즈음하여, 언제라도 손쉽게 이용할 수 있고, 더욱이 신뢰성 있는 여가정보는 극히 부족한 현상이다. 일부의 신문, 주간지 등의 매스컴을 통해 행락, 스포츠, 낚시, 관광 등의 소개가 행해지고는 있다 해도 그 정보는 단편적이라든지, 일부의 여가활동에 치우쳐 있고, 일방통행의 정보가 많다. 그밖에 다양한 취미, 문화, 스포츠 등의 지역적 혹은 자발적인 써클활동에 대해서는 조직적인 정보제공은 거의 이루어지지 않고 있다.

이러한 상황을 극복하고 사람들에게 풍족한 여가생활을 보장하기 위해서는 여가정보제공을 위한 체제를 정비할 필요가 있다. 여가에 관한 종합적 여가정보기구를 설립하고 그것을 축으로 해 여가정보의 전국적 네트워크를 형성하고, 여가에 관한 종합적인 정보를 제공하는 것과 함께 사람들의 상담에 응한다든지, 불만의 처리를 행하는 기능을 곁들여 유지하는 것이 요청된다.

한편, 국민의 여가의식을 바꾸어 가는 것도 앞으로의 중요한 과제이다. 여가복지의 충실이란 물질적 · 시간적 · 공간적 여러 제약의 감소에 의해 인간활동의 자유도를 증대시키는 것이 중요하다. 우리들은 급속한 경제성장에 의해 어느 정도 물질적 제약으로부터 해방되었는데 지금도 여가시간의 부족과 조직에 의한 시간적 제약과 관리화된 노동에 의한 소외로부터도 조금씩 해방되려고 하고 있다.

단지 자유의 증가가 복지향상의 중요한 전제가 될 수는 있으나, 그것만이 복지의 향상에 직접 연결되는 것은 아니다. 여가시간의 증대를 복지향상에 연결시키기 위해서는 종래 자칫하면 노동의 잔여물이라 생각하였던 여가에 대한 태도를 고치고, 개인의 주체성에 맡겨진 자유로운 활동의 장으로써의 여가의 중요성을 충분히 인식할 필요가 있고, 그와 함께 여가사회에서 살아가는 개개인이 자유롭게 주체적으로 다양한 생활을 하는 능력을 가지는 것도 필요하다.

---

391) 一番ヶ賴康子 外, 「餘暇生活論」(東京 : 有斐閣, 1993), pp.37～38.

5. 여가에 있어서의 불평등의 시정

행정이 대중을 대상으로 한 여러 여가정책을 실행했다고 해도 여전히 소외된 계층이 있다. 이 층에 속하는 사람들은 어떤 제약조건을 떠맡고 있기 때문에 그런 제약조건을 떠맡고 있지 않는 평균적인 사람들과 대등한 여가생활을 보낼 수 없는 사람이고, 그 대표적인 예로써 노인과 신체장애자, 영세기업 종업원과 농어민을 들 수 있다. 이런 사람들의 여가생활이 충실한 것으로 되기 위해서는 각각의 상황에 응해 적절한 여가활동의 지식과 기회가 제공되도록 행정적 배려가 필요가 있다.

노인과 신체장애자 등은 무엇보다도 체력적으로 약하고, 또 특히 사회적 접촉이 적어지는 경향이 많기 때문에 여가를 유효하게 활용하는 능력에서는 때때로 다른 사람들과 비교해서 떨어지는 일이 많다. 그리고 체력에 맞는 여가시설의 부족과 지도자의 결여, 특히 노인의 경우에는 놀이를 떳떳하지 못한 것으로 생각하는 과거의 풍조에도 영향을 받아 여가활동으로부터 아무래도 뒤쳐지는 경향이 있다. 이러한 사람들에 대한 충분한 여가활동의 지식과 기회를 제공하는 것은 복지사회에 있어 행정의 중요한 역할이 된다. 더욱이 노동으로부터 소외된 형태에서의 본의 아닌 여가생활을 보내고 있는 노인과 신체장애자에 대해서 가능한 경우에는 오히려 적극적으로 여가서비스 업무에 대한 참가의 기회를 제공하고, 그 활용을 도모해야 할 것이다.

6. 여가행정기구의 정비

여가에 관련된 행정은 이미 상당한 정도까지 와 있고 지금까지도 행해지고 있다. 예를 들면 사회교육, 체육진흥, 문화재 보호, 예술문화의 진흥 등의 문화행정, 관광도로의 건설과 자연공원의 정비 등의 관광행정, 도시공원의 정비 등을 포함하는 도시계획 행정, 기타 노동자 복지행정 등을 들 수 있는데, 이것들은 크든 적든 사람들의 여가생활과 밀접한 관계를 가지고 있다.

그러나 이러한 기존의 여가행정에 있어 여가생활이 가지는 의의가 반드시 정당하게 평가받는 것은 아니고, 여가의 국민생활에 있어 자리매김이 반드시 명확히 되어 있다는 것도 아니다. 따라서 종래의 여가에 관련된 행정은 자칫하면 개별 행정목적에 초점을 맞추어 종적행정 속에서 개개인에게 전개되어 오고 있으나, 여가행정이라는 시점에서의 체계적 위치 정립에는 결여되고 있는 면이 있다. 향후 주5일근무 및 휴강제가 본격적으로 시행되면 가장 각광을 받을 분야가 여가분야이며, 이에 따른 여가산업의 수요도 엄청나게 증가할 것이다. 따라서 국공립 및 사립대학에 여가학과의 설립을 교육인적자원부를 비롯한 관계 행정기관에서 적극적으로 추진해 나가야 할 것이다.

제10장 여가정책과 여가복지

LEISURE & MODERN SOCIETY

제 1 절 여가정책의 개념

1. 여가정책의 정의

여가행정이 정부조직의 목표를 달성하기 위하여 행하여지는 수단과 과정이라 한다면, 여가정책은 국민의 여가발전을 위한 여가행정의 행위를 종합적으로 조정하고 추진하기 위한 업무범위와 방향을 제시하는 시책인 것이다. 즉, 여가정책은 여가행정을 세부적으로 집행하는 방법 및 내용을 가리킨다.

정부가 국민의 여가활동에 어떠한 형태로든 개입을 하는 한, 거기에는 자연히 여가에 관한 정책이 요구된다. 정책(policy)은 일반적으로 정부기관이 결정한 미래의 행동지침이며 복잡한 행동절차를 통하여 공식적으로 결정된 조직목표(organizational goals)인 것이며,[392] 여가정책을 수립하는 이상적인

392) David Braybrooke, and C. E. Lindblom, *A Strategy of Public Policy*(Belmont, California: The Free Press, 1963), p.40.

방법은 가능한 모든 행동지침(course of action)과 이로부터 나타날 수 있는 모든 결과에 대하여 주의 깊게 검토함과 동시에 어떤 가치관과도 비교평가한 후에 대안을 선택하는 방법이라 볼 수 있다.

정책은 하나의 계획(plan)으로서 국가가 여러 행동지침을 선정하는 방법인 동시에 특정한 목표를 달성하기 위한 지침체계(set of guidelines)인 것이다. 여가정책은 이러한 의미에서 국가가 국민의 여가생활 및 여가산업의 진흥을 위하여 일정한 목표를 정하고 거기에 부응하는 여가시책을 입안, 시행하는 것이다.

따라서 여가정책이 일단 수립되면 다음의 몇 가지 효력이 발생하게 된다.[393]

첫째, 여가정책은 집행자에게 특정 여가시책을 시행할 수 있도록 권한(enable)을 부여하는 효력이 있다. 둘째, 여가정책은 그것과 부합되지 않는 시책을 수행하지 못하게 하는 금지(inhibit)행위인 것이다. 셋째, 여가정책은 여가산업개발의 지도를 함에 있어 제기될 수 있는 각종 행위를 규제(regulate)하는 효력이 있다. 즉, 여가정책의 집행에 즉흥성, 자의성이 개입되지 않게 한다.

한편, 여가정책이 효율적으로 집행되려면 정책 자체가 생산적이며 실현가능성을 지니고 있어야 하는 바, 여가정책이 갖추어야 할 요건은 탄력성, 포괄성, 조정성, 논리성 및 명료성을 들 수 있다.

① 탄력성(flexibility) : 정책은 경직성과 탄력성간의 연속성(continuum) 속에 존재할 수 있다. 탄력성을 지닌 여가정책은 환경의 변화에 따라 적응할 수 있으며 이는 정책의 지속성을 배제하는 것이 아니다.

② 포괄성(comprehensiveness) : 정책의 포괄성은 시책을 수행하는데 필요한 행동의 포괄정도를 말한다. 포괄성의 정도는 추구하고자 하는 행동지침과 직접적인 관련이 있다.

③ 조정성(coordination) : 여가정책은 다른 형태의 정책과 상호 연계됨과 동시에 협조성을 지니고 있어야 한다. 정책집행의 절차, 규칙 등이 고립된 것이 아니라 정책간의 상호조정이 가능해야 한다.

---

393) John N. Warfield, *Improving Behavior in Policymaking*(Columbia: Ohio Battle Institute and Academy for Contemporary Problems, 1975), p.4.

④ 윤리성(ethic) : 여가정책에는 그 민족이 일상통용하는 관행이 반영, 계승되어야 한다. 또한 정책의 수행에 있어서도 전체 국민이 평등하게 이용할 수 있도록 대중적이면서도 독창적인 면이 있어야 하며 또한 사회적 규범과 관습이 존중되어야 한다.

⑤ 명료성(clarity) : 여가정책은 그것을 시행하는 개인 또는 집단이 쉽게 이해할 수 있어야 하며, 정책집행상의 시간과 재원의 낭비를 방지하여야 한다.

2. 여가정책의 목적

여가정책은 국가의 여가현상 중에서 관심있는 미래과제와 현안문제를 취급하는 목표지향적 행동과정이므로 그 수단은 목적 충족적이어야만 한다. 여가정책의 목적은 국가별, 지역별로 다양하게 설정되고 있으나, 궁극적으로는 국민생활의 질적 향상에 있음은 주지의 사실이다.

프랑스의 경우 1970년대에 집권한 퐁피두 대통령은 제6차 경제발전계획(1971~1975년)을 수립하면서 여가소위원회를 설치하고 여가정책의 목적을 ① 여가의 평등, ② 여가의 자유, ③ 여가의 사회화 등 세 가지로 집약한 바 있다. 여가의 평등은 여가시간의 불평등, 여가공간 질·양적 불평등, 예술을 접할 수 있는 기회의 불평등을 시정하려는 목적이다. 두 번째로 여가의 자유는 강력한 상업적 여가선전 등에 의해 개인의 자유스러운 선택이 위협을 받아서는 안되며, 개인의 자발성과 창조성을 계발하려는 목적이다. 그리고 세 번째로 여가의 사회화는 여가를 통한 개인의 교류확대, 사회참여 촉진, 사회활동의 활발화를 목적으로 하는 것이다.[394)]

여가정책의 목적(goal)은 정책이 개발되기 이전에 설정되어야 하며, 또한 국민의 전반적 관심과 일치하여야 하는 바, 일반적인 국가정책의 주요 관심사항은 다음과 같다.[395)]

394) 餘暇開發センタ-, 「國際餘暇狀況に關する調査硏究」, 1988; 一番ヶ賴康子 外, 「餘暇生活論」(東京 : 有斐閣, 1993), p.219.

395) U. S. Senate, *National Tourism Policy Study: Asertainment Phase*, Committee on Commerce, Science and Transportation, 1977, p.30.

ⓐ 에너지절약(energy conservation)
ⓑ 완전고용(full employment)
ⓒ 최저인플레에 의한 경제성장(economic growth with minimum inflation)
ⓓ 정부의 관리개선(improved operation of government)
ⓔ 환경보호(environmental protection)
ⓕ 자연자원의 적법이용(judicious use of national resources)
ⓖ 도시의 활성화(urban revitalization)
ⓗ 국가유산의 보존(preservation of national heritage resources)
ⓘ 소비자보호(consumer protection)
ⓙ 불이익계층에 대한 기회균등(equal opportunties for people in disadvan- taged segments of the population)
ⓚ 신체적 · 정신적 건강의 증진(improved physical and mental health)
ⓛ 무역적자의 축소(reduced international trade deficits)
ⓜ 균등조세(equitable taxation)
ⓝ 소기업의 경제활성화(economic viability of small business)
ⓞ 사기업에의 규제 최소화(minimum regulation of private industry)
ⓟ 국제친선의 증진(improved international goodwill)
ⓠ 국가 교통체계의 균형(balanced national transportation system)

일본의 경우 1973년 경제기획청에 여가개발실을 설치하였고, 당시 여가정책의 방향을 첫째, 상업여가의 확대에 대한 적절한 유도와 조정, 둘째, 국민여가의식의 계발, 셋째 커뮤니티 여가의 추진에 두었었다. 그리고 이를 달성하기 위한 정책의 핵심과제로 ① 여가행정기구의 정비, ② 통계·자료의 정비와 여가환경 자원평가 시스템의 확립, ③ 주휴2일제 등 노동시간 단축의 추진, ④ 여가의식의 계발과 여가생활능력의 형성을 위한 조건정비, ⑤ 여가환경의 정비, ⑥ 여가정보의 제공, ⑦ 노인 여가의 충실 등에 두었다.[396)]

여기에서는 여가(관광)정책의 목표를 정치적, 경제적, 사회 · 문화적, 환경

396) 經濟企劃廳 國民生活局 餘暇·生活文化室 編, 「餘暇時代のまちづくりハンドブック」, 東京, 1993.

적 차원에서 검토하였다. 따라서 여가정책의 목적은 국민복지를 실현하는 것이며, 이러한 목적을 구현하는 하위목표는 분야별로 볼 때 정치적, 경제적, 사회·문화적, 환경적 목표로 분류할 수 있다.

① 정치적 목표 : 여가계층의 확산, 국민화합, 국민에 대한 신뢰회복, 정부조직관리의 효율성 증진, 국제친선 등
② 경제적 목표 : 여가산업의 육성, 조세수입의 증가, 고용기회의 확대, 지역개발의 증진 등
③ 사회·문화적 목표 : 소비자보호, 국민여가권의 보장, 대중문화의 창조, 전통문화의 이해, 사회정체성의 확립 등
④ 환경적 목표 : 여가환경의 개선 및 보호, 자연자원의 적정한 개발촉진, 문화유산의 보존 등

그러나 이러한 여가정책의 목표는 국가마다 지역마다 상이할 수 있으며, 이들 목표의 수립시에는 그 사회나 국가가 처해 있는 거시적 여가환경에 대해 세밀한 검토를 하는 것이 요구된다.

3. 여가정책의 내용

여가정책의 기본적인 내용은 국민들의 여가권리를 인정하기 위해 그들의 여가욕구를 이해하고 충족시키기 위한 방향을 모색하는 것이다. 이를 위해서 우선적으로 수행해야 할 과제는 국민들의 다양한 여가수요 및 새로운 문제들에 적극적으로 대처하고 국내 여가환경 및 국민의 여가패턴 변화를 주기적으로 분석하는 것이다. 정부는 개인이나 집단(가족 및 커뮤니티)의 여가활동에 대한 시간량과 참여율의 정보를 파악하여 여가관련 정책을 수립할 수 있다.

여가활동 참여자는 공공부문과 민간부문의 여가시설과 서비스를 이용하거나 소비하는데, 이에 대해서 정부는 관련 규제나 제도를 통해 공공부문의 시설에 추자하고 민간부문의 시설을 확대하기 위해 지원(또는 규제)할 수 있다. 이러한 정부의 적극적인 시장활동은 개인이나 집단 여가활동을 활성화하는 자원으로 유용하다. 여가정책의 계획, 결정, 실행과정에 포함된 참여

자(개인, 가족, 단체), 정부기관, 여가시설 및 서비스 등은 자연환경이나 건축물 또는 사회문화적 요인 등의 환경에 의해 영향을 받는다.

문화관광부와 한국문화관광연구원의 「2006 여가백서」에서는 관광정책의 요소와 범위를 [그림 9-1]과 같이 제시하고 있다. 기존의 정책요소와는 다른 관점에서 여가정책의 요소를 제시하고 있는데, 특징적인 것은 여가정책의 핵심요소는 참여자로서의 개인, 가족, 단체, 공급자로서의 정부기관, 매개체로서의 여가시설 및 서비스를 3대 요소로 보고 있는 것이다.

따라서 여가정책은 여가참여자인 국민들의 여가활동의 참여실태, 여가관련 정부기관과 행정체계, 그리고 공공부문과 민간부문의 여가시설 및 서비스 등 3가지 요소와 이들과 관련된 정책과정, 그리고 여가환경을 모두 포함한다. 이 때 공공부문의 여가시설과 서비스 내용은 정부기관의 정책과정내 포함되는 영역이므로 실제 여가시설과 서비스는 민간기관이나 기업활동을 포함한 여가산업시장과 대별된다.

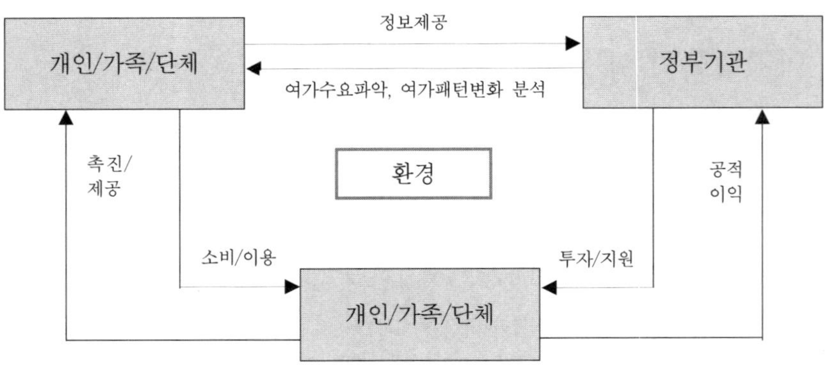

자료 : 문화관광부·한국문화관광연구원, 「2006 여가백서」, 2007.

〈그림 10-1〉 여가정책의 요소와 범위

4. 여가정책의 과제

세계레크리에이션협회가 제정한 「여가헌장」에는 인간의 권리로서 여가의 권리 속에 "합리적인 노동시간, 정당한 유급휴가, 유일한 여가정황 및 여가 활동의 시설, 장소, 설비 등 여가가 지닌 이점을 증대할 수 있는 타당한 사회적 계획"이 포함되어 있다. 게다가 자치단체, 전문가 등의 역할로서 "사람들이 개인의 취미와 본인의 책임하에 여가활동을 선택할 수 있도록 여가활동의 기회, 미적 환경, 레크리에이션 시설의 계획을 창조할 수 있도록 도와주지 않으면 안된다"라고 기록되어 있다.

여가활동의 주체는 개인이지만, 정부는 사람들에게 자유시간과 주체적인 선택에 입각한 여가활동을 보장해야 한다. 다시 말하면, 인권으로서의 여가권을 보장하기 위해서 법률적, 물적, 인적, 재정적 조건의 충실한 정비를 도모하는 것은 정부의 의무이고 공동정책으로서 여가정책이 적극적으로 발전되지 않으면 안된다.

여가에 관한 정책은 본질적으로 더할 나위 없이 폭넓은 분야를 포함하고 있고 그 성격은 종합정책으로 인정되어야 하는 것이다. 정책분야부터 말하자면 경제정책, 산업정책, 노동정책, 지역정책, 국토·환경정책, 교육·문화정책, 복지정책 등 다양한 정책과 밀접한 관련을 가지고 있고 여가정책의 문제는 그러한 정책문제를 여가의 관점에서 의미있게 관련시키면서 규명되지 않으면 안된다. 현대 여가정책이 지니고 있는 과제는 다음의 몇 가지로 집약될 수 있다.[397)]

1) 여가시간에 대한 과제

우선 여가시간에 관한 과제를 들 수 있다. 구체적으로는 자유시간의 확보에 관계된 문제이다. 이 속에는 노동시간의 단축, 완전 연휴 2일제의 실시, 연차유급휴가제도, 장기휴가의 제도화 등이 있다. 이러한 면에서는 국가의 법률화의 노력과 리더십이 크게 기대된다. 또 산업계에 있어서도 자유시간

397) 一番ヶ瀨康子 外, 「餘暇生活論」(東京 : 有斐閣, 1993), pp.226~230.(참조)

의 증대를 향하여 사용자측과 노동자측 쌍방의 지도자(leader)가 적절한 리더십을 발휘해야만 할 것이다.

2) 자유시간의 시기적 배분

자유시간에 관계된 것은 그 시기적인 배분의 문제도 있다. 우리나라에서도 심각한 문제로 대두되고 있지만, 프랑스에서는 7, 8월에 바캉스가 집중하여 생산의 두드러진 저하와 교통혼잡, 사고 등을 초래하고 있기 때문에, 바캉스를 분산하는 노력이 실시되고 있다. 여가증대의 프로그램은 장기적으로 여가시간의 과도한 집중을 피할 수 있도록 모색될 필요가 있다.

3) 자유시간 활용능력의 지원

여가사회로 향하는 자유시간의 증대가 개인에 있어 공백의 시간이 되지 않도록 행정기관과 학교는 개인의 자유시간의 활용능력을 발전시킬 수 있도록 지원해야 한다. 이것은 인간의 사회적응에 관계된 문제인데, 자유시간의 활용능력은 어린 시절부터의 놀이와 밀접하게 관계되어 있는 것을 귀감으로 삼아, 아이들이 놀이능력을 충분히 펼칠 수 있도록 어른들은 적극적인 역할을 완수하지 않으면 안된다.

4) 여가공간의 충실한 정비

여가공간에는 여러 가지의 범위가 있는데, 일상생활공간, 광역생활공간의 범위와 관련하여 시설입지의 지역적 균형에 대한 배려가 필요하다. 게다가 시설의 종류에 관해서는 가능한 한 여가행동의 선택의 폭이 크게 되도록 시설정비를 추진해야 할 것이다. 시설정비에 대하여서는 민간시설과 공공시설의 균형에도 충분한 배려가 필요하다. 또한 시설정비에 대해서는 여가활동의 주체인 주민의 의사를 충분히 반영하여야 한다. 또 시설에 대해서는 교통의 편리 등 접근의 문제도 중요하고 장애자, 노인 그리고 아이 등에 대한 배려도 중요하다.

5) 여가비용의 부담문제 해소

여가활동에 따르는 비용부담도 문제가 되고 있다. 프랑스에서는 저소득자도 포함시켜 보다 많은 사람들이 바캉스를 즐길 수 있도록 1982년 3월에 정부가 '바캉스 바우처'를 발행하고, 또 아이들에 대한 여가보조금제도를 설립했다. '바캉스 바우처'는 연간 총세액이 5,800프랑 이하의 저소득자에 대한 것이고 소우표의 80%는 본인이 적립하고 나머지 20%는 기업이 부담한다. 이것은 바캉스의 분산을 노리는 것이고 이 바우처를 비수기에 사용한다면, 일정의 할인을 받을 수 있다. 여가보조금은 저소득세대의 아이가 여가를 즐길 수 있도록 보조금을 지급하거나 시설을 이용하는 요금을 무료로 하는 등의 제도이다.

〈표 10-1〉 여행바우처 제도의 실시 현황

구분	내용
사업명	◦ 저소득 근로자 대상 여행바우처 사업
사업기간	◦ 2005. 3~2007. 2(2년간)
대상	◦ 국내여행업 ◦ 월평균 임금 250만원 미만 근로자
정책목표	◦ 관광수요 확대 및 소비 촉진을 통한 국내여행업 활성화 ◦ 저소득층 근로자의 관광기회 확대를 통한 관광복지 실현
수단	◦ 정부에서 저소득층 근로자의 국내여행경비의 40% 지원 (연간예산 약 20억원)
주체	◦ 문화관광부: 여행바우처 사업운영 예산 지원 ◦ 한국관광협회중앙회: 여행바우처 사업 운영
지원실적	◦ 연간 약 15,000명 정도

자료 : 김현주, 「여행바우처 시범사업 평가와 운영체계 개선방안」, 한국문화관광연구원, 2007.

우리나라의 경우에도 저소득 근로자의 관광기회 확대로 복지관광을 실현하고 건전한 국내관광 촉진을 통해 여행업 등 국내관광발전에 기여하기 위하여 2005~'06년 여행바우처 제도를 시행한 바 있으나 사업 실효성의 문제로 중단되고 있다.[398] 다만, 현재 소년소녀 가장, 노약자, 장애우, 한 부모 가족 등 소외계층을 대상으로 한 정부차원의 여행지원으로 취약계층에 대한 관광복지 제도를 운영하고 있다.

6) 여가정보의 수집제공

여가정보의 수집과 그 제공도 문제가 있다. 여가정보는 여러 가지가 있는데, 여가제도에 관한 정보, 계획과 이벤트(event) 등의 여가기회에 관한 정보, 여가의 조직과 시설에 관한 정보, 여가활동의 방법에 대한 정보 등을 수집하여 그것을 개인과 집단의 필요에 따라 언제라도 제공할 수 있도록 시스템화를 도모하는 것은 행정의 중요한 역할이다.

7) 인재육성과 배치

여가활동 중에는 학습활동, 스포츠 활동, 레크리에이션 활동 등이 포함되는데, 이러한 활동에 대해서는 좋은 지도자로부터 지도를 받는 것도 충실한 활동의 조건이 된다. 또 여가를 위한 교육에 종사하는 사람과 여가활동의 지도에 필요한 인재가 계획적으로 충분히 양성되는 동시에 여가시설의 운영에 필요한 능력을 지닌 인재가 적절히 배치되는 일이 필요하다.

8) 여가교육개발의 문제

여가에 관하여 적극적으로 현장을 변혁하고 보다 좋은 환경조성을 추진하기 위해서는 어른들이 노동과 여가에 관한 의식과 행동의 패턴을 바꿔가지 않으면 안되는 점도 적지 않다. 이를 위해서는 여러 가지의 여가기회를 제공하여 사회적 학습과 개발활동을 시키는 것이 필요하다. 그같은 학습과 개발활동을 통하여 여가생활에 대한 가치관과 태도, 행동을 변화시켜 여가환경이 호전될 수 있다.

---

398) 김현주, 「여행바우처 시범사업 평가와 운영체계 개선방안」, 한국문화관광연구원, 2007.

9) 각 대학에 여가학과 개설

여가학(leisure studies)은 여가를 하나의 사회현상으로 규정하고 이를 연구하는 종합과학이다. 여가학은 인간의 삶의 질과 정신적 풍요를 추구하는 내면적 정신후생과학이다. 주5일 근무제 및 휴학제가 시행되면 가장 각광을 받을 분야로 여가분야를 들고 있듯이 여가산업의 비중증가와 활성화로 대학 내에 여가전공학과가 개설되면 취업여건이 매우 유망해질 것이다.

대학에 여가분야학과를 개설한다면 여가학과, 여가정책학과, 여가스포츠학과, 여가관광학과, 노인여가복지학과, 여가레크리에이션학과 등이 될 것이다.

제 2 절 여가복지정책의 의의

1. 여가복지정책의 개념

복지(welfare)라는 의미는 일반적으로 인간의 욕구와 열망을 충족시키는 사회적 노력이다. 옥스퍼드(Oxford) 소사전에 의하면, 복지는 행운, 행복, 번영과 동일한 의미로서 행복의 상태라기보다는 오히려 행복을 고려한 행동의 뜻을 나타낸다.[399)]

동서양을 막론하고 현대 국가들의 특징이라면 국민의 복지증진을 위한 사회적·정책적 노력을 들 수 있으며, 국가가 복지정책을 수행하는 궁극적인 목표는 보다 나은 삶(better life), 인간다운 삶, 그리고 행복의 추구에 두고 있다. 이는 여가의 복지지향적 당위성을 나타내어 주는 것이며, 실제로 현대의 사회복지는 종래의 소극적 범위를 넘어서 예술 및 오락 등 여가서비스까지 포함하고 있다.

이와 관련하여 던함(A. Dunham)의 사회복지의 정의는 우리에게 많은 것

399) 박흥수·황민수, "80년대 한국사회정책의 방향", 연세대학교 사회과학연구소, 「사회과학논집」, 제12집, 1981, pp.149～150.

을 시사해 준다. 그는 사회복지를 “가족과 아동생활, 그들의 건강, 사회적 적응, 여가생활, 일반생활수준의 향상, 그리고 사회적 관련성의 영역에까지 인구의 일부 또는 전체가 경제적 조건, 건강, 또는 경쟁사회에서의 자기 유지 및 보다 나은 여건을 가져옴으로써 사회적 행복(wellbeing)을 추구하려는 노력”으로[400] 정의하고 있다. 따라서 여가복지는 사회복지의 일환으로서, 전체국민(또는 일부계층)의 여가생활의 질이 만족스러운 기준에 도달할 때까지 행하는 계획적인 사회적 서비스와 조직적인 시설의 제공이라는 관점에서 그 의미를 찾아볼 수 있다.

따라서 여가복지정책은 다음과 같은 특징을 지니고 있다.

첫째, 여가복지정책은 제도적 개념의 복지정책이다. 윌렌스키(Wilensky)와 르 부르(Le Beau)는 사회복지를 잔여적 개념과 제도적 개념으로 나누고 있는데,[401] 여가복지정책은 개인과 집단이 만족할 만한 생활수준을 유지하려는 것으로서 사회통합을 달성하는 제도적 개념의 복지정책이다.

둘째, 여가복지정책은 비경제적 복지를 지향한다. 일본의 都留重人교수는 사회복지를 경제적 복지와 비경제적 복지로 구분하고 있는 바,[402] 여가복지는 자유시간은 물론 국민소득의 증대 위에 실시되는 비경제적 복지인 것이다.

셋째, 여가복지정책은 정신적 복지정책이다. 오늘날 물적 복지가 점차 충족되어 여가시간이 증대됨에 따라 국민들은 건전한 스포츠나 오락을 향유하려는 경향을 보이고 있는데, 여가복지는 국민의 정신적 건강 및 행복을 충족시켜 주려는 노력이다.

넷째, 여가복지정책은 여타 사회복지와 밀접한 관련이 있다. 여가복지는 우리의 생활상에서 뚜렷하게 구분되어 있는 자유시간을 바탕으로 하는 것이므로 아동복지, 사회복지, 노인복지, 근로자복지 등의 정책과 상호 작용관

---

400) 김영모, 「한국사회복지론」(서울 : 경문사, 1979), p.11.

401) Neil Gilbert, and Harry Specht, *Dimensions of Social Welfare Policy*(New Jersey : Prentice-Hall, Inc., 1974), pp.8~9.

402) 우재현 편역, 「복지국가론」(서울 : 경진사, 1982), pp.14~15. 경제적 복지는 실질소득의 수준을 통해서 복지의 상태를 판단하는 것이라면, 비경제적 복지는 화폐에 의하여 직접 또는 간접으로 측정될 수 없는 복지로서, 예를 들면, 자연경관의 보존상태, 여가생활환경의 구비상태 등이 여기에 해당된다.

계에 있으며 나아가 이들 복지의 근간이 된다.

2. 여가복지정책의 필요성

현대의 여가시간 증가는 여가복지를 실현하는 하나의 기회가 되기도 하지만 문제를 야기하기도 한다. 여가문제는 여가시간 증가 자체의 문제뿐만 아니라 그에 따른 인간 본연의 문제, 활동의 문제, 생활양식의 문제들을 배출한다.

그런데 여가에 관한 문제점(leisure problem)은 그 사회의 정당한 가치체계가 그 사회조직체계에 제대로 침투하지 못할 때 나타나는 것으로,[403] 현대 여가정책이 대두한 배경과 정책의 필요성은 이들 여가문제점을 효율적으로 해결하고 예방하는 데 있다. 그러므로 현대 여가정책의 필요성은 다음과 같은 문제점을 치유하는 데서 찾을 수 있다.

첫째는 여가소외(leisure deviation)의 현상이다. 여가는 본래 자기만의 개성적인 시간인데 여가시간 증가로 인한 대중여가의 현상은 대중성과 몰개성이 지배적으로 작용하여 여가에서 주체적 사고나 판단이 소외시되고 있어 비인간화나 자기소외를 더욱 촉진시킨다. 따라서 여가복지정책은 여가생활에서 인간성의 회복을 촉진하는 유효적절한 방안이 되고 있다.

둘째는 여가의 상업화(commercialized leisure)이다. 현대의 여가혁명은 소비성과 직결되어 소비혁명, 나아가 상업주의적 색채를 띠고 있는데, 이는 여가산업이 독자적 형태의 독립산업으로 성장하고 레크리에이션이 기업화되고 국가적·국제적으로 연쇄화(chain)되어가는 경향에서 나타나는 역현상이다.

또한 대중여가는 사회심리를 동질화시키고 상류사회와의 심리적 동일관이나 자기 지위향상의 환각을 갖게 함으로써[404] 소비자라는 이름아래 대중을 동격화시킨다. 따라서 여가이용자의 자율적·개성적 여가생활을 유도하기 위해서는 여가의 사회정책적 배려가 있어야 한다.

---

403) Janet R. Maclean, “Some Considerations for Recreation in a Changing Society”, *Quest*, 1965, 12, p.19.

404) 고영복, 「현대사회학」(서울 : 법문사, 1977), pp.309~312.

셋째는 여가수용력(leisure capacity)의 문제이다. 현대인들은 여가시간이 너무나 급속하게 증가하고 있어 그 자유시간을 효율적으로 처리할 만한 준비를 다하지 못하고 있는 바, 어떤 의미에서는 여가를 두려워하고 그로 인하여 여러 측면에서 사회병리를 야기시키고 있다. 예를 들어, 최근 한국에 있어서 휴가기간 중 정신병, 우울증, 자살, 성범죄, 청소년 탈선의 비율이 증가하고 있는데, 이는 주어진 여가를 적절하게 사용하지 못하는 비적응의 형태이다. 이처럼 소득수준이 높고 노동시간이 단축됨에 따라 여가 과잉의 문제에 봉착한 현대인들에게 정부는 사회복지의 관점에서 여가교육, 여가지도 등의 대책을 수행할 필요가 있다.

넷째는 여가습관의 획일화이다. 산업화에 따른 여가활동의 다양화·대중화로 인하여 유행심리, 모방성이 작용하여 맹목적인 모방이 사회풍조화되고 여가의 획일성, 전염성이 전 사회적으로 파급되어 급기야는 대중문화의 중독현상을 초래하고 있다. 미래사회로 갈수록 소비생활의 표준화, 사회조직의 규격화로 인한 대중문화의 획일화에 편승하여 여가생활 역시 다양성이 배제되고, 단순성만 추구하게 된다. 그리하여 여가관습의 획일화는 개인의 독창적인 여가생활을 부정적으로 받아들여 여가에서 즐거움, 행복을 얻기보다는 오히려 피로감, 불안감, 무위감만을 갖게 한다. 따라서 국민여가생활의 다양화 및 비인기 여가활동을 정부가 정책적으로 지원할 필요가 있다.

다섯째는 여가인식의 문제이다. 오늘날 여가의 증가는 국민생활구조 전반에 영향을 미치고 있다. 근본적으로 인간의 본질이 일하는 것만이 가치있는 것으로 간주되어왔던 금욕주의(puritanism)가 무너졌다. 이와 같은 생활윤리의 변화는 사회전체에 영향을 미칠 뿐만 아니라 개인생활의 목표까지도 바꿔놓고 있다. 그리하여 어떤 사람은 물질숭배에만, 또 어떤 사람은 쾌락만을 추구하는 결과 생활의 조화를 상실하게 되어 여가는 대중에게까지 도전한다.[405] 따라서 국민의 여가가 건전한 방향으로 지향될 수 있도록 정부의 정책, 가령 사회교육과 학교교육을 통하여 여가의식을 계도할 필요가 있다.

여섯째, 노동을 부정하는 문제이다. 여가인식상의 문제 가운데 특히 심각한 것은 노동에 대한 부정적 태도의 증가현상이다. 그 중에서도 맹목적인 여가중시형은 노동의 우상(idol of labor)에서 여가의 우상(idol of leisure)으로 변질되

---

405) Max Kaplan, *Leisure in America*(New York : John Wiley & Sons, Inc., 1960), p.126.

고 있다. 노동에 대한 본질적 관련(intrinsic involvement)이 적은 사람일수록 여가를 더 추구한다. 그러므로 일과 여가는 개별적인 것이 아닌 상호조화 속에서 인간의 전인적 통합을 모색하여야 하는데 이것 역시 여가정책의 중요한 동기가 된다.

3. 여가복지정책의 방향

여가복지정책의 방향은 여러 가지로 나눌 수 있으나, 여기에서는 크게 일곱 가지로 분류하고자 한다.

첫째, 여가복지의 주체는 국가를 들 수 있다. 전통적 사회에서는 사회적 노력이 개인의 자발성과 가족 및 친족단위 등에 의존하였지만, 근대사회에서 종교에의 귀의과정을 거쳐 오면서 지역사회, 직장, 정부 등에 의존하는 경향이 있다. 현대사회에 있어서 여가정책의 담당기관은 정부, 지방자치단체, 학교, 기업체, 병원, 군대 등 다양하게 구분될 수 있으며, 이 중 정부의 기능이 증대하고 있는 것도 사실이다.

둘째, 여가복지정책의 대상은 전국민을 상대로 해야 한다. 과거에는 그 대상을 일반적으로 불행한 자나 낙오자, 즉 고아, 미망인, 장애자, 빈민, 노인 등에 국한하였지만 현대사회에서는 앞서 언급한 사회의 전반적 여가문제의 해결을 위한 집합적 개념으로 전 국민을 대상으로 확대하고 있다. 이와 관련하여 길버트(N. Gilbert)와 스펙트(H. Specht)는 사회복지정책을 보편성(universalism)에 입각하여 전 국민에게 적용하는 것과 선택성(selectivity)에 입각하여 개별적으로 선정, 적용하는 기준을[406] 제시한 바 있다.

셋째, 여가복지정책의 목적은 생활의 질(quality of life)의 향상에 있다. 사회복지의 궁극적인 목표는 보다 나은 생활, 인간다운 생활, 행복의 추구에 있듯이 개인의 자기실현이라는 개인적 목표와 인간욕구의 고도화에 부응하는 전국민의 전원참가에 의한 평등과 기회균등을 이룩하고, 나아가 자주성, 자발성에 기초하여 생활상의 사기진작과 더불어 국민생활의 질적 향

---

406) N. Gilbert, H. Specht, *op. cit.*, p.55.

상이라는 사회적 목표를 추구하는 데 있다.

넷째, 여가복지정책의 내용은 앞서 설명한 여가문제의 획일성, 단순성 등을 해결하기 위한 노력과 관련이 있다. 우리 사회가 마음의 여유를 가지자면 사회제도 속에 그런 욕구를 줄 수 있는 요소를 보존하고 계속 개발해 나가야 한다. 비생산적·소비적 사치성 여가시설의 개발에도 정책의 역점을 어느 정도 두어야 하며, 비인기 여가활동이지만 그 가치가 큰 여가유형에 대하여 재정적·법적 지원이 필요하다.

다섯째, 여가복지정책의 방법은 여가복지가 구체적인 여가시간에의 활동에 관련된 것이기에 전국민을 대상으로 한 여가교육(leisure education), 여가상담(leisure counselling), 여가지도(leisure guide), 여가훈련(leisure training)이 요구된다. 이는 곧 바람직한 여가사회화(leisure socialization)를 통하여 여가적성 및 여가창조를 꾀할 수 있다.

제 3 절 계층별 여가복지정책

인간의 여가향유권은 기본권의 하나로 누구에게나 보장되어 있으나, 대부분의 국민이 사회·경제적 여건이 미흡하여 이를 수용하지 못하고 있는 소외계층이 있다. 노인, 청소년, 장애인, 여성 및 근로자들이다. 정부는 이들 소외계층에 대한 국가차원의 여가복지정책을 수립·시행할 의무가 있다.

1. 노인 여가복지정책

2003년 4월에 스페인 마드리드에서 개최된 국제고령화회의에서 유엔은 "현재 10명당 1명꼴인 60세 이상의 고령인구가 50년 뒤에는 5명당 1명꼴인 20억인구가 된다"고 예측하면서 '노인인구 혁명'을 걱정하였다. 이때에는 60세이상 인구가 15세 이하 인구를 초과하게 된다고 전망하였다. 국제장수센터의 로버트 버틀러(Robert Buttler)박사는 "지난 20세기에 인류는 수명을

30년이나 늘렸으며 이는 이전 5,000년간 인류가 늘린 수명보다 길다"고 말했다(조선일보 '03. 3. 29). 우리나라의 총 인구 46,136천명 중 65세 이상 노인인구는 1999년에 6.9%이던 것이 2000년에 7.2%가 됨으로써 노령화사회에 진입하였다. 65세이상 노인인구가 7.0%이상이 되면 노령화사회라 한다. 2003년에 8.3%, 2020년에 15.1%, 2030년에 23.1%, 2050년에는 무려 34.4%의 노령화사회가 된다. 이들 65세이상 노인들은 노후생활에 있어 경제적 준비가 되어 있는 측이 2001년 현재 53%로서 공·사적 연금가입이 29.2%, 예·적금 및 저축성보험 가입 16.6%, 퇴직금 3.9%, 부동산 운용 3.4% 등이며, 아무런 준비없는 측이 46.7%에 달한다. 아무런 준비없는 노인들 중 노인생활보호대상자는 334천명으로 9.3%, 노인복지시설 수용인원은 16,653명으로 0.5%를 차지하고 있다. 이들에 대한 여가복지대책이 절실히 요구된다.

모든 노인의 생활상의 안정, 의료, 취업, 의식주, 오락 등 여가시간의 활용에 주안점을 두어야 한다. 일반적인 대책과 저소득 노인대상 및 고소득노인 대상별로 노인복지대책을 수립하여야 할 것이다. 먼저, 일반적 대책으로는 ① 매년 5월 8일 어버이날에 경로주간을 정하여 경로사상을 고취시키고 ② '97년 10월 2일에 법정기념일로 지정된 '노인의 날'을 대대적인 정부주관 행사와 각종 노인경연대회, 경로사상보급을 위한 학술세미나 등 범국가적 다양한 행사를 전개함으로써 노인의 사회적 역할과 젊은층의 관심을 환기시켜 나가야 할 것이다. ③ 노인들에게 취업, 자원봉사 및 사회참여기회를 확대하여 주어야 한다.

퇴직전의 풍부한 경험, 전문지식, 기술 등을 재활용하고 발휘할 수 있도록 재취업과 자연보호·교통안내·국내외 대형 이벤트에 참여하는 자원봉사를 통하여 정신적·육체적 건강유지와 노후생활을 생산적이고 보람있게 보낼 수 있게 해야 한다. 다음으로 저소득 노인을 위한 대책으로 ① 경로당을 많이 증설하고 그 곳에 여가선용프로그램을 개발·보급하고, 건강상담, 취업·자원봉사 안내, 건강체크, 물리치료, 침술방을 운영하고 아울러 게이트 볼, 배드민턴, 등산 등의 프로그램도 개발할 필요성이 있다. ② 양로원에 수용되어 있는 노인들을 위하여 특별히 지방자치단체에서 그 지역실정에 맞는 유용한 프로그램을 편성·운영한다.

끝으로 고소득층 노인들을 위하여 ① 유료실버시설이 많이 확충되어야 한다. 실버산업의 육성을 위하여 민간사업자에게 장기저리융자와 세제감면의 혜택을 주어야 할 것이다. 주로 고소득 은퇴자들을 대상으로 하기 때문에 의료·관광·레크리에이션 시설을 종합적으로 갖추어 장기체제 휴양시설로 개발해야 할 것이다. ② 노인교실·노인학교·노인대학 등도 별도로 실버타운에 설치하던가 외부기관에 위탁하여 고소득 노인들에게 계속적인 지식충전과 건강증진에 도움되는 프로그램을 적용하여야 할 것이다.

이와 같이 노인문제는 그들이 기나긴 고독감·소외감·천시박대·차별대우·무관심에서 깨어나도록 가정과 사회 그리고 국가가 나서서 우리사회 모두의 문제로 대응해 나가야 할 것이다.

2. 청소년 여가정책

청소년은 그 나라 미래의 주역이다. 그들에게 건전한 국가관과 주인의식을 함양하고 여가산업의 중요성과 건전한 여가문화를 조성하도록 많은 관심을 가져야 한다. 청소년때에 인격이 형성되고 생활습관 그리고 미래의 꿈과 희망을 갖게 된다. 청소년들이 건전한 여가시간을 잘 선용하여 올바르게 잘 성장하게 되면 그가 속한 가정, 학교, 지역사회 그리고 국가의 큰 도량이 되어 한 나라의 국가발전에 크게 기여하게 될 것이다. 반대로 그들이 여가시간을 잘못 활용하게 되면 국가의 미래가 이루어진다. 청소년들의 건전한 여가시간 활용을 위하여서는

① 가정교육이 철저해야 한다. 부모를 중심으로 형제자매 전체 구성원이 화목하게 가정분위기를 잘 조성하면서 개인의 소질을 최대한으로 개발해 나가야 한다. 가정은 최소의 단위공동체로서 개인의 인격형성에 가장 중요한 역할을 담당한다. 하루의 24시간 중에서 비록 생리적 필수시간인 3분의 1을 가정에서 보낸다 해도 앞으로 주5일 수업제가 시행되고 공휴일을 포함하면 가정에서 보내는 시간이 더 늘어나게 된다. 따라서 가족을 중심으로 외식·여행·운동·나들이를 함께 하는 가정형 여가프로그램을 시행하는 것은 가족화합을 위해 좋은 일이거니와 한편 개인의 자기계발을 위한 가정에서의 개인시간도 함께 가지면서

잘 자라나게 해야 한다.

② 학교에서 여가시간을 건전하게 보낼 수 있게 해야 한다. 정규수업시간 후 방과 후 또는 토요일 오후 친구들과 문예·체육·음악미술·물리화학실습·DIY 등의 클럽이나 동아리 모임을 통하여 자신의 취미생활을 살리는 것이다. 학생은 하루 23시간 중 3분의 1에 속하는 학업시간에 학교에서 보낸다. 따라서 학교당국에서도 청소년들이 학교내의 여가시간을 건전하게 발전적으로 보낼 수 있도록 여가시설 확충과 각종 프로그램을 개발·보급시킬 의무가 있다.

③ 지역사회에서 청소년들의 여가시간 활용에 많은 관심을 가져야 한다. 주 2일간의 주휴시간과 공휴일, 방학기간에 가정과 학교생활에서 벗어나 지역사회에서 건전한 여가활동을 할 수 있도록 여건을 만들어 주어야 한다. 시·도립 도서관, 박물관, 체육시설, 문예회관, 미술관, 음악관, 전시장, 청소년수련장, 청소년문화의 집 등을 건설하여 미래의 일꾼들에게 육체적·정신적 심신의 수련을 쌓게 해야 할 것이다.

④ 중앙정부인 국가차원에서도 청소년들의 여가활동에 모든 노력을 경주하여야 한다. 각 지역마다 국립 박물관·도서관·예술의 전당·국립경기장 등을 건립하여 청소년들의 여가선용에 기여해야 할 것이며, 국가차원의 건전 청소년육성 프로그램을 만들어 계속적인 지도와 교육에 적극 노력하여야 할 것이다.

3. 장애인 여가정책

유엔이 1981년을 '세계장애인의 해'로 선포하였으며 우리나라도 1981년에 심신장애자복지법을 제정하고, 1989년 대통령 직속의 '장애자복지대책위원회'의 설치를 시작으로 장애인복지 증진을 위한 종합대책을 마련하였으며 심신장애자 복지법을 '장애인복지법'으로 전면 개정함으로써 복지수준을 한 차원 높였다. 그러나 우리나라에 2001년말 현재 장애인 등록자는 1,934천여 명인데 의무고용대상 기업체의 고용률이 21.3%에 불과하고 사회보장비가 GNP의 약 1%에도 미치지 못하고 있는 것은 미국·일본의 30%에 비하면 너무 미약하다. 장애인은 지체·시각·청각·언어장애 및 정신지체 등 정신적 또는 육체적 결함을 가진 자로서 우리나라의 경우 선천적 장애보다 교통사고·산업체 안전사고·환경오염 등으로 인한 후천적 장애가 81.5%나 된다. 장애인에 대한 복지여가대책으로 ① 빈약한 장애인 복지예산을 증액하고, 기업체는 장애인 의무고용을 준수하여야 한다. ② 모든 공공시설물의 건축시에 장애자의 접근을 용이하게 할 편의시설의 정비를 의무화해야 한다. ③ 교통수단을 탑승할 때에 열차 탑승구 휠체어 탑승시설과 리프트가 있는 택시 등이 있어야 한다. ④ 공중시설에서도 맹인용 신호기, 횡단보도, 유도바닥재, 장애인용 공중전화기 등을 확보함으로써 장애인의 생활의 질을 향상시켜 나가야 한다. 장애인들은 어떤 요구보다도 '우호적인 사회분위기'를 원한다.

4. 여성 여가정책

2002년 말 우리나라 인구는 47,640천명이며 남자는 23,984천명, 여자는 23,656명이다. 남녀 성비가 거의 같다. 그 동안 여성에 대한 차별이 심하였지만, 오늘날 고용차별철폐, 성별불이익 철폐, 여성의 고용기회 보장 등 여권이 많이 신장하면서 맞벌이 부부가 늘어나고 '적게 낳아 잘 기르자'는 기치아래 출산결핍현상(the phenomena of birth dearth)을 나타내고 있다.

여성 1인당 1.7명의 자녀를 낳아 인구보충수준 출산율(replacement of fertility) 2.1명에 미치지 못하여 인구감소현상을 낳고 있다. 하지만 여성은 자녀수가 적어 과거보다는 사회적 활동이 적극적이고 개인의 여가생활도 즐기고 있는 편이다. 그러나 아직도 전업주부의 경우, 남성보다 일하는 시간이 많아 여가시간은 적고 임금, 휴가, 병가, 연금 등이 없어 불이익을 당하고 있다. 여성의 경제권 신장과 여성인권향유 촉구를 강조한 1995년 9월의 중국 북경에서의 '제4차 세계여성회의'를 계기로 여성여가 향유권이 더욱 부각되었다. 여성여가정책으로는 ① 여성권리향상에 관한 법을 제정하여 남녀평등, 지위향상, 여가활동촉진을 도모하게 한다. ② 여성전용여가시설에 속하는 여성회관, 사회복지관, 체육관 등을 건립하여 거기서 여성생활강좌, 주부체육교실, 여성문화교실 등 주부를 위한 다양한 프로그램을 개발·운영한다. ③ 각종 휴가시설과 직장내에 탁아소를 설치하여 여성근로자가 휴가시 또는 직장근무시 육아걱정없이 자유롭게 여가활동 또는 직장근무에 임할 수 있다.

5. 근로자 여가정책

근로자에 대한 여가정책은 어느 계층의 여가정책보다 더 중요하다. 그들이 일상의 근무체제에서 받는 육체적·정신적 과로와 스트레스에서 벗어나 자기계발과 자아실현을 통하여 노동생산성을 높여나가야 한다. 기업은 근로자들을 위한 여가복지를 당연한 의무로 받아들여야 하며, 그 여가복지의 범위가 크면 클수톡, 내용이 충실하면 할수록 근로자들의 사기는 충천하고 능률은 향상될 것이다. 근로자 여가정책으로 ① 자유시간의 확대가 가장 중요하다. 이를 위하여 향후 주5일근무제가 확립되면 주당 평균노동시간이 종래보다 훨씬 줄어들겠지만, 연간 노동시간의 단축도 줄여 나가야 할 것이다. 그리고 일부 기업에서 추진하고 있는 '안식년' 또는 '안식월 제도'도 도입하여 근로자의 근로의욕 재충전기회로 삼아야 할 것이다. ② 근로자의 질 높은 여가생활을 향유하기 위하여서는 자유시간 확대에 못지 않게 경제적인 여유가 있어야 한다. 기업들은 직원휴양소를 건립하여 무료 또는 실비로 이용하게 한다던가, 사내복지기금 등의 복지재원을 활용케 한다. ③ 사내 여가시설의 이용 프로그램을 활성화한다든지, 사내 동아리활동을 장려하고 스트레스 해소를 위한 노래방을 설치하는 등의 여가복지시설을 확보해 나가야 한다.

제11장 여가생활의 질과 여가지표

제 1 절 사회지표와 여가지표

1. 사회지표의 정의와 유형

여가가 국민의 복지 및 생활의 질을 향상시키는데 기여하고 있다는 것은 사회복지분야의 여가복지에 관한 위상에서 잘 반영되고 있다. 특히 복지국가의 주된 관심이 국민생활의 질적 향상에 있다는 것은 여가생활의 질이 전반적인 국민의 복지수준을 향상시키는 작용을 하고 있음을 알 수 있다[그림 11-1 참조].

본래 생활의 질(quality of life)은 인간의 물질적·경제적 조건 뿐만 아니라 개인과 그 환경이 문화적·사회적 상태를 포함한 다면적(multifaceted)이고 포괄적(comprehensive) 개념이다. 이러한 생활의 질을 측정하는 방법에는 생활의 질지표, 즉 사회지표(social indicators)가 있다. 사회지표란 우리들의 삶의 가치 및 목적과 관련하여 우리들이 어느 시점에 서 있고, 또 어디로 가고 있는가를 알게 하며, 특수한 사회계획을 평가하고 그것의 효과를 판단할 수 있게 하는 통계나 일련의 통계치(statistical series) 및 기타 어떤 형태의 증거라고 할 수 있다.407)

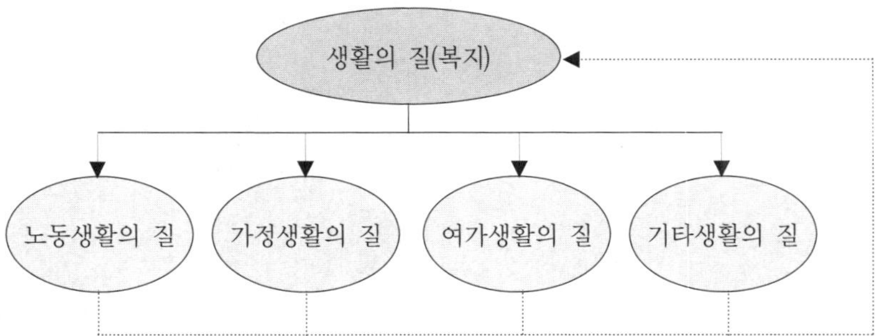

[그림 11-1] 생활의 질의 구성요소

(구)경제기획원의 사회지표에 대한 정의를 보면, "역사적 흐름 속에서 우리가 처해 있는 사회적 상태를 총체적이고도 집약적으로 나타내어 생활의 양적인 측면은 물론, 질적인 측면까지도 측정함으로써 인간생활의 전반적인 복지 정도를 파악 가능하게 하여 주는 척도"로408) 정의하고 있다.

일본의 降矢憲一은 사회지표를 "국민생활의 여러 측면으로 보아, 사회적 여러 목표분야의 상태를 포괄적이고 체계적으로 측정하여 비화폐지표를 중심으로 한 사회적 통계지표체계"로409) 정의하고 있다.

따라서 사회지표는 여가를 포함한 국민생활의 수준을 측정가능하게 하므로 개인 및 사회의 전반적인 복지정도를 파악하는데 도움을 준다. 이러한 사회지표의 유형에는 다음의 네 가지가 있다.

첫째는 관찰가능한 객관적 지표와 일반적으로 통계화가 곤란한 주관적 지표가 있다. 전자가 인구통계자료나 정부기관의 자료 등에 의하여 측정이 가능한 지표라면, 후자는 인간의 복지수준에 대한 만족감(satisfaction)으로 나타낼 수 있다.

---

407) Raymond A. Bauer, ed., *Social Indicators*(Cambridge, Massachusetts : M. I. T. Press, 1966), p.1.

408) (구)경제기획원, 「한국의 사회지표」, 1986, p.18.

409) 降矢憲一, 「社會指標の化」(東京 : 日本經濟新聞社, 1977), p.29.

둘째는 경제지표와 비경제지표로 분류할 수 있다. 전자는 화폐로서 측정되고 표시되는 지표를 말하나, 후자는 화폐로서 측정이 불가능한 지표인 것이다.

셋째는 개인적 지표와 사회적 지표이다. 전자는 주로 개인적 차원에서 욕구의 충족상태를 가리키나, 후자는 사회전반 및 국가적 차원의 종합적 측정 또는 예측을 위한 지표이다.

넷째는 구조지표와 성과지표이다. 전자가 사회체계의 안정적인 관계를 강조하는 것이라면, 후자는 성과를 측정하기 위한 지표이다.

이밖에도 투입지표와 산출지표, 양적 지표와 질적 지표, 긍정적 지표와 부정적 지표 등으로 분류할 수 있다.

2. 사회지표체계와 여가

여가는 사회지표의 체계를 구성하는 중요한 지표로서 국제적 조직이나 정부 및 주요기관의 사회지표체계를 알아보기로 한다.

1) UN의 사회지표체계[410)]

UN의 사회 및 인구통계체계(SSDS)는 사회지표체계를 다음의 11가지로 분류하고 있는데, 여가지표는 이중 여섯째 항목으로서 시간배분과 여가의 사용이 이에 해당된다.

① 가족의 구성
② 사회계급
③ 소득분포
④ 주택환경
⑤ 인구, 출생, 사망 및 이동규모
⑥ 시간배분과 여가사용
⑦ 사회적 안정과 복지서비스

410) UN, *Toward A System of Social and Demographic Statistics*, New York, 1974.

⑧ 학습활동과 교육서비스
⑨ 소득활동, 고용서비스와 실업
⑩ 건강과 보건서비스
⑪ 공공질서와 안전

2) 경제협력개발기구(OECD)의 사회지표체계[411)]

OECD의 사회지표체계를 보면 여가 등 여덟 가지로 구성되어 있다. 특히 시간 및 예산(time-budget)과 자유시간에는 시간소비의 효과적 선택 및 이용가능성이 강조되고 있으며 OECD의 사회지표의 주요 목표분야는 다음과 같다.

① 보건
② 학습을 통한 개인능력의 계발
③ 노동과 노동생활의 질
④ 시간 및 예산과 자유시간
⑤ 개인의 경제적 조건
⑥ 물리적 환경
⑦ 사회적 환경
⑧ 개인의 안전과 법의 집행

3) 미국의 사회지표체계[412)]

미국은 1969년에 「사회보고」(Toward a Social Report)를 공표하였고, 1973년에는 "미국사회조직과 그 방향"에 관한 통계집 형식의 사회지표 보고서를 발표하였는데, 미국의 사회지표체계는 여가와 레크리에이션을 포함하여 다음의 여덟 가지로 구성되어 있다.

① 건강(수면, 의료서비스 등)

---

411) OECD(Organization for Economic Cooperation and Development), *Measuring of Social Well-Being*, 1977.

412) C. Kenneth Meyer, et al., *An Analysis of Social Indicator and Quality of Life Research*, Special Project 43(S. Dakota : The Univ. of S. Dakota, 1977), pp.102～107.

② 공공안전(생명과 재산의 안전)
③ 교육(기초 및 고등학교)
④ 고용(고용기회, 노동의 질)
⑤ 소득(소득수준, 소득분배, 소비, 저소득층)
⑥ 주택(주택의 질)
⑦ 여가 및 레크리에이션(여가시간)
⑧ 인구(인구의 성장)

4) 한국의 사회지표체계[413)]

한국의 경우, 경제기획원에서 1979년 128개의 지표를 작성한 이래 '86년에는 215개의 지표를 작성하였는데, 이들 지표는 9개 부문으로 구성되어 있다. 특히 여가부문은 여가시설수준, 여가활용도, 여가활용에 대한 만족도, 여가활용비 등 네 가지의 관심영역과 7개의 지표로 구성되어 있다. 한국의 사회지표체계는 다음과 같다.

① 인구부문(인구규모와 변동, 인구구조와 분포)
② 소득 · 소비부문(소득수준, 소득분배, 소비구조, 저축수준)
③ 고용 · 인력부문(고용구조, 근로조건, 안전 · 보호, 직업선택과 이동, 근로자의 자기계발, 차별대우, 노사관계)
④ 교육부문(교육기회의 확대, 균등한 교육기회, 교육자원의 확보, 교육자원의 활용, 교육효과)
⑤ 보건부문(보건상태, 영양상태, 보건의료서비스, 의료인력 및 시설)
⑥ 주택 · 환경부문(주거상태, 환경공해, 재해)
⑦ 사회부문(가족, 사회보험 및 공적 구조)
⑧ 문화 · 여가부문(문화활동, 여가활동)
⑨ 공안부문(범죄로부터의 안전 · 보안능력)

---

413) 경제기획원, 「前揭書」, pp.23～30.

5) 일본의 사회지표체계[414)]

일본의 국민생활심의회는 복지목표의 분야를 10가지로 설정하고 있는데, 여가에서는 생활에 있어서의 자유도의 증대와 자유시간에서의 생활향상이 측정되고 있다. 일본의 사회지표체계는 다음과 같다.

① 건강, ② 교육·학습·문화, ③ 고용과 노동생활, ④ 여가, ⑤ 소득·소비, ⑥ 물적 환경, ⑦ 범죄와 법의 집행, ⑧ 가족, ⑨ 커뮤니티생활, ⑩ 계층과 사회이동

6) 영국의 사회지표체계[415)]

1970년 이후 영국통계국은 매년 정기적으로 사회동향을 조사하고 있는데, 동국의 사회지표체계는 여가를 포함하여 11가지로 구성되어 있다.

① 인구, ② 고용, ③ 여가, ④ 개인소득과 건강, ⑤ 건강과 사회서비스, ⑥ 교육, ⑦ 주택, ⑧ 환경, ⑨ 공안, ⑩ 자원, ⑪ 국제비교

이상에서 국제기구 및 각국정부의 사회지표체계에 대하여 알아보았다. 여가부문은 모든 국가에서 크게 중시되고 있는데, 이는 곧 여가의 정책적 비중이 적지 않음을 나타내어 주는 것이다. 특히 여가에 대하여 시간적 차원의 지표를 강조하고 있다. 따라서 여가복지정책의 효율적 추진을 위해서는 여가지표에 대해 면밀한 검토를 해야 된다.

3. 여가지표체계의 구성방향

국민생활의 복지수준을 측정하는 유용한 지표가 바로 여가지표이다. 여가지표란 한 마디로 국민여가생활의 동향을 지수로 표시하는 것이다. 그러나 기존의 여가지표는 그 중요성에도 불구하고 관심의 영역이 협소하여 국민여가생활의 주요부문을 포괄적으로 수용하지 못하고 있다. 여기에서는 기존

414) 國民生活審議會編, 「社會指標よいよい暮らしへの物さし」(대장성 인쇄국, 1974).
415) 降矢憲一, 「前揭書」, pp.43～44.

여가지표의 체계를 파악하여 보면서 앞으로의 바람직한 지표의 구성방향을 모색하여 보고자 한다.

첫째, 앞서 알아본 OECD의 사회지표체계 가운데 시간과 여가분야에 대한 구체적인 지표를 보면 세 가지로 나누어 볼 수 있다.416)

① 근무시간 패턴

② 여가기회의 질

③ 개인능력의 계발, 가족과 사회적 의무 및 사회참여의 시간

둘째, 일본의 국민생활심의회가 제시한 사회지표 가운데 여가분야의 구체적인 지표가 시간과 활동의 측면에서 네 가지로 설정하였다.417)

① 자유시간의 증가 유형

② 스포츠·오락생활의 유형

③ 문화적·창조적 활동의 유형

④ 사회적 활동의 유형

셋째, 앞서 살펴본 미국의 사회지표 가운데 여가분야의 지표를 보면, 여가시간, 야외 레크리에이션, TV시청이 해당되고 있다.418)

① 여가시간(생활시간의 이용, 여가시간의 이용)

② 야외 레크리에이션(성, 연령, 종교, 활동, 가계소득별 참여)

③ TV시청(가구, 성, 연령, 종교, 활동, 가계소득별 시청, 가구당 TV대수)

넷째, 한국 재정경제부에서 실시한 사회통계조사에서는 앞서 분석한 미·일 및 OECD보다도 더욱 포괄적으로 여가지표를 일곱 가지로 설정하고 있다 〈표 11-1 참조〉.419)

여기에서는 여가지표를 시설수준, 여가활용방법, 여가만족도, 여가활용비로 나누고 있다. 그러나 TV 등 특정활동에 대한 지표설정이 두드러져 여가생활 전반을 포함하지 못하고 있다.

---

416) OECD, *op. cit.*, 1977.
417) 국민생활심의회 편, 「前揭書」, 1974.
418) C. Kenneth Meyer, et al., *op. cit.*, pp.106~107.
419) 재정경제부, 「前揭書」, p.30.

〈표 11-1〉 여가사회지표의 체계

<table>
<tr><th>관심영역</th><th>세부관심영역</th><th>사 회 지 표</th></tr>
<tr><td rowspan="4">여가활동</td><td>여가시설수준</td><td>1. 여가시설수준</td></tr>
<tr><td>여가활용도</td><td>2. 여가활용방법
3. TV 시청률
4. TV 시청시간</td></tr>
<tr><td>여가활용에 대한 만족도</td><td>5. TV 기호 프로그램
6. 여가활용에 대한 만족도</td></tr>
<tr><td>여가활용비</td><td>7. 여가활용비 지출률</td></tr>
</table>

마지막으로, 박용치(朴容治) 교수는 생활지표의 측정요소로서 건강, 직무만족, 소득 및 소비생활, 물적 환경, 가족관계, 교육, 여가생활, 안정, 공동사회생활의 질 등 아홉 가지 분야로 나누고 있다. 이 가운데 여가생활의 지표는 〈표 11-2〉에서와 같이 여덟 가지로 분류하고 있다.[420] 그는 여가생활의 관심사항으로 생활시간에 있어 여가시간 수와 자유시간의 활용방법으로 나누고 있다.

〈표 11-2〉 여가생활의 지표체계

<table>
<tr><th>기본적 관심사항</th><th>1차적 관심사항</th><th>2차적 관심사항</th><th>지 표</th></tr>
<tr><td>생활시간에 있어서의 여가시간수</td><td>여가시간의 증가</td><td>여가시간의 증가</td><td>1. 주당 자기시간수</td></tr>
<tr><td rowspan="3">자유시간의 활용방법</td><td>스포츠 · 오락</td><td>–</td><td>2. 종류
3. 사용시간 수
4. 만족도</td></tr>
<tr><td>문화적 · 창조적 활동과 자기계발</td><td>–</td><td>5. 사용시간 수
6. 만족도</td></tr>
<tr><td>사회적 활동</td><td>–</td><td>7. 사용시간 수
8. 만족도</td></tr>
</table>

420) 박용치, “생활지수의 측정”, 「행정논총」, 서울대 행정대학원, Vol. 15, No. 2, 1977, p.89.

여기에서는 여가생활의 지표를 시간과 만족도의 두 가지 차원을 중시하고 있다. 여가지표의 구성에 있어서 일반적인 원리나 준칙이 있는 것은 아니나, 여가지표를 사회복지나 정책의 자료로 이용하기 위해서는 국민여가생활의 모든 국면을 포괄할 수 있는 지표를 구성하여야 한다.

이에 따라 여기에서는 앞서 언급한 여가지표를 중심으로 이를 보완할 수 있는 여가지표를 〈표 11-3〉과 같이 제시하고자 한다. 여가지표의 주관심영역은 여가시간의 양, 여가시설의 이용횟수, 여가활동방법, 여가만족도의 향상[421] 등 네 가지로 나눌 수 있으며, 이에 따라 여가지표로서 중요한 부분에 대하여 10가지의 지표를 작성하여 보았다. 이들 지표는 국민의 여가생활의 흐름과 동향을 분석·예측하는 중요한 기준이 되며 여가복지정책의 고려사항이 될 수 있다.

〈표 11-3〉 여가지표의 제안체계와 측정방법

주 관심영역	관심영역	지 표	측정방법(예)
생활시간의 자유도 향상	자유시간의 양	1. 일상생활에서의 자유시간 2. 비일상생활에서의 자유시간 3. 생애자유시간	1인당 주당 여가시간 1인당 연간 휴가일 수 1인당 생애 여가시간
여가시간의 이용시설	여가시설의 이용횟수	4. 일상권 여가시설 5. 비일상권 여가시설	일상권 여가시설의 이용횟수 비일상권여가시설의 이용횟수
여가시간의 이용방법	여가활동	6. 여가태도 7. 여가동기 8. 여가활동 9. 여가참여의 제약	노동과 여가에 대한 인식 여가동기에 대한 조사 유형별 참여실태 여가참여의 제약요인
여가만족도의 향상	여가만족도	10. 여가생활의 만족도	여가 만족 수준

421) 여가만족도는 일반적으로 만족스러운 여가생활을 경험하기 위해 필요한 심리적 조건을 측정하기 때문에 '만족스러운/바람직한 여가생활을 위해 무엇을 어떻게 해야 하는가'에 대한 '개입'(intervention)의 관점에서 접근할 때, 실효성이 떨어지는 한계가 있다. 여가만족도를 구성하는 하위요인으로 심리적 요인과 교육적 요인, 사회적 요인, 휴식적 요인, 생리적 요인 그리고 환경적 요인을 들고 있다. 즉 여가시간 동안 6가지 욕구를 충족시킬 수 있을 때 만족감을 경험하게 됨을 의미한다. 이에 대해서는 다음 문헌을 참조함. 한국문화관광정책연구원, 「주40시간 근무제 실시 이후 근로자 여가생활 실태조사」, 2005.

제2절 여가와 생활의 질

인류역사를 통해서 오늘날처럼 여가가 급속하게 증가되고 있는 시대도 없었다. 향후 21세기로 가면 갈수록 여가의 비중은 확대될 것이고 이에 따라 각 개인이나 사회, 나아가 정부의 우선적 해결과제 중의 하나는 국민이 어떻게 하면 여가를 효율적으로 보내게 하여 사회발전을 도모할 것인가라고 해도 과언이 아닐 것이다.

그리하여 선진외국에서는 지난 1960년대부터 국민복지 차원에서 여가의 중요성을 인식하여 여가의 건전화, 여가를 통한 생활의 질적 향상 등을 모색해오고 있는 것이 사실이다. 국제적인 차원에서 휴식, 휴가, 자유시간을 국가가 국민에게 부여하도록 촉구하고 제도적으로 명문화하는 것은 UN에서 채택한 것에서 찾아볼 수 있다. 「UN인권선언」(Human Right Declaration : 1948.12.10)에서 규정한 여가와 휴식에 관한 내용을 보면, "모든 사람은 합리적인 근로시간의 단축과 정기유급휴가를 포함하여 휴식과 여가의 권리를 가진다"고 명시하고 있다. 그리고 1970년 「UN 경제 · 사회 · 문화적 권리에 관한 선언」에서도 각국은 정당하고 보다 나은 근로조건이 보장되게끔 모든 사람에게 즐거움을 누릴 권리를 인정해야 한다고 강조하고 있다. 나아가 1979년 국제아동의 해를 맞이하여 UN과 국제아동협회(IPA)는 어린이들의 놀이에 대한 권리(right to play) 보장선언이 있었다.[422)]

여가가 국민의 복지 및 생활의 질을 향상시키는데 기여하고 있다는 것은 사회복지분야의 여가복지에 관한 위상에서 잘 반영되고 있다. 특히 복지국가의 주된 관심이 국민생활의 질적 향상에 있다는 것은 여가생활의 질이 전반적인 국민의 복지수준을 향상시키는 작용을 하고 있기 때문이다.

한국에 있어서 생활의 질이라는 용어는 외국에 비하여 비교적 늦게 1980년대 이후부터 등장하였다. 그러나 이 당시에는 정책적으로나 학문적인 견

422) Cor Westland, and Jane Knight, *Playing, Living, Learning*(Boston : Venture Publishing Co., 1985, pp.209~211.

지에서 생활의 질을 체계적으로 분석·연구하고 대책을 강구하지는 못하였다. 그러나 국민소득 2만불 시대를 들어선 현재, 정부에 의해서 생활의 질을 향상시키려는 의지가 뚜렷하게 나타나고 있다. 이는 그동안의 우리 사회가 경제성장에 치우친 나머지, 인간적인 삶을 유지하기 위한 노력이 부족하였기 때문이며, 선진국에서 일찍이 나타난 바 있는 '생활의 인간화'(life humanization)를 지향하는 것이다.[423] 여기에서 생활의 인간화는 경제적 요인으로 생활을 말하는 생활수준(standards of living)과 도덕적 가치를 중시하는 훌륭한 생활(good life)을 모두 포함하는 개념이다.

따라서 이 글에서는 현대사회에서 여가가 어떠한 위상을 가지고 있는가를 살펴보고, 생활의 질과는 어떠한 상관관계를 가지고 있는가, 나아가 한국인들의 여가생활의 질의 현황과 문제점을 파악하여 21세기를 내다보는 바람직한 여가정책의 방향을 제시하는데 초점을 두고자 한다.

1. 여가와 생활의 질의 관계

1) 여가의 위상

여가는 관점에 따라 매우 다양하게 정의될 수 있다. 그러나 관점이 통계적인 목적이든, 사회계도적이든, 종교철학적 관점이든, 행정적 관점이든 결국 모든 정의는 국민 각 개인의 생활과 직결되어 있는 것이다. 그리하여 여가란 개인이 가정, 노동 및 기타 사회적 의무로부터 자유로워진 상태하에서 휴식, 기분전환, 자기계발 및 사회적 성취를 이루기 위하여 활동하게 되는 시간이다. 즉 여가는 각 개인이 처해 있는 여러 가지 의무로부터의 해방성, 자유선택에 의해 이루어지는 행위의 자발성, 개인의 자아를 진실하게 나타내주는 자기표현성, 순수한 즐거움 속에서 영위되는 가치창조적 활동, 그리고 노동과의 밀접한 관계, 나아가 인간의 보편적 현상으로서의 생활양식이

423) '생활의 인간화'라는 현상속에 포함되어 있는 요소는 '개인의 행복감', '생활의 만족감', '가치관'이라는 주관적 요소와 '경제적 환경', '노동환경', '여가환경', '가정환경', '커뮤니티 환경'이라는 객관적 요소들로 단순하게 파악될 수 없는 것이다. 宋田義幸, 「現代餘暇の社會學」(東京： 誠文堂 新光社, 1981), p.19.

라는 여러 가지 특성을 지니고 있다.

이러한 여가가 현대사회와 향후 어떠한 위상을 지니고 있는가에 대해서는 여러 가지 분석들이 있다. 먼저, 벨(Bell)은 산업사회로부터 후기산업사회로의 전이과정에서 일어나는 사회변동의 일반적인 구조를 중심으로 전산업사회와 산업사회, 후기산업사회의 각 특성을 제시하고 있다. 이 가운데 후기산업사회는 경제면에서는 운송업, 레크리에이션, 여가 등이 중추적인 산업으로 부상하게 된다고 하고 있다.[424] 이와는 별도로 머피(Murphy)는 사회변화의 단계를 씨족사회, 봉건사회, 산업사회, 그리고 후기산업사회로 나누고 각 사회단계별로 지역사회의 생활, 노동, 그리고 자유시간의 특징을 제시하고 있다. 여기에서 관심을 두어야 할 것은 우리 사회가 점차 산업사회에서 후기산업사회로 전이되는 과도기에 있다는 점에서 후기산업사회의 특성을 잘 파악하여야 한다는 것이다.

특히 후기산업사회에 접어들면서 여가가 기본권으로 잘 인식되어 개성과 가치관을 구현하는 방향으로 전개되며, 개인적 욕구충족을 중시하며 여가기회의 다양화를 특징으로 하고 있다는 점에서 산업사회의 여가와는 다른 양상을 보이게 될 것이다. 또한 사회적으로도 인간생활에 있어서 여가부문의 양적 비중확대와 함께 여가생활의 질을 향상시키려는 노력이 증대되고 있다. 이는 곧 향후 인류사회가 일중심의 문화에서 여가중심의 문화, 여가중심의 산업구조로 전환될 것임을 보여주는 것이다.[425]

2) 생활의 질의 개념

생활의 질(quality of life)이란 한 개인이 그 자신이 속해 있는 사회 속에서 어떤 상태로 살고 있으며 물질적 정신적으로 어느 정도의 만족감 내지 행복감을 느끼고 있는가를 나타내는 개념이며, 이는 사회가치의 변화에 따라 기업이나 국가에 대한 사회구성원들의 요구의 결과로 나타난 것이다. 그

---

424) Daniel Bell, *The Coming of Post-Industrial Society : A Venture in Social Forecasting*(New York : Basic Books, 1973), p.117.

425) 이와 관련하여 일본의 宋田義幸은 인류의 문화를 제1의 문화와 제2의 문화로 구분하면서, 제1의 문화는 일중심의 사회구조에 의해서 그동안 유지발전되어 왔다면, 향후의 인류문화는 여가시간의 증가에 따라서 여가를 중심으로 하여 탄생될 것임을 주장한 바 있다. 宋田義幸, 「前揭書」, pp.14～15.

리고 이 개념은 사회개발계획 내지 개발정책을 평가하는 일반적이고 궁극적인 척도가 되고 있다. 또한 공업화된 사회에서는 복지국가를 초월하여 생활의 질을 향상시킬 정치적 필요성이 나날이 증가하여 감에 따라 이러한 생활의 질 용어는 그다지 생소하지 않다.[426)]

근래 생활의 질의 개념에 대하여 선진국에서는 민간, 정부 다같이 관심을 갖고 연구를 하고 있다. 개인들도 자기 나름대로의 질적이고 가치있는 삶을 연구, 실천하는 경우가 두드러지게 나타나고 있다. 그리고 복지정책에 있어서 양적인 시혜보다 질적인 여건조성에 역점을 두어 '기회균등을 통한 인간다운 삶의 보장+질+가치=복지'를 목표로 정책개발과 시행을 하고 있는 게 보편화되어 있다.[427)]

특히 생활의 질에 대한 관심은 공업화와 도시화, 인구문제, 경제성장의 역기능적 요구, 즉 사회윤리, 환경공해뿐만 아니라 여가의 증대 등의 제반 문제에 대하여 능동적인 정책개발을 통하여 인간이 인간다운 생활을 하기 위한 복지증진이란 차원에서 주목받고 있다. 또한 발전된 국가나 개발도상국가의 관심은 경제적 생존과 성장이라는 근본적 문제를 극복함으로써 생활의 질이라는 보다 더 인간적인 요소에 관심을 집중하지 않을 수 없는 상황에 처해 있기 때문에 사회개발, 사회복지정책의 중요한 연구영역에 포함되고 있다.

생활의 질이 무엇인가에 대해서는 사람마다 다를 수 있다. 생활의 질은 간단히 보면 객관적 요소와 주관적인 요소로 구성되어 있다. 전자는 주로 전력소비량이나 소비재지출액 등 객관적인 사실을 반영하는 생활수준을 말하는 것이다. 반면, 후자는 사람들의 욕구충족도 또는 일반적인 행복감과 같이 심리적인 측면과 관련되어 있다.[428)]

여가활동은 인간의 자기해방, 자기표현, 자아실현, 자기계발, 그리고 건강 및 행복의 추구에 효과적으로 기여하고 있다는 점에서 삶의 질과 밀접한 관련이 있다. 이로 인해 여가활동에 대한 연구가 활발히 진행되고 있으며 객

---

426) 생활의 질과 유사한 개념으로는 '사회복지', '사회적 만족도', '사회적 복리', '생활수준', '생활의 기준' 등과 같은 다양한 용어들이 있다.

427) 한국관광공사, 「2000년대 관광환경분석과 전망」(서울 : 한국관광공사, 1988), p.138.

428) John Neulinger, *The Psychology of Leisure*, 2nd ed.(Springfield, Illinois : Charles C. Thomas, Publishers, 1981), p.141.

관적 측면과 주관적 측면이라는 두 가지 측면이 감안되고 있다. 객관적 측면의 연구는 여가를 노동후 남은 시간과 관련하여 자유시간에 참여하는 여가행태에 초점을 두고 있으며, 주관적 측면의 연구는 개인의 심리상태와 관련하여 개인이 인지하는 여가활동의 양적 혹은 질적 결과에 관심을 두고 있다.[429)]

또한 관례적으로 이러한 생활의 질에 대한 개념정의에는 다음과 같은 세 가지 방법이 사용된다. 첫째, 생활의 질을 구성하는 것으로 간주되는 것들, 즉 행복, 만족감, 부, 생활양식 등에 대한 정의를 내리거나, 둘째, GNP, 보건 및 복지지표, 교육지표 등 사회지표를 이용하여 정의하거나, 셋째, 여러 가지 다른 형태의 지수들로 표현되는 일련의 사회, 경제, 환경지표를 이용하여 생활의 질에 영향을 주는 요인이나 구성요소를 상술함으로써 간접적인 정의를 내리는 방법이다. 다른 한편으로, 생활의 질은 일반적으로 경제적 복지의 달성, 사회정의의 실현, 그리고 만족과 자아실현, 공해없는 환경 등을 포괄하는 복합개념이며, 현대사회 구성원의 질적 사고의 총체적인 반영물인 것이다.[430)]

현대인의 생활은 종전처럼 경제적 측면에만 역점을 두어서는 안되며 여가생활도 중요시해야 하는 것이다. 생활의 질에 대한 추구는 사회발전과 그에 따른 고차욕구의 충족지향에서 잘 나타나고 있다. 1980년대 이후를 대개 자기실현욕구의 시대라고도 할 수 있다.[431)] 경제발전에 따른 물질적 풍요, 성숙사회의 도달단계에서는 생리적·사회적 욕구는 거의 달성되었고 다만, 자기실현을 위한 욕구가 남아 있어 이를 성취하기 위해 여러 가지 수단과 방법을 이용하거나 노력하고 있다. 즉, 이 단계에서는 자기계발과 인격완성, 인간다운 삶의 추구, 개성과 가치관의 표현을 위하여 인격도야, 면학, 취미생활, 건강관리, 여가생활에 관심을 갖고 많은 투자를 하게 된다. 특히 여가

---

429) 이정순·전원배, "관광활동, 여가만족, 심리적 웰빙(well-being), 주관적 웰빙의 관계", 한국관광학회, 「관광학연구」, 28:4, 2005.

430) 신유근, 「기업과 사회 : 경영환경론」(서울 : 경문사, 1992), p.438.

431) 일찍이 마슬로우(Maslow)는 인간의 욕구를 생리적 욕구, 안전욕구, 애정 및 소속의 욕구, 존경욕구, 자기실현의 욕구로 구분한 바 있다. 이를 시대적인 관점에서 보면 생리적 욕구충족단계, 사회적 욕구충족단계, 그리고 자기실현 욕구충족단계로 대별할 수 있다. Abraham Maslow, *Motivation and Personality*, 2nd ed.(New York : Harper & Row, Publishers, 1970), pp.35～46.

생활에 많은 시간과 소득을 소비하게 된다. 초기단계에서는 여가생활도 양적 충족(빈도, 횟수)으로 만족하지만, 후기에 이르면 질과 가치를 모색하는 방향으로 사회생활, 여가생활을 하게 된다.

3) 생활의 질과 여가의 관계

여가시간이 적었던 시기에는 여가가 인간의 생활의 질을 측정하고 결정하는데 중요한 영역을 차지하지 못하였다. 그러나 오늘날과 같이 과학기술의 급속한 발달과 노동시간의 감소로 자유시간의 증가가 뚜렷하고 여가를 즐길 만한 각종 상품과 서비스가 풍부한 시점에 있어서 여가는 인간의 생활을 질을 결정하는 중요한 요소로 간주되고 있다.

현대인에게 여가는 전 생활체계 속에서 노동과 의무로부터 상대적으로 독립한 것으로 존재하면서 동시에 그것들과의 상호관계를 통해 현대인의 생활에 필요한 기능을 수행하고 있는 것이다. 현대인의 생활양식은 보통 생활필수 활동과 소득을 위한 경제활동, 그리고 여가활동으로 구분된다. 이 가운데 생활필수 활동과 소득을 위한 경제활동은 일에 의한 생활양식이라면 여가활동은 여가생활양식을 형성한다.[432] 이는 인간생활의 질이 일과 여가에 의해 결정되는 것으로, 그동안의 일중심적 생활의 질 관점을 불식시키지 않으면 안된다. 인간의 생활시간이 노동시간, 가정시간, 여가시간으로 구성되어 있다고 볼 때, 그 생활의 질은 앞의 세 가지 생활의 질에 의해서 결정된다고 보아야 할 것이다.

물론, 시대에 따라서 각각의 생활의 질이 차지하는 비중은 다를 수 있다. 전통적 농업사회에서는 생활의 중심이 가정에 있었기 때문에 가정생활의 질(QOHL)이 상대적으로 중요하였다고 본다면, 산업사회 이후 직주(職住) 분리와 노동시간 확대는 노동생활의 질(QOWL)이 강조되었다. 그러나 산업화 이후 소비자주의의 확산과 소득증대는 좀더 부드럽고 편안한 삶을 영위하기 위하여 여가생활의 질(QOLL)을 추구하기에 이르렀다. 이와 같이 여가생활의 질은 다음과 같은 이유에서 중요하다. 첫째, 여가는 인간생활의 중요한 부분을 구성하므로 생활의 질이라는 측면에서 여가를 가능하면 유

---

432) 宋田義幸, 「前揭書」, p.20.

쾌하고 즐겁게 무엇인가 실현할 수 있는 것이어야 하기 때문이다. 둘째, 여가생활은 대개 개인적이면서도 사회적인 단위로 이루어진다는 점에서 생활의욕을 북돋우고 사회적 연대감을 향상시킬 수 있다.

대개 가치관, 태도, 기대, 욕구의 통합된 시스템이 곧 생활양식(lifestyle)이므로 우리는 생활양식을 통하여 생활의 질을 나타내는 복지와 행복감과 의식수준을 파악할 수 있다. 사회가 인간에게 영향을 미치는 것인가 또는 그 사회는 바로 인간활동의 산물인가 하는 것과 마찬가지로 여가행태라는 특정 인간행동도 바로 그 시대 사회의식의 반영인 동시에 그 사회의 성격을 규정짓는 역할을 한다. 여가에 대한 의식구조의 변화가 분업화, 표준화된 현대사회에서 점차로 생활의 질을 높이고 자신의 퍼스낼러티를 찾으려는 방향으로 변화되어 가고 있다. 이러한 점에서 볼 때 생활양식에 있어서 중요한 위치를 차지하는 여가를 만족스럽게 보낼 때 생활의 질을 향상시키는 중요한 계기가 된다.

4) 여가균형성의 문제

여가균형성은 아직까지 학계에 폭넓게 도입된 적이 없는 개념으로, 한국문화관광정책연구원의 조사(2005)를 통해 처음 도입되었다. 여가균형성 개념은 여가만족도에 그 기원을 둔다. 그러나 여가만족도는 일반적으로 만족스러운 여가생활을 경험하기 위해 필요한 심리적 조건을 측정하기 때문에 '만족스러운/바람직한 여가생활을 위해 무엇을 어떻게 해야 하는가'에 대한 '개입'(intervention)의 관점에서 접근할 때, 실효성이 떨어지는 한계가 있다. 따라서 여가만족도를 대체할 수 있으면서 동시에 보다 현실개입적인 개념이 필요하다는 요구에 의해 도출된 개념이 바로 '여가균형성'이다.

여가균형성이란 여가활동, 휴식, 자기계발에 적절하게 시간을 배분하는 정도와 각 활동이 서로에 미치는 방해효과의 정도를 의미한다. 따라서 여가균형성이 높다는 것은 한 가지 활동에만 치우치지 않고, 여가활동, 휴식, 자기계발 활동에 적절히 시간을 분배하는 것을 의미하며, 각각의 활동이 서로에 미치는 방해효과가 적음을 의미한다.[433]

---

433) 한국문화관광정책연구원, 「주40시간 근무제 실시 이후 근로자 여가생활 실태조사」, 2005.

'여가균형성'은 Beard와 Ragheb(1980)의 여가만족도를 구성하는 심리적·신체적 요인과 여가시간 동안의 활동의 다양성과 균형성을 강조한 Ruskin(1995)의 개념적 모델, 그리고 Wilensky(1960)의 전이모델(spillover model)을 근거로 구성된 개념이다.

〈표 11-4〉 여가적정성의 평가지표

구분	평가초점	측정지표
여가활동, 휴식, 자기계발 활동 시간의 적절한 배분	휴식활동, 여가활동, 자기계발 활동을 균형 있게 선택하고 있는지 알아보기 위해 시간분배의 적절성에 대해 질문함	(1) 나는 주말동안 여가활동을 위한 시간을 적절하게 할애하고 있다
		(2) 나는 주말동안 휴식을 위한 시간을 적절하게 할애하고 있다
		(3) 나는 주말동안 자기계발 및 교육을 위한 시간을 적절하게 할애하고 있다
여가활동, 휴식, 자기계발 활동의 전이효과(방해효과) 정도	휴식활동, 여가활동, 자기계발 활동의 전이효과를 살펴보기 위해 각 활동의 쌍방향적 전이효과 정도를 측정함	(1) 주말에는 피곤함 때문에 휴식을 취하느라 여가활동 하는 것이 힘들다
		(2) 주말에는 휴식을 취하느라 자기계발이나 교육에 소홀한 편이다
		(3) 나는 주말동안 여가활동을 즐기느라 자기계발이나 교육을 받는 것이 어렵다
		(4) 주말동안 여가활동을 즐기느라 휴식을 취하지 못해 피곤할 때가 많다
		(5) 나는 주말동안 자기계발(학원 등)이나 교육으로 인해 휴식을 제대로 취하지 못하는 편이다
		(6) 주말에 자기계발(학원 등) 및 교육을 받느라 여가활동을 할 시간이 부족한 편이다

자료 : 한국문화관광정책연구원, 「주40시간 근무제 실시 이후 근로자 여가생활 실태조사」, 2005.

지금까지 언급된 이론을 바탕으로, 여가균형성의 기본개념을 정리해보면, 다음의 3가지로 요약된다. 첫째, 여가균형성이란 휴식활동, 여가활동, 자기계발 활동 사이의 적절한 균형을 유지하는 것이다. 둘째, 여가균형성이란 휴식활동, 여가활동, 자기계발 활동 간 (부정적) 전이효과를 최소화시키는 것을 의미한다. 셋째, 균형적인 여가생활은 개인의 균형적인 발달과 만족스러운 여가생활, 삶의 질 향상을 가능케 한다.[434] 그리고 여가균형성의 계산은 여가활동, 휴식, 자기계발 활동 시간의 적절한 분배를 측정하는 3문항과 여가활동, 휴식, 자기계발 활동의 방해효과 정도를 측정하는 6문항에 대한 응답을 점수화하여 그 평균값으로 하고 있다.

2. 여가생활의 질의 특성과 문제점

1) 한국인의 생활의 질 지표실태

'생활의 질 지표'란 일상생활 속에서 정치, 경제, 사회, 문화 및 환경분야 등에 관한 삶의 질을 간결하고 정형화된 계량적 수단으로 표현하는 것을 말한다.

이 지표는 네 가지 유형으로 분류하여 ① A유형(객관적 · 물질적)은 국민소득, 식품소비량 등 물질적인 삶의 모습을 객관적으로 판단할 수 있는 지표이며, ② B유형(객관적 · 비물질적)은 교육, 문화, 환경 등의 비물질적인 삶의 모습을 객관적으로 판단할 수 있는 지표이며, ③ C유형(주관적 · 물질적)은 소득, 소비, 물가 등 물질적인 삶에 대한 주관적인 만족도를 판단할 수 있는 지표이며, ④ D유형(주관적 · 비물질적)은 건강, 여가 직업 등과 같은 비물질적인 삶에 대한 주관적인 만족도를 판단할 수 있는 지표를 말한다.

〈표 11-5〉 생활의 질 지표의 유형분류

구 분	객 관 적	주 관 적
물질적	A 유형 : 51	C 유형 : 60
비물질적	B 유형 : 41	D 유형 : 57

자료 : 공보처, '21세기 삶의 질 지표', 「세계일류로 가는 길」, p.12.

434) 한국문화관광정책연구원, 「前揭書」, 2005.

선진 8개국인 일본, 미국, 영국, 독일, 프랑스, 이탈리아, 스웨덴 및 캐나다의 유형별 생활의 질 지표의 평균은 100으로 잡았을 때, 우리나라의 유형별 생활의 질 지표를 나타내면 위의 표와 같다.

우리 생활의 질의 수준이 선진국가에 비하여 절반 정도에 미치며, 객관적 범주에서는 B유형보다 A유형이, 주관적 영역에서는 D유형보다 C유형에 대한 지표수준이 높게 나타나고 있다. 향후, 우리 사회는 B유형과 D유형의 지표수준 제고에 대한 욕구가 증대될 전망이다.

앞으로 물질적인 수준은 경제성장과 소득증대에 의하여 향상될 것이나 비물질적 수준은 국민의식의 개선이 있어야 그 효과를 기대할 수 있을 것이다.

2) 한국인의 여가생활실태

일반적으로 생활의 질을 측정하는데 있어서는 객관적인 지표와 주관적인 지표 두 가지가 있다. 첫째, 주관적인 생활의 질 지표란 개개인의 실제 생활경험을 통하여 체험하는 생활상태를 측정하고자 하는 것이다. 따라서 주관적 지표는 인간이 추구하는 가치와 생의 목표에 따라서 다양하고 상대적이며 그야말로 주관적이다. 둘째, 객관적인 생활의 질 지표는 사회 그 자체를 실제상 있는 그대로의 제 조건을 측정하는 것을 목표로 한다.

그러므로 사회환경, 경제, 정치환경 등 개별적인 모든 자료는 이러한 측정의 대상이 되는 것이다. 인구통계자료나 정부기관의 기록보존기능 및 여타 사회경제적 조직체들에 의해서 생긴 모든 자료들의 이와 같은 객관적인 사회지표의 구성을 위한 유용한 근거자료가 되는 것이다. 이와 관련하여 통계청에서 매년 발표하는 '한국의 사회지표'는 그동안 꾸준한 수정작업을 해왔다.

3) 한국인 여가생활의 장애요인

이상에서 한국사회에서 있어서 여가발전의 추세와 한국인 여가생활의 질을 몇 가지로 나누어 살펴보았다. 이를 근거로 할 때 여가생활의 질을 제고하는데 있어서는 다음과 같은 장애요인을 발견할 수 있다.

첫째, 도농간·계층간 여가참여의 불균형이다. 경제성장에 따라 국민소득이 증가하고 있음에도 불구하고 아직 여가활동에 대한 지출은 선진국에 비하여 미미한 수준이며, 더욱 심각한 문제는 도시와 농촌간 불균형이다. 또한 우리 사회에서 그동안의 여가가 특정부유층의 산물에서 벗어나 보다 많은 대중들도 참여하고 있는 것이지만, 아직도 소득, 시간, 장비, 지식, 시설, 프로그램 등의 부족과 신체장애로 인하여 여가활동에 참가하지 못하고 있어, 국민의 전반적인 여가복지를 실현하는데 장애가 되고 있다.

둘째, 여가활용이 소극적이며 아직도 가치창조적이지 못하다. 국민생활에 있어서 여가의 비중이 커지고 여가산업이 점차 활성화되고 있음에도 불구하고 국민의 40%이상이 여전히 수면이나 가사잡일을 하는데 그치고 있다.[435] 또한 고학력자에 비하여 저학력자일수록 비활동적이며 옥내지향적 여가활동을 하고 있다. 나아가 여가활동을 통하여 가치있고 생산적인 생활을 도모하려는 인식의 전환이 필수적임에도 불구하고 잡기 및 승부게임, 유흥, 윤락 등의 사행적이고 향락적인 여가활동이 많이 잔존하고 있다. 따라서 풍부한 여가시간을 참으로 충실하게 활용하느냐, 아니면 그것을 권태의 연속으로 낭비하느냐 하는 것은 각 개인뿐만 아니라 사회정책적 문제로 귀결된다.

셋째, 여가활용에 따른 전체적인 만족도가 제고되지 못하고 있다. 여가의 중요성에 대한 홍보와 다양한 여가참여를 위한 정보가 지속적으로 제공되고 있음에도 불구하고 한국인의 50%정도가 여가활용에 대한 만족도가 '그저 그렇다'라는 수준에 그치고 있으며, 이는 교육정도나 성별로도 차이를 보이고 있어 정책적인 관심과 지원책을 요구하는 것이다.

넷째, 교통혼잡에 따라 여가활용에 대한 불만이 커지고 있다는 것이다. 여가불만요인으로서 여가를 즐길 만한 비용과 시간의 부족이 대부분을 차

435) 문화관광부와 한국문화관광정책연구원의 3년주기 국민향수실태조사 결과에 의하면, 'TV 보기'가 평일의 여가활동으로 2003년, 2006년 조사에서 각각 22.9%, 25.6%로 가장 많았고, 주말의 여가활동에서도 14.2%, 15.9%로 가장 많은 비중을 차지하고 있다. 두 번째로 비중이 큰 활동은 '집에서 쉰다(낮잠)'로 평일의 여가활동으로 2003년, 2006년 조사에서 각각 16.0%, 18.1%로 가장 많았고, 주말의 여가활동에서도 12.2%, 13.1%로 점차 그 비중이 증가하고 있다. 문화관광부·한국문화관광정책연구원, 「국민향수실태조사」(2003, 2006).

지하고 있지만, 문제는 이러한 기본요건이 양호하다 해도 점차 확대 보급되고 있는 자동차의 증가로 인하여 교통혼잡과 통행시간의 연장, 여가경험의 시간적 단축으로 인하여 향후 교통불편의 문제해결 없이는 여가생활의 질을 제고하기가 어려울 것으로 보인다.

다섯째, 건전한 여가의식의 미정립이다. 경제의 발전과 더불어 소득과 여가시간의 증가로 인하여 많은 사람들이 노동관과 여가관의 혼돈상태에 빠져 있다.[436] 이는 신세대에게서 자주 발견되고 있다. 노동만이 가치있는 것으로 여기며 오락과 여가는 무가치한 것으로 여기던 가치관이 급격히 변화되어 이제는 노동이 수단이고 여가가 목적이라는 가치전도 현상까지도 나타나고 있다. 이러한 여가중시의 비현실적 생활기조는 사회의 기본적 불균형을 야기하며 사회정체성을 양분하는 결과를 초래할 수 있다.

3. 한국인의 여가생활의 질 제고방안

일찍이 토인비(Arnold J. Toynbee)는 인류의 장래문명발전은 "여가를 어떻게 처리하느냐에 달려 있다"고 갈파한 바 있다.[437] 그만큼 증가되는 여가시간의 효율적 활용은 각 개인이나 사회뿐만 아니라 국가, 세계적인 차원의 발전과 연결될 수 있는 것이다.

우리나라의 경우, 그동안 급속한 산업화로 인하여 여가시간이 증가하고 있음에도 불구하고 그에 대한 대비에는 다른 부문에 비하여 소홀히 한 것이 사실이다. 국민들에게 여가에 대한 올바른 교육을 시킨다든가, 건전한 여가시설과 프로그램을 제공한다든가, 소외계층에게 여가기회를 부여한다든가, 여가행정을 전담하는 부서를 만든다든가 하는 면에서 여타 선진국에 비하여 대비가 부족한 것이다.

그러나 더 이상 여가부문과 국민의 여가생활의 질을 향상시키는데 게을

---

436) Brightbill은 노동과 여가를 상호 조화된 하나의 세트(set)로 보지 않고 분리시키게 되면 그동안의 노동의 신화는 무너지고 여가의 신화에 빠져들게 될 것임을 경고하고 있다. Charles K. Brightbill, *Man and Leisure*(Englewood Cliffs, New Jersey : Prentice Hall, 1961), p.25.

437) 최혁순 역, 「미래를 살다」(서울 : 문예출판사, 1974), pp.66~69.

리 해서는 안된다. 나아가 21세기에 들어와 1인당 국민소득은 2만달러 이상으로 크게 향상될 것이 기대되고 자유시간의 증가 등은 여가생활과 오락, 유흥 등의 수요를 증대시켜 새로운 문화의 창출을 위한 욕구가 확산될 것이다. 그리고 뉴미디어의 발달에 따라 더욱 풍부한 문화·여가정보와 서비스를 제공받을 수 있게 되어 다양한 취미활동을 효율적으로 전개해 갈 수 있는 여건이 조성될 것이다.[438] 이러한 향후 한국사회의 변화와 여가의 위상에 적절히 대비하기 위해서는 다음과 같은 여가정책의 추진이 긴요하다.

1) 여가지표의 체계적 개발

그동안 (구)경제기획원과 통계청에서 사회지표를 개발·측정해 왔으나 그동안 조사된 지표들은 한국인의 여가생활의 질을 측정할 수 있는 포괄성이 결여되어 있다. 이는 주로 사회학적 관점에서 거론되어졌기 때문이다. 또한 질적 지표의 개발과 측정보다는 양적 지표의 개발에 치우친 점도 있다. 따라서 여가의 심리적 측면에 대한 관심이 요구된다. 또한 여가에 대한 객관적 현황도 중요하지만, 국민의 여가생활에 대한 주관적 판단도 정책개발시에 포함되어야 한다. 이와 관련, 선진국의 사회지표에서 발견되고 있는 것처럼 여가분야를 독립시켜 지표구성을 체계화·종합화할 필요가 있다.[439]

2) 여가교육의 강화

사회변화가 급속도로 이루어지고 있는 시점에서는 미래사회에 대한 정확한 예측도 중요하지만 그에 따른 대비책을 효과적으로 강구하는 것이 필요한다. 우리나라도 멀지 않은 미래에 여가가 국민생활에서 중요한 위치를 점유하게 될 것이기 때문에 이를 잘 활용하게 하기 위해서는 여가교육을 체계화시키는 것이 필요하다. 우리는 여가를 자유시간과 혼동하는 경향이 있다.

---

438) 21세기위원회, 「2020년의 한국과 세계」(서울 : 동아일보사, 1992), p.196.

439) 미국의 사회지표체계에서는 '여가와 레크리에이션'이 독립되어 있으며, 일본과 영국의 경우에도 '여가'로 독립되어 있다. C. Kenneth Meyer, et al., *An Analysis on Social Indicator and Quality of Life Research, Special Project 43* (S. Dakota : The University of S. Dakota, 1977), pp.102~107 ; 降矢憲一, 「社會指標の話」(東京 : 日本經濟新聞社, 1977), pp.18~44.

그러나 자유시간은 양적 측면이며 여가는 질적 측면인 것이다.[440] 다시 말해 자유시간을 어떻게 내실있게 보내느냐가 중요한 것이다. 여가는 실생활에서 영위되는 현상이면서도 철학적·사상적 의미를 충분히 지니고 있다.[441] 따라서 점차 여가지향적인 성향을 보이고 있는 신세대를 중심으로 하여 노동과 여가에 대한 올바른 인식을 갖게 하고 여가적성을 기를 수 있도록 지도를 해주어야 한다.

3) 장기 여가계획의 수립

우리나라에서는 국민의 여가생활을 보장하기 위한 정책과 계획이 체계적으로 수립·시행된 바 없다. 여가생활을 관장하는 독립된 행정부서의 부재로 해서 여가관련 정책들이 각 부처에서 산발적으로 추진되어진 것이 사실이다. 여가계획은 공적·사적 여가기회의 제공과 관련된 변화를 예측하고 그 원인을 분석, 예방 및 조정하는 체계적인 방법으로서, 현재까지는 대중이용의 개발에 역점을 두어 왔으나, 향후에는 생활의 질을 향상시키는 차원에서 장기적인 안목을 가지고 수립되어야 할 것이다. 나아가 여가계획은 자원의 효율적 이용과 보호를 함과 동시에 여가수급의 균형유지를 위해서도 필요한 것이다.

4) 여가자원·시설개발의 지역간 형평성 유지

국민의 여가생활의 질이 균등하게 향상되기 위해서는 전국의 각 지역주민이 저렴하게 다양한 여가자원 및 시설을 골고루 이용할 수 있는 체제가 되어야 한다. 가령, 도시지역에만 여가를 활용할 수 있는 기회가 집중되어 있다든가 할 경우에는 농촌지역 주민들에게는 상대적으로 여가생활의 질을 제고하기가 어려운 실정이다. 또한 지나친 자연자원 위주의 여가개발은 상대적으로 부족한 지역의 주민들에게는 여가를 보낼 수 있는 여지가 줄어들

---

440) John Neulinger, *op. cit.*, p.139.

441) 역사적으로 여가를 가장 먼저 연구했던 학자는 플라톤과 아리스토텔레스와 같은 유명한 철학자들이었다. 그들은 여가를 국가통치와 시민사회의 유지 등의 관점에서 다루었다. John R. Kelly, *Leisure*(Englewood Cliffs, New Jersey : Prentice-Hall, Inc., 1987), p.38.

게 된다. 지역적으로 볼 때, 균형적인 개발을 위해서는 부적합한 시설이 있는 것도 사실이지만, 대부분의 여가시설은 인공적인 노력과 투자를 통하여 균형을 유지할 수 있다. 이렇게 함으로써 지역주민이 거주권에서의 안정적인 여가시설의 이용기회를 획득하여 여가생활의 질을 개선시킬 수 있는 것이다.[442]

5) 자기실현적 여가시설의 개발

사회구조가 선진화되고 구성원들의 욕구도 상승됨에 따라 전에 비하여 자기실현욕구가 지속적으로 표출하게 된다. 이에 따라 여가시설의 개발대상을 선정함에는 여러 가지 어려움이 있을 수 있겠으나, 국민의 자기실현에 기여할 수 있는 시설을 개발하는 것이 필요하다. 다른 한편으로는 산업화에 따라 급속히 증가하고 있는 사치성·향락성 여가시설의 확산을 억제할 수 있는 방안도 같이 강구되어야 할 것이다.

4. 종합적 의견

오늘날 여가문제는 단순히 자유시간의 증가에 국한된 것이 아니고, 그 시간을 얼마나 질적으로 활용하느냐가 중요하다. 자유시간이 적었던 시기에는 여가활용의 과제가 개인에 국한되었지만, 사회변화에 따라 노동시간이 단축되고 자유시간이 확대되고 있는 현대에 들어와서는 기업이나 정부가 국민의 여가생활을 질적으로 향상시킬 수 있도록 지원하는 것이 필요하다. 또한 국민생활의 질을 향상시키기 위해서는 노동생활이나 가정생활 뿐만 아니라 점차 비중이 커지고 있는 여가생활의 질을 제고시킴으로써 전반적인 복지수준을 제고시킬 수 있는 것이다.

우리나라의 경우에도 그동안 산업화과정에서 국민의 휴식 및 즐거움에 대한 욕구가 분출하고 여가를 통한 자기계발 노력이 커지고 있는 현상을 보이고 있어 국가적인 대책의 강구가 요청되고 있다. 더 이상 여가는 개인적

---

442) George Torkildsen, *Leisure and Recreation Management*(London : E. & F. N. Spon, 1983), p.8.

인 문제로서 머물러 있지 않으며 공공적인 정책과제인 것이다. 종전처럼 노동제일주의나 생산제일주의라는 전통적 가치체계의 와해방지를 위해서 정부가 국민의 여가문제를 소극적으로 대처해서는 안된다. 여가는 이미 국가발전, 나아가 세계문명 발전에 있어서 중요한 위치를 점하고 있기 때문이다.

이러한 관점에서 국민의 여가생활 동향을 면밀히 관찰·예측하여 정책개발에 이용할 수 있도록 여가지표를 체계적으로 개발할 필요가 있으며, 여가가 무엇이고 어떤 의의를 가지고 있는가에 대한 교육과 지도, 계몽을 지속적으로 전개하여야 한다. 또한 장기적인 관점에서 국민의 여가생활을 지원할 수 있는 정책과 계획이 수립·시행되어야 하며, 지역적으로 균형적인 여가자원 및 시설의 개발을 도모하여 전국민이 균등한 여가생활의 질을 유지할 수 있도록 하여야 한다.

제12장 여가의 개념

LEISURE & MODERN SOCIETY

제 1 절 여가사회변화의 본질과 모델

사회변화(social change)는 "어떤 사회의 사회적 제도 또는 사회적 역할의 패턴에 있어서 사회적 조직의 어떠한 변형"(any modification in the social organization of a society in any of its social institutions or patterns of social roles)으로 정의되고 있다.[443] 여가라는 것도 현대사회에 있어서 하나의 사회적 제도로 인식되고 있으며, 우리 사회내의 다른 제도인 가족, 교육, 노동과 같은 사회제도에 의해서 영향을 받는다. 이 경우 사회변화의 속도는 점진적이며 진화적이거나 급작스럽고 혁명적일 것이다.

사회변화는 점진적 · 진화론적일 수 있거나 또는 급진적 · 혁명적일 수도 있다. 분명한 것은 사회가 변화한다는 것이다. 사회는 내부갈등에 의해 분해되어 존재를 멈추거나, 외부의 힘에 의해 극복될 수 있다. 조직구조, 권력소재의 근본적인 변화는 가치지향을 발생시켰다. 대체로 사회변화의 모델은

443) G. Theodorson, A. Theodorson, *Modern Dictionary of Sociology*(New York : N. Y. : Thomas Y. Crowell Publishers, 1969), p.384.

다음과 같이 혁명적 모델, 정복적 모델, 진화적 모델, 기술적 모델 등 네 가지로 나눌 수 있다.[444)]

① 혁명적 모델(revolutionary model) : 내부갈등 상태의 인식⇒무기력한 조직⇒혁명적인 투쟁⇒구 권력구조의 교체⇒사회제도의 재편성

② 정복적 모델(conquest model) : 다른 국가·지방과의 이해상충⇒적대자와의 명백한 투쟁⇒외부세력의 승리⇒정복자에 의한 권력구조의 교체⇒제도적 재지향(reorientation)

③ 진화적 모델(evolutionary model) : 사회적인 제도내에서 계속적인 변화과정⇒사회체제에서 긴장과 모순의 발전⇒제도적인 조직, 가치, 역할의 적응의 요구⇒권력소재의 변화없이 제도적 변화의 과정이 계속됨

④ 기술적 모델(technological model) : 과학기술의 발전은 생산과 분배의 경제적 형태의 변화를 요구⇒비경제적·사회적 제도는 새로운 기술과 협력의 가치와 조직 그리고 경제적 이동과 관련되어 변한다⇒사회적 적응의 보급은 제도적 구조의 새로운 균형을 향해 움직인다.

사회적 변화의 혁명적 모델과 정복적 모델은 항상 잠재하고 있다. 그러나 그런 변화는 매우 급진적이고 확산적이어서 여가의 역할과 자원의 결과를 예견하는 것은 하나의 상상적 활동이다. 그 구조는 흥미를 끌지만 정확하지가 않다. 그것은 미국의 여가미래에 관련된 요소를 묘사해 보려는 다음의 시도에서 진화적 모델과 과학기술적 모델이 결합된 것이다.

첫째, 내부적·급진적 사회갈등의 잠재성이 존재하고 있다. 현재의 경제력의 집중과 보상은 혁명적인 갈등을 초래할 수 있다. 그러나 아직까지 그런 조짐은 별로 없다.

둘째, 서구국가들은 제외한다고 해도 개발도상국으로부터의 경제에 대한 외부압력은 사실이다. 제3세계에 의한 주요 원자재와 노동력 공급의 조정은 선진국 경제의 지배권을 축소시키기 위해 사용될 수 있다. 현 선진국의 사회적 기관들의 경제바탕이 제3세계의 경제력 행사로 위협받을 수 있다.

셋째, 새로운 과학기술의 영향을 예측하는 것이 쉬운 것은 아니다. 과거에 있어서 여가가 인쇄술, 자동차, TV와 같은 발전에 의해 급진적으로 변

444) J. R. Kelly, *Leisure*, 2nd ed.,(Englewood Cliffs, N.J. : Prentice-Hall, 1990), pp.165~166.

화되어 온 것처럼 몇몇 유력한 과학기술이 비슷한 변화를 낳을 수 있다. 자원개발은 에너지 고갈과 관련이 있고 새로운 대체자원들은 생활환경에서 과감한 대체를 할 수 있을 것이다.

넷째, 사회변동에 관한 전망은 '파도가 해변에 접근하는 것'과 같다. 어떤 파도는 생겨나서 더 커졌다 사라지고 다시는 해변에 닿을 수 없게 된다. 또 어떤 파도는 해변에 접근할 때 갑자기 엄청난 높이와 힘을 가지게 된다. 어떤 파도는 작은 영향을 끼치고 파도에 흡수된다. 우리는 항상 사회의 수평선상의 요인들 가운데 꼭 어떤 것이 중요한 영향을 줄 것인가를 이야기할 수 없다. 앞으로 계속 발생할 것처럼 보이는 사회현상들이 10년도 안되어 거의 사라질 수 있기 때문이다.

과학기술적 모델은 사회체제에 있어 경제적 요소가 제일 우선적이고 사회 문화 등 기타 구성요소들은 경제에 비해 2차적이라는 가정을 포함한다. 이 모델의 고전적인 예로는 공장에서의 생산공정, 증기기관에 의한 수송의 집중력 도입으로 시작되는 대중적인 사회변화에서 찾아 볼 수 있다. 거기에 따른 도시화는 모든 사회제도, 즉 정부, 가족, 교육, 종교, 여가를 변화시켰다.

대안적인 모델은 상호 관련된 제도상 요소들이 사회체제의 모습을 유지하며, 경제적 변화가 항상 우선이라는 전제를 무시한다. 그리고 교회, 학교, 가정에서의 가치와 관념의 변화가 경제구조에 영향을 줄 것이라는 막스 웨버(Max Weber)의 견해를 채택한다.[445] 이것은 여가실천이나 방향제시의 변화들이 나머지 사회체제에 영향을 미칠 것이라는 가능성을 제시한다.

445) Max Weber, *The Protestant Ethic and the Spirit of Capitalism*(New York, N.Y. : Scribner's, 1958).

제 2 절 여가사회변화의 요인들

1. 경제적 요인

경제는 모든 사회제도를 결정하는 것은 아닐지라도 사회적 안정과 변화의 중심이다. 경제는 생활필수품의 생산과 분배에 필요한 중요한 구실을 할 뿐 아니라, 경제구조는 사회적 계획, 생태학, 가치관, 국민생활과 국제관계 등에 중요한 영향을 미친다. 마르크스(Karl Marx)는 생산의 도구와 수단의 통제가 사회체제에 있어서 결정적 요소라고 역설하였다.[446] 그러나 많은 다른 학자들은 마르크스가 역설한 결정의 절대론을 인정하지 않고 경제력은 다른 모든 사회제도들에 침투한다는 것에 동의해 왔다. 또한 그들은 어떤 경우에는 경제적 변화가 오히려 더 자주 다른 사회변화 요소를 앞서 간다는 것에 거의 부정을 하지 않는다.

1) 생산성의 향상

생산자동화와 사무자동화에 마이크로칩을 이용하게 한 과학기술의 진보는 서비스직종에 많은 근로자가 종사하도록 변화시킬 것 같다. 그러나 동시에, 여러 노동시간의 단축은 선별적으로 시행되었다. 노동시간 단축이 몇몇 제조공장에서 확립되었다. 소매업체, 소기업, 건강서비스업체, 그밖의 다른 직업들 뿐 아니라, 인적·사회적 서비스업체에서는 노동시간의 단축을 보여주지는 못했다. 다만, 대부분의 고용인이 파트타임으로 일을 하는 간이음식점과 같은 소매업체에서는 예외가 되고 있다.

비록 추가된 공휴일과 휴가가 고용인의 전반적인 평균 근무시간을 단축시켰더라도 주당 근무시간을 장기간에 걸쳐 감소시킨 것은 자유를 증가시

---

446) Karl Marx, *Capital : A Critique of Political Economy*(Moscow : Foreign Language Publishing House, 1962).

키는 계기가 되었다.

2) 여성의 취업

서비스업의 성장으로 인해서 판매사무원, 간호원, 교사 등 사람을 직접 상대하는 종류의 일에 여성이 생산산업에서보다 훨씬 더 많이 고용되어 있다. 그리고 주로 서비스업계의 고용증가는 여성노동력 증가의 한 요인이 되어왔다. 과거 여성은 특히 보수가 적은 직종의 초기단계에 채용되어 제한된 임금수준을 유지해 왔으며 항상 남자임금의 평균 60%수준으로 고용되어 잠재공급으로 여겨져 왔으나, 증가된 여성취업 추세는 이제 경제적·사회적 변화에 커다란 영향을 미치고 있다. 이는 노동력이 사회적 변화에 의하여 가정에서 서비스직장으로 이동하는 것을 반영하는 것이다.

첫째, 그 추세는 장기적인 것이다. 미국의 경우 여성취업은 1890년 25~44세 여성의 15%에서, 1980년 60%로 증가하였으며 1950년까지는 10년당 약 3%, 1950년대와 1960년대 그리고 1970년대에는 9%로 꾸준히 증가해 왔다.447)

둘째, 이런 추세는 이혼율의 증가를 가져왔고, 나아가 그들 자신과 그들 가정을 부양하기 위해 더 많은 직업여성의 필요성이 대두되었고 같은 가족 내의 여성의 지위 변화에도 영향을 미쳤다.

셋째, 여성의 경제적 기회를 자극하는 관념들이 이런 변화를 유인하였는데, 중요한 것은 대부분의 여성취업자의 일차적인 동기가 경제적인 것이라는 데 있다. 그들은 자신과 가족의 부양을 위해 수입을 필요로 하고, 이것은 특히 여성이 가장으로 구성된 가족의 경우에 더욱 그렇다.

3) 노동시간의 탄력적 조정

45세에서 64세까지의 남성 노동력비율이 떨어지고 있다. 하나의 요인은 스스로의 퇴직이고, 다른 요인은 사양길에 접어든 산업에서의 산업퇴직과 보다 효율적인 경영을 추구하는 사업체에서의 관리자와 그밖에 근로자의

---

447) Victor Fughs, *How We Live : An Economic Perspective on Americans from Birth to Death*(Cambridge, Mass. : Harvard University Press, 1983).

퇴직에 있다. '조기퇴직', '명예퇴직'의 실직추세는 정년보다 이른 퇴직을 나타내고 더욱 일반적인 것이 있다.

또 다른 추세는 근로자들이 자신의 스케줄을 더 효과적으로 조정할 수 있게 하는 취업구조이다. 특별한 경우 주3일과 주4일 노동을 채택하는 소수의 기업이 있을 뿐만 아니라 더욱 급속히 생겨나고 있는 선택적 시차제 근무시간 고용스케줄은 근로자들에게 그들의 출근, 식사, 퇴근시간을 제한 내에서 선택할 수 있게 한다. 일을 지향하건 여가를 지향하건 지속적이고 다양한 교육은 그것을 더욱 촉진시킨다. 5시간에서 8시간 사이의 전통적인 근무시간을 고수하는 서비스업 종사자수의 증가와 근무시간을 단축하려는 노동조합 등 단체의 노력은 모두 여가시간을 연장시킬 수 있으며 저녁이나 주말에 여가시간을 가지려는 자에게 큰 기회를 준다.

4) 과학기술의 발전

더욱 발전하는 과학기술은 여가에 직접 또는 간접적으로 영향을 미칠 것이다. 트랜지스터는 폭넓은 게임들을 가능하게 하고 몇 년 전만 해도 상상할 수 없었던 오락을 가능하게 했다. 소형화는 가정으로 계산기와 컴퓨터를 불러들였을 뿐 아니라 여가용 고안품들과 게임들도 가능하게 해왔다. 음악은 어디에서든 들을 수 있으며, 복잡하게 상호작용하는 게임들을 도회지 오락장에서보다 오히려 거실에서 즐기게 되었다. 홈비디오와 인터넷에 연결된 PC는 매우 증가된 다양성을 제공하는 과학기술과 기존의 지배적인 오락의 선택인 TV를 보강해 왔다. 여가활동은 기존의 여가형태에 상대적으로 값싼 여가기구가 추가됨에 따라 더욱 발전한다.

현재 여가시간활용의 가장 유망한 발전은 가정이라는 공간 속에서 오락과 지적인 활동의 잠재성을 강화시키는 것일 듯하다. 전자계에서의 소형화는 현재 매우 진보되어 있어서 여가를 위한 상업발전의 방대한 잠재성을 갖는다. 그리고 수송·수단의 발달에 있어서의 가능성, 느낌상태의 과학적인 유도, 여가비용의 삭감 또한 가능하다. 세계 과학기술 발달의 복잡한 유통망 속에서 갖가지 변화들은 비교적 짧은 시간 내에 일어날 가능성이 많다.

5) 자원의 한정성

자원의 유한성은 현재와 미래의 과학기술 발전과 이용에 커다란 관심을 갖게 한다. 화석 연료자원의 고갈은 수송동력 사용에서 대체에너지를 요구할 것이다. 현재 여가의 자유와 자동차의 자유로운 이용관계는 비용상승과 직접적인 운행 제한에 의해 상당한 연관이 있다. 자동차를 외면하는 것은 여가의 모든 구성요소를 바꿀 것이며, 관례적인 휴가와 주말여행뿐 아니라 지역사회 내에서의 접촉 또한 바꾸어 놓을 것이다.

자원의 이용은 공해 또는 직접적인 환경오염을 낳는다. 물과 같은 옥외자원의 이용을 포함하는 여가의 형태는 그런 영향에 종속되며 자기한계에 빠질 수도 있다. 사냥행위가 숲속길과 호수의 물을 오염케 할지도 모른다.

여가, 특히 소비적 여가와 여행은 많은 종류의 자원을 이용한다. 이 자원들 중 어느 것도 모든 가능 수요를 충당하기 위해 무한히 존재하지는 않는다. 기쁨과 만족을 추구하는 사람들의 희망과 소망은 자원부족이라는 벽에 부딪힐지 모른다. 여가공간, 에너지, 그리고 다른 자원들도 한정되어 있다.

자원을 마음대로 사용할 수 있는 경제권력은 유럽과 북미에서 아프리카와 아시아, 남미로 옮겨감에 따라 자원고갈은 더욱 촉진될 것이다. 이러한 변동의 속도와 방식을 예상하기 힘들지만 인구와 천연자원 요소들이 21세기에 가서 세계경제의 새로운 균형을 만들 것이다.

2. 정치적 요인

장기적으로 볼 때, 여가는 본격적인 정치문제가 될 수 있다는 것이다. 여가의 정치적 미래는 무엇인가? 여가제공과 여가실현 가능성이 정치적 우선권 결정과정에서 보다 큰 관심을 받을 수 있는가? 예측가능한 미래의 레크리에이션 자원의 개발이 있을 법한가? 아마 변화무쌍한 여가환경 속에서 다음의 몇몇 정치적인 변화들이 있을 것이다.

첫째, 도시경관에 관한 관심을 회복시키는 것이다. 어느 나라든지 도시화는 더욱 촉진되고 있고 대부분의 인구가 도시속에 살고 거기서 여가시간을 많이 활용하고 있다. 따라서 입법부와 행정부의 정책결정자들이 도시미관에 관심을 가지지 않을 수 없다.

둘째, 예술을 지원하는 장기적인 관심이다. 극장, 음악, 댄스, 회화, 조각 등의 예술들은 정부의 여러 기관에서 관심을 갖는다. 다양한 국고보조금뿐 아니라 과세정책에 있어서 어떤 혜택을 주는 변화들은 예술의 질과 가치를 높이고 전국을 횡단하여 감상의 기회를 주고 연주를 하게 함으로써 국민 전체에게 예술적 감정을 골고루 갖게 한다.

셋째, 가장 중요한 정치적인 추세는 보다 더 포괄적인 장기계획을 향한 움직임일 것이다. 정부부문들에서 여가계획과 자원관리프로그램의 통합과 함께 다른 부문들과의 협력이 요구되어진다. 많은 경우에 있어서 레크리에이션을 위한 자원은 계획에 포함되어 왔다. 여가는 아직까지 주요한 정치적인 문제로 실행되지 않았지만, 현재와 미래 생활의 질에 있어서 중요한 요소로 고려되고 있다.

넷째, 향후 정치적 관점은 공공레크리에이션 자원관리를 더욱 확대보급하려는 추세이다. 그것은 지방공동체에서 중앙국가적 수준에까지 모든 수준에서 자원과 프로그램에 대한 사용자 비용을 통합하려는 체계적인 노력이다. 몇몇 지역공동체 레크리에이션 대중프로그램에서 나온 세입은 자영할 수 없는 곳의 보조금으로 이용된다.

3. 인구통계적 요인

1) 노령화

미국에 있어서 20세기의 초기에는 65세 혹은 그 이상의 나이는 인구의 4%이하였다. 1980년까지 '은퇴기간'에 있는 사람은 11%이고 2030년까지 20%를 초과할 것으로 예측된다. 그 증가는 적은 나이에서의 사망률에서 기인한다. 지금 가장 큰 증가를 보이고 있는 연령은 75세 이상의 '최고령층'(old old) 그룹이다.

연령그룹분포 이동의 두번째 이유는 장기적인 다산감소의 결과에 의한다.

그로 인해 핵가족이 높은 비율로 옮겨지고, 현재 중간연령층과 노령인구의 사망률 감소는 65세 이상 그룹의 절대적인 수를 증가시키고 있다.

노화 및 이에 관련된 변화는 여가활동의 유형에 변화를 가져온다. 우리 사회에서 노령기의 여가활동의 양에 변화를 가져올 수 있는 요인으로 자녀들이 성장 또는 독립한 상태, 퇴직, 경제적 사정, 건강상태, 활동에의 사회화의 정도, 개인생활목표의 다양성, 주거환경의 변화를 들 수 있다.

자녀를 독립시켜 떠나 보낸 후의 빈 보금자리(empty nest)상태에서는 부모의 역할이 거의 필요없게 되므로, 새로운 역할이나 활동에 관심을 갖게 되거나 지금까지 시간적 여유가 없어 거의 하지 못했던 활동에 관심을 갖고 적극적으로 참여할 수 있게 된다. 자녀들이 부모 곁을 떠난 상태가 아니고 같이 동거하고 있는 상태라도 자녀들이 성장하여 부모의 역할이 필요가 거의 없으므로 빈 보금자리 상태와 마찬가지로 부모의 역할이나 활동에 변화가 올 수 있는 것이다.

건강상태도 노령기 여가활동에 지대한 영향을 미치는 요인이 되고 있다. 좋은 건강상태와 이에 따른 기동력은 여가활동 폭을 넓게 유지할 수 있게 하고, 또한 여가활동에의 참여빈도도 높게 유지할 수 있게 한다. 여가활동에 대한 사회화는 여가활동의 능력을 향상시켜 노령기에 있어서도 중년기와 마찬가지로 다양한 여가활동을 유지할 수 있게 하며, 또한 여가활동으로부터 얻는 쾌락을 더하여 여가시간을 유용하게 이용할 수 있게 해준다. 개인의 생활목표가 많으면 많을수록 여가활동의 수가 많아지게 된다. 하나의 목표를 가진 사람보다 둘 이상의 목표를 가진 사람이 목표달성을 위해서 더 많은 활동에 참여하게 되기 때문이다.

2) 다산과 가족 규모

지난 20세기 동안 출산율은 감소되어 오고 있다. 제2차 세계대전에 따른 단기간의 동요가 이 하락을 더욱 촉진하였다. 이 비율은 19세기에 반감되었고 1900년과 1980년 사이에 다시 반감되었다.[448]

몇몇 요소들이 장기적인 추세를 강하게 하고 있다. 여성교육수준의 상승

448) Victor Fughs. *Ibid.*

에 따른 만혼, 노동력 참가, 조혼에 의한 이혼율은 출산에 대한 희망을 감소시키고 있다. 보다 많은 수의 여성이 독신으로 남고 부부가 있는 가정은 보다 감소되며, 보다 적은 수의 여성이 출산과 어린이 양육에 따른 노동을 감당하고 있다. 출산은 어린이 양육시 높은 비용과 결합되어 어린이를 희망하는 수는 감소하고 있다. 1950년대 발생한 베이비붐(baby boom)을 제외한 모든 그룹은 전단계의 그룹보다 항상 적다.

3) 가족구조

가족구조 또한 일관성 있는 길로 변하고 있다. 매스닉(Masnick)과 베인(Bane)은 1960년에서 1990년까지 미국사회의 경향을 다음과 같이 요약하고 있다.[449)]

① 미망인 주도의 가정이 9%에서 11%까지 증가될 것이다.

② 여성주도의 가정이 17%에서 37%까지 증가될 것이다. 독신여성 주도의 가정이 3%에서 8%로, 이혼이나 별거에 의한 경우 4.7%에서 11%로 증가될 것이다. 그들의 절반은 가정에 어린이들이 있다.

③ 결혼한 커플이 주도하는 가정은 75%에서 55%로 하락할 것이다. 간단히 말하면 가정에서 약 반수가 한쪽 성에 의해 주도될 것이다.

이것은 다가오는 세대에서 적어도 미국 어린이의 반이 한쪽 부모를 가진 가족에서 어린 시절을 보낸다는 것을 나타낸다. 그들은 보다 적은 형제자매를 갖게 되며, 보통 1명 이하의 핵가족을 이룰 것이다. 그리하여 사회의 모든 계층에서 가족단위의 재구성과 파괴를 경험하게 될 것이다. 더욱이 보다 많은 성인들이 원만한 결혼생활을 보내는 것이 아니라 가정 불안정과 부부분리의 경험을 치를 것이다.

---

449) George Masnick, and Mary J. Bane, *The Nation's Familis : 1960~1990*(Cambridge, Mass. : Joint Center for Urban Studies of the Massachusetts Institute of Technology and Harvard University, 1980).

4. 가족요인

여가와 가족에 관한 사회적 영역은 매우 얽혀져 있기 때문에 소수의 가족, 결혼 불안정, 독신, 단기간의 부모신분, 그리고 증가된 여성고용은 여가에 있어서 매우 중요하다. 가족, 가정 그리고 여가는 다소 뛰어난 경제적이고 정치적인 역할을 가진 대부분의 성인들에 있어 하나의 사회적 영역을 차지하고 있다.

대부분의 성인 여가유형이 대단히 중요하다고 할 때, 보다 짧은 아동 양육기간, 많은 이혼, 그리고 증가된 여성의 사회참여가 여가에 미치는 영향은 무엇인가? 대부분의 가능성 있는 결과들은 다음과 같다.

첫째, 대부분의 성인은 가정과 이웃 공동체에서 그들의 주요 여가환경을 계속적으로 찾을 것이다.

둘째, 여가동반자 관계가 결혼한 두 사람에 대하여 보다 많이 강조될 것이다. 부부가 사적 경험의 풍요와 만족을 제공할 것이라는 기대는 점점 높아질 것 같다. 그 결과 많은 이혼은 돈벌이하는 사람, 주부, 또는 부모역할에서보다는 오히려 여가역할에서의 실패와 관련될 수 있다.

셋째, 여성은 가정에 보다 덜 구속될 것이고 일의 역할에 보다 많이 관계하게 된다. 그러면 여성들은 재정재원에 대한 더 많은 통제력과 가정, 이웃이 아닌 남녀와의 보다 정상적인 관계, 그리고 가족 외적인 의무를 벗어나 가정에서보다 적은 시간을 갖게 될 것이다. 직업에서 많은 남성들이 사귀어 왔던 교제관계의 종류는 보다 많은 기혼여성에게도 가능하게 될 것이다.

넷째, 성인 독신자를 위한 정기적인 활동과 교제관계를 제공하는 몇 가지 종류의 여가기회가 출현할 것이다. 스포츠, 예술, 성인교육, 종교, 이웃조직, 그리고 직업과 관련된 기회들이 미혼자, 결혼 유경험자, 그리고 재혼을 바라는 사람들의 요구를 충족시키기 위해 조정될 것이다.

다섯째, 미래에 있어 여가의 중심적 의미는 당연히 많은 성인에 대한 여가의 중요성에 있다고 하겠다. 전통적인 가족의 역할과 책임은 생애에 있어 그에 대한 시간이 점차 적어지고 포괄적인 의미를 갖지 못함에 따라 가족의 내부와 외부에서 여가의 역할은 점차 중요성을 가지는 것처럼 보인다.

5. 가치지향적 요인

여가가 역사적·문화적 시간과 공간의 많은 부분을 차지하고 있다는 증거들은 많이 있다. 여가는 유용한 자원과 기술에 의해서 뿐 아니라 문화적인 가치와 관습에 의해 형태를 이룬다. 향후에 인간의 여가에 영향을 줄 것으로 보이는 문화적인 가치와 견해는 무엇인가?

첫째, 종교와 교회의 구심력 감소는 이미 여가에 영향을 주고 있다. 여가계획은 '신성한 시간', 특히 일요일에 관하여 종교적인 통제의 상실로 인해 변화하고 있다. 사회적으로 기대되는 종교적인 의식보다는 오히려 여가의 날처럼 된 일요일은 공식적·비공식적인 조직체에서 일을 하지 않는 날로 합법화되었다. 문화에 있어서 종교적 중요성의 상실은 내적 만족, 자유, 자기 자신을 위한 표현에 가치를 부여하는 여가윤리의 기능성을 높일 것이다.

둘째, 자연환경의 보존과 감상은 경제적 생산성과 갈등이 있을 때조차도 가치를 받아들이는 것으로 나타날 것이다. 생활의 질은 국민총생산을 저해할지라도 중요하게 고려된다. 여가가 생활의 전반적인 만족의 중요한 구성요소이고, 환경의 질이 일반적인 생활의 질에 중요하다는 증거가 축적되면, 경제적 목표는 다른 사회적 목표들과 경쟁해야 할 것이다. 단기적인 국가의 생산성보다는 장기적인 공동선에 기여함으로써 생기는 경제적 이득을 측정하는 것이 정치적으로 책임이 있고 보다 민감한 반응일 것이다.

셋째, 여가와 보다 직접적으로 관련된 가치의 변화는 외적 목표의 윤리를 내적 의미의 윤리로 대체할 가능성이 있다. 대부분의 사람이 그들의 여가를 말할 때 그들이 좋아하기 때문에 한다고 말한다면, 그것은 아마 다면적이고 복합적인 만족을 말하는 것이다. 쾌락이란 좀처럼 순수하거나 명백하지 않다. 어떤 활동의 선호는 보통 긍정적인 정서적 반응 이상인 것이다. 그럼에도 불구하고 특정 활동이나 여러 관계에 투자하는 시간, 노력, 자원들은 경제적·사회적·발전적인 목표를 기초로 할 필요는 없다. 어떤 경우에 경험 자체는 활동을 하는 충분한 이유가 될 것이다.

6. 환경적 요인

앞으로 2000년대에는 환경문제가 점차 중대한 이슈로 등장하게 될 것이며, 이에 따라 여가현상에 있어서도 환경문제는 중요한 장애요인으로 작용할 것이다. 지난 수십년 간에 걸쳐 나타나고 있는 지구온난화, 산성비, 생태계 다양성의 훼손, 핵폐기물의 방치 등은 인류의 건강과 생활환경을 파괴해 왔다. 또한 도시화·산업화의 가속화에 따라 인간의 자연회귀본능은 점차 증가될 것이며, 이들 자원의 보호를 위해서도 입장료 내지 이용요금의 인상도 불가피하게 될 것이다.

향후에 전개될 주요 환경적 관심사에는 다음과 같은 것들이 있다.

① 자연환경에 대한 개발과 생태계 보호간의 갈등이 심화될 것이다.

② 자원의 고갈로 인한 비소비적 에너지원(예 : 풍력, 태양열 등)의 개발이 지속화될 것이다.

③ 특정 공간이 단일 목적으로 이용되기보다는 다목적 이용을 위하여 개발될 것이다.

④ 환경보호단체의 증가와 자원봉사활동의 강화 및 환경책임제도(environmental responsibility)의 등장으로 여가환경의 저하를 미리 예방할 수 있을 것이다.

제 3 절 노동여가관계의 새로운 정립[450)]

1. 위기상황에 처한 노동사회

노동은 인간에게 어떠한 의미가 있는가? 현대의 산업심리학은 인간은 노

450) Jost Kripendorf, *The Holiday Makers : Understanding the Impact of Leisure and Travel*(London : William Heinemann Ltd., 1987), pp.77~85.

동에 대하여 아주 복잡한 태도를 지니고 있음을 제시하고 있다. 우리는 이러한 복잡한 관계의 몇 가지 요소를 관찰할 수 있다. 노동은 생활의 필수품을 구입하는 데 필수불가결한 것으로서 생계확보의 수단이며 진지한 노력이다. 또한 인간에게 생산적이며 창조적이고 풍부한 삶을 유도하며 우리의 시야를 넓혀준다. 자아존경, 경외, 자긍심, 자기계발 및 자기실현 등은 모두 노동과 밀접한 관계가 있다. 그러나 현대산업사회에서의 노동은 이러한 모든 욕구를 충족시키지 못하며 그러한 가능성도 점점 희박해져 가고 있다.

모든 인간역사는 노동의 역사였다. 초기시대에 있어서 노동은 천벌 또는 부담으로 간주되었다. "열심히 일을 함으로써 빵을 먹을 수 있다"며 노동은 하나의 천직이며 인간에게 존엄성을 부여한다고 설파한 종교개혁가가 나타났고, 새로운 규범으로서 청교도적 노동윤리가 탄생하였는데, 그것의 기본원리는 노동의욕, 능률성, 질서의식, 근면과 규율이었다.[451]

이러한 노동에 대한 긍정적 태도는 궁극적으로 경제적 능률과 기술적 합리성에 기초한 현대 산업사회의 역동적 체계로 이어졌다. 현대사회는 성취, 경쟁, 성공의 사회로서 그것의 가치체계는 물질적 부에 기초하고 있다.[452] 노동이 진보와 번영을 증명하는 사회로서 교육과 훈육이 직업지향적이며 퇴직은 노고의 생애에 대한 당연한 보상으로 간주되고 자유시간은 휴식, 소비를 위해 주어진 것이다.

산업사회의 발전은 오랫동안 갈망해 온 번영을 가져왔고 빈곤을 감소시켰다. 이러한 진보의 두 가지 주요한 사회적 성취는 더 높아진 임금과 더 짧아진 노동시간으로서 이러한 번영의 척도들은 산업사회의 신조가 되었다. 진정 그것들의 연간 성장률은 진보를 측정하는 데 이용되고 있다. 성취되어 온 결과는 괄목할 만한 것으로서 18세기와 19세기 초의 대중은 1주내에 하루 15시간씩 연간 4,000~4,500시간을 일하였다. 그러나 오늘날 선진국에서는 연간 1,700~2,100시간을 일하고 있다.

여가시간의 증가도 똑같이 인상적이다. 1900년부터 1940년 사이에 75%에 이르는 생산성의 향상은 노동시간을 더 짧게 하였으며, 1940년부터 1980년

---

451) H. W. Opaschowski, *Probleme im Umgang mit der Frezeit*(Hamburg : B. A. T. Freizeit- Forschungsinstitut, 1980), S.7.

452) H. W. Opaschowski, *op. cit.*, p.6.

사이의 80% 내지 90%에 이르는 생산성의 향상은 임금의 증가로 이어졌다.[453] 그러나 동전의 양면과 같이 산업적 발전의 부정적 측면도 제기되었다.

1) 부정적 측면 1 : 노동에 대한 목적감·책임감의 쇠퇴

새로운 기술과 최신 생산과정에 의해 강화된 대량생산과 노동의 엄격한 분화는 작업을 더욱 단순하게 만들었고 보다 세분화시켰다. 많은 사람들은 점차 그들의 일로부터 소외되었고, 내용과 목적이 금전에 의해 대체되어 의의를 상실하고, 전적으로 자동화된 공정에 예속되어 있다.

2) 부정적 측면 2 : 직업만족도 감소와 생활전반 만족도의 쇠퇴

노동에서 충실한 만족을 찾는 사람의 4분의 3만이 그들의 생활에서도 만족한다는 연구결과가 있다. 그러나 점증하는 수의 사람들이 그들의 직업에 대하여 점차 불만족해 가는 경향이 있다. 독일에 있어서 노동인구의 18%만이 그들의 직업에서 만족하고 있으며, 전체 남성의 절반이상이 노동을 자기실현의 기회로 간주하지 않고 있다. 많은 소득과 적은 노동에도 불구하고 일반적인 행복감은 감소추세에 있다.

3) 부정적 측면 3 : 엄격한 스케줄과 시간엄수(time drill)

노동시간을 준수해야 할 필요성은 대체로 생활의 엄격한 패턴을 강요해 왔다. 노동이 시작되고 휴식시간을 갖고 언제 종료하였는가에 대한 엄격한 규칙이 있었다. 이것은 세월에 흐르면서 지속되었고 만인에 대해 동일하게 적용된 표준형이었다. 거기에는 자유로운 결정의 여지가 없다. 그러나 오늘날 그것은 기계나 가능할 뿐 인간과 자연의 리듬이 아니며, 우리의 시간이 어떻게 해체되는가를 결정한다.

---

453) C. D. Frechtling, "Leisure Trends and Tourism Managment", in *Leisure Recreation : Tourism*, AIEST, ed.(Bern : Editions AIEST, 1981), p.107.

4) 부정적 측면 4 : 여가시간은 노동후의 남는 시간

짧아진 노동시간은 자유시간을 더 많이 부여하고 있으나, 오히려 자유시간은 노동에 의해 결정되고 영향을 받는다. 여가시간은 직업적 활동후의 잔여시간이며 부산물이다. 독립적인 시간이라는 측면에서 볼 때, 여가시간은 사회적으로 비생산적이며 목적과 가치가 결여된 것이다. 그것의 주된, 그리고 사회적으로 용인된 이용은 노동을 보좌하는 것이다. 노동을 위한 개인의 신체적 · 정신적 능력을 재생산하는 것이다. 더욱이 여가시간은 노동을 창출하고 소득을 유발하는 소비자의 시간이다. 그리고 마지막으로 여가시간은 교육적 목적으로 이용될 수 있는데, 즉 노동세계에서 개인의 성장을 달성하기 위하여 선택적으로 이용될 수 있다.

5) 부정적 측면 5 : 노동과 여가에서의 스트레스와 권태감

자동화되고 전문화된 노동환경은 스트레스와 권태감을 증폭시키는 요인이다. 사람들은 더 이상 그들 노동의 이유를 알지 못하며, 스트레스와 권태감을 주는 노동을 이해하지 못한다. 그러나 스트레스는 무리한 노동상황의 결과만이 아니라 저급수준으로 이용되는 개인의 지적 · 신체적 능력상황에 의해서도 발생한다. 현대의 노동조건은 이러한 유형의 스트레스를 발생시키는 데 일조하고 있다.

6) 부정적 측면 6 : 노동없고 사회적 대우없는 실업상황

1960년대 중반이후 실업은 선진국에서 급속도로 번졌다. 실업자로 등록된 사람의 수는 꾸준히 증가하여 1980년대인 오늘날 경제성장의 저하로 그 병폐가 만연되고 있다. 그것은 인력수요를 절감시키는 신기술의 도입과 처음 고용의 기회를 갖고자 하는 사람의 증가의 결과인데, 특히 후자는 1960년대 베이비붐(Baby-boom), 피임증가와 여성의 전문직 참여에 기인한다. 놀랍게도 이러한 발전은 수년 전부터 예견되어온 것이다. 서구선진국의 무직인구는 평상시 3,000만명을 상회하고 있다. 이 숫자는 실업에 의해 그들에게 엄청난 심리적 문제를 던져주고 있는데 가령 실패감, 무용지물, 불필요, 배척 등 사회로부터 불인정이 그것이다. 노동이 점차 만족감을 주지 못하고 내용과 목적상 무의미하게 되는 경우 여가가 보상을 주고 잃어버린 만족감을 찾아주어야 한다. 불행하게도 많은 사람들은 대리적 활동에 여가를 소비하고 있으며, 노동이나 주중후의 에너지 회복이나 창조성 발휘에는 적게 소비하고 있다.

2. 여가사회로의 역동적 변화

대변혁이 우리 주위의 모든 곳에서 일어나고 있다. 10~20년내에 세계는 아주 상이한 공간으로 변모할 것이다. 근본적으로 색다른 사회가 최상의 것이거나, 아니면 최악의 형태로 출현하게 된다. 많은 세대를 통하여 의심없이 수용된 노동지향적 산업사회의 가치구조와 라이프스타일은 오늘날 비판의 대상이 되고 있으며, 생활의 의미, 목적, 질은 재검증되며 재정의되고 있다.

미국 스탠퍼드 조사연구소에 의해 수행된 최근의 연구에서는 이러한 발전을 르네상스 이후 가장 큰 지적혁명(intellectual revolution)으로 기술하고 있다. 동 보고서에 의하면, 수백만인들은 기존의 가치체계에 대해 명시적·묵시적인 비판을 하고 있으며, 그들의 생활이 색다르고 보다 향상될 수 있도록 새로운 일을 시도할 준비를 하고 있다.

이와 같이 커다란 변혁의 초점은 분명 노동과 경제에 대한 많은 사람들의 태도변화이다. 19세기 이후 우리의 사회는 경제적 요인에 의해 점차 진로가 결정되었다. 불과 수년 전까지만 해도 노동의 본질을 성취, 성공, 인정, 재산, 부에 두었기 때문에 그것들은 사회에 의해 생활의 중추요소로 인식되었고, 그것들은 효율성, 근면, 야망, 규율, 순종, 질서의식 및 의무감 등을 통하여 성취될 수 있었다.

오늘날 20세기 말엽에 있어서 현대인들은 기본적 생필품뿐만 아니라 생활을 보다 유쾌하게 하는 것들을 소유하고 있다. 우리는 부유함을 최초로 경험한 세대이다. 필요의 지배(reign of necessity)가 지적·사회적 요구가 점차 중요한 역할을 하는 자유의 지배(reign of freedom)로 대체되고 있다.

기초적인 물적 요구가 일단 충족되어지면 우리들의 관심은 자연스럽게 비물질적인 것으로 변하게 된다. 생활의 기교와 삶의 질이 생활수준 앞으로 점차 자리잡아가게 된다. 자유와 참여, 그리고 자기실현과 같은 가치들이 전면으로 나서게 되는 반면, 직업적 진보, 안전, 소득이 덜 중요하게 된다. 경제적 요소와 노동이 가치서열상 하향화되어진다.

또한 많은 사람들은 더 많은 소득과 소비가 반드시 행복감이나 자기잠재력의 실현기회를 주지는 못한다는 것을 깨닫기 시작하고 있다. 사람들은 더 많은 금전과 그들이 하고 싶어하는 일들을 할 시간적 여유가 없다. 즉 가족이나 친구, 그들 자신을 위한 시간이 없으며 게으름을 피울 시간이 없다. 그러나 시간을 갖는다는 것은 살기 위한 것임을 의미한다. 사람들은 시간을 되찾고 있다. 점차 금전지향성(money-mindedness)은 시간지향성(time-mindedness)에 의해 대체되고 있다.

따라서 진정한 여가사회가 무엇인가에 대한 진지한 성찰과 방향설정이 필요한 시점이다. 이와 관련하여 일본의 瀨沼克彰은「여가의 동향과 가능성」이라는 저서에서 여가사회를 첫째, 여가시간의 양적 증가가 일정한 수준에 도달하고(1일 6시간 30분, 1년 약 100일, 일생 27만 시간), 둘째, 노동에 종속된 여가의 탈피(진정한 여가가치의 추구), 셋째, 고도의 여가의욕(내재화된 여가욕구의 顯在化), 넷째, 자유재량소득의 증가(가계소득의 5% 초과), 다섯째, 여가의 주체적 형성(여가산업의 서비스의존 탈피) 등 다섯 가지를 제시하고 있다.[454]

독일의 여가학자인 오파쇼우스키(Horst Opaschowski)는 다음의 요소들이 가까운 장래에 우리의 라이프스타일을 형성할 것이라고 믿고 있다.

① 여가시간에 더 큰 강조 : 자기실현의 수단으로서의 여가
② 활동적 경험과 활동적 생활놀이의 더 큰 강조
③ 생활의 쾌락에 대한 더 큰 강조
④ 현실에 대한 더 큰 강조 : 미래가 아닌 현실지향(고려)
⑤ 자연과 환경에 대한 더 큰 강조 : 기술과 진보가 부차적으로 발생하는 자연으로의 회귀

그에 따르면, 이러한 것은 주로 새로운 생활양식을 현재 개척하고 표현하

454) 瀨沼克彰,「餘暇の動向と可能性」(東京 : 學文社, 2005), p.59.

는 더 젊은 세대에 의해 추구될 것이다. 그는 얼마 후에는 중년층과 고령층들이 젊은 세대를 따라갈 것이라 믿고 있다. 그렇게 될 경우 보다 의미있는 생활, 보다 즐거운 생활을 위한 시간, 인간적인 삶에 대한 요구는 거세질 것이다.

우리 사회 내의 가치변화에 대한 모든 연구결과를 보면, 자유시간이 우리가 추구하는 라이프스타일의 초점이 되었으며, 그것은 가치관 변화의 추진력임에 의견을 같이하고 있다. 사실 여가시간은 탁월한 장점을 지닌 생활시간이다.

일찍이 오파쇼우스키(Horst Opashowski)는 1990년대에 우리의 여가행동뿐만 아니라 노동까지도 포함하여 우리의 모든 생활습관을 변화시킬 수 있는 여가문화생활양식이 출현할 것이라 예상한 바 있다. 1950년부터 1970년까지 우리의 자유시간은 TV시청, 캔맥주 시음 등으로 특징지워지는 수동적 소비에 의해 주드되어졌다. 출현하는 여가문화 생활양식은 생활의 적극적인 경험을 지향하는 것으로서 다음과 같은 것에 초점을 두고 있다.

① 수동적 소비대신 적극적 참여 : 주동적·자발적 관여
② 조직 및 계획대신 자기계발 및 자발성 : 비계획, 새롭고 예측불허의 경험, 상상력, 창조력 수용
③ 고립 및 소외대신 사회적 접촉과 우의 : 가족, 친구와의 교류, 집단내의 생활 및 소속감 경험
④ 과로 및 스트레스 대신에 휴식과 안녕 : 요구로부터의 자유, 태평함과 초연 추구
⑤ 불평과 속박 대신 유익한 시간과 즐거운 생활추구 : 쾌락, 오락, 기분전환, 축제, 놀이

3. 노동위기의 극복방법

사람들의 노동에 대한 태도변화와 새로운 라이프스타일에 대한 소망은 노동사회를 위기에서 탈출시키는데 아주 좋은 출발점이 되고 있다. 만약 우리의 목적이 새로운 노동유형, 즉 인간대면적 노동이라면 우리는 기존체제

로의 몰입을 중단하고 기본적 전제를 변화시킬 필요가 있다. 노동의 인간화는 우리에게 노동, 경제, 생활에의 새로운 접근과 새로운 이해를 부여할 수 있도록 일련의 전략 및 정책상의 지도원리가 되어야 한다. 우리가 노동사회에 수반된 위기상황을 전환하기 위한 방법으로는 다음의 여러 가지가 있다.

1) 해결책 1 : 보다 만족적인 노동의 실현

이러한 인간적 전략은 현 사회의 직업노동에 대한 목적의식 쇠퇴의 제어를 목적으로 한다. 그것은 더 많은 참여와 책임성에 기초하며, 그 수단으로는 폭넓은 과업을 통한 엄격한 노동분화의 완화, 그리고 작업의 풍부, 작업확대, 작업순환에 대한 더 큰 책임감 부여, 의사결정에 대한 참여 촉진, 자주성과 협동성 배양, 작업기간 중 훈련 및 교육프로그램 확대, 기업내 인간 및 사회적 관계와 직업의 사회적 유용성에 대한 더 큰 강조를 들 수 있다. 이러한 전략은 노동에서 이미 실시하는 것에 도움만 줄 수 있다. 반면 잉여 인력이나 실업자에게는 아무런 도움이 되지 못한다.

2) 해결책 2 : 노동에 대한 새로운 배분

실업은 가장 비인간적이며 불합리하고, 확실히 더 짧아진 노동시간에 대한 가장 손실이 큰 형태이다. 이러한 실업문제는 가능한 노동이 보다 많은 사람에게로 배분될 경우에만 진정될 수 있다. '최대인력, 최소노동'의 가정은 미래의 인간화, 사회·경제적 이유로 매우 중요하게 될 것이다. 점점 적어지는 사람들이 피로할 때까지 일하는 상황이나, 점점 많아지는 사람들이 한가하게 게으름을 피우는 상황은 모두 불합리하다. 더 짧아진 노동시간에 대한 여러 가지 가능성으로는 더 짧아진 노동일수(즉 7시간 노동), 더 짧아진 노동주일(주당 35시간), 더 짧아진 노동연수(긴 휴가), 더욱 짧아진 노동생활(안식년, 조기퇴직) 등을 들 수 있다.

그러나 노동의 새로운 할당은 엄격한 노동시간 스케줄, 그리고 특히 인생의 '교육-노동-퇴직'의 3부 구성이 포기될 때에만 진정한 인간화를 달성할 수 있다. 퇴직연령의 하향이 노동단축의 최상책이 될 수는 없다. 노동의 새로운 할당은 그러므로 보다 탄력적인 시간스케줄을 강구할 수 있어야 한다.

3) 해결책 3 : 새롭고 탄력적인 시간스케줄

'시간지배주의'라 불리는 이 원리는 생활의 보다 탄력적인 계획을 고안하는 것으로, 사람들이 그들의 시간을 이용할 수 있는 가능성을 폭넓게 지니는 것이다. 사람들은 언제, 어떻게 일하고 얼마나 벌 것인지를 스스로 결정할 수 있다. 보다 탄력적인 시간스케줄의 주제는 너무나 다양한데, 그 예는 다음과 같다.

① 35시간의 노동 : 즉 7시간씩 5일 노동, 8.75시간씩 4일 노동, 장기휴가
② 보다 탄력적인 일일 노동시간
③ 보다 많은 파트타임직
④ 노동주일의 반년선택 : 즉 하계 30시간, 동계 40시간 노동
⑤ 연간 노동시간예약 : 월간 최소 100시간에 연간 1500시간 노동
⑥ 새로운 노동주기의 도입 : 10일 근무후 10일 휴가, 월요일부터 목요일까지 노동, 화요일부터 금요일까지 노동
⑦ 작업분할 : 2명이 작업량 및 작업시간 분할
⑧ 안식년 : 10년주기별 1년휴가
⑨ 노년기의 노동 : 55세 이후 휴식 또는 노동량 감축제 선택

그러므로 보다 탄력적인 노동시간은 많은 노동관련 문제들을 해결할 수 있다. 그것은 보다 많은 생활시간을 원하는 많은 사람의 욕망을 충족시킬 수 있고, 노동시의 문제가 되는 상황을 해결하며, 노동과 여가간의 갭을 줄일 수 있으며, 동시에 시작하는 노동시간으로 생기는 많은 대중관련 문제의 해결에 도움이 될 수 있다.

예를 들어, 그들은 보다 탄력적인 방식으로 이용될 수 있는 생애당 최소한의 의무적 노동시간이 주어져야 하며, 최소한의 시민생활을 할 수 있는 임금을 보상받아야 한다고 제시한다. 모든 사람들은 동일한 임금을 버는 것 외에 노동을 자유로이 할 수 있어야 하며, 부차적인 물질적 행복 없이 결정할 수 있어야 하며, 그들의 취미나 기타 흥미를 자유로이 추구하여야 한다.

4) 해결책 4 : 새로운 이중적 경제구조

가장 포괄적인 인간화 전략은 경제시스템의 기본적인 새 진로를 가정하는 것이며, 그럼으로써 아득히 먼 미래를 긍정적 유토피아로 해석할 수 있다. 다음의 이중적 경제대안은 두 파트가 서로 보완적인 협력적 경제시스템에 기초하고 있다. 한 쪽은 그 성장이 엄격히 통제되고 질적으로 유통되는 공식적 산업시장경제이다. 이 부문은 더 짧게 일하고 사회적으로 유용하며 필수품을 생산하는 많은 사람들을 고용하여야 한다.

다른 한 쪽은 비공식적, 사적 및 국내적 경제부문으로 지방커뮤니티에서의 개인적 노동과 자조가 부활되고 재평가되어야 한다. 산업발전을 성취함에 따라 옥외에서 행하여진 많은 활동들이 최소한 부분적으로는 옥내로 되돌아가야만 한다. 이러한 이중경제가 수입의 분명한 감소를 가져온다 할지라도 공식적 부문으로부터 감소된 노동량과 금전은 비공식 부문에서의 더 많은 노동에 의해 부분적으로 보상받을 수 있다.

더욱이 그러한 손실은 개인적 자유나 사회적 책임에 의해서 뿐만 아니라 생활의 질, 만족감 및 목적감에서의 성취에 의해서 보충할 수 있는 것보다 더 크다. 대체로 사람들은 노동을 더 많이 할 수 있으나 그들의 활동은 개인적인 것이며, 다시 말해 그들은 노동으로부터 벗어난 자유가 아니라 노동에서의 자유를 가질 수 있다. 마지막으로 더 작은 경제 · 사회적 네트워크는 중앙집권화 및 지출의 폭발에 대한 견제를 제공하는 바람직한 필수조건이다.

제 4 절 현대·미래사회에서의 여가생활

1. 현대·미래사회의 여가

현대를 여가의 시대라고 하고 미래를 대중여가의 시대라고 한다. 확실히 여가는 산업사회의 산물임에는 틀림없다. 현대와 미래는 시간적으로 서로 이어지는 기간의 매듭이기 때문에 본 절에서는 동시적으로 표현하고자 한다. 현대와 다가오는 미래에는 전 세계인류가 자율적이고 개성적인 보람된 삶을 추구하는 대중사회를 형성해 나갈 것이다. 최소한의 일과 최대한의 여가시간을 가지고 휴식·기분전환·자기계발·공동체에의 기여 등으로 시공(時空)을 넘어 활동하게 될 것이다.

이 지구촌에는 수많은 소정부와 그 위에 지역정부 또한 그 위에 범세계적 단일정부 또는 국제기구가 세계를 이끌고 인간이 개발한 과학기술을 잘 통제하면서, 평화롭고 자유를 만끽하면서 성숙된 경제발전의 과실을 따먹으면서 살아가는 유토피아적 세계관을 갖게 된다. 이러한 유토피아적 세계관 속에서 우리 인류는 현대에서 미래사회로 가면서 과거 인류의 정신적 피로회복과 긴장해소를 위해 생겨났던 레크리에이션 기능에서 자기계발을 추구하는 레저기능으로 전이되어 가며, 일과 여가는 인간생활속에서 상호 구분되는 것이 아니라 서로 연대하여 일치를 이루는 사회가 될 것이다.

1) 대중여가시대

인간은 불안과 공포속에 살면서 이것에서 벗어나 구원을 얻는데 삶의 가치를 얻으려는 창조적 삶을 추구하고 있다. 이러한 구원은 서구의 봉건시대와 16~17세기의 종교개혁기에는 신(神)으로, 18세기의 계몽주의시대에는 이성(理性)으로, 19세기의 시민계급사회에서는 국민국가(nation-state)로, 20세기 현대사회에서는 컴퓨터크라시(computercracy)로,[455] 그리고 21세기 미래사회에서는 여가생활로 될 것이다. 현재 우리가 살고 있는 현대사회의 컴퓨터크라시에서는 일반대중들이 제대로 적응하지 못하는 경우, 인간성 회복의 기회를 주기보다는 좋지 못한 자극을 줌으로써 비인간화나 소외감을 촉진시키게 된다. 이것을 리스만(David Riesman)은 '고독한 군중'(lonely crowd)이라 하였고 프롬(Erich Fromm)은 '소외'(alienation)라고 하였다.

21세기에 가서는 이러한 고독한 군중이나 사회적 소외현상을 탈피하기 위하여 대중여가시대를 열어 인간의 불안과 공포를 해소하고 참다운 자기자신의 삶의 질 향상과 인류의 지구공동체의 발전을 위해 여가생활의 선용

---

455) 이극찬, "현대의 인간상황에 관한 고찰", 「연세행정논총」(제4집), 1977, p.5.

을 통하여 뜻있게 보내야 할 것이다.

과거에는 일부 유한(有閑)계급만이 여가의 전유물이었지만 이제 여가는 전 국민의 소유물이 되었고, 미래로 가면 갈수록 여가의 대중화는 급속도로 진전될 전망이다. 대중여가가 형성되기 위한 전제조건으로 ① 일정한 노동시간의 준수와 점차 노동시간의 감소현상이 이루어지고, ② 주휴제(週休制)의 확대실시와 휴가제도의 정착이 이루어지고, ③ 개인의 소득향상과 휴가특별상여금 제도가 정착되고, ④ 여가시설 및 서비스가 향상되어야 하고, ⑤ 교육수준의 향상과 ⑥ 교통통신의 발달이 뒤따라야 할 것이다.

특히 대중여가시대에는 탐욕과 영리만을 추구하는 여가산업이 번성하고 PC나 각종 메스미디아가 제공해 주는 대중오락을 흡수하는 과정에서 퇴폐적이고 반여가(反餘暇)적인 부분에 심취하여 일생을 불행하게 보내는 경우가 없도록 각별히 유의하여야 한다.

2) 여가 향유의 권리

인류의 역사는 헌법적으로는 기본권 확대의 역사라고 할 수 있다. 기본권은 자유권→생존권→환경권·소비자권으로 확대되었고, 후기산업사회에 와서는 여가향유권도 기본권으로 주장할 수 있는 시대가 왔다. 여가향유권은 국제적으로 보면, 1919년에 창설된 국제노동기구(ILO)가 8시간 근로제의 조약을 체결한 것을 시발로 1948년의 유엔 인권선언, 1960년의 유엔 경제·사회·문화적 권리에 관한 국제선언, 1970년의 국제레크리에이션협회의 여가헌장 채택, 1980년의 세계관광기구(WTO)의 마닐라선언 등은 여가를 인간의 기본권리로 인정한 국제적 규약이라고 하겠다.

이와 같이 유엔기구 등에서의 여가향유권에 관한 규정이나 국제조약 또는 국제사회에서 일반적으로 승인된 국제법규는 국내법과 같은 효력을 가진다고 할 수 있다(우리 헌법 제6조 1항). 우리나라 국내법에서의 여가향유권에 관한 구체적 규정이라 할 수 있는 것은 헌법 제10조 1문 전단의 '인간의 존엄과 가치', 제10조 1문 후단의 '행복추구권', 제34조 제1항의 '인간다운 생활을 할 권리' 등으로 천명하고 있으며, 더욱이 헌법 제37조 제1항은 '국민의 자유와 권리는 헌법에 열거되지 아니한 이유로 경시되지 않는다'라고 규정되어 있다. 즉 이러한 규정 등은 우리 헌법이 여가향유권을 국민의 기본권으로까지 인식하고 있고, 또 국회는 이러한 권리보장을 위하여 구체적인 입법의무를 지니고 있다고 보아야 할 것이다. 다만, 헌법 제37조 제2항은 국민의 모든 자유와 권리는 국가안전보장이나 질서유지 또는 공공복리를 위하여 필요한 경우에는 법률로써 제한할 수 있다고 규정하면서도, 한편으로는 여가향유권 등 자유와 권리의 본질적인 내용에 대해서는 침해할 수 없도록 하고 있다.[456)]

3) 일과 여가의 선택

여가학자 프라스티에는 "21세기 전반기에 기업사회는 주 30시간의 노동이 실현되고 인간의 평균수명을 80세로 보는 경우, 일평생 노동시간은 약 4만 시간이 되고 여가시간은 약 37만 시간이 되어 여가시간이 노동시간보다 9배나 더 많아지게 된다"고 하였다. 이와 같이 노동시간보다 여가시간의 양이 더 커짐에 따라 여가 그 자체가 일상생활을 지배하게 되고 본격적인 여가사회가 개막된다.

그러나 일과 여가의 관계는 산업혁명 이후부터 본격적으로 논쟁의 대상이 되었으나, ① 노동이 인간의 주된 업무이고 여가는 종(從)된 업무로 보는 견해, ② 여가를 일생의 목적으로 삼고 노동을 수단으로 보는 견해, ③ 노동과 여가를 상호 보완적 대등관계로 보는 견해가 서로 충돌하여 왔다. 향후 미래사회의 초기단계에서는 ③의 견해가 유력시되겠으나, 21세기 중엽 이후에는 ②의 견해가 우세할 것으로 예견된다.

한편으로 과학기술의 발달로 정보통신에 의한 컴퓨터와 커뮤니케이션(C & C) 그리고 로보트에 의한 공장자동화(FA) 등으로 인하여 제3차 산업혁명(third industrial revolution)이 이 지구촌을 뒤덮고 있다. 1930년대 대공항 이후 최대의 실업사태를 나타내었는데, 1990년대 중반에 전세계 인구 58억명 중 8억명 이상이 실업자이거나 잠재실업자로서 실업률이 10% 이상을 상회하고 있다.[457)]

---

456) 이성환, "여가를 향유할 수 있는 권리", 「여가문화」(여가문화연구회, 1995. 5. 21.), pp.4∼6.

457) Jeremy Rifkin, The end of work(Jeremy P. Tarcher, Inc., : 1994), 이영호 옮김, 「노동의 종말」 (민음사 : 서울, 1994), p.9.

여기서 실직자 또는 잠재실업자 중에는 미국 등 선진국에서 볼 수 있는 바와 같이 "노동을 위해서 희생하기보다는 더 많은 시간과 에너지를 사적인 여가생활에 투자하고 싶다"는 계층도 다수 있음을 간과하지 말아야 한다. 이것은 1993년 미국의 가정 및 노동연구소에서 여론조사한 결과 78%가 승진보다 자유시간을 선호한다는 대답에서도 알 수 있다.[458] 즉, '돈이냐! 여가이냐!'의 관계에서 향후에는 여가쪽을 많이 선택할 것으로 전망된다.

21세기 미래사회에서 여가문화생활을 결정지을 변수들은 ① 기술혁신과 정보사회로의 이행, ② 인구의 고령화와 핵가족화, ③ 도시화와 지방시대의 도래, ④ 국민욕구수준의 향상 및 의식의 변화, ⑤ 소득 및 여가시간 증가와 노동일수의 감소, ⑥ 기업가, 과학자, 기술자, 컴퓨터 프로그래머, 전문직, 교육자, 컨설턴트 등 소수 엘리트들로 구성된 지식부문의 급성장 등이다.[459]

2. 여가대책

1) 여가의 부정적 시각

한국의 전통문화는 '존재의 삶'이고 '즐기는 삶'인데, 오늘날은 '고스톱 문화'와 '음주문화'로 대체되어 가고 있다.[460] 현대사회에서 즐기는 삶과 음주문화 속에는 여가시간 동안에 메스미디어를 통한 대중오락의 흡수기회를 많이 가진다.

한편, 라디오나 TV 등은 인간의 사고력을 마비시키며 가치감각을 상쇄하고 둔화시킴으로써 인간의 자주적인 판단력을 감퇴시킨다. 이러한 시간이 계속되는 경우 자기규정성(自己規定性)과 주체성을 상실하게 되어 여가를 즐기려는 자유시간이 오히려 공허감을 갖게 한다고 프롬(Erich Fromm)은 말한 바 있다.[461]

---

458) Jeremy Rifkin, *op. cit.*, p.309.
459) Christopher R. Edginton 및 원형중, "한국여가의 미래방향", 「여가·레크리에이션 연구」(한국여가 레크리에이션협회 : 보경문화사, 1988), pp.19~21.
460) 김문겸, 「여가의 사회학」(한울아카데미 : 서울, 1994), p.272.
461) Erich Fromm, 'Fear of Freedom'(London: Routledge & Kegan Paul, Ltd., 1955),

또한 현대인은 사용하지 않더라도 소유하고 있다는 그것만으로 그에게는 하나의 사회적 위신의 원천이 되고 있고 중요한 것은 물품 자체가 아니라 그 물품의 새로움이며 최신형은 만인의 꿈으로 된다.

그리고 인간은 본래 삶의 충실과 행복을 위한 소비행위를 하고 그 소비행위가 삶의 수단이 되어야 함에도 현대사회는 소비행위 자체를 목적으로 삼아 계속 그것을 추구하게 됨으로 인하여 '자기소외의 현상'을 낳게 된다. 이러한 행위들이 충분한 여가시간과 충분한 가처분소득을 갖고 있는 여건들을 잘 활용하여 삶의 충실과 인간성을 회복하고 인간이 더욱 인간답게 살아가기 위한 기회로 삼지 않고, 일시적인 정서적 만족이나 바르지 못한 곳에 발을 들여놓게 된다면 자기소외 또는 비인간화의 길을 걷게 되는 것이다.

이러한 현상을 리스만(David Riesman)은 그의 저서 '고독한 군중'(Lonely crowd)에서 '고독'이라는 표현으로 대변하였다.

한편, 한국여가문화의 문제점은 고급여가문화의 부재와 단순오락적 여가문화의 편재현상이며 '도박성', '음주', '섹스'를 그 주된 내용으로 하고 있다[462]. 이 중에서 여가와 성(性)의 문제는 인류문화가 존재하는 한 큰 비중을 차지할 것이다. 우리 인간이 여가시간 동안에 남녀의 단순한 연애로부터 부부 또는 가족 전체의 여가활동을 비롯하여 유곽(遊廓)에서의 놀이와 같은 성을 승화하고 예술적·문화적인 활동 등을 적극적으로 권장하겠지만, 매춘을 통한 성, 불륜의 성, 퇴폐적인 남녀음주 가무행위를 위하여 시간을 보내는 것은 반여가(反餘暇)에 속한다.

2) 여가대책

21세기에 들어가면, 여가시간의 증대와 소득의 향상 그리고 여가산업 및 시설의 발달, 교통정보통신의 편리성 등으로 인하여 '여가천국' 시대가 도래할 것으로 예견된다. 가정마다 잘 장치된 자동전자주택(home automation)에서 홈쇼핑(home shopping), 홈뱅킹(home banking), 재택근무를 하면서 가족중심의 여가생활 또는 미래 창조적·재생산적 자기계발활동을 하게 되며, 직장동료 및 친구들과의 모임이나 음주행위는 주로 클럽같은 곳에서 행하게 될 것

p.216.

462) 김문겸, 「전게서」, p.294.

이다. 특히 고소득층은 이미 선진서구사회가 겪어 온 바와 같이 해변가 또는 호수근처의 양지바른 곳에 별장을 두고, 개인요트를 타고, 주말 또는 휴일을 보내게 될 것이며 경제적 여유가 더 많은 계층은 자가용 항공기로 세계적으로 유명한 휴양지를 찾아 여가시간을 내일을 위한 재충전 기회로 삼아 보람있는 시간을 보낼 것이다.

일반서민들은 골프, 해외여행, 국내휴양지에서의 휴일이나 휴가를 보내는 것이 보편화될 것이다. 그리고 사회적으로 여러 사람이 어울리는 공동체적 놀이문화가 성행하고 우리민족 고유의 문화축전을 계승해 나가는 건전한 여가활동이 기대된다.

21세기 미래의 여가생활의 발전방향은 첫째, 여가활동을 국가정책으로 정하여 현재 분산되어 있는 레크리에이션, 여가, 공원, 유휴공간, 관광, 문화관계 등을 통합하여 관장하는 정부기구의 설립이 바람직하다. 둘째, 여가서비스의 공급확산을 위하여 중앙정부, 지방정부, 공공단체, 기업체, 개인 등이 여가자원의 개발에 적극 참여하여야 할 것이며, 특히 기업체는 근로자의 여가욕구에 특별한 관심을 기울여서 사기를 진작시키고 각종 여가행사에 지원을 아끼지 않아야 할 것이다.

셋째, 대학이나 관련학계에서 여가에 관한 연구 및 교육을 활발하게 시행할 수 있도록 정부는 적절한 재정적 지원과 프로그램 편성에 협력하여야 한다.

넷째, 청소년단체, 관광단체, 건전소비자단체, 녹색단체, 정부기관 등 여가관련 단체의 연합이 필요하다. 조직화된 연합기구를 구성하게 되면 전 국민들에게 여가가치나 삶의 질을 향상시키는데 크게 기여를 하게 될 것이다.

이러한 여가단체연합에는 시민들의 자발적인 참여와 자원봉사활동을 하도록 사회분위기가 조성되어야 하고 제도적으로도 조그마한 혜택이 주어져야 할 것이다.

다섯째, 미래 여가생활과 삶의 질 향상을 위해서는 무엇보다도 지속적인 경제성장을 통한 소득증대와 노동시간 단축을 통한 자유여가시간의 확대, 그리고 일자리 확보를 통한 실업률의 감소정책이 범국가적으로 시행되어야 한다. 따라서 정부의 국가발전시책과 이의 성공적인 달성이 무엇보다도 중요하다.

여섯째, 우리는 조국통일을 대비한 여가생활계획도 아울러 수립하여야 한다. 통일의 시기는 아무도 모른다. 앞서 예상한 통일의 시기는 2000~2008년의 가장 유력하다고 하나 불확실성이 많다. 통일을 대비한 최소의 복지규모는 북한지역주민의 새로운 체제의 적응을 위한 복지욕구와 대량실업사태에 대한 복지욕구에서 출발하여 일정기간 후에는 지역간 편차에 따른 지역균형복지욕구 및 한민족 동질성 회복을 위한 여가생활 향유권 주장까지 나오게 될 것이므로 이에 대처해야 할 것이다.

이와 같이 21세기에는 소득수준의 향상, 자유시간의 증대, 과학기술의 발달, 세계화의 진전, 정보사회의 도래, 지방시대의 확산 등의 성숙한 사회가 전개됨으로써 인구의 고령화, 노동시간의 감소, 여성의 사회참여 확대, 핵가족 중심의 사회체제가 이룩될 것이다. 이와 동시에 사회문제로서 등장할 수 있는 것은 노동력·자원·에너지의 부족현상과 환경공해의 확산, 과소비로 인한 대량폐기물의 생산, 노인·여성·아동·저소득층·장애자 등 각 계층별 복지비용의 과다소요 현상이 일어날 수 있으나, 이는 계속적인 경제발전과 과학기술의 발달에 의하여 어느 정도 문제를 해결할 수 있을 것으로 보여진다. 그리고 기타 문제점은 국민교육·학교교육·사회교육을 통한 계몽과 정보제공을 지속적으로 추진함과 아울러 국민의 의식개혁 변화와 생활유형을 고쳐나가야 할 것이다. 21세기에는 물질적으로 풍요한 생활을 추구하고, 정신적으로 삶의 질과 여가생활을 향유하며, 공간적으로 시공(時空)을 뛰어넘어 조그마한 지구촌내에서 전 세계인류가 오손도손 살아가기를 희망한다.

제13장 한국 여가사회의 미래상과 여가패턴

LEISURE & MODERN SOCIETY

제 1 절 한국 여가사회의 미래상

1. 고령사회로의 지향

한국의 인구구조는 금후 수십년에 걸쳐 빠른 속도로 고령화의 추세를 보일 것이다. 이는 평균수명의 증가와 밀접한 연관이 있다. 평균수명은 2000년 말 현재 75.9세로 선진국에 웃도는 수준이나, 미국(77.1세), 일본(80.2세), 이탈리아(78.5세)보다는 낮은 셈이다. 2030년에 이르면 81.5세로서 일본(82.5세), 이탈리아(81.3세)에 근접할 것으로 전망된다.

우리나라의 65세 이상 노령인구는 이미 2000년에 전체인구의 7%를 넘어 고령화 사회에 진입하였으며 2018년에는 14.4%로서 고령사회(65세 이상 14%시는 고령사회)에 도달할 것이며, 20% 이상에 해당되는 2024년부터 초고령사회가 될 것이다. 문제는 고령화 사회에서 고령사회로 진입하는데 18년, 고령사회에서 초고령 사회로 진입하는데 6년이 소요되나,[463)] 이는 타 선

463) 통계청, 「장래인구 특별 추계 결과」, 2005.

진국보다 훨씬 빨리 진전된다는 것이다.

〈표 13-1〉 국가별 고령화 사회 진입 시점

구 분	한 국	일 본	미 국	영 국	프랑스	이탈리아
고령화 사회	2000	1970	1942	1929	1864	1927
고령사회	2018	1994	2014	1976	1979	1988
초고령화 사회	2024	2006	2030	2020	2019	2008

자료 : 통계청, 「장래인구 특별 추계 결과」, 2005.

그러므로 노인인구의 과잉여가시간을 효율적으로 관리하는 문제가 심각히 논의되어야 한다. 이와 관련하여 대한상공회의소의 「국내실버산업의 성장성 전망 보고서」에서는 고령시대의 도래와 관련하여 먼저 경험한 미국과 일본의 사례를 검토하여 유망업종을 선정한 바 있는데, 여가산업의 경우 교양 및 엔터테인먼트가 각광을 받을 것으로 보고 있다.

〈표 13-2〉 미국과 일본의 유망한 실버산업

요양산업	의료기기산업	정보산업	여가산업	금융산업	주택산업
재가요양 서비스 (가정간호 사업)	케어시스템, 생활보조 기구, 스포츠 용품	유비쿼터스, 건강안심 시스템	교양 및 엔터테인먼트	기업연금 제고, 장기 간병보험상품	다양한 유형의 노인주택 등

자료: 대한상공회의소, 「국내실버산업의 성장성 전망 보고서」, 2006.

2. 소프트(soft) 사회로의 지향

한국의 성장잠재력과 내외여건을 감안할 때, 장기적인 면에서 부가가치가 높은 산업과 소프트산업의 비중이 증가하고 컴퓨터, 통신기술의 발달로 정보화사회의 현상이 급속히 진전되어 기업활동은 물론 개인생활 및 사회생활에 있어서도 혁신적인 변화가 이루어져 편리한 여가생활이 가능할 것이다.

그리하여 지금까지 단편적으로 쓰던 지식집적화, 문화산업화, 시스템화, 서비스화와 같은 단어로는 충분히 표현되지 않는 소프트화사회의 성격이 상대적으로 높아질 것이다. 특히 산업구조면에서 볼 때, 사회간접자본 및 기타 서비스부문의 GNP 구성비는 매년 증가할 것으로 추정되나 농림어업의 GNP 구성비율은 현저한 감소현상을 보일 것이다.

우리는 소득과 생활수준이 향상되고 산업구조가 고도화되어감에 따라 '80년대 말부터는 정보화산업, 여가산업, 엔지니어링, 컨설팅 서비스 등의 분야에 대한 새로운 수요가 급격히 증가할 것으로 전망된다.

3. 지방화사회로의 지향

2000년에 이르기까지 국토계획의 원활한 시행으로 지역개발이 크게 이루어져 지역간 생활환경의 평준화가 전개됨에 따라 인구분포와 산업, 행정, 문화활동 등에서 지방화시대가 도래하며 농촌은 근대화된 생활공간으로 등장하고 있다.

교통 및 통신의 발달로 지방도시의 산업화는 대도시에 비하여 불리하지 않게 되며, 지역간 생활환경의 평준화에 따라 대도시에서 지방도시로 주거를 이전하는 U자형 인구이동현상(지방→대도시→지방)과 K자형 인구이동현상(대도시→지방)이 나타나 지방생활권의 활성화를 전망할 수 있다.

지역개발의 단계를 살펴보면 1970년대의 거점개발에서 1980년대는 광역개발이 중심이 되었으나 1990년대에는 지역간 균형개발을 통하여 집적이익의 균점화를 추구하였으며,[464] 21세기에는 국가균형발전 측면에서 지방도시의 산업별 수도화(首都化)와 전문 기능도시화를 구축하며 농어촌 등 낙후지역의 새로운 활로를 개척해 나갈 것이다.[465]

---

464) 대한민국정부, 「제2차 국토종합개발계획 수정계획(1987~1991)」, 1987, p.19.
465) 대한민국정부, 「제3차 국토종합개발계획」(2000~2020), 2000, p.27.

한편, 1990년대에는 지방공항의 국제화 추세가 현저하게 진행되고 지방의 대도시에는 지하공간(geo-front)의 개발, 농어촌에도 수변개발(water-front) 및 도서, 오지, 낙후지역의 개발 등이 활발히 진행될 것이다.

농촌지역에는 소도로 포장, 전기 및 전화보급의 확대, 주택개량 등으로 주거환경이 크게 달라지고 영농기계화와 농촌공업유치에 따른 농외 취업기회의 확대 등이 이루어져 농촌은 근대적인 새로운 생활공간으로 등장하게 될 것이다. 이에 따른 도시와 농촌의 여가활동도 지역간 구분이 모호해지고 상호 교류적이며 동질화된 경향을 보이게 될 것이다.

4. 이동(mobility)사회로의 지향

한국은 2000년초에 이르면 교통체계, 사회기반시설이 계속 발전하여 전국의 일일생활권화가 실질적으로 이루어지게 되며 전국 고속도로망의 계속적인 확충과 이보다 훨씬 신속한 고속전철과 일반전철망의 형성으로 전국의 어느 곳이나 1시간내에 고속도로 진입이 가능하고 경부간 고속철도가 완전 개통되는 2008년에는 1시간 40분대의 고속전철이 운행된다.

또한 자가용승용차의 보급이 〈표 13-3〉에서 보는 바와 같이 '80년의 약 18만대 수준에서 '90년에 190만대, '95년에 578만대, 2000년에 780만대, 그리고 2001년에 이르러 860만대로 증가되었으며 앞으로도 계속 늘어나 장거리 숙박여행시대를 가능케 하는 이동사회로 급변하게 될 것이다.[466]

〈표 13-3〉 2000년의 자동차보유대수 전망

구 분	단 위	1980	1990	1995	2000	2001
자동차	천대	528	3,395	8,469	12,059	12,914
	1대당 인구	72.2	12.6	5.3	3.9	3.7
승용차	천대	249	2,075	6,006	8,084	8,889
	자가용	179	1,902	5,778	7,798	8,588

466) 국토개발연구원, 「2000년을 향한 국가장기개발구상(국토부문)」(서울 : 同연구원, 1983. 12).

자료 : 산업연구원, 「자동차산업장기발전구상」, 1990. 3.

이와 더불어 교통수요 역시 2001년에는 공로, 철도, 지하철, 해운, 항공 등의 여객수송에 있어서 약 1,521억명/km를 수송하였다. 수송분담률은 공로 55.3%, 지하철 19.9%, 철도 19.2% 순이다. 앞으로 수송인원은 증가할 것으로 전망되며 특히 공로와 항공교통의 수요가 급증할 것이다.

5. 정보사회로의 지향

세계최고수준의 인터넷 강국으로 부상한 우리나라 국민들의 인터넷 이용률은 74.8%, 주당 평균 인터넷 이용시간은 2006년 12월 현재 13.7시간으로 세계 1위를 기록하고 있다. 이는 다른 나라에 비해 정보기반이 조기에 전면적으로 확충되었기 때문이다.

정보기술(Information Technology)의 약자인 IT는 정보를 생성, 도출, 가공, 전송, 저장하는 모든 유통과정에서 필요한 기술을 말한다. 현재 우리나라의 IT기술 수준은 SRAM, TFT-LCD, CDMA 등 국가 연구개발 사업을 통한 첨단 분야에서 세계 최고의 국제경쟁력을 갖춘 기술을 다수 확보하고 있다. IT기술은 21세기 정보화 사회에 필수적인 기술일 뿐 아니라, 기술의 부가가치 및 사회·경제적 파급효과가 매우 커서 산업적으로 중요한 분야다. 향후 10년 간 신기술로서 세계시장을 주도할 것으로 전망되고 있다. 이에 따라 경쟁력 유지와 원천기술 확보를 통한 정보기술의 자립을 위한 노력의 필요성이 대두되고 있다.

세계 석학과 미래학자들은 컨버전스에 대한 공통적 키워드로 '기술과 시장'이라는 화두를 던지고 있다. 빌 게이츠 회장은 "유비쿼터스 환경이 가장 먼저 구현될 나라는 한국"이라고 평가한 바 있다. 이미 IT선진국으로 발돋움한 우리나라는 디지털 컨버전스의 첨병이자 더 이상 벤치마킹할 모델이 없는 국가로서 '디지털 콜럼버스'의 신세계를 탐험해야 하는 도전자적 운명을 타고 났다고 볼 수 있다[467].

467) 임주환(2005), "디지털 컨버전스 시대(1) : 통-융-결합과 미래", 디지털타임스(2005. 3. 23).

IT의 활용으로 인한 공간변화는 사이버공간의 탄생과 시간과 공간의 압축과 확장이다. 이를 기든스(Giddens, 1981)는 '시공간의 원격화'(time-space distanciation)이라는 용어로 설명하고 있다. 시공간의 원격화란 사회체계가 시공간상에 전개되고 확장되는 양상을 의미한다. 기든스의 논의에 따르면 인류역사에 있어서 공간변화는 도시혁명, 산업혁명, 정보혁명, 그리고 마지막단계인 유비쿼터스 혁명으로 이어지고 있는 것이다. 따라서 여가생활 역사 IT의 영향으로 사이버 여가공간의 확장은 물론 낯선 지역에 대한 정보제공으로 원거리 여행도 증가할 전망이며, 관광활동 자체가 유비쿼터스화되어 실시간 안내정보 서비스를 받을 수 있게 될 것이다.

6. 웰빙사회로의 지향

우리는 이제 소비구조도 선진국형으로 변화되어 각종 내구소비재가 폭넓게 보급되고 윤택한 기본 의식주생활을 영위함은 물론 가계비 지출에 있어 문화비, 여행비, 교육비 등 직접적인 비생계비의 비중이 늘어나며, 앞으로 저축여력이 생김으로써 휴가나 해외여행 등 장기 여가생활의 설계가 가능하게 될 것이다. 일본의 경우에도 1980년의 경우, 교양 및 오락비가 전체 가계소비 중 8.5%를 점하고 있었으나 2000년에는 10.6%로 증가하여[468] 소비내역 중 가장 큰 성장을 보일 것으로 예측되고 있다.

구체적으로 앞으로 한국사회의 소비패턴은 다음과 같이 변화될 것이다.

① 세계시장의 거리단축에 따른 동시패션화의 진전
② 새로운 여가시장으로서 젊은 여성시장(OL), 노인시장(silver),
③ 젊은 전문가 시장(YUPs'), 젊은 맞벌이 시장(Dinks')의 등장
④ 소비구조의 변화
  - 건강소비 등 신종 필수품 지출의 증가 : 보건, 교양, 오락 등
  - 소비의 특징으로 개성화, 유니섹스(남녀공용)화
  - 선택기준의 변화 : "비싸다-싸다"에서 "좋다-나쁘다"로
  - 물질적 소비에서 감성적 · 지성적 소비로의 전환

468) 瀨沼克彰, 「現代餘暇の構圖」(東京 : 大明堂, 1983), p.223.

– 의사 귀족 체험 욕구의 증대
– 소비자 보호주의(consumerism)의 확산

⑤ 지폐시대에서 카드(플라스틱 머니)시대로의 전환

또한 향후 소비의 웰빙화가 지속적으로 나타날 전망이다. 1990년대부터 시작된 건강지향의 웰빙지향은 일시적인 열풍에 그치지 않고 국민들의 커다란 관심사가 되고 있다. 웰빙은 좋은(만족할 만한) 생활상태, 건강하고 행복하며 번영하고 있는 상태, 행복·안녕·복리·복지를 뜻하고 있다. 그러나 학문적인 차원에서는 아직도 웰빙의 개념이 확립되어 있지 못한 상태이다.[469)]

7. 여가사회로의 지향

한국의 경우 2000년대로 들어와 근로자의 주당 생활시간에 있어서 노동시간이 감소하는데 비하여 여가시간은 증가추세를 보이고 있다. 일찍이 루트진(S. G. Lutzin)에 의하면,[470)] 서기 2020년에 가면 우리는 일상생활시간의 6%만 일하게 되고 수면은 6시간, 나머지 시간은 휴식과 여가의 시간이 될 것이며, 그로 인하여 21세기에는 정부의 기능 자체가 국민의 여가이용에 관한 시책을 펴는 데 집중될 것이라고 주장한 바 있다.

한국의 경우, 경제성장에 따른 소득의 증가와 사회구조의 변화에 따른 자동화, 고속화, 여가화 등으로 취업자의 생활시간이 크게 변화하여 여가시간이 급격히 확산될 것으로 전망된다. 2004년 이후에는 노동시간이 주5일제의 시행으로 정착될 것이다. 주5일 근무제는 2011년까지 모든 사업장에 적용될

---

469) 여전히 사회과학 분야에서는 삶의 질이라는 용어를 즐겨 쓰고 있지만, 심리학자들은 행복, 생활만족, 정적인 정서 등을 포함하여 주관적 웰빙이라는 말을 쓰고 있다. 주관적 웰빙은 두 가지 관점에서 규정되고 있다. 첫째, 전반적 개념 속에는 생활만족, 욕구충족, 그리고 기쁨수준이 강조되고 있으며, 세부적 개념 속에는 직무만족, 자긍심, 통제신념(control belief) 등이 담겨 있다. 이에 대해서는 다음 문헌을 참조. 이정순·전원배, "관광활동, 여가만족, 심리적 웰빙(well-being), 주관적 웰빙의 관계", 한국관광학회, 「관광학연구」, 28:4, 2005.

470) Sidney G. Lutzin and Edward H. Storey, eds., *Managing Municipal Leisure Services*(Washington, D.C. : The International City Management Asscoiation, 1973), pp.3～4.

것이며, 이 경우 약 823만명의 근로자가 혜택을 보게 될 전망이다. 2007년 2월 경향신문과 한국사회여론조사연구소의 조사결과, 주5일 근무제의 도입에 따라 우리나라 근로자의 주요 관심대상은 경제와 교육에 이어 여가부문이 3위를 차지하는 것으로 나타난 바 있다.[471)]

이처럼 여가사회로의 진전은 여가시간의 단순한 증가에 기인하는 것은 아니며 생활가치관의 변화, 산업구조의 변화, 정부의 여가정책 등 전반적인 사회변천과정의 일부분으로 이루어지며, 21세기에는 생활을 즐기고자 하는 분위기로 말미암아 노동보다는 여가에 더 큰 관심을 보일 것으로 여겨진다.

이상에서 한국사회의 미래상에 대하여 알아보았는 바, 한 가지 공통된 특징은 앞으로의 한국사회는 여가사회로의 지향과 밀접한 관계가 있다는 것이다. 즉, 21세기의 여가사회의 도래는 고령화, 소프트화, 지방화, 이동화, 정보화, 고학력화, 소비화 추세와 밀접한 상호작용을 하게 될 것이며, 반대로 여가사회는 여러 추세를 촉진하는 촉매역할도 하고 있음을 알 수 있다.

제 2 절 여가생활패턴의 변화전망

1. 사회변동과 여가패턴

여가현상은 매우 동태적인 것이며 여러 가지 요인에 의하여 영향을 받게 되는 바, 여기에서는 여가현상의 패턴변화에 대하여 언급하고자 한다. 향후

〈표 13-4〉 여가현상의 변화전망

구 분	산업사회	후기산업사회
1. 노동 · 여가의 비율	노동시간 많음	여가시간 많음
2. 교육수준	고졸 이하	고졸 이상
3. 천연자원	무한정의 처리	고갈상태의 처리
4. 가족구성형	확대가족	핵가족
5. 도시의 특징	단일 메트로폴리탄 지대	교차 매트로폴리탄 지대

471) 경향신문 2007. 2. 22일자.

한국의 여가현상은 산업사회에서 후기 산업사회로 변천하는 과정에서 찾아볼 수 있다〈표 13-4 참조〉.

트리스트(Eric Trist)는 산업사회에서 후기 산업사회로 전환하는 과정에서 나타나는 사회구조적 특징을 사회·기술적 기반, 경제적 기반, 직업구조와 교육, 여가와 실업, 가족구조, 환경적 특성으로 나누고 있는데, 이중 여가와 관련된 특징은 다음과 같다.[472]

이와 같이 산업사회에서 후기 산업사회로 갈수록 특히 노동시간보다는 여가시간의 비중이 커지고 고학력화, 환경문제, 가족구성 등이 중시되고 있다는 것을 알 수 있으며, 또한 에머리(F. Emery)와 트리스트(E. Trist)의 연구에 의하면, 산업사회에서 후기 산업사회로의 이행과정에서 나타나는 문화적 가치(cultural values)의 변동을 보면 노동의 업적주의에서 자기실현주의로, 자기통제에서 자기표현으로, 자기독립에서 상호의존으로, 인내에서 유희로 규정하고 있는데,[473] 이는 여가현상에도 분명하게 표출되고 있다.

한편, 라포포트(P. Rapoport)와 라포포트(R. N. Rapoport)는 주장하기를 산업사회의 지배적 생활문화인 자제, 금욕, 인내, 성실, 근면의 생활패턴에서 후기 산업사회에서는 자기실현, 쾌락, 개성, 창조성으로 변동되며, 생활패턴의 주축은 일, 노동, 직업에서 사생활, 여가, 가정으로 바뀌게 된다고 하였다.[474]

특히 여가생활의 패턴변화에 대하여 세계관광기구(World Tourism Organi- zation)는 전망하기를 산업사회의 특징인 고립(isolation), 정주(sedentary), 휴식(rest), 수동적 소비(passive consumption)에서 후기산업사회의 여가패턴은 이동생활(mobile), 활동(activity), 단체생활(group life) 및 발전적 여가(developmental leisure)로 전환될 것으로 전망하고 있다.[475]

이에 따라 향후 인간의 생활가치관은 다음과 같이 변화될 것으로 요약할

---

472) Eric Trist, "The Structural Presence of the Postindustrial Society" in N. Cross, D. Elliot, R. Roy, eds., *Man-made Futures*, 1974, pp.107～117.

473) Eric Trist, "Toward a Postindustrial Culture", in Dubin, ed., *Handbook of Work, Organization and Society*(Chicago : Rand McNally College Publishing Co., 1976), p.1014.

474) P. Rapoport and R. N. Rapoport, *Leisure and the Family Life Cycle*(London : Routledge and Kegan Paul, 1975), pp.11～12.

475) WTO, *Spiritual Values*(Madrid : WTO, 1981), p.26.

수 있다.

첫째는 쾌락(pleasure)에 대한 욕구가 증가할 것이라는 점이다. 여가가 삶의 수단이 아니라 인생의 목적 내지 삶의 보람으로서 정착될 것이며, 특히 신세대들에게서는 이러한 의식이 크게 증가하고 있다.

둘째는 창조(creation)에 대한 강한 집착이다. 제조과정을 전혀 알 수 없는 대량생산 체제하에서 미래의 인간들은 무엇인가 직접 만들고 생산하며 즐거움을 추구하는 행위에 대해 많은 관심을 보일 것이다.

셋째는 물질에서 마음(mind)으로의 전환이다. 고도성장기에서 부의 축적으로 풍요를 구가하고자 하였지만, 오히려 인간성의 상실을 초래함에 따라 정신적인 충실과 만족에 더 많은 비중을 두게 될 것이다.

넷째는 가족중심적이기보다는 커뮤니티지향적(community) 가치관이 팽배할 것이다. 고도성장의 대도시에서 많이 나타나던 자기중심주의, 가족중심주의에서 벗어나 지역연대주의, 소비자주의, 환경운동 등 공동체의식이 점차 커질 것이다.

다섯째는 효율성보다는 심미성(beauty)의 추구이다. 생활에 여유가 생김에 따라서 효율성보다 미에 기준을 두고 사물을 판단하려는 사고방식이 거세질 것이다.

2. 노동·여가관계의 미래전망

일반적으로 산업혁명을 전후로 하여 이전의 사회를 전산업사회, 산업사회 이후에 도래할 사회를 후기 산업사회라 지칭할 수 있다. 여기서 전산업사회와 산업사회는 그 생산양식의 차이 때문에 뚜렷한 성격구분이 가능해진다. 즉 전산업사회는 농업과 같은 1차산업이 주축이 된 사회였으며, 산업사회는 기계생산이 주가 되어 인간의 생활양식을 근본적으로 바꾸어 놓았다. 그렇다면 후기 산업사회의 특징은 무엇이며, 산업사회와 비교하여 무엇이 근본적으로 다르게 나타나겠는가?

토플러(A. Toffler)는 고도기술의 발달을, 벨(D. Bell)과 스토니어(T. Stonier)는 서비스 지향의 지식 또는 정보사회를 그 기준으로 하여 후기산업사회를 정의하고 있다. 이들은 모두 기술혁명이 사회의 전 분야에 영향을 끼쳐 사회관계를 재조직하는 총체적인 변동을 낳는 것으로 예견하였다. 소위 전자화, 소프트웨어화, 디지털화, 소형화 등이 생산양식 등 사회전반에 영향을 미쳐 또다른 시대가 도래한다는 것이다.

후기 산업사회에 대한 여러 개념이 산업사회와 비교하여 근본적인 생활양식의 변화를 설명할 수 없는 것이라면, 현대 산업사회의 여러 특징의 고찰을 통해 향후 도래할 후기 산업사회의 성격을 규정해 볼 수 있다. 여기에서 중요시되는 개념이 여가의 개념이다. 노동과 여가와의 관계는 산업사회 형성 이후 꾸준히 변천해 왔으며, 바야흐로 노동보다 여가가 중심이 되는 사회가 곧 도래할 것으로 예견되고 있다.

미래학자인 허만 칸(H. Kahn) 등은 후기 산업사회에서 고도기술 발달로 인한 생산성의 획기적인 증가로 일의 비중이 크게 낮아질 것이라고 말하고, 후기 산업사회의 경제를 '생필품 생산의 과제가 사소한 일거리가 되는 사회'로 규정하고 있다. 즉 생계유지를 위한 노동은 그 중요성이 급격히 감소하고 대신 여가가치가 증대할 것이라는 예견이다. 이와 같은 맥락에서 칸 등 학자들은 경제의 1차적인 요소인 농업, 광업, 2차적인 요소인 제조업, 3차적인 요소인 서비스업 이외에 제4차적 요소가 우리 생활에서 중요한 부분을 차지할 것이라고 말하고 있는데,[476] 그들이 제시한 4차적 요소란 주로 여가활동과 관계가 있는 것들로 다음의 것을 포함하고 있다.

① 의례적·심미적 행위
② 타부, 토템, 전통적인 종교, 습관 등의 창조
③ 독서, 집필, 회화, 연기, 작곡, 예술에 대한 우호적인 관심
④ 관광, 게임, 콘테스트, 의식, 전시 및 공연
⑤ 맛있는 음식요리 및 식사
⑥ 사냥, 낚시, 하이킹, 캠핑, 보우팅
⑦ 직업과 관련이 없는 기술의 습득 및 실습
⑧ 정원 가꾸기, 장식 등의 가정 꾸미기
⑨ 대화, 토론 및 정치문제에 대한 의견교환

476) H. Kahn, W. Brown and L. Martel, *The Next 200 Years*(London : Abacus, 1977), pp.1~23.

⑩ 기타 문화적·사회적 행위
⑪ 사회복지 및 안녕에 관한 행위
⑫ 모험, 오락, 흥미로운 일을 추구하는 기타 레크리에이션 활동
⑬ 공적인 일 및 프로젝트에의 참가

이와 같이 미래의 우리 사회는 확대된 여가시간을 활용하는 데에 많은 노력을 기울이게 될 것이다. 즉 여가활동이 중심이 되어 과거 일이 담당하였던 여러 사회적인 역할까지도 여가활동이 담당하여야 하는 새로운 사회가 도래할 가능성이 높다. 이때 여가와 여가행위는 지금보다 더욱 적극적인 개념으로 발전되어 진지한 여가, 일의 성격을 갖는 여가 등 그 내용의 폭과 깊이가 지금보다 훨씬 더 심화될 것이다.[477)]

3. 한국의 여가패턴 변화전망

이상에서 산업사회에서 후기산업사회로 변천함에 따라 나타나는 여가현상에 대하여 언급하였는데, 특히 한국에 있어서 향후에 전개될 여가패턴의 특징은 다음의 몇 가지를 들 수 있다.

1) 정태적 여가에서 동태적 여가로의 전환

국민은 일상의 복잡하고 긴장된 생활 속에서 벗어나 정신적·육체적 소외감을 여가활동으로 달래기 위하여 일상생활권을 탈피하려는 움직임이 결국 여가활동을 증가시킨다는 사실을 감안하여 볼 때, 향후에는 이른바 수동적이고 정적인 활동보다는 직접 참여하여 여가시설을 적극적으로 이용하는 능동적이고 동적인 여가패턴을 보일 것으로 전망된다.

2) 소비적 여가에서 생산적 여가로의 전환

최근들어 간접체험에 의존했던 여가활동들이 직접 체험형태로 변화하면서 체험과 참여가 새로운 여가문화 코드로 자리를 잡고 있고 기능성보다 체

477) A. J. Veal, *Leisure and the Future*(London : Allen & Unwin, 1987), p.60.

험을 제공하는 여가가 각광을 받고 있다. 소비적 여가(consumptive leisure)라 함은 여가활동에 실제 참여하지 않고 행하는 대리적 소비(vicarious consumption), 즉 운동참관, TV시청, 라디오 청취 등을 말한다. 그러나 향후에는 관조적인 여가, 소비적 여가보다는 교양, 취미, 스포츠 등의 활동에 직접 참여하여 가치를 창조하는 생산적 여가(productive leisure)의 경향이 증가할 것이다.

3) 금전소비형에서 시간소비형 여가로의 전환

여가활동에 필요한 요소로써 가장 간단하게는 돈과 여가를 들 수 있는데, 이 두 가지의 요소에 주목해서 어느 요소를 특히 필요로 할 것인가 하는 점에서 소득다소비형 여가와 시간다소비형 여가라고 하는 분류도 된다.[478] 소득수준의 신장이 둔화되는 저성장 경제하에서는 비용이 여가활동의 중요한 변수가 되는데 비하여 오늘날 소득수준이 점차 향상됨에 따라 국민들은 자유로운 시간을 보다 즐겁고 충실하게 보내고 싶은 마음을 갖게 되어 새로운 여가패턴, 즉 자기시간을 효율적으로 이용하고자 하는 패턴이 증가하는 추세에 있으며, 이러한 패턴은 여가시간이 증가하면 할수록 더욱 현저해지는 경향이 있다.

4) 여가계획습관의 증대경향

일반적으로 여가는 인생 그 자체 또는 생활의 방편으로 인식되고 있으나, 이러한 의식은 여가시간의 양이 많아짐에 따라 여가활동의 영역이 다양화되었기 때문이다. 특히 증가하는 유급휴가, 주휴 2일제의 확산 등으로 비교

478) 이 분류는 사람들의 생활에서의 여가가 노동의 배분, 혹은 여가와 소득의 선호를 생각하는 점에서 중요하다. 왜냐하면 근로자에 있어서 여가시간과 소득과는 어느 정도 긴 간격을 취하고 시계열(時系列)적으로 보면, 함께 병행적으로 증가해 오고 있는데, 어느 시점에서 본다면 서로 홍정의 관계에 있기 때문이다. 사람들은 생활 속에서 시간보다 소득이 충분치 않다고 생각하면 더 노동시간이 길어도 좋다, 혹은 여가시간이 더욱 더 짧아도 좋다라고 생각하기 때문에 소득을 늘리고 싶다고 생각할 것이고, 소득보다는 여가에 대한 부족감에 강하면 소득은 그다지 늘어나지 않아도 좋다고 생각하기 때문에 노동시간을 짧게 하고 싶다고 생각하게 될 것이다. 이에 대해서는 다음 문헌을 참조. 熨斗隆文, 「現代の餘暇」(東京 : 日本經濟新聞社, 1974), pp.31~32.

적 장기적인 안목에서 여가활동의 선택 및 지출에 대한 계획성있는 생활설계가 꾸려져 나갈 것으로 전망된다.

5) 자연지향형에서 시설지향형 여가로의 전환

여가활동의 대상은 크게 자연자원과 시설자원으로 나눌 수 있다. 오늘날 자연자원은 한계가 있어 여가현상에 있어서도 자연보다는 시설지향적 패턴의 여가활동이 증가되고 있으며, 이에 따라 시설자원을 이용하기 위한 기술의 응용이 두드러지게 나타나고 있다. 특히 자연자원의 과잉개발과 과밀이용은 각종 오염, 생태계 파괴 등의 환경문제를 야기하고 있으며, 자연공간 자체에서의 여가활동보다는 레크리에이션 시설을 이용하는 여가패턴이 현저하게 증가할 전망이다.

6) 계절적 여가수요의 평준화 경향

오늘날 여가이용자의 계절적 이용파동을 완화시키기 위한 노력이 상당히 추진되고 있어 이러한 추세로 나간다면 여가공급과 수요의 증감현상이 조화를 이루게 될 것이며, 여가시설의 이용률, 수익률, 변화적응력도 높아질 것이다. 이렇게 하기 위해서는 앞으로 특정 지역이나 특정 계절 및 요일에 여가집중현상을 사전에 예방할 수 있도록 정보나 홍보시스템을 갖추어서 여가집중의 분산수용효과를 가져와야 할 것이다.

7) 개인적 여가에서 사회성 여가로의 확대

여가시간이 적을 경우 여가를 보는 관점은 대개 주로 개인의 사생활과 결부되어 왔으나 여가시간이 증가하고 여가를 통한 사회교류가 활발해지면서 사회성 여가활동의 참여도 증가하게 될 것이다.

사회성 여가란 여가행위가자 그 활동의 목적으로서 내적 보상인 자기만족을 추구하는 것을 넘어서 사회공헌적 가치를 구현하는 활동을 말한다. 사회성 여가란 여가행위자가 그 활동의 목적으로서 내적 보상인 자기만족을 추구하는 것 이외에도 사회공헌적인 가치를 구현하는 여가활동으로, 자신의 삶을 보다 의미 있고 보람되게 만드는데 주어진 여가시간을 할애하는 여가활동을 의미한다. 사회성 여가는 여가활동을 이타적 목적을 수행하는 과정에서 자기계발(여가기술 습득), 자기정화(심리적 충족감), 자기표현(사회적 관계속에서 표현) 등의 2차적 보상에 의해 동기부여 되는 활동이다.479)

이러한 사회성 여가의 증가하게 된 배경은 여가활동의 급격한 증가, 소득수준의 증가, 시대의 변화에 따른 사회적 필요성, 그리고 인간의 여가의식 변화, 나아가 지역사회활동의 참여 증가, 민간기업 사회공헌활동의 활성화 등이 크게 작용하고 있다.480)

사회성 여가는 참여유형에 따라 시간나눔형과 관계지향형, 매니아형과 멘토(mentor)형으로 구분할 수 있다. 내용별로는 공연, 여행, 환경보호, 전시회와 대회, 그리고 온라인을 통한 사회성 여가활동이 있으며, 사회성 여가활동에서 관심이 되는 주요 대상은 노인, 주부, 기업 등이 있다. 따라서 사회성 여가의 활성화를 위해서는 정부차원의 여가교육 프로그램의 개발 및 보급, 사회적 자본에 대한 정보제공 및 조정, 지역사회 공동체 재형성, 여가친화적 기업에 대한 지원 등의 역할이 필요하다.

4. 한국인 생활시간 배분의 변화

인간 생활시간의 배분은 사람들의 생활구조와 행동을 이해하는데 매우 중요하다. 일반적으로 인간의 생활시간은 생리적 필요시간, 노동시간, 자유시간의 세 가지로 크게 나누어진다. 노동시간은 생산활동에 보내지는 시간으로 노동자의 경우에는 노동에 소비하는 시간과 통근시간, 학생이라면 면학과 통학을 위한 시간, 주부라면 가사 및 쇼핑을 위한 시간이 여기에 해당한다. 생리적 필요시간은 생명의 유지를 위해서 생리적으로 필요한 시간으로 수면과 식사 등의 시간을 말한다. 이것은 모두 사람들이 생활해 나가는데 불가결한 것으로 공통으로 거의 일정의 시간이 소비된다. 그리고 1일 24시간에서 노동시간과 생리적 필요시간을 뺀 나머지 시간은 자유로운 선택에 의해서 사용하는 시간이다.

---

479) 윤소영·최윤희·윤상연, 「사회성 여가 발굴 및 활성화 방안 연구」(서울: 한국문화관광연구원, 2007).

480) 瀬沼克彰, 「餘暇の動向と可能性」(東京 : 學文社, 2005), pp.35～36.

이와는 달리 일본의 藤本武는 생활시간을 수입생활시간, 소비생활시간으로 대별하고, 이 가운데 소비생활시간을 생리적 생활시간, 가사적 생활시간, 사회문화적 생활시간으로 세분하고 있다. 수입생활시간은 근무시간, 통근시간, 재택근무시간, 부업으로 구분된다. 소비생활시간 중 생리적 생활시간은 수면, 식사, 신체회복, 휴식, 의료시간으로 구분된다. 가사적 생활시간은 가사작업, 육아, 승용차 등의 청소로 구분된다. 그리고 사회문화적 생활시간은 학교, 운동, 교양오락, 레크리에이션, 교제, 잡담, 사회활동, 기타 등으로 구분하고 있다. 따라서 여가시간은 소비생활시간 중 사회문화적 생활시간의 일부로 볼 수 있다.[481]

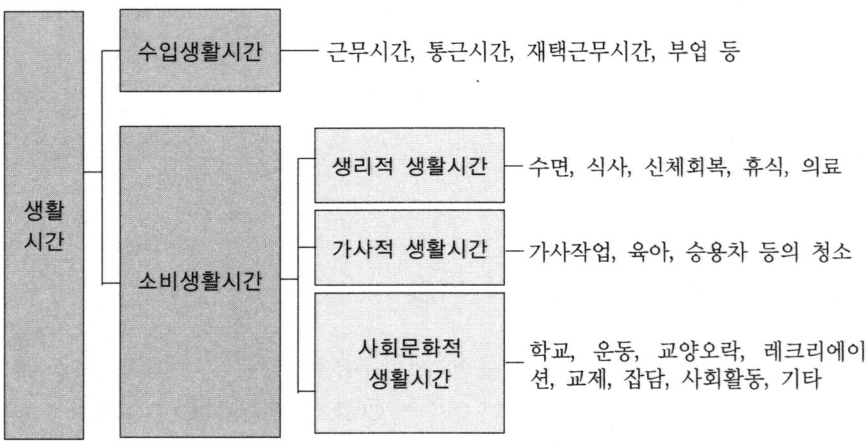

〈그림 13-1〉 생활시간의 분류기준

우리나라의 공식통계에서는 생활시간을 개인유지시간(수면, 식사 등), 수입(收入)노동시간(근무, 학업), 가사노동시간, 사회활동시간(사회참여, 종교, 교제), 여가활동시간(학습, 관람, 스포츠, 취미 등), 대중매체시간, 휴식시간(담배, 아무 것도 안함), 이동시간(통근, 통학), 기타시간 등 9가지로 분류하고 있다.[482] 이는 생활시간을 통계화하기 위하여 세분하였다고 할 수 있다. 이를 전국의 10세 이상의 성인을 대상으로 통계청이 표본조사한 결과, 전국

481) 藤本武, 「最近の生活時間と餘暇」(東京: 勞動科學研究所, 1974).
482) 통계청, 「1999 생활시간조사보고서」, 2000.

민의 문화 및 여가행동에 요일 평균 6시간 10분을 사용하고 있다. 이는 하루 생활시간의 25.7퍼센트인 것이다. 평일에는 5시간 43분, 토요일은 6시간 38분, 그리고 일요일은 7시간 53분으로 일을 하지 않는 날일수록 여가시간의 양도 많아지고 있다.

또한 동 조사에서 한국인 성인남성의 생활시간을 살펴보면 개인유지시간이 1일 619분으로 40퍼센트를 차지하고 있으며, 수입노동시간은 356분으로 24.7퍼센트를 차지하고 있다. 이밖에 사회활동이나 레저활동, 대중매체, 휴식시간은 넓은 의미에서 자유시간이라고 할 수 있는데 총 315분으로 하루 생활시간의 21.9퍼센트를 차지하는 것으로 나타났다. 여성의 넓은 의미의 자유시간은 284분으로 하루 생활시간의 19.7퍼센트로 나타나 남성에 비하여 약간 적은 것으로 나타났다.

통계청의 집계결과에서 나타난 주요한 특징은 건강관리, 학습, 참여 및 봉사활동, 여가활동중의 학습, 관람 및 문화적 행사 참여들에 투입하는 시간이 거의 없을 정도로 나타났다는 점이다. 결론적으로 우리나라 근로자들이 휴일에도 일을 하는 경우가 많으며, 그 영향으로 휴일에 특별히 증가하는 여가활동이 나타나지 않으며, 휴일에는 잠을 더 자고 텔레비전을 보면서 지내는 경우가 많고, 재교육이나 훈련에는 거의 시간을 사용하지 못하고, 지역사회 활동이나 봉사활동의 기회를 갖지 못하며, 문화적 행사나 스포츠 참여도 미미한 수준에 그치고 있다는 것을 보여주고 있다. 따라서 우리 국민들의 여가가 대단히 편향되어 있으며 교양문화적이기보다는 여전히 소극적이고 휴식중심의 성격을 다분히 지니고 있는 것이다.

한국인의 생활시간 배분 중에서 수면 등 개인유지 다음으로 큰 시간량을 할애하고 있는 영역은 교제 및 여가활동으로 평균 4시간 57분이나 된다.[483] 여기서 관심을 갖게 하는 것은 교제 및 여가활동 중 가장 많은 시간배분이 이루어지고 있는 대중매체 이용항목이 대부분 TV 시청이라는 점이다. 이와는 대조적으로 일반인의 학습을 위한 시간량은 매우 낮아 좋은 대조를 이룬다. 따라서 한국인에게 TV의 위력은 대단한 것으로 인식되며, 양질의 프로그램에 의한 방송이 요망됨을 시사한다.

483) 김승권, 「한국인의 생활시간 배분실태와 효율적 활용방안에 관한 연구」, 2001.

〈표 13-5〉 한국인의 교제 및 여가활동 시간량

(단위 : 시간, 분, %)

교제 및 여가활동 항목	요일			평균
	평일	토요일	일요일	
교제활동	0 : 50(18.8)	0 : 58(18.6)	1 : 07(17.5)	0 : 55(18.5)
대중매체 이용	2 : 11(49.2)	2 : 36(50.2)	3 : 14(50.6)	2 : 27(49.6)
−TV시청	1 : 54	2 : 18	2 : 55	2 : 10
일반인의 학습	0 : 09(3.4)	0 : 07(2.3)	0 : 06(1.5)	0 : 08(2.7)
종교활동	0 : 07(2.6)	0 : 08(2.6)	0 : 24(6.3)	0 : 11(3.7)
관람 및 문화적 행사참여	0 : 01(0.4)	0 : 03(1.0)	0 : 03(0.8)	0 : 02(0.3)
스포츠, 집밖의 레저활동	0 : 16(6.0)	0 : 20(6.0)	0 : 23(6.0)	0 : 19(6.4)
취미 및 그 외 여가활동	0 : 49(18.4)	0 : 56(18.0)	1 : 02(16.2)	0 : 53(17.8)
교제 및 여가활동 관련 물품구입	0 : 02(0.8)	0 : 03(1.0)	0 : 03(0.8)	0 : 02(0.7)
기타 여가관련활동	0 : 01(0.4)	0 : 01(0.3)	0 : 01(0.3)	0 : 01(0.3)
계	4 : 26(100.0)	5 : 11(100.0)	6 : 23(100.0)	4 : 57(100.0)

자료 : 김승권, 「한국인의 생활시간 배분실태와 효율적 활용방안에 관한 연구」, 2001.

2004년 놉월드(NOP World)社는 세계 31개국 13세에서 65세까지 인구 30,000명을 대상으로 '일과 여가의 균형'에 관한 조사를 하였는데,[484] 이 조사에서 우리나라는 31개 조사대상국가 가운데 가장 '일'중점적인 국가로 나타났다. 조사대상 31개국의 평균 주당노동이 40.6시간, 여가활동(TV시청 독서 친구들 만나기, 자녀·손자와 보내기) 시간이 39.2시간인 반면, 우리나라는 주당 50.7시간을 일하고 30.7시간을 여가활동에 소비하는 것으로 나타났다.

평균에 비해 우리나라는 주당 10시간 정도 더 일하고 8.5시간 더 적게 여가생활을 즐기는 것으로 나타났다. 참고로 일과 여가균형에 있어 가장 균형을 나타낸 스웨덴의 국민들은 주당 36.7시간 일하고 36.4시간 여가생활을 향유하는 것으로 나타났다. 또한 여가보다는 일에 중점을 두는 국가로는 우리나라 이외에 홍콩, 터키, 인도, 싱가포르 등이 있으며, 반대로 일보다는

484) 문화관광부·한국문화관광연구원, 2006 여가백서, 2007(재인용)

여가에 보다 중점을 두는 국가로는 필리핀, 태국, 브라질, 아르헨티나, 캐나다 등이 있다.

〈표 13-6〉 국가별 주당 노동-여가시간 비교

국가명	노동시간	여가시간
세계평균	40.6	39.2
태국	47.4	54.1
아르헨티나	42.8	48.3
브라질	40.7	46.4
터키	56.8	42.3
미국	38.3	41.7
필리핀	32.0	41.1
중국	40.9	40.4
캐나다	34.8	38.0
멕시코	41.6	36.2
인도	45.4	35.1
싱가포르	44.1	34.9
홍콩	48.6	34.8
일본	38.9	34.3
한국	50.7	30.7

자료 : http://www.gfkamerica.com(문화관광부·한국문화관광연구원, 2006 여가백서, 2007 재인용)

제 3 절 미래사회의 여가대처방향

이상에서 한국 여가사회의 미래상에 대하여 살펴보았고, 국민 여가생활 패턴의 변화전망에 대하여 논의하였는데, 이에 따른 향후 한국사회의 여가 발전을 위한 기본적 대처방안을 제시하면 다음과 같다.

1. 여가의식의 확립

전통적으로 한국인들은 여가를 무가치한 것이고 시간낭비를 가져오며 사람을 게으르게 만드는 것으로 인식하여 온 것이 사실이다. 이로 인하여 아직까지도 건전한 여가문화(leisure culture)가 형성되지 못하고 있으며 여가의 의미 자체를 구별하지 못하고 있어 여가에 대한 올바른 태도로의 개선이 일반 국민이나 정책입안자, 여가관련 기업자 등에게서 요구된다.

특히 여가에 대한 이해를 위하여 단순히 시간적·활동적·상태적·제도적 관계로 분류하여 논할 경우 현대여가의 성격을 오도할 위험이 있으므로 이들 요소를 통합한 포괄적 차원에서 정의하여야 한다. 또한 현대여가의 본질을 해방성, 자유선택성, 가치창조성, 노동관련성, 생활양식성의 관점에서 찾아야 한다.

게다가 여가와 관련된 여러 현상간의 위상관계 설정에는 아직도 불분명한 범주가 존재하고 있으므로 현대여가는 레크리에이션, 놀이, 스포츠, 게임, 관광 등을 포함하는 거시적 상위개념으로 이해하고 그러한 관점에서 여가정책, 행정, 자원개발 및 관리의 방향을 설정하여야 한다.

한편, 오늘날 여가의 발전을 위해서는 여가를 산업사회의 산물로 간주하여 사회적으로 팽배한 여가분위기와 여가혁명이 지니는 진의를 긍정적으로 수용하여야 한다. 그리고 사회변동이 여가에 미치는 영향과, 반대로 여가가 사회변동에 미치는 영향에 대한 인식이 발전해야 한다. 그리하여 현대여가가 미치는 역기능을 최대한 감소시키고 신체적·심리적·교육적·사회적·문화적·자기실현적 기능과 같은 긍정적 기능을 제도적으로 향상시킬 수 있는 대책을 수립하여야 한다.

특히 여가정책의 수립에 있어서 오늘날 여가현상에서 나타나는 제반문제에 대한 세심한 분석이 요구되는데, 한국에 있어서 여가의 문제로는 여가인식의 문제, 여가수용력의 문제, 여가일탈화의 문제, 여가기회 불평등의 문제 및 여가교육의 문제를 제기한 바 있다. 이 가운데 여가교육의 활성화 목표달성을 위해서는 여가를 활용할 능력을 개발하고 학교교육이나 생애교육,

가정교육, 커뮤니티교육도 중요하다.

2. 여가현상에 대한 체계적 이해

여가현상을 분석 및 접근하는 방식에는 여러 가지가 있을 수 있으나, 그 중에서도 여가를 주체, 객체, 매체로 나누는 방식이 타당하다고 본다. 즉, 여가주체로는 이용자, 여가객체로는 여가자원, 그리고 여가매체로는 여가산업 및 여가조직을 들 수 있다.

이용자에 대한 이해는 여가행동으로 귀결될 수 있는데, 특히 여가의 욕구, 동기, 성격, 태도, 지각 등에 초점이 주어진다. 여가행동은 동태적인 특징을 지니나 일정한 과정을 통하여 표출되며 여가행동의 이면에는 신체적 욕구, 변화욕구, 사회·문화적 욕구, 지적 욕구, 존경욕구, 자기실현의 욕구가 유발요인으로 작용한다.

그리고 여가행동에 접근하는 방식으로는 크게 경제적인 접근방식, 행동주의적 접근방식, 지리학적 접근방식과 환경심리학적 접근방식이 유용하다. 여가자원은 이용자의 행위대상이 되는 모든 사상으로서 이용자의 욕구를 충족시킬 수 있는 유형, 무형, 그리고 자연적, 인공적 대상의 총체를 말한다.

여가자원은 개념상 여가공간, 여가시설, 여가공급, 여가산업 등의 용어와 상호 밀접하게 관련되어 그 구분이 곤란할 수 있으며, 여가자원의 유형은 활동내용이나 자원의 질, 공간입지, 접근성, 소유권 등에 따라 각양각색인데, 이 책에서는 특히 활동내용의 특성에 따라 여가자원의 유형을 체육·스포츠 자원, 휴식·보양적 자원, 교양·문화적 자원, 오락·사교적 자원, 취미·감상적 자원, 관광·행락적 자원 등 여섯 가지로 분류한 바 있다.

여가산업은 영리를 목적으로 이용자의 여가활동에 대한 시설, 용구의 제공이나 이의 제조 및 판매행위, 그리고 여가활동의 지도 등을 행하는 일련의 산업인데 이것은 크게 여가공간산업, 여가기기산업, 여가정보서비스산업으로 구분되나, 부분적으로 여가산업의 일부는 여가자원과 동일시되는 경우가 있다.

3. 여가수급의 원활화 모색

앞에서 여가현상의 구조를 주체, 객체 및 매체로 구분하였는데 여가수요는 주체, 그리고 여가공급은 객체와 매체에 관련된다. 아직까지 한국에서는 여가현상을 체계적으로 파악하지 못하여 여가수급의 문제를 활발히 논하지 못하고 있으나, 향후의 여가정책개발이나 자원개발시에는 국민여가의 수요패턴과 수요량에 착안하여야 할 것이다.

여가수요는 개인의 욕구와 밀접한 관련이 있으며 여가참여기회에 결정되어지며 여가수요의 결정요인에 대하여는 많은 견해가 있어 왔으나, 일반적으로 개인의 인구통계적 특성과 심리적 요인, 나아가 사회전반적 환경 등에 의하여 여가수요가 달라진다.

여가공급은 여가수요를 유도하고 충족시킬 수 있는 여가자원, 여가공간, 여가산업의 총체적 개념으로서 여가교육이나 프로그램의 개발 및 제공까지도 포함되는데, 여가공급의 결정요인으로는 자원의 특성, 접근성, 여가정책 등이 있다.

일반적으로 여가수급발생의 요인으로 사회경제적 배경, 심리적 요인, 자원의 특성과 거시적인 여가환경요인을 들 수 있는데, 여가수요와 공급의 원활화를 모색하기 위해서는 이들 요인에 대한 면밀한 검토가 요구된다.

4. 여가행정의 정확한 방향설정

여가조직은 여가수요와 공급의 균형유지를 모색하는 조직적 단위로서 크게 공적 여가조직, 민간여가단체, 상업적 기업을 들 수 있다. 각 조직별로 여가행정 및 수급유지에는 독특한 영역과 한계가 있게 마련인데, 특히 국민여가생활의 발전과 국가적 여가계획을 수립하기 위해서는 공적 여가조직의 역할이 중요시되어야 한다.

특히 중앙정부는 국민의 여가생활을 복지증진의 차원에서 계획을 수립하고, 법률을 제정하며, 여가행정을 조정하고 재정적 지원을 하며 나아가 기업가 및 조성자의 역할을 수행하여야 한다.

한편, 지방자치단체는 중앙정부 못지않게 지역주민의 생활의 질을 향상시키기 위한 제반조치 및 서비스를 제공할 뿐 아니라 여가자원 및 시설의 지역특성에 맞는 개발, 그리고 국가적·지방적 주요 여가자원의 관리에 일차적인 역할을 담당하여야 한다. 특히 한국과 같이 지방자치단체의 기능이 강화되고 있는 경우에는 중앙정부의 여가에 대한 부차적 역할까지도 지방자치단체로 이전되어야 할 필요가 있다.

그리고 공적 여가조직이 수행하는 여가행정은 그 근본이념을 인간의 존엄성, 인간의 자기결정권, 인간의 평등성, 인간의 자기실현성 등에 두어야 하며, 행정과정에 있어 기획, 조직, 인사 및 예산확보, 지휘, 조정, 통제, 평가가 유기적으로 연결되도록 하여야 한다.

한편, 여가정책 수립시에는 탄력성, 포괄성, 조정성, 독창성, 명료성을 견지하여야 하며, 그 목표는 정치적, 경제적, 사회·문화적, 환경적 목표로 나누며 이들 목표의 달성을 통하여 궁극적으로 국민복지의 실현을 추구하여야 한다. 더욱이 여가정책의 과정은 형성과정, 시행과정, 평가과정으로 나누어 각 과정마다 충실함을 나타내어야 할 것이다.

특히 현대국가의 특징이 복지국가로의 지향에 있는 바, 여가정책을 국민복지의 차원에서 논하기 위해서는 여가지표(leisure indicators)의 설정이 요구되는데, 여가지표의 주요 부문으로 생활시간의 자유도 향상, 여가시간의 이용시설, 여가시간의 이용방법, 여가만족도 등의 영역에서 열 가지를 제시한 바 있다.

5. 여가자원의 계획, 개발 및 관리방향

여가계획은 공적·사적 여가기회의 제공과 관련된 변화를 예측하고 그 원인을 분석, 예방 및 조정하는 체계적인 방법으로서, 현재까지는 대중이용의 개발에 역점을 두어 왔으나, 향후에는 생활의 질(quality of life)을 향상시키는 차원에서 필요하게 될 것이다. 나아가 여가계획은 여가자원의 효율적 이용과 보호와 동시에 여가수급의 균형유지를 위해서도 필요하다.

여가계획의 목표는 생활의 질적 향상에서 비롯하여 개인의 자기실현, 사회적 형평, 여가기회의 확대, 여가환경의 질적 개선, 여가정보 서비스의 제공에 역점을 두어야 하며, 계획수립상의 합리성, 포괄성, 일관성, 실행가능성이 유지되어야 한다. 그리고 여가계획의 과정에는 여러 단계가 있으나 여기서는 목표설정, 조정, 분석, 계획개발, 시행, 평가 등 여섯 단계를 제시한 바 있다.

또한 여가계획에의 접근방법으로 과거 한국의 경우 자원지향적 접근방식, 활동지향적 접근방식, 경제적 접근방식, 행태적 접근방식이 산발적으로 적용되어 왔으나 앞으로는 이용자와 자원지향적 접근방향을 통합한 포괄적 접근방법의 적용이 요구된다.

다음으로 여가자원의 개발은 이용자의 여가동기를 충족시키기 위하여 여가자원을 의도적으로 제공하는 것으로, 자원의 질적 향상을 목적으로 하는 것이다. 여가자원의 개발시 유의하여야 할 점은 여가경험의 질적 향상, 계절적 편중의 방지, 저렴한 이용시설의 확보, 시장원리의 지배, 지역개발, 보존원칙 등이 반영되어야 한다는 것이다.

여가자원의 개발시에는 각 자원의 특성과 이용자의 수요량을 면밀히 검토하여 수요에 맞추어 개발규모를 설정할 필요가 있으며, 개발이 가져올 개인적, 사회전반적 효과를 극대화할 수 있어야 한다. 특히 한국의 여가시설은 시설별, 지역별, 유형별로 개발의 균형이 유지되지 못하고 있는 점에 많은 반성이 있어야 할 것이다.

여가자원의 관리는 여가수요와 여가공급, 다시 말해 자원의 적합성과 인간의 여가욕구를 일치시키는 것으로 그 중에서도 공급요소의 관리, 보호, 보존개념이 강조되고 있다. 여가자원의 관리에는 여러 가지 방법과 절차가 있으나, 근본적으로는 여가자원의 조사 및 평가가 지속적으로 실시되어야 하며 자원의 생애주기에 대한 연구도 그 의의가 클 것이다.

여가자원의 관리체계는 크게 환경위생관리(폐기물처리, 위생관리), 자원관리(안전관리, 유지관리), 안전관리(사고방지, 시설안전), 그리고 서비스관리(정보서비스, 접대서비스)로 나누어 실시되어야 하며, 여가자원의 이용을 촉진하기 위해서는 관리자와 기업공동의 여가프로그램, 즉 신체적 활동프로그램, 예술적 활동프로그램, 사교적 활동프로그램, 실습 활동프로그램 등이 개발되어야 한다.

마지막으로 한국의 향후 여가자원의 개발계획과 운영관리는 선진 각국의 방법, 목표, 절차 등에 대한 비교연구를 통하여 점진적인 향상을 도모하여 나가야 할 것이다.

저자소개

▮ 김광득(金光得)

- 부산고등학교 졸업
- 해군사관학교 4학년 중퇴
- 동국대학교 법정대학 법학과 편입 · 졸업(법학사)
- 서울대학교 행정대학원 졸업(행정학석사)
- 서울대학교 경영대학원 졸업(경영학석사)
- 국방대학원 안보관리과정 수료
- 한양대학교 대학원 박사과정 수료(행정학박사)
- 경희대학교, 순천향대학교, 한양여자대학, 한국항공대학교에서 강의
- 해운항만청 재무국장, 선원선박국장, 기획관리관
- 교통부 안전감사관, 관광국장, 육운국장, 수송정책국장, 한국해양조사원 원장
- 서울올림픽조직위원회 수송분과위원장, 국무총리실 도시교통대책 자문위원
- 민주자유당 교통 · 정보통신전문위원
- 해운항만청 차장
- 현재 월간「건설교통저널」상임고문
한국정책포럼 부회장
녹색교통 감사
한국국제관광개발연구원 부원장
한국여가문화연구회 회장

저서 및 논문

- 현대여가론(백산출판사, 1999)
- 여가와 현대사회(백산출판사, 1997)
- 21세기 여가와 현대사회(개정신판),백산출판사
- 한국해사행정기구의 일원화에 관한 연구(서울대학교 행정대학원 석사학위논문, 1965)
- 한국항공산업의 재무분석에 관한 연구(서울대학교 경영대학원 석사학위논문, 1970)
- 국제공항의 운영효율화방안 연구
- 한국해운산업의 진흥대책 연구(국방대학원 졸업논문, 1981)
- 한국여가시설개발에 관한 연구(한양대학교 박사학위논문, 1988)
- 현대여가의 문제와 전망
- 여가산업의 대책
- 현대사회에서의 여가생활
- 한국여가복지정책
- 한국의 여가정책 등 다수

여가와 현대사회

1997년 3월 15일 초　　판 1쇄 발행
2017년 1월 10일 개정증보판 6쇄 발행

지은이 김광득
펴낸이 진욱상
펴낸곳 백산출판사
교　정 편집부
본문디자인 편집부
표지디자인 오정은

등　록 1974년 1월 9일 제1-72호
주　소 경기도 파주시 회동길 370(백산빌딩 3층)
전　화 02-914-1621(代)
팩　스 031-955-9911
이메일 edit@ibaeksan.kr
홈페이지 www.ibaeksan.kr

ISBN 89-7739-030-3
값 20,000원